当代中国行政法

第 五 卷

应松年　主编

人民出版社

| 第二十五章 |
行政契约

邢鸿飞　　　　博士，河海大学教授。曾任南京大学法学院法律系主任、河海大学法律系主任、河海大学法学院院长等职，现任河海大学校长法律事务助理。主要研究方向为行政法，旁及环境与资源保护法、法律社会学等。发表论文百余篇，出版专著数部，主要有《官僚与官僚制——中国传统官制的精神及表现》《公用事业法原论》《高校行政法治论》《土地征用及房屋拆迁法律问题研究》等。

相对于政府管理的传统模式及契约制度的传统理念而言，行政契约（administra-tive contract）① 无疑是个新东西。长期以来，一提到政府管理，人们首先想到的往往是强制性、命令性和单方面性；一提到契约，人们熟而知之的也常常是经济合同和民事合同，对行政契约则知之甚少，甚至一无所知。但是，不管普通民众对行政契约是否知晓或了解，也不管法学界对行政契约是否认同并接纳，更不管围绕行政契约的争论何时方休，"行政契约早已被用来作为推行行政政策的理想手段而为实践所接纳"，② 却是不争的事实。

行政契约在一些西方国家已经制度化、规范化，其理论相对成熟。在我国台湾地区，行政契约法制在1999年制定的《行政程序法》中明文规定，2001年起正式施行，至今十多年来，实务已经有相当蓬勃的发展，学说与事务上也都积累了不少的文献与素材。③ 而在我国大陆地区，行政契约作为政府管理的新手段与新模式，其运用的领域和空间虽然越来越广泛，但其理论研究相对滞后，以致实践环节出现的许多问题得不到相应的理论诠释。本章讨论行政契约的目的，与其说是解决有关行政契约理论的一系列疑问，不如说是尽可能缩小其理论与实践之间的差距，使政府管理领域广泛存在的行政契约能够得到尽可能多的理论指导。有朝一日，倘若深入的理论研究能带来丰硕的立法成果——《行政契约法》，这恐怕是所有致力于此项研究的人们的共同愿望。

---

① 在本书中，行政契约与行政合同是作为同一概念来使用的，本书相关内容的表述，尽可能统一用"行政契约"，但不排除在有些地方用"行政合同"这一概念的情形。

② 余凌云：《行政契约论》，中国人民大学出版社2000年版，前言第7页。

③ 参见江嘉琪：《我国台湾地区行政契约法制之构建与发展》，《行政法学研究》2014年第1期。

第一节　行政契约存在之必然及其在各国的理论与实践

一、行政契约理论之争

契约又称为合同，本属私法范畴。《法国民法典》将契约界定为"一种合意，依此合意，一人或数人对于其他一人或数人负担给付、作为或不作为的债务"。①《美国合同法》则定义为："契约乃为一个允诺或一组之允诺。违反此一允诺时，法律给予救济；或其对允诺之履行，法律在某些情况下视为一项义务。"② 我国《合同法》规定："合同是平等主体的自然人、法人、其他组织之间设立、变更、终止民事权利义务关系的协议。"③

从上述三种代表性的规定看，无论大陆法系还是英美法系，都是在私法（private law）层面上理解传统契约概念的，④ 契约的原始意义与公法（public law）无关。而行政契约作为传统契约与行政权的结合，是私法向公法渗透或者公法与私法相融合的结果，围绕它应否存在以及如何存在等问题，目前中国大陆的法学界争议颇大，有关行政契约的制度也不明确、不规范、不统一，实践中的做法更是五花八门。对此，虽然不能简单地归罪于学界或官方，但学术研究的不深入恐怕是无法否认的原因，起码对因此所致的各种问题，学界的反应比较迟钝，没有及时研究出有效的解决办法。为让读者对涉及行政契约问题的争论有一个基本的认识，有必要先介绍一下相关观点。

---

① 《法国民法典》第 1101 条。
② 转引自杨桢：《英美契约法论》，北京大学出版社 1997 年版，第 1 页。
③ 《中华人民共和国合同法》第二条。
④ 此处的传统契约当指私法意义上的契约。

(一) 私法学界对行政契约普遍不予认同

对行政契约应否存在等问题，公法学界与私法学界态度迥然不同，①这种学术观点的分歧集中表现在《中华人民共和国合同法》的起草制定过程中。针对《合同法》的起草，行政法学者们主张将行政契约作为合同的特殊形态纳入《合同法》的调整范围，可在《合同法》中单列一章加以规定。②对此建议，私法学者普遍反对。梁慧星教授认为："什么是行政合同，中国现实中有没有行政合同，哪些属于行政合同？这些问题当然有深入探讨的必要。……如果说有所谓行政合同的话，只能存在于行政权力行使领域，属于行政法律关系……"③王利明教授也认为："行政合同究竟如何定义，其规范的对象是什么，恐怕仍是个值得探讨的问题。即使存在行政合同，是否要由合同法调整，亦不无疑问。"④梁、王两位教授的上述观点基本上代表了私法学界的主流观点。他们虽然没有直言行政合同不存在，但从其语义不难看出，他们对行政合同起码是持怀疑态度的。当然，他们作为著名法学家，其学术态度还是比较严谨的，他们只是认为私法范畴中的行政合同不存在，至于行政法律关系中有无行政合同问题，还值得进一步研究。这场争论的结局是不言而喻的。我国《合同法》所规范的是纯粹的私法合同或民事合同，行政合同或行政契约根本不在其中。从某种意义上讲，这似乎意味着行政法学在与民法学的较量中失利了，但它更预示着行政契约已为未来行政法学留下了广阔的研究空间，也为将来的行政契约立法留下了一块未曾开垦的处女地。

(二) 行政法学界对行政契约认识不一

近年来大陆出版的各类行政法学专著和教材，大都设专章或专节介

---

① 此处的公法学界主要指行政法学界，私法学界则主要指民商法学界。

② 参见应松年：《行政合同不可忽视》，《法制日报》1997年6月9日；中国法学会行政法学研究会：《建议把行政合同列入合同法》，《法学研究动态》第7期。

③ 梁慧星：《讨论合同法草案征求意见稿专家会议上的争论》，载《法学前沿》第二辑，法律出版社1998年版。

④ 王利明：《合同的概念与合同法的规范对象》，载《法学前沿》第二辑，法律出版社1998年版。

绍行政合同或行政契约，而且已有行政合同或行政契约的专著相继问世，① 不少硕士学位论文甚至博士学位论文也开始以行政契约为选题，围绕行政契约的学术论文纷纷发表。可以毫不夸张地说，有关行政契约的研究正展现出勃勃生机，并将走向繁荣。但在现阶段，甚至在相当长的时期内，行政法学界围绕行政契约的争论恐怕难以平息，其争议的焦点不外乎行政契约存在的必要性和可行性两方面，前者解决行政契约的功能及其存在的价值和意义问题，后者解决行政契约运行的原则、方式、程序等制度问题。应该说，以上问题目前均未达成共识。

其实，围绕行政契约的争议由来已久。"契约"这一原属私法范畴的概念怎能移植到公法领域，又如何移植到公法领域？这一疑问，在英美法系国家毫无意义。英美法系的法律结构和法律观念，原则上均无公法与私法之分，因此，将私法意义上的契约援引到公法领域，允许政府在公共管理中拥有缔约权，与相对人签订契约，完全符合普通法或制定法的立法本意，这是政府固有的、直接来源于普通法的、无需任何立法授权的权利。而且，英美法系的司法救济模式是一元制的，② 因政府签订契约所致的争议，其司法救济的渠道只能是诉诸普通法院，与传统契约所致争议的司法救济手段大致相同。"正是由于在公共管理领域运用契约手段，其无论在实体权限上还是在法律救济上，都与私人间缔结契约极其近似，也就没有区别行政契约与私法契约的实际意义。因此，普通法制度中也就不存在与私法契约相对的行政契约概念，只是以形式为标准，

---

① 如张树义：《行政合同》，中国政法大学出版社 1994 年版；余凌云：《行政契约论》，中国人民大学出版社 2000 年版；于安：《外商投资特许权项目协议（BOT）与行政合同法》，法律出版社 1998 年版。

② 关于行政案件审判权的归属，各国审判实践不尽相同，目前主要有英美法系国家的一元制和大陆法系国家的二元制两种体制。在一元制模式下，国家只设普通法院，不专设行政法院，所有诉讼案件，包括行政案件，均由普通法院审理。而在二元制模式下，国家设普通法院和行政法院两个互不隶属的审判系统，民事和刑事案件由普通法院受理，行政案件由行政法院受理，普通法院和行政法院各自专辖，互不干涉。

将以政府为一方契约当事人签订的契约通称为行政合同（government contract）。也正因如此，普通法的上述实践对我们探讨行政法上能否成立行政契约，没有实质意义。"①

在大陆法系国家，行政契约带来了一系列困扰和疑问，围绕行政契约的争议远比英美法系国家激烈。由于《罗马法》的传统，公法与私法的界分表现了大陆法系的共性特征，这意味着：一方面，在公共管理领域，政府不但可以签订公法契约，运用契约手段实现公权力，而且这种公法契约适用不同于传统私法契约的原理和规则，与传统私法契约存在明显差异；另一方面，在司法救济制度上，由此引发的争议，采用行政诉讼的救济途径，由不同于普通法院的行政法院管辖。可见，大陆法系国家公法契约所产生的法律效果与私法契约截然不同，行政契约作为与私法契约相对的概念存在于政府公共管理领域，既符合大陆法系的法律结构，又合乎大陆法系的法律观念。可是，由于契约所固有的合意、自愿的特点似乎与公共管理领域行政权行使的单方面性和强制性水火不容，难免使人对以命令与服从为特征的行政法领域到底有多大的契约空间产生怀疑，进一步说，行政权的行使不太可能借助契约方式，行政与契约拼凑在一起，本身就自相矛盾。② 有人甚至认为，契约理念中的自愿、合意原则与公法范畴的依法行政原则本质上不可调和，我国台湾的李志鹏主张："行政契约与依法行政原则抵触……如果容许此种行政契约施行，岂不回归封建专制时代？由法治回归人治？"③ 被尊为德国行政法学之父的奥托·迈耶（Otto Mayer）坚决反对国家与公民之间的公法合同，认为在公法领域国家与公民签订合同是"不可能的"，因为合同以法律主体对等为前提，而公法却因国家的优越地位而得以确定。奥托·迈耶的上述

---

① 余凌云：《行政契约论》，中国人民大学出版社 2000 年版，第 7 页。

② 瑞士学者吉尔克麦蒂（Z.Giacometti）断言"公法契约"一词是自相矛盾之用语。转引自吴庚：《行政法之理论与实用》，台北三民书局 1996 年版，第 363 页。

③ 转引自林明锵：《行政契约法论》，载台湾大学《法学论丛》第 24 卷第 1 期。

观点在很长一段时期内占据主导地位。① 被誉为"新行政法学创始人"的另一位德国学者福斯多夫（E.Forsthoff）也曾以"行政契约制度会将行政权这种优越地位加以'拟制平等化'地破坏"为由，反对行政契约。② 正如德国学者施托莱斯教授所说，"集所有最高权力于一身的国家与公民相比，它是更高尊严的本质存在，而契约层面上的东西对它不合适"。③ 尽管如此，当今大陆法系国家的行政法学说都呈现出逐渐肯定行政契约概念的倾向，例如在德国，"19 世纪与 20 世纪之交，人们还是完全接受了公法契约，因为就连地方法实践也不能放弃公法契约形态"。④ 而在日本，"学说和判例中，可以说已经不存在否定行政契约概念一般可能性的见解。"⑤

　　比较而言，我国大陆对行政契约的研究，不但远远落后于法、德、日等大陆法系国家，而且落后于我国台湾地区；不但理论研究不够深入，而且理论相对滞后于实践。尽管我国行政法学界的绝大多数学者对行政契约持肯定态度，但分歧仍不可避免。其实，在社会科学领域，学术研究的目的并不仅仅在于如何弥合或消除分歧，从某种意义上讲，研究本身或研究过程具有更大的学术价值。基于这一认识，不妨先从行政契约存在的必要性和必然性入手加以分析。

① 参见［德］奥托·迈耶：《德国行政法》，刘飞译，何意志校，商务印书馆 2013 年版，导论第 15 页。

② 转引自陈新民：《行政法学总论》，台北三民书局 1997 年版，第 264 页。不过，福斯多夫的观点后来有所转变，他也主张采用行政法原则来处理政府采购问题。

③ ［德］米歇尔·施托莱斯：《德国公法史（1800—1914）》，雷勇译，法律出版社 2007 年版，第 555 页。

④ ［德］米歇尔·施托莱斯：《德国公法史（1800—1914）》，雷勇译，法律出版社 2007 年版，第 555 页。

⑤ 参见杨建顺：《日本行政法通论》，中国法制出版社 1998 年版，第 515 页。

二、行政契约存在的必要性和必然性

(一) 行政契约与权力理性

1. 权力理性是国家理性的核心议题

国家理性,又称国家理由,国家的正当理性,其存在涉及国家的建构、国家的目标以及国家的生存与延续等诸多重要的政治法律问题。根据美国学者维罗里的考证,在博特罗出版了《论国家理性》一书之后,经由国家理性概念所激发出来的一种新的政治语词开始传播到17世纪早期的整个欧洲大陆。"这种新的语言维护并捍卫了人们对于政治行动之目标和手段的新诠释。政治不再被定义为通过正义和追求美德而维系一种政治生活的艺术——在'国家理性'概念出现前,传统的政治定义就是如此界定的,而是一门不惜采用一切手段来保存国家的艺术和科学"。① 关于国家理性,许章润教授有过系统的研究,他认为国家理性是为国家所提供的一种合法性叙事和正当性说明,其基本论题包括三个方面:为何要有国家、如何才有国家以及国家应当为何?② 换言之,国家理性所涉及的是一个国家得以存在与延续的元问题,是国家得以生成与建构的核心命题,是关涉到国家命运的根本问题。

事实上,早在古希腊时代,国家理性的观念已经初见端倪。在柏拉图的理论体系中,所谓的理想国即是一种典型的国家理性蓝图。基于对古希腊城邦国家的不满,柏拉图设想出了一个高于且优先于城邦国家的理想国概念。毫无疑问,柏氏所肯定的理想国是一种规范形态的国家理性,这种国家理性依赖于哲学王统治这一基础而得以实现。然而,基于

---

① [美] 毛瑞若·维罗里:《"国家理性"的起源和意义》,载 [英] 伊安·汉普歇尔-蒙克编:《比较视野中的概念史》,周保巍译,华东师范大学出版社2010年版,第100页。

② 许章润:《国家建构的精神索引——今天中国为何需要省思"国家理性"》,载许章润、翟志勇主编:《国家理性》(历史法学第4卷),法律出版社2010年版,第1—2页。

哲学王统治的理想国在现实的城邦国家中根本不具有操作的可能性与空间。基于对这种理论的反思和弥补，柏拉图不得不退而求其次地提出了一种法治国的理论形态，即以通过法律的治理取代通过哲学王的治理，进而实现国家的理想生存状态和运作形态。柏拉图的法治国理论正是最早意义上对国家理性加以涵摄的理论尝试和建构。

然而，在学术史上明确提出国家理性概念命题的学者是马基雅维利。马基雅维利的国家理性观是一种极权主义的国家理性观，如果以现代的视域进行考察，那就是一种异化了的国家理性观念，这种国家理性观旨在为君主意志的最大化加以美化和证成，透过这种国家理性观①所折射出的是一种具有二律背反性的国家理性。正如美国学者米勒所指出的，"国家理性来源于处在人类民族国家组织体系的核心的一个悖论。民族国家存在的目的是保护、防御以及增进其公民的利益。在理论上以及在马基雅维利为国家所做的辩护中，国家是所有公民最后的屏障、支持以及庇护；但重要的一点是，即便牺牲某一个公民或某个小的公民群体的利益，也必须保卫国家。国家必须能够行使任何能够确保其自身安全和生存的必要权力，如果认为必要，国家就要扩张"。② 换言之，对国家理性的倡导可能面临着一种二律背反，这种二律背反性恰好也反映了国家理性所面对的一种张力，这种张力在权力与权利、国家与公民/社会之间的博弈关系中表现得尤为突出。"尽管从理论上来说，国家理性囊括了所有人的利益，但事实上根本做不到，因为这一悖论的核心就是牺牲一些公民利益以维护其他公民利益"。③

---

① 此处所谓的这种国家理性观，在证成国家的合理性方面将君主意志的最大化置于关键地位，其意不在于为国家的正当性证成，毋宁说是为君主的正当性、意志性提供证成。

② ［美］亚瑟·塞尔温·米勒：《"国家理性"与现代国家》，萨楚拉、李娜译，载许章润、翟志勇编：《国家理性与现代国家》，清华大学出版社2012年版，第324页。

③ ［美］亚瑟·塞尔温·米勒：《"国家理性"与现代国家》，萨楚拉、李娜译，载许章润、翟志勇编：《国家理性与现代国家》，清华大学出版社2012年版，第324页。

自从马基雅维利提出国家理性的命题之后，这种理论脉络表现为两种不同的分支，分别是由黑格尔发扬至极致的经由国家理由的普遍化和正当化论证成为每一个民族国家建构自身合法性与权威性的标准路径，在这一路径中，国家是一个绝对的伦理实体，具有绝对的控制性力量，国家理由被赋予了绝对的权威性，成为具有排他性效力的政治观念；另一个路径是经由霍布斯的系统化论证，洛克的政府论构造，最终所形成的对国家理性加以限制性规定的思想脉络。前一脉络的国家理性观被称为古代的线索。这一线索尤以黑格尔为代表，其集大成者可以称之为德国式的国家理性观。这种国家理性是一种基于自身禀赋所自我证成的理性，它是一种自己自主的理性，并不依赖于国家以外的力量所设定、授予或认可。与此相对应的另一种研究路径是现代路径。作为现代政治知识史的国家理性，一方面致力于建构现代国家，另一方面努力控制国家权力。就前者而言，人们致力于给国家限定性的理性性质；就后者而论，人们努力划定国家活动的范围，使国家在理性的基础上展开运作。自洛克以降的英美自由主义主流理论，大致是从这个视角言说国家理性的。赋权给现代国家的同时限制国家权力，这就是现代线索的国家理性命题所呈现出的悖论性内涵。在国家与社会的论述框架中，前者认定国家吃定社会，后者主张社会限定国家。在国家行为特征上，前者是国家控制一切，后者是国家相对中立，社会和市场自有其空间。前者标志着现代国家理性是主张强大国家的；后者象征着现代国家理性规范国家的强烈意图。①

纵观国家理性概念的学术史，不难看出，国家理性的概念在其原初产生之际是一种对国家的权威及其权力加以理性证成的价值原则。换言之，国家理性是指导国家及其权力行为的原则，在这些原则的基础上，政治国家得以建构，政治权力得以正当化，政治行为得以合法化。此外，在限定政治国家的行为的同时，国家理性也为其设定了一个原则性的目

---

① 参见任剑涛：《国家理性：国家禀赋的或是社会限定的？》，《学术研究》2011 年第 1 期。

标，这个目标将政治、国家与权力纳入理性的涵摄之中，并以正义的统治方式与良善的法律维持国家政治体制和结构。诚如美国学者维罗里所言，"自13世纪以降，政治是由理性所主宰的：用正义进行统治，制定正义的法律，构造并维系良好的政治体制，实际上被认为是'理性'的真正成就。政治是'理性'在咨议、商讨和立法方面的施用，其目的在于保存以正义的方式生活在一起的人类共同体"。① 换言之，国家理性致力于对国家进行一种理论证成与说明，这种理论证成与说明旨在为国家存在的理由、合法性以及权威性提供一种元叙事。易言之，国家理性是对国家存在理由的终极说明，是一种元价值，没有国家理性的概念及其理论铺陈，国家的正当性很难在理论层面被阐释清楚。

如果超越传统的视域，将国家理性的观念置于现代民主法治国家的视野中进行考察，可以作出如下判断：国家理性是一种对国家行为及其权威性进行证成的价值理性，这种价值理性以国家及其权力行为的合理、自治且正当行使为前提，以国家权力对公民权利的合理有效保障为目的，以公民对于国家行为的认可、接受和信服为基准，以国家与公民、权力与权利之间的良性互动为根本的评价标准。在现代民主政治国家中，国家往往通过一个权力人格的形式所出现，国家囊括了社会生活中形形色色的具有公共性的权力来源，并以制度化和人格化的形式将权力予以固定、型塑并合理地分配和行使。因此，无论是古典语境还是现代语境中，权力这一概念都是国家的核心载体。如果说从地理层面而言，界域是国家的核心载体的话；那么从法理与政治的层面而言，权力的存在及其实证化乃是国家得以存在的核心价值表征。当谈论国家这一观念的时候，往往会对其冠以不同的意识形态，然而，这种意识形态之争背后所隐含的实质依然是权力的设定、授予与运作形式等问题。在对国家理性的概念史进行初步梳理和分析的基础上，无论是从何层面对国家理性进行提

---

① ［美］毛瑞若·维罗里：《"国家理性"的起源和意义》，载［英］伊安·汉普歇尔-蒙克编：《比较视野中的概念史》，周保巍译，华东师范大学出版社2010年版，第101页。

炼，都无法绕开权力理性这个议题。换言之，国家理性的概念在于证成国家的目的、理由及其正当性，而在以权力为载体的国家观念的框架中，对国家理性的说明应当紧紧扣住权力理性这一核心观念。从应然的价值层面而言，理性是权力与国家的共同价值使命，是两者共同的精神家园，没有理性的价值指引，国家的观念以及权力的运行都可能偏离民众预期的轨道而变得难以控制与维系。古今中外的历史莫不证明了这一点，人类发展的历史也恰恰是围绕着国家及其权力的理性化这一价值命题而展开的。由此可以进一步得出结论，对国家理性进行证成的一个重要路径就是国家的行为理性、价值理性与制度理性，而这一切的载体端在于权力的理性，这种权力理性通常包含实体性权力和程序性权力的理性行使，具体由权力设定理性、权力运行理性、权力认识理性以及权力救济理性构成。可以说，国家理性的现代议题便是权力理性。

特别需要指出的是，将国家理性观的核心议题界定为权力理性，并冠之以现代语境的限制，有其特定的历史脉络：国家理性观念在其生成之初是一个不带有价值判断的中性概念，它既可以为民主的国家所论证，也可以为专制的国家所引用。随着启蒙时代的到来，权力以及国家的观念都受到了重新反思与审视，随之而来的是国家理性观念的改头换面与闪亮登场。在启蒙思潮的影响下，国家理性已经成为一个具有应然性价值判断的概念与命题，国家理性旨在为国家的正当性与合理性而非国家的专制与君主的意志提供理论说明。究其本质，现代意义上的国家理性所面临的一个核心要点是对国家的权力进行合理的说明与论证，权力的证成及运行关乎国家的合法性与正当性。由此，权力理性为国家理性提供了另一种思考的路径和实证化的方式，在现代民主政治国家的特殊语境中，国家理性的核心议题实乃权力理性。

2. 权力理性是行政契约制度的基本价值追求

依德国及中国台湾地区的学说，行政契约旨在产生一种创设行政权利或义务的合意，对合意的提倡，从根本上改变了传统行政行为中以行政机关的意志为归依的单向度的权力行使模式。"行政契约在程序上提供人民一种参与决定的机会，人民如果能够积极参与这种协商程序，自然较能保障其权利，不至于因未经协议，而严重损及当事人之权益"。① 换言之，行政契约的制度创新恰恰在于通过程序性的创设，为民众获准进入行政管理的模式提供一种协商路径，这种以协商为主旋律的行政管理模式是商谈性理论在法律理论与实践中的合理运用。这种协商对话性的行政模式，既有助于行政权力的权威生成，同时也有助于培养和塑造公民意识，消弭公民间以及公民与国家和政府之间可能存在的冲突或分歧。因为，"协商过程的参与者需要开放地接受自己态度、意见或立场的改变，虽然这样的改变不必然是协商的结果。久而久之，这成为一个让公民成长的过程，它不仅仅让人们逐渐增强实际的判断能力，也让人在意见冲突的情况下学会共处的艺术"。②

"契约，即通过平等协商的方式对法的关系的规整，并不仅仅局限于私人自治领域。行政管理部门在实务中已经越来越多地运用公法和私法合同来完成其任务。通过这种方式，人们试图通过同时保障对行政行为的接受来为行政部门获得更大的规整空间"③。齐佩利乌斯的观点向人们展示了这样一种理论视角：将契约行政引入公法领域，有助于形成政府与公民、国家与社会、权力与权利之间的良性互动。特别是在当今这一利益关系纷繁复杂、社会关系千头万绪的社会，权力的分配与行使尤为需要一个合理的分化和建制，通过此种合理的分化过程、程序与制度，使得权力的效能得以最优化。正如齐氏所论，"当今社会人民在各个方面越来越依附于一个无面目的国家机器。摆脱这种状态的最重要的出路，即是在于建立合理的职能区分、强化和发展私人自治以及其他亚系统，以使个人能够共同对一个合理和透明的生活领域的形成和建立承担责任

---

① 翁岳生编：《行政法》（上册），中国法制出版社 2009 年版，第 745 页。
② ［美］艾骏博、百里枫：《揭开行政之恶》，白锐译，中央编译出版社 2009 年版，第 196 页。
③ ［德］莱因荷德·齐佩利乌斯：《法哲学》（第六版），金振豹译，北京大学出版社 2013 年版，第 256 页。

及参与相关决策"。①

行政契约制度是对行政权力如何有效行使以更好地面对社会和民众的一种积极回应和尝试，这种尝试旨在实现由传统的命令行政向新型的合作行政转变的效果。换言之，行政契约制度从根本上而言是对权力理性化的一种制度尝试，这种制度尝试以行政权为载体，以公民权利的保障为归依，以行政效能最优化为根本目的。行政契约制度表征的是一种参与性的行政管理新模式，这种"参与性的自我统治体制将有助于实现（公民）对美好生活的追求"。② 行政契约制度涉及行政权的理性运用，因此，从法理层面而言，行政契约制度背后所隐藏的价值旨趣在于权力理性。所谓权力理性，是指权力的来源、运行、分配以及再生产都应当具有充分的理据。行政契约制度中，将以往的行政权的运行模式由单向度的命令模式过渡到双向度的合作互动模式，这种模式的转换，既因应行政制度变革的需求，更是为避免权力与社会相遇之际可能存在的局限性所作出制度创设的一种回应。行政契约制度类似于一种回应型的制度架构，如果从法律类型学的层面剖析，显然可以将其纳入一种现代法律类型之中，这种"回应型法在认识法律判断的复杂性和放松对服从的要求的过程中，表明了一种更广泛的理想。它是一种对文明的承诺带入了人们运用法律界定和维持公共秩序的方法。在回应型法中，秩序是协商而定的，而非通过服从赢得的"。③ 行政契约制度的本质在于，通过协商的方式，以合理的商谈为前提，将公民行为与国家行为之间进行有效的勾连，并在此基础上生成一种合理的行政秩序。更进一步，通过行政契约的制度性构造，有助于为公民的权利开放秩序提供规范空间，使得公权力的运行更加可能、公民权利的保障更为扎实。诚如诺斯等学者所言，

① ［德］莱因荷德·齐佩利乌斯：《法哲学》（第六版），金振豹译，北京大学出版社2013年版，第249页。

② ［英］约翰·邓恩：《让人民自由：民主的历史》，尹钛译，新星出版社2010年版，第43页。

③ ［美］P.诺内特、P.塞尔兹尼克：《转变中的法律与社会：迈向回应型法》，张志铭译，中国政法大学出版社2004年版，第105页。

"当在宪法环境中嵌入了能对保护各种权利提供可靠激励的制度之后，权利开放和民主竞争便能阻止暴力的非法使用"。①

当人们言及权力的理性化之际，就必须考虑到基于权力分立所存在的不同权力类型。传统的分权模式将权力分为立法、司法与行政三种权能，我国实行议行合一的政治制度，因此不存在权力的类型学划分。以实践作为观照，我国的行政权是权力理论的重中之重，因此，对权力的理性化要求主要是对于行政权合理运行的一种规制。对于行政权的规制，学界有过不同的理论尝试，实务界也作出了一定的实践努力。行政契约制度及其背后所蕴藏的基本精神恰恰是对国家理性加以实践运用的具体路径，行政契约制度通过宏观层面的国家与公民的互动，进而为权力的运行提供一种广泛的民众参与路径，在此基础上，公民通过分享权力的行使进而为权力的合理化提供一种外部制约与约束。这种制约与约束既是对权力理性的促成，同时也是对公民意识、公民德性与公民能力的培养与塑造。尤其是在中国这样一个法治相对后发的国家，这种制度背后所蕴藏的实践意义尤为珍贵。一言以蔽之，国家理性及其背后所蕴含的权力理性这一核心命题并非简单的价值呼求，通过行政契约制度的现实构建以维系国家理性，是一种富有创举的理论贡献与实践操作。

行政契约制度的设定旨趣在于，通过吸纳民众的参与，使行政权力的运行摆脱单一的行政主体框架，而以多元的主体方式共同行使与卫护。传统的行政模式往往将行政的双方视作主客体的关系，行政机关居于主体地位，行政行为的受动方居于客体地位。主客体理念支配下的行政模式侧重于对行政机关及其"权威"的维护，忽视了行政权的本源及其应然性，以单向度的权力观取代双向度的权力观，最终可能导致行政权的变异或蜕化。主体际理念支配下的行政模式将行政的双方视为平等的合作伙伴关系，以协商行政取代命令行政，进而为行政行为的效力、权威

---

① ［美］道格拉斯·C.诺思、约翰·约瑟夫·瓦利斯、巴里·R.韦格斯特：《暴力与社会秩序：诠释有文字记载的人类历史的一个概念性框架》，杭行、王亮译，格致出版社、上海三联书店2013年版，第28页。

及其正当性提供理论支撑。

当然，行政契约制度虽具有理论上的优越性，但在学术研究以及实践操作中，不能忽视其可能存在的理论脱节与实践变异。尤其是在一个具有浓厚权力色彩的国家，没有行之有效的制度制约与价值指引，权力在实践运作中变异的可能性与现实性相当大。基于此，如果不对行政契约制度进行合理的价值指引与规制，那么，行政契约很有可能演变为一种国家公权对公民私权的"合法"入侵，而因其具有"合意"或"意思表示一致"的合法外衣与制度表象，则很容易引发法律之内的不公正与制度之内的不正义。权力理性作为一种宏观的制度原则与微观的制度价值，其存在为保障行政契约制度的良性运行以及避免可能存在的轨道偏离提供了理论明镜，权力理性是行政契约制度的根本价值原则。

"就世界范围而言，行政契约制度的发展大致可以分为三种类型：以行政为本位的法国行政契约制度；以契约为本位的德国行政契约制度；以普通法为本位的英美法系国家政府合同制度"。① 作为大陆法系国家，德、法两国的行政契约制度对我国行政契约制度的构建影响远胜于英美法系国家的政府合同制度。其中，法国的行政契约侧重于强调行政性；而德国的行政契约则侧重于对契约性的强调。

行政性的行政契约观倡导的是，对于行政行为、行政权力的优先保障，对于行政效率的提倡，对于行政手段的优先考量；契约性的行政契约观侧重于对于契约双方的行为的平等对待与合理保护，倡导的是公权与私权之间的平等性。在我们这样一个公权异常强大的国度，对行政契约的理论研究和实践运行，应当始终注意到这一特色与传统，并始终注意到对于国家权力行使过程中可能存在的越权与滥权行为的警惕、规制与制约。由此出发，中国的行政契约制度应当致力于从契约性的层面考

---

① 应松年主编：《比较行政程序法》，中国法制出版社1998年版，第251页。

量，即从公权与私权平等对待的层面进行分析和研究。① 对契约性的追求，恰恰反映了权力的应然本性。根据社会契约论的基本原理，权力来自于民众权利的转让与集体保存，这种集体保存以明确或默认的契约形式为立足点，通过契约方式合理让渡公民权利并正当形成国家权力已然成为民主法治体系中的权力精髓。基于此，具有契约性精神的权力在运行过程中应当呈现出其原初的契约精神，有助于权力的性质维护，同时有助于公民权利对国家权力的合理审视与监督。一言以蔽之，权力理性是行政契约制度的基本价值追求。

3. 行政契约制度的具体运行以实现权力理性为目标

关于行政领域中的契约制度的兴起与蓬勃发展，美国学者弗里曼教授有过专门的论述，他从契约的兴起、政府功能的转变、国家管理职能的再分配以及私人参与行政等不同的分析点切入，并对此加以整合分析："契约的兴起与其说是昭示了政府的撤退，还不如说是国家在治理中的角色的重新配置。这一重新配置完全可以说是等同于责任性方面的净收益，或至少不是净损失。在私人更多地参与行政和管制方方面面的年代，契约本身可以作为可能具有关键意义的责任性机制：例如，契约的规定会容许第三方受益者促使缔约方信守承诺；契约还可以使行政机关间接实现目标"。② 在现代政治文明中，行政契约制度的存在嫁接了公权与私权，使得两者泾渭分明的权利特质受到了一定程度的冲击和瓦解。公权不再被理解为单向度的权力行使，通过与私权的融合，权力变得更加多元和复合。在此基础上，私法的契约制度与公法的权力效能之间得以合理融贯，并形成了公私合力的社会管理新局面。一句话，通过契约的行政管理与社会控制，合理地昭示了公法与私法的功能互换与价值融合。"就最

① 需要特别指出的是，我们倾向于将契约性和行政性视为行政契约不可剥离的两个特征，这两个特征构成了行政契约制度的完整面貌。但是，对其中某个特征的强调并不意味着排斥其他特征，从可能的意义上说，这样做只是为了回应特定场域下的现实需求。

② ［美］朱迪·弗里曼：《合作治理与新行政法》，毕洪海、陈标冲译，商务印书馆2010年版，第497页。

低程度而言，公私契约的兴起会迫使法学家面对公法规范与私法契约原则不安的结合，而这一工程将具有巨大的智识吸引力，会为未来的研究提供颇富希望的议程"。①

如前所述，从权力理性与行政契约的勾连进行分析，将权力理性视为行政契约制度的根本价值原则。行政契约制度着力于完善权力的运行，将权力置于公民与国家、社会与政府的互动模式中，基于这种理论互动与实践观照，权力的合理运行才具有了现实的制度基础，行政契约制度的具体运行方以实现权力理性为目标。

（二）行政契约——现代行政发展之必然

随着市场经济体制的建立和政府管理民主化程度的提高，传统契约制度和传统行政管理体制正在发生深刻的变革。在平等主体间私法契约日益增多并逐步完善的同时，行政主体为实现行政目标而与相对人签订行政契约的现象越来越普遍；在"命令—服从"的政府传统管理模式仍然存在并继续发挥着不可替代的巨大作用的同时，行政契约这一权力色彩较弱、民主色彩较浓的新型管理模式，正为广大政府部门所关注，并在许多特殊的行政管理领域频繁使用。

1. 行政契约——由命令行政走向契约行政的历史转折

从行政契约制度形成及发展的基本规律看，世界各国的政府管理手段均经历了一个由命令行政向契约行政倾斜、转折的演变过程。所谓命令行政，即行政主体凭借行政权力，以单方面意志推行行政政策，实现行政目标的政府管理手段。它是传统行政管理体制的伴生物，具有很大的强制性。其表现形式包括行政处罚、行政强制、行政检查、行政许可、行政裁决等。所谓契约行政，即行政主体在政府管理过程中，推行合同政策，依法与相对人签订具有行政法上权利、义务内容的协议，以实现既定行政目标的政府管理手段或政府管理模式。它是一种借助合同手段实现行政职能的法律行为。其表现形式有政府特许经营合同、国有企业

---

① [美] 朱迪·弗里曼：《合作治理与新行政法》，毕洪海、陈标冲译，商务印书馆2010年版，第573页。

承包合同、国有小型工业企业租赁合同、国有土地有偿转让合同、粮食征购合同、人事聘用合同、行政事务委托合同、计划生育合同、公共工程特许合同、公共工程捐助合同、公共工程承包合同等。

虽然命令行政和契约行政的本质属性都在于其行政性，其具体表现形式都是行政行为，而且行为的主体、目的、内容和规则也无不反映政府行政管理的基本特点。但在实施国家行政职能、实现政府管理目标的基本手段或方式上，契约行政与命令行政相比，表现出更大的灵活性，具体说：

首先，命令行政是以行政主体与相对人法律地位的不平等为前提的，而契约行政更强调行政主体与相对人法律地位的平等性。

行政主体实施命令行政时，他作为管理者，与作为被管理者的相对人之间，法律地位是不平等的。行政主体对相对人有命令、指挥的绝对权力，处于主导、支配的超越地位；从相对人一方面，他对行政主体有服从、遵循的义务，处于被动、从属的地位。但当行政主体实施契约行政时，作为合同相对人的公民、法人或其他组织，便取得了与行政主体平等的法律地位。当然，行政主体与合同相对人法律地位的平等，不等于其权利与义务的完全对等。事实上，行政主体在行政契约的缔结、履行、变更、解除及对违反契约的制裁等方面，常常拥有一系列"特权"，但行政主体这些"特权"的取得，是以他作出更多的承诺和妥协为前提的，并不影响他与相对人法律地位的平等性。

其次，命令行政只需行政主体单方面意思表示就可以成立，而契约行政更强调行政主体与相对人意思表示的一致性。

契约行政是行政主体与相对人意思表示一致的产物，作为一种双方行政行为，契约行政的有效成立，必须以行政主体与相对人的合意为前提，这与那些只需行政主体单方面意思表示即可成立的命令行政完全不同。后者带有命令色彩，相对人只有服从的义务，没有讨价还价的权利，行政主体与相对人的价值取向和意思表示，可能是一致的，也可能是不一致的，但不管是一致还是不一致，均不影响命令行政的有效性。而契约行政的成立，大都以行政主体与相对人的自愿为原则，并且以双方合意为前提。

为实现这种合意，契约行政往往给行政主体和相对人提供更多的互相选择的机会和条件，并且要求他们在一定条件下，应以必要的妥协换取意思表示的一致。即便在那些行政主体对相对人以及相对人对行政主体的选择余地较小或者根本无法选择的场合，其自愿色彩虽然受到了一定的影响，但双方意思表示的一致性对这类契约行政的成立，仍起着不可替代的作用。

当然，有选择必有竞争，为保证契约行政的正常推行，应将竞争机制引入行政主体与相对人的互选过程，以打破命令行政下的封锁、闭塞、僵化、保守局面。

命令行政的政府管理模式，在西方国家早期一度居于主导地位。因为早期的市场经济尚处于自由竞争时期，商品的生产和交换基本上靠价值规律自发调节，政府对社会政治、经济事务，奉行不干预主义，采取放任态度，主张"管事最少的政府就是最好的政府"，因而政府的职能也一度限于"警察局"和"邮政局"的范围，政府职能的实施模式便相应呈现出单一化特征，命令性成了本已为数不多的政府管理手段的基本格调。

19世纪末20世纪初，西方国家的市场经济由自由竞争阶段发展到垄断阶段，社会政治、经济、文化事务的迅猛发展和政治、经济危机的频繁出现，西方社会的各种矛盾日益加剧，整个社会的无序化现象非常突出。为改变社会的混乱状况，政府应对社会成员负起起码的责任。于是，政府对社会政治、经济、文化事务，特别是对与公共利益有关的社会事务，由无为而治转向积极干预，政府行政的手段和模式，也由早先的单一化、命令性向多样化、灵活性转变，契约行政方式的出现便是这种转变的主要标志。孕育已久的契约行政方式，正是在这一历史转折的进程中，使自身价值得到了充分的体现，其进步性和有效性，也随着社会的发展而逐步为西方各国政府所公认。

所以，契约行政作为政府管理的新手段和新模式，在政府管理体制中的牢固地位并不是一蹴而就的，它从初现端倪、偶露峥嵘到欣欣向荣、蓬勃发展，经历了一个漫长、曲折的过程。诚如美国学者伯纳德·施瓦茨所言，在"职业公务"尚未形成，"政府福利几乎还不存在"的情况下，"政府合同在经济中只占很小部分"，而在当今的福利国家中，情形就不一样了，以政府合同为表现形式的特许权"几乎无处不有"①。特别是第二次世界大战后，行政契约在西方各国的经济发展、资源开发等领域，得到了更为广泛的运用。可见，行政契约是政府职能转换的必然产物，其存在和发展绝非偶然。

2. 行政契约——由行政专权走向行政民主的重要环节

随着"警察国家"向"福利国家"的演变，政府机构越设越多，政府职能也越来越大。第二次世界大战后，美国的政府机构由建国之初的国务院、财政部和陆军部②，发展到司法部、内政部、农业部、商业部、劳工部、卫生及人民服务部、房屋及城市发展部、交通部、能源部、教育部等，除此以外，还出现了州际商业委员会、联邦贸易委员会、证券交易委员会、联邦通信委员会、联邦电子委员会、退伍军人总署、国家航空太空总署、武器管制与裁军总署、美国新闻总署、全国劳工关系局、联邦储备局、美国邮政总局、小企业管理处等六十多个独立管理机构。其他西方国家，情形与美国大体相似。与此同时，政府职能也由原来的国防、司法、警察等传统领域拓展到经济、文化、教育、科技、卫生、体育、民政、福利、财政、税收、环保、城建、能源、交通等新兴领域，实现政府职能的具体手段更是五花八门，异彩纷呈。

西方国家垄断时期行政权的扩大，适应了市场经济发展的需要，对于抑制社会发展进程中的失衡、无序及矛盾、冲突，加强政府对社会政治、经济、文化事务的管理和调控，起着非常重要的作用。但行政权的行使，并不是无限制、无规范和无秩序的，否则，膨胀和滥用后的行政

①　[美] 伯纳德·施瓦茨：《行政法》，群众出版社1986年版，第200—201页。这里所讲的"政府合同"可以理解为行政契约。

②　以上三个机构均于1789年成立，其中的陆军部于1949年与后来成立的海军部（1798年）、空军部（1947年）组合成国防部。

权，将比弱小和疲软的行政权招致更为恶劣的后果。在行政职能日趋强化的形势下，行政权的膨胀和滥用几乎成了世界一大公害：不断增强的行政干预过分限制了平等主体间的公平竞争；日益滥用的行政强制和行政处罚严重损害了相对人的合法权益；日趋扩大的行政裁量更使广大相对人的合法权益面临着潜在或公开的威胁。这一切均使行政权所包含的专制与民主的双重属性之间的矛盾和冲突越来越剧烈，并时刻对市场经济条件下政府管理的民主化和公开性构成不利影响。

为防止行政权走向专制、集权并进一步走向人民的反面，应通过民主与法制的手段强化行政权。一方面，要增强行政权行使过程的民主色彩；另一方面，要加强法律对行政权行使的有效控制。行政契约作为体现政府行政的民主性和公平性的有效手段，它所蕴含的宽松的、非权力的色彩，不但不会削弱行政权，反而从实质上强化了行政权，这恰恰是人们始料未及的。

因此，行政权的强化不等于行政专权，也不等于行政权的膨胀，更不等于行政强制和行政处罚手段的滥用。行政主体在追求并实现某一行政目的时，没有采取带有命令性和强制性的传统模式，而是在与相对人互谅互让、充分信任的基础上，通过平等相处、民主协商的方式签订了行政契约，并同样达到了既定的行政目标，你说这时的行政权是强化了还是减弱了呢？答案是不言而喻的。

从行政制度的形成及发展的基本规律看，世界各国的政府管理手段均经历了一个由命令行政向契约行政倾斜、转折的演变过程。传统的权力行政或命令行政具有迅速果断、雷厉风行、效果明显的优点，也正因此，它仍是现代政府行政的基本手段，将在相当长的时期内继续存在并发挥其应有的效能。但必须看到，命令行政的高效率是以高昂的代价换取的，它一开始就将行政主体推向了相对人的对立面，并使政府时刻面临着失去人心的危险。因为，一味地垄断和专制，非但不能强化行政权，反而会招致行政权的膨胀和滥用，进而形成行政专权；而适度地妥协和让步，不但不会削弱行政权，反而能使行政效能得到更加充分、有效的发挥，进而实现行政民主。而行政契约是行政主体通过妥协、让步等手段，使自己与相对人在宽松、缓和、民主的气氛中达成共识，进而实现了既定的行政目标，它与命令行政有异曲同工之效果。

可见，行政契约既有行政性，又有民主性，其行政性取决于它所追求的行政目标，其民主性则表现在它追求行政目标的动态过程之中。很显然，若非相对人的承诺和认可，行政契约便不会成立并生效，为了得到相对人的理解和支持，行政主体在必要时就得作出某种妥协和让步。如给相对人提供某种便利，给相对人以一定的帮助或补贴等，以使相对人心甘情愿地接受行政主体在行政契约中的某些特权，并使双方形成共同、一致的意思表示。行政主体与相对人在缔结行政契约过程中的互谅互让，正是命令行政的政府管理方式所无法企及的，也是行政契约民主化的基本表现。

必须指出，由行政专权迈向行政民主的历史进程，需要多种进步因素的推动，行政契约不过是这多种动力中的一种。但行政契约作为政府民主化管理的重要环节，它在政府行政的民主化进程中的地位和作用自然非同一般，不可轻视。

3. 行政契约——由计划经济走向市场经济的必然产物

在我国，命令行政向契约行政的历史转折基本与计划经济向市场经济的历史过渡相同步。作为市场经济体制的伴生物，行政契约必然给计划经济体制下一度居于主导地位的传统管理模式带来不小的冲击和震动，并为市场经济条件下政府行政体制的改革和发展，开辟一条崭新的必由之路。

中国共产党十八届三中全会提出了市场经济条件下政府职能的新定位："政府要加强发展战略、规划、政策、标准等制定和实施，加强市场活动监管，加强各类公共服务提供，加强中央政府宏观调控职责和能力，加强地方政府公共服务、市场监管、社会管理、环境保护等职责。推广政府购买服务，凡属事务性管理服务，原则上都要引入竞争机制，通过合同、委托等方式向社会购买。"这一规定为市场经济条件下命令行政向契约行政的倾斜提供了契机，也为行政契约在市场经济体制中的牢固地位找到了合法的政策依据。行政契约正是政府"组织协调""提供服务"

的有效手段，它在计划经济向市场经济过渡时期的行政体制中，起着承前启后的作用。

市场经济的孕育并且成熟，对政府的管理体制、管理模式、管理意识、管理行为、管理水平、管理效率提出了新的要求，与计划经济相适应的以不平等性、单方面性、命令性、强制性和单一性为主要特征的传统行政管理手段，愈来愈不适应新形势下的新要求，必须按照市场经济的特点，对政府的管理体制和管理模式来一场深刻的革命，以行政契约的平等性、合意性、公开性、竞争性和灵活性，打破计划经济下命令行政的僵化格局。这样一来，传统政府管理行为的强制、命令、制裁等干预色彩将日趋淡化，而新型政府管理手段的谅解、协商、调和等民主成分会越来越强化；传统政府管理模式下相对人对行政主体唯命是从、亦步亦趋的奴仆性格将逐步削弱，而新型政府管理模式下相对人与行政主体同舟共济、同甘共苦的主人翁精神便会逐渐增强，相对人在国家行政管理中的主动性、积极性就会得到充分的发挥，其责任感和使命感也能得到更充分的体现。

但是，在命令行政这一传统管理模式的不足和缺陷尚未被全社会所普遍发现并认识之前，行政契约这一新型管理手段的优点和长处一时尚难为全社会所普遍承认并接受，特别是由于部分行政首长及其行政人员管理思想和管理意识的落后性，他们在代表行政主体与相对人签订行政契约时，还常常将命令行政中那些粗暴的工作态度和工作作风，自觉或不自觉地表露出来，这对作为市场经济"产儿"的行政契约制度的健康成长有着极大的副作用。

当然，正如命令行政有不足也有长处一样，行政契约也并非尽善尽美、完好无缺，其功能和作用同样呈两面性。如果说命令行政容易使行政主体专横跋扈、任意妄为，则行政契约更易引发权钱交易，"其结果将导致行政权的廉价出卖。"① 但对任何事物的是非功过的评价，应从其主

---

① [日] 南博方：《行政法》（第六版），杨建顺译，中国人民大学出版社 2009 年版，第 80 页。

流着眼，不能因为该事物存在某些瑕疵而彻底否定其历史的进步性。行政契约在减少行政摩擦、调动相对人参与行政事务的积极性、提高政府行政的民主性等方面的优点，是命令行政模式下的所有管理手段无法比拟的，至于其所谓的弊端，可以通过行政契约制度的自我完善和政府法制的约束、规范来革除。

行政契约已经为市场经济下的政府管理模式带来了勃勃生气，人们完全有理由相信，它将以其特有的魅力引起越来越多的行政主体的重视和关注，并在日后的政府管理过程中发挥越来越突出的作用。

三、行政契约在各国的理论与实践

在私法领域，政府可以作为合同主体是毫无疑问的，但在公法领域，政府能否以合同主体身份，并以契约方式推行行政政策，各国的态度和做法不太一致。

（一）大陆法系国家的行政契约

在大陆法系国家，行政契约占有更重要的地位，行政契约与私法契约的界限也远比英美法系国家清晰。行政契约运用最普遍、最具制度化、最有代表性的当首推法国。法国行政机关所签订的契约有私法上的契约和公法上的（行政法上的）契约两类。在购买办公用品、租赁办公场地等领域，行政机关经常缔结的契约基本属私法范畴，是私法契约或私法合同。但在公共工程承包、公务特许、独占使用共用公产、国有不动产出卖等领域，则按照法律规定适用行政契约，不能缔结私法契约。而大多数情况下，涉及诸如供应、运输、雇用等行政事项，究竟缔结行政契约还是私法契约，则常常由行政机关根据需要和情况决定。无论私法契约还是行政契约，其签约主体都是行政机关，其缔约权限和缔约程序也都受行政法支配，但其法律属性和适用规则不相同。行政机关签订的私法契约，内容涉及私权，受私法支配，由此引发的诉讼，归普通法院管辖；行政机关签订的行政契约，内容涉及公权，适用行政法规则，由此引发的诉讼，归行政法院管辖。第二次世界大战后，行政契约在法国行政法上的应用越来越广泛，从经济发展、资源开发领域拓展到科研、教育等方面。"政府在执行经济计划的时候，避免采取行政命令方式，而是和企业界签订合同，向后者提供一定的援助，由后者承担计划中的某些任务。法国称这种执行计划方式为政府的合同政策。"① 以公务特许合同的性质变化为例，"19 世纪时完全用合同观念说明公务特许行为。自从政府对特许公务的监督加强以后，纯粹合同观念不能适应公务管理的需要。当代对公务特许行为的解释不采用纯粹合同观念，而认为公务特许行为同时具有合同性质和法规性质。其中关于当事人间的协议具有合同性质，关于公务的组织和运行规则具有客观法规性质，行政主体可以单方面变更这些规则。"② 可见，当代法国的公务特许合同已经是公认的行政契约，与传统的行政方式相比，这类用以推行政府"合同政策"的行政行为具有更大的灵活性和优越性。③

德国历史上，关于契约能否作为政府行政的法律方式，即国家能否通过与公民达成协议（从属权利合同）的方式实现公共行政任务的问题，曾有过长期争论。德国经典行政法学说的代表奥托·迈耶根本否定行政合同的法律效力，他认为，尽管国家可以以民事主体身份与公民签订民事合同，但这种合同仅限于私法领域，在公法领域，不可能存在国家与公民之间的合同。因为"合同以法律主体对等为前提，公法却因国家的优越地位而得以确定"，④ 国家以国家名义实施的公法活动总是"单方面的和高权的，不可能与公民处于平等的地位上，行政所代表的公共利益

---

① 王名扬：《法国行政法》，中国政法大学出版社 1988 年版，第 186 页。

② 王名扬：《法国行政法》，中国政法大学出版社 1999 年版，第 516 页。王名扬先生在此处的所谓"纯粹合同观念"当指私法意义上的契约理念。而他将"法规性质"作为与"合同性质"相对应的概念来使用，也意味着"合同性质"与私法属性、"法规性质"与行政属性基本上是同义语。

③ 参见王名扬：《法国行政法》，中国政法大学出版社 1999 年版，第 185—186 页。

④ ［德］哈特穆特·毛雷尔：《行政法学总论》，高家伟译，法律出版社 2000 年版，第 360 页。

不允许以协议的方式‘出售’或者交换，所以必须排除公法活动中的合同形式”。① 在相当长的时间内，奥托·迈耶的上述主张占据了统治地位。当然，在理论界不是没有相反的主张，在实践中也不是没有相左的做法。第二次世界大战后，几乎所有公开发行的一般行政法教科书都主张行政合同是行政活动的一种方式，尤其值得一提的是，1958 年出版的《行政法上的合同》（伊姆鲍登著）、《公法合同的适法性界限》（扎尔茨韦德尔著）和《论公法合同的理论基础》（斯泰恩著）三部著作，充分论证了行政合同的适法性，从而使行政合同在法学意义上赢得了应有的地位。与法学的保守态度不同，在实际运作方面，由于客观需要，行政当局一直都在运用行政合同，联邦行政法院对行政合同也没有妄加否定，早在 1966 年就已有过审查行政合同合法性的判例，而且这则判例对公法合同作为行政方式的合法性和必要性予以了肯定，提出了具有普遍意义的重要司法意见："对于这个原则问题的认识，本庭的意见是：重视诚实信用已经成为现代行政法的基本原则，而且它广泛的应用领域还在迅速增长；平衡原则的实行，裁量权的谨慎行使动摇了传统的行政方式，开辟了处理个案关系的灵活途径。原则上承认公法合同作为行政方式的合法性，将在极高的程度上根本改变在现代法治国家里国家居高临下的优越地位，改变公民以前仅仅被作为行政客体的法律地位"。② 行政合同制度在德国立法上的最终承认，以 1976 年颁布实施的《联邦行政程序法》为标志，该法对公法合同的可得性③、合法性及其违法处理问题作了规定。针对 1976 年的《联邦行政程序法》仅在第 54 条至第 62 条对行政契约加以规定这一处理，因其相较于规范其他行政

---

① 于安：《德国行政法》，清华大学出版社 1999 年版，第 133 页。

② ［德］《联邦行政法院判例集》第 23 卷，第 212 页。转引自于安：《德国行政法》，清华大学出版社 1999 年版，第 135 页。

③ 可得性即行政合同存在于何种情形，在什么条件下公法合同可以作为允许的行政方式。

行为的篇幅，内容较少，体系完整度实在有限，学界经常将行政程序法对待行政契约的态度戏谑为"如继母一般"。但毋庸置疑的是，《联邦行政程序法》作为德国行政合同的法律基础，从此以后，人们关注的中心也由行政合同的存废转向行政合同的完善。"尽管不时存在着批评或者反对的论调，现代的主要课题不是行政合同原则上的适法性，而是行政合同法的理论细化，特别是明确行政合同的合法要件、法律形式和违法后果。"① 进入 21 世纪以来，德国行政契约理论与实务正面临着与以往截然不同的挑战，被认为影响德国行政契约法理论整体发展者，则主要来自下列三个方面：首先是在公私协力法制驱动下，德国联邦行政程序法的研修中关于合作行政契约法制构建的讨论；其次是 2002 年德国债法的修正对契约法制的影响；此外则是因欧洲统和，行政法欧洲化的趋势。②

　　日本的行政契约，可以追溯到明治 30 年代，当时的行政契约，主要由市町村与煤气、电力、电气铁路公司等公共性垄断企业之间缔结③，市政府正是通过这种方式来监督和控制公共性事业。但由于受德国法影响，在日本，否定行政契约的概念及其适法性的学说一直存在，德国学者奥托·迈耶的理论在日本同样很有市场，即便是现在，认为行政契约概念自身不符合逻辑的见解仍未销声匿迹。但当代日本，行政契约概念在学说和判例中的地位已经确立。在学界，美浓部达吉、佐佐木、田中二郎

---

① ［德］哈特穆特·毛雷尔：《行政法学总论》，高家伟译，法律出版社 2000 年版，第 361 页。

② 参见江嘉琪：《德国（含欧盟）行政契约理论发展之趋势》，台湾行政法学会研讨会 ［2013］《行政契约之基础理论、法理变革及实务趋势/行政程序法之最新发展》，社团法人台湾行政法学会主编，元照出版公司 2013 年版，第 3 页。

③ ［日］南博方：《行政法》（第六版），杨建顺译，中国人民大学出版社 2009 年版，第 79 页。

等著名行政法学家对"公法中契约的可能性"均予以承认和肯定。[①] 在司法实践中，涉及行政契约的判例更是比比皆是。早在1921年，日本大审院就已作出"命令航路中政府与公司之间的法律关系属于公法上的契约"的判断。此后，日本的各级、各地法院，均作出过以公法契约或公法上的双方行为的观念来说明有关土地收用法上的协议、恢复国籍许可的行为、公立学校助教和讲师的任命行为的判决。[②] 战后，日本政府将这一手段推及给付行政、环境行政、空间保护行政等更为广泛的领域，有关行政契约的判例日益增多，制度也日臻完备。例如，根据《国有财产法》《地方自治法》的规定，国家及地方公共团体将其普通财产出借、从特定的公益出发对行政财产设定地上权等，都采取了契约方式；依《自来水法》规定，自来水的供给，也根据供水契约进行。此外，有关国家及地方公共团体财产管理的交易，以及资金交付行政、服务提供行政等行政活动，无论法律上有无明文规定，原则上也依契约形式进行，如国家及地方公共团体经营的铁路、公共汽车、邮政、医院、公营住宅等公企业利用关系，均可采用契约形式调整。[③] 诚如日本学者盐野宏教授所言："行政主体以各种各样的形式和私人或者其他行政主体进入契约关

---

① 美浓部达吉认为："学者们往往主张国家和人民的关系那样的不对等关系中不可能成立公法上的契约，我们不能认为这是正确的见解。"（美浓部达吉：《日本行政法》上卷，有斐阁1936年版，第238页）佐佐木也认为："公法上的契约在观念上是能够存在的，这是毫无疑问的。"（佐佐木：《日本行政法总论》改版，有斐阁1924年版，第517页）田中二郎观点更明确："一般说来，对通说认为公法关系即支配关系、公法行为即权力性行为的见解，是不能赞成的。我们不得不承认公法关系中也存在非权力服从的支配的关系，故公法行为中也存在非权力性行为的行为，在公法上的关系中，不限于上下的关系，对等者的关系也可能成立。"（田中二郎：《公法契约论序说》，载田中二郎：《行政行为论》，有斐阁1954年版，第284页）以上资料转引自杨建顺：《日本行政法通论》，中国法制出版社1998年版，第514页。

② 参见杨建顺：《日本行政法通论》，中国法制出版社1998年版，第515页。

③ 参见杨建顺：《日本行政法通论》，中国法制出版社1998年版，第524页。

系，这是广泛存在的"。进而，他又将行政上的契约分为准备行政中的契约、给付行政中的契约、规制行政中的契约和行政主体间的契约。① 甚至有学者主张在行政诉讼中也应允许存在和解（契约）。②

（二）英美法系国家的行政契约

英国、美国和澳大利亚等普通法国家的行政法中没有法国的"行政契约"理论，所谓公法和私法的区别，也"只是法律所规定的对象不同，不是法律所适用的规则不同。"③ 以政府为一方当事人的契约统称为"政府合同"（government contract）或"采购合同"（procurement contract），此类合同的内容一般与商业有关。英国行政法原则上适用一般的法律规则，行政机关的契约适用的也是一般的契约法规则。在这一意义上，行政契约与一般契约没有两样。

在英国，"自从1948年1月1日王权诉讼法后，行政机关的契约责任基本上已经统一"，行政契约成了政府"推行某种政策"的常见手段。④但事实上，英国的行政机关与法国的行政机关一样，也是代表公共利益的，由于公共利益的需要，它们在对外签订契约时，免不了像法国那样，也要受很多特别契约规则的支配⑤，这些特别契约规则有可能否定一般的契约自由、决定契约的特殊内容和效力、影响缔约的特别权力和程序。英国行政机关按照特别契约规则签订的契约当然有其特殊性，与一般契约不可能画等号。例如，英国政府往往通过签订承包合同的方式，将本来由内部机构实施或由政府负责的事务承包给私人，在此情形下，倘若政府转由私人实施的是本该由政府履行的法定职责，则这类合同受公法

---

① 参见 ［日］盐野宏：《行政法》，杨建顺译，法律出版社1999年版，第136—141页。

② 参见 ［日］南博方：《行政诉讼中和解的法理》，杨建顺译，载《环球法律评论》2001年春季号。

③ 王名扬：《英国行政法》，中国政法大学出版社1987年版，第4页。

④ 参见王名扬：《英国行政法》，中国政法大学出版社1987年版，第224页。

⑤ 这里的所谓"特别契约规则"就是那些与法国类似的行政法上的契约规则。

原则的约束便理所当然。又如，根据《地方政府法》（*Local Government Act*，1972），行政机关间的行政协作（administrative collaboration）也可以通过合同方式进行，这类合同恐怕也不能适用一般的私法原则。① 所以，在英国，很多政府部门所规定的契约原则均应在政府签约时得到遵守，因为行政契约问题不能完全照搬私法原则来解决。② 政府部门甚至设定契约的标准格式或标准条款，用以推行某种政策，对此，政府签约时同样必须遵守。③ 例如，英国政府在 1977 年至 1978 年间为抑制通货膨胀在"白皮书"（White Paper）中公布了工资增长率不得超过 10% 的方针，但由于该政策不具有法律效力，政府就采用拒绝与拒不执行上述政策的相对人签订商事合同，或者在合同中加入要求相对人遵守上述方针的条款的方式，执行上述政策。④

　　在美国，行政契约起初表现为政府为进行战争而与制造商、供应商订立的军需品供应合同和军事服务合同。战后，有关这种特殊合同的立法不断出台，行政契约由战时延续到平时，契约内容也由军需产品和军

---

① 参见余凌云：《行政契约论》，中国人民大学出版社 2000 年版，第 28 页。

② 在私法关系中，只有当契约一方当事人违法不履行义务时，对方当事人才有请求赔偿的权利。这个规则在公法关系中有时不能适用。公共机构不能因为要遵守契约义务而不行使它的法定权力，契约义务不能妨碍公共机构法定权力的行使和法定义务的履行。但是在公共机构行使合法权力而不履行契约义务时，若对契约对方当事人所受到的损失不予补偿，显然也是不公平的。合理的解决办法是，一方面承认公共机构不履行契约义务的合法性，在此情形下，应允许公共机构单方面地解除或变更契约；另一方面也承认对方当事人因此遭受的损失，并应给予必要的补偿。这种规则在法国的行政契约中无需明白规定，而在英国，这些特权只有在契约明确规定时，行政机关才能享有。以上观点参见王名扬：《英国行政法》，中国政法大学出版社 1987 年版，第 225—227 页。

③ 英国政府在 1975—1978 年间将"工资控制条款"订进标准契约中，旨在不经过立法而对工资实行控制。这个条款采取了各种各样的形式，但基本上这个做法是符合政府关于工资的指导方针的。（此资料参见 ［英］ 威廉·韦德：《行政法》，楚建译，中国大百科全书出版社 1997 年版，第 489 页）

④ CF.David Foulkes（1982），Administrative Law，Butterworths，p.394.转引自余凌云：《行政契约论》，中国人民大学出版社 2000 年版，第 2 页。

事服务扩大到社会福利和公共工程，应用领域比较广泛，其情形大致有两类。一类是严格意义上的合同，或正式的政府合同，它受合同法的一般原则与特定规则制约。若以合同的性质为标准，我们也可以将它分为民事契约和行政契约。但美国的政府合同，一般采用形式主义的界定方法，凡以政府为一方当事人的合同通称为政府合同；而且，行政法意义上的政府合同，则主要限定在与采购或劳务提供有关的合同。另外，还有一类依非正式程序发生的、不属于合同法体系调整的非严格意义上的合同，或非正式契约。它往往只具备合意或协商特性，用以实现行政目的或解决各类争议，应用领域极为广泛、表现形式多种多样，它甚至存在于政府的经济管制这一典型的行政领域，管制过程中的讨价还价、争议的妥协与和解等，都可采用契约方式。例如，企业从政府取得特许权，就是一种公认的契约权力，公共特许权的授予，一般都要附带契约条款（起码是隐性的），以此作为交换条件；又如，在价格听证、环保标准、反托拉斯等管制领域，讨价还价起着重要作用，绝大多数非刑事性质的反托拉斯案件，都是通过双方当事人同意的判决解决的。①

（三）中国港、澳、台地区的行政契约

契约在香港一般称"合约"，根据《香港合约法》的规定，合约是在两个以上的当事人之间为设立、变更或终止法律权利和义务而达成的协议。香港的契约制度因袭英国，也不存在公法契约与私法契约之分，其合约法规定的合约自然包括了政府与相关当事人之间签订的涉及行政法上权利与义务的协议，即"政府合同"。当然，政府为一方当事人所签订的契约与普通私人之间的契约相比，有其特殊性，在某些方面应遵循特殊规则。例如，在合约的强制方面，"法院不得针对政府颁发禁止令或具体履行令，但是可以颁发命令以政府作为一方当事人的合约的各方当事

---

① 参见［美］丹尼尔·F.史普博：《管制与市场》，余晖等译，上海三联书店、上海人民出版社 1999 年版，第 326、347、599 页。

人具有的权利。"①

澳门的法律制度沿袭葡萄牙，有专门法律规定行政契约制度②，根据法律规定，"行政合同为一合意"，目的是"基于此合意而设定、变更或消灭一行政法律关系"。因此，行政机关为履行其行政职责，可以与有关当事人订立行政合同。典型和常见的行政合同有：公共工程承揽合同、公共工程特许合同、公共事业特许合同、博彩经营特许合同、继续供应合同、为直接公益提供劳务之合同。但是，法律对行政机关采用行政合同方式履行其行政职责的情形也作了必要的限制，例如，当法律有相反的规定或因拟建立的关系的性质而不允许时，就不可订立行政合同。此外，法律还就行政当局在合同关系中的权力、行政合同的形成与共同订立合同人的选择、合同的方式、合同的效力、合同给付内容的强制执行、合同争议的解决等作了规定。③

关于行政契约是否存在及其存在的法理基础等问题，我国台湾地区的学界认知、实务见解均存在着不同意见。在学界，尽管台湾地区行政契约受德国法影响颇深，但与早期德国法否定行政契约发展不同的是，行政契约的容许性在台湾学界自始少有采取反对行政契约存在正当性之立场者。实务界，许多具行政契约或至少可能是行政契约性质的契约，可能因案件并未进行司法救济，或法院在当时因为行政契约理论不发达，加上欠缺救济渠道等因素，倾向于将行政机关与私人间的契约定性为私法契约，肯认争议案件中的契约为行政契约行政的判决可谓凤毛麟角④，有人甚至完全否定行政契约。例如，1993 年台湾"大法官"释字第 323

---

① 罗德立主编：《香港合约法纲要》，北京大学出版社 1995 年版，第 116 页；又见中国香港《政府诉讼条例》第 16 条。

② 中国澳门、葡萄牙的行政契约制度均由《行政程序法》专章规定。

③ 参见应松年主编：《外国行政程序法汇编》，中国法制出版社 1999 年版，第 618—620 页；杨海坤、黄学贤：《中国行政程序法典化——从比较法角度研究》，法律出版社 1999 年版，第 343—345 页。

④ 参见江嘉琪：《我国台湾地区行政契约法制之构建与发展》，《行政法学研究》2014 年第 1 期。

号解释中，大法官的协调意见书认为，"契约就是契约，原亦不必有私法契约与公法契约之分"。何以至此？其原因不外乎两个方面：一是认为私法契约根基于两个平等主体之合意，而公法关系几乎都属于权力支配关系，当事人之间地位不平等，"合意"如何产生？二是认为"契约自由"在私法上是妇孺皆知的原则，而公法上则向来强调"依法行政"原则，两者之间如何结合？① 随着《行政程序法》的制定和实施②，行政契约制度的客观存在及其合法地位，起码得到了立法认可。当前通说也认为政府可以缔结私法契约与公法契约，而后者就是《行政程序法》所规范的行政契约。纵观台湾地区行政契约法制，其主要参考对象为德国法。中国台湾"行政程序法"因袭德国，设专章规定了行政契约制度，但内容"与德国法并无太大差距，包括行政契约必须遵守要式性，而且不得有不当联结之禁止，违法之法律效果多为契约无效，强制执行之约款须由上级机关认可，涉及第三人权利者应经该第三人书面同意始生效力等"，行政契约因此而"较为麻烦"，"行政机关选用时应加以考虑"。再者，台湾地区行政契约法制亦参考部分法国法，一是关于竞争关系中行政契约相对人的选择程序，二是关于行政契约履行过程中"王的行为"与"不可预见"等理论。③ 行政契约自 2001 年"行政程序法"正式施行以来，至今十多年，无论是学理界还是实务界均开始摆脱"行政契约在实务上的

---

① 参见杨海坤、黄学贤：《中国行政程序法典化——从比较法角度研究》，法律出版社 1999 年版，第 349—350 页。

② 该法于 1999 年 2 月 3 日公布，2001 年 1 月 1 日施行。

③ 所谓"王的行为"，系指签约之行政主体于原契约规定外之范围，为公权力之行使，而强加给契约相对人契约外之负担，以至于行使及契约之履行。所谓"不可预见"是一种事实状态，特别指的是在行政契约缔结以后，因缔结之际双方当事人均未能预先探知风险发生，导致契约之一方倘若依原有契约条件续行履约，将发生难以由契约当事人所承受之损失，所发生的调整契约关系内容之请求权。（参见黄源浩：《法国行政契约发展趋势——以"不可预见性理论"之变迁为中心》，台湾行政法学会研讨会［2013］《行政契约之基础理论、法理变革及实务趋势/行政程序法之最新发展》，社团法人台湾行政法学会主编，元照出版公司 2013 年版，第 33—35 页）

适用仍未见热络"，研究尚"处于洪荒时代"，对许多问题的认识还"处于摸索阶段"①等状态，学理与实务上有相当蓬勃的发展、积累了不少的文献与素材。

（四）中国大陆地区的行政契约

如前所述，目前中国大陆对行政契约也有争议，不但民法学界与行政法学界见解不同，即便行政法学界也观点不一。的确，无论在理论研究还是实际运用或者制度规范方面，行政契约均落后于民事合同，因此，短时间内统一认识是不可能的。下面，只能结合体制改革和发展过程中我国行政管理手段或模式的客观变化，对中国行政契约的实践，作实事求是的介绍和分析。

改革开放初期，行政契约在我国的运用基本上是下意识的。1978 年的农村改革，使农业生产承包经营责任制得以推行，中国农民以合同方式取得了土地使用权，行政契约被首次引入我国政府管理领域。1985 年 1月 1 日，中共中央、国务院发布了关于《进一步活跃农村经济的十项政策》，取消了粮食、棉花的统购统销，改为合同定购。从农村土地的承包经营到粮食棉花的合同定购，行政契约确实引起了我国农业领域政府管理方式的变革，并为它在其他领域的广泛运用开了好头。② 1987 年，党的十三大明确要求："无论实行哪种经营责任制，都要运用法律手段，以契约形式确定国家与企业、企业所有者与企业经营者之间的责权利关系。"这充分表明契约形式已为改革的决策者们所重视。1988 年 2 月 27日，国务院发布了《全民所有制工业企业承包经营责任制暂行条例》，同

---

① 参见许宗力：《双方行政行为——以非正式协商、协定与行政契约为中心》，载杨解君编：《行政契约与政府信息公开——2001 年海峡两岸行政法学术研讨会实录》，东南大学出版社 2002 年版，第 62 页。

② 张树义先生甚至认为，"从土地的承包经营到粮食的合同定购，在农业领域国家管理的方式上行政合同已占据了主导地位，也使农村改革获得了进一步的成功。"（张树义：《行政合同》，中国政法大学出版社 1994 年版，第 3 页）我们认为，他关于行政合同已在农业领域国家管理的方式上占据主导地位的定论有失偏颇，若以此作为我国农业领域国家管理方式改革的方向倒未尝不可。

年6月5日，国务院又发布了《全民所有制小型工业企业租赁经营暂行条例》，行政契约的适用空间扩大到工业领域。1990年5月19日，国务院发布了《中华人民共和国城镇国有土地使用权出让和转让暂行条例》，"国家对土地的管理开始从无偿、无期限、无流动的行政划拨方式转变为有偿、有期限、有流动的行政合同管理方式"，张树义先生将这类土地出让合同视为当时"最为符合或接近行政合同"的合同方式。① 2001年11月1日，《城市房屋拆迁管理条例》施行，明确规定了公共征收补偿合同，专门意指行政主体为了社会公共利益，征收相对人的财产并给予补偿的行政合同，这种合同随着建设加快被广泛运用于城市建设、铁路交通、水利设施等基础建设领域。2002年8月7日，《国家计生委主任张维庆：关于规范计划生育合同管理的讲话》又推动了计划生育合同在实践中的运用，成为"加强计划生育管理与服务工作的一项有效措施"。2003年2月13日，《最高人民法院副院长李国光在全国法院行政审判工作会议上的讲话》第一次在诉讼层面为行政契约提供可诉依据。该讲话明确指出："随着行政管理方式的多样化和行政管理理念的变革，行政机关常常通过与行政相对人签订合同的方式，履行行政管理职能，形成大量的国有土地出让、国有资产租赁等独具特色的行政合同。这种以实现行政管理为目的的合同，不同于平等主体之间订立的以设定民事权利义务关系为目的的民事合同。"此后，行政契约在我国的应用领域越来越广，表现形式越来越多。有学者对行政契约在实践中的普遍存在及其今后的发展态势作了一定总结，即"行政合同的普遍性表现在：第一，它普遍存在于行政管理的各个领域，包括政府特许经营领域，国有土地使用权出让领域，国有资产承包经营、出售或者出租领域，政府采购领域，政策信贷领域，行政机关委托的科研、咨询领域等；第二，它已经发展出丰富多样的形态，包括行政协作合同、行政录用合同、公务执行合同、行政委托合同、特许经营合同、行政给付合同、行政捐赠合同、行政和解合同、征用征收补偿合同、损害赔偿合同、公务悬赏合同、公房租赁合

---

① 张树义：《行政合同》，中国政法大学出版社1994年版，第4—5页。

同等；第三，它仍处于快速扩展的进程中。随着民主行政、给付行政的推进，行政合同的应用空间越来越大。而且，治安承包合同之类的行政合同的出现，表明行政合同正向传统认为不宜使用行政合同的领域（如干预行政领域）渗透。"①

值得一提的是，在城乡基础设施、公用设施等公共项目建设或服务合同方面，世界各国创新出各种新机制，诸如 BT、BOT、BOO、BOOT等。在我国大陆地区，以 BOT 模式为例，1995 年 1 月 16 日，对外贸易经济合作部发布了《关于以 BOT 方式吸引外商投资有关问题的通知》，同年 8 月 21 日，国家计委、电力部、交通部又发布了《关于试办外商投资特许权项目审批管理有关问题的通知》，BOT 特许权协议得到了广泛运用，并具备了行政契约的法律属性，人们对行政契约的主观态度也由起初的下意识变为有意识。其实，早在 20 世纪 80 年代初期，BOT 投资方式就已在广东省出现。广东沙角 B 电厂采用燃煤发电，装机容量 700 兆瓦，1984 年开工建设，1987 年投产发电。该项目由香港公司领导的国际财团建设，资金大多由花旗银行公司组织的商业银行辛迪加筹措。广东省政府承诺在整个特许权期间以固定价格供煤，并在同期内购买占设计容量60%的电力。该项目自投产以来，运转顺利，合同执行情况良好，是我国BOT 特许权协议的一次成功实践。② 2004 年 9 月，中国铁道建设总公司与南京市政府指定的国有资产代表南京市交建集团和浦口国资公司共同出资组建南京长江隧道有限责任公司，负责过江隧道的建设、运营和管理。过江隧道特许经营范围包括：过江隧道建成后的车辆通行费的收费权，过江隧道的冠名权，电信、电力管道和项目沿线规定区域内的相关配套服务设施的经营权，及工程范围内沿线广告经营权等，经营年限为30 年。中国铁建股份有限公司为建设这一特大城建项目总"垫资"33 亿

---

① 参见江必新：《中国行政合同法律制度：体系、内容及其构建》，《中外法学》2012 年第 6 期。

② 参见于安：《外商投资特许权项目协议（BOT）与行政合同法》，法律出版社 1998 年版，第 17 页。

多元，该项目已于 2010 年建成并通车运营。① 2012 年 7 月，盾安（天津）节能系统有限公司与山西省永济市人民政府签订《永济市冷凝热利用及供热管网 BOT 工程合同书》，计划投资额 3.77 亿元。公告称，该项目采取特许经营模式，即由盾安（天津）节能系统有限公司负责融资、兴建、运营管理、维护，山西省永济市人民政府协助收费，采用 BOT 运营模式。项目运营期限自天津节能永济市供热管网工程建成并正式供热开始，运营期 20 年。② 2014 年 9 月，川能投集团公司经过竞争性谈判，顺利与四川省遂宁市政府及市住建局正式签订遂宁市生活垃圾焚烧发电项目 BOT 特许经营协议，取得了遂宁市生活垃圾焚烧发电项目 BOT 特许经营权。目前该公司已开展项目建设工作，力争 2017 年 3 月建成并投入运营。③ 毋庸置疑的是，近年来，BOT 方式在我国的行政契约领域涉及的范围越发广泛，比重越来越大。

第二节　行政契约的概念及特征

行政契约作为市场经济条件下政府职能转换的必然产物，其存在和发展绝非偶然，围绕它而展开的讨论也从未平息。但即便学者不懈努力，"公法契约与私法契约的界线还是纷扰不清。"④ 我国台湾学者许宗力先生列举了许多存在争议的契约形式：今天在台湾，像公立学校聘任教师究竟属于公法契约还是私法契约，学说与实务看法就不同调，联合开发契约的公私法属性也迭有争议。政府采购行为过去通说主张是私法行为，

---

① 参见《江南时报》2010 年 5 月 25 日。

② 参见《金融投资报》2012 年 7 月 10 日。

③ 参见《四川新闻网》2014 年 9 月 25 日报道，http://sn.newssc.org/system/20140925/001504446.html。

④ 参见许宗力：《双方行政行为——以非正式协商、协定与行政契约为中心》，载杨解君编：《行政契约与政府信息公开——2001 年海峡两岸行政法学术研讨会实录》，东南大学出版社 2002 年版，第 63 页。

现也不乏主张是公法行为者。另外，由政府与私人共同合作履行任务的情形已越来越普遍，其合作形态有多种，所签订的各种合作契约是公法或私法，是最近面临的一个新的问题，像所谓公办民营的合作态样，例如政府投资兴建硬件，经营则委托私人，该契约究竟是公法抑或私法？另一个常被提起的合作态样，所谓 BOT，究竟 BOT 投资契约是公法契约或私法契约，争议也很大。台湾如此，德国又何尝不是这样？《德国行政程序法》施行迄今已有四分之一个世纪，虽然宣称百分之九十的契约属性没有争议，有争议的只是少数边际案例类型，可事实上公、私法契约的判断一直争议不断，学者甚至认为，要彻底干净解决一切有关公、私法契约分野的争议问题，根本是不可能的。①

但学者的使命是什么？是知难而进还是遇难而退？答案恐怕不言而喻。对行政契约这一法学界的"世纪难题"所引发的各种争议，人们无法回避，更无法掩盖，必须予以正视，并力求解决的办法。而对其性质及特征的探讨，不但有助于揭示行政契约存在和发展的必然性，更有利于弄清行政契约（公法契约）与传统契约（私法契约）、行政契约（强调行政主体与相对人的双方合意）与传统行政执法手段（强调行政主体的单方意志）之间的联系和区别，这对行政契约所致争议的消减无疑大有裨益。

一、行政契约是一种行政性（或公法上的）契约行为

行政主体为实现法定的行政管理目标，经常与其他行政主体或者行政相对人签订各种协议，以明确双方的权利和义务。这些协议，有的根据民商法订立，属私法范畴，人们谓之私法契约。如因购买办公用品、建造办公用房、租赁办公场地等所订立的契约。这类契约的缔结、履行及司法保障，原则上适用私法规则，不是本书所讲的行政契约。

---

① 参见许宗力：《双方行政行为——以非正式协商、协定与行政契约为中心》，载杨解君编：《行政契约与政府信息公开——2001 年海峡两岸行政法学术研讨会实录》，东南大学出版社 2002 年版，第 63 页。

但行政主体之间及行政主体与相对人之间所缔结的契约中，有相当一部分根据行政法订立，属公法范畴，可谓之公法契约，也称行政合同或行政契约。如政府特许经营契约、国有企业承包契约、国有小型工业企业租赁契约、国有土地使用权有偿转让契约、粮食征购契约、人事聘用契约、行政公务委托契约、计划生育契约、公共工程特许契约、公共工程捐助契约、公共工程承包契约等。这类契约的成立，虽与私法契约一样，取决于双方当事人的合意，但其法律关系不受私法支配，而是适用公法（行政法）规则。

因此，本书所探讨的行政契约，应指这种带有行政性质的契约，属公法上的契约范畴。它是特定的行政主体为实现特定的行政目标，依法与其他行政主体或行政相对人签订的，具有行政法上权利、义务内容的协议。从这一意义上讲，行政契约是一种具有执行力的法律文书，但从行政主体的执法手段角度看，它更是一种特殊的行政行为。

行政契约与私法契约的最大区别在于其行政性。行政契约的行政性源自其特定的行政管理目标及行政法上的权利、义务内容，具体体现在如下几个方面。

（一）行政契约的当事人必有一方是行政主体

从形式意义上讲，行政契约既可以在行政主体之间缔结，也可以在行政主体与行政相对人之间缔结，多数学者对此持肯定态度。① 而且，与行政主体签约的相对人，既可以是外部相对人，也可以是内部相对人。例如，行政主体为落实行政责任制，与其所属机构和人员层层签订责任书或责任状的行为。这种责任书或责任状就是一种行政契约，也有人称之为"假契约"或"准契约""近似契约"。②

---

① 参见应松年主编：《行政行为法——中国行政法制建设的理论与实践》，人民出版社 1993 年版，第 588 页；罗豪才主编：《行政法学》，北京大学出版社 1996 年版，第 259 页；许崇德、皮纯协主编：《新中国行政法学研究综述（1949—1990）》，法律出版社 1991 年版，第 472 页。

② 参见余凌云：《行政契约论》，中国人民大学出版社 2000 年版，第 33 页及注①。

也有学者认为只有行政主体和相对人之间才能缔结行政契约，行政主体之间不能缔结行政契约，只能签署行政协议，因为行政主体间的协议不适用"行政优益权"原则，且不宜由法院主管。①

其实，行政契约的实质是双方当事人的合意，只要这种合意存在于行政主体之间，行政契约即可成立。"行政优益权"，只是行政权在一般行政行为中的某一方面的表现，不能作为识别行政契约的标准。至于行政主体间的协议"不由法院主管"，也只能说明我国现行司法审查制度和人们诉讼意识的落伍，并不等于它将来也不被纳入司法审查范围，更不能以此否定行政主体间协议的行政契约性质。所以，行政主体之间也可缔结行政契约应当不成问题。

进一步说，不管在哪种情形下，行政主体是任何一个行政契约的当然当事人，行政契约的当事人中，必有一方是行政主体。一般来说，普通公民之间、普通社会组织之间、普通公民与普通社会组织之间，不可能缔结行政契约。因为，行政契约是在行政主体实施行政管理活动的过程中形成的，其设立、变更和终止，原则上离不开行政主体的活动，所以，这种契约对其主体的要求往往较为特定。当然，这里所讲的行政主体，并不专指国家行政机关。在我国，行政管理活动的实施者，主要是国家行政机关，但在一定条件下，行政机关以外的组织，经法律、法规的授权或行政机关的委托，依法拥有行政职能，也能像国家行政机关一样依法订立行政契约。在很多行政系统内设立的执法机构（水政监察、路政监察、环境监察、土地监察等部门）作为事业单位，并非一级行政机关，但作为法律法规授权的组织，根据相关法律规范的授权，它们有权作出部分行政行为。

必须指出，当行政机关以外的组织与相对人签订行政契约时，也只有上述法律、法规授权的组织能以自己的名义从事这项活动，行政机关委托的组织仍只能以委托的行政机关的名义与相对人缔结行政契

---

① 参见刘莘：《行政合同刍议》，《中国法学》1995年第5期。

约。从这一意义上讲，行政机关委托的组织并不是独立的行政主体，它与相对人订立行政契约所致的一切法律后果，均由委托的行政机关承担。同时，具体负责签订行政契约的，往往是一些个人，这些个人既可以是受行政主体领导的内部人员，也可以是受行政主体委托的外部公民。但不管是谁具体负责这项工作，他与有关行政主体之间均存在公务上的委托关系，作为受行政主体委托从事公务活动的人，他们从事一切公务活动，均得以委托的行政主体的名义，不能用个人的名义，缔结行政契约也不例外。否则，他们与相对人缔结的所谓行政契约就无法成立。

就行政契约的形式标准而言，上述结论无可厚非，但仅仅以此为衡量标准，对行政契约缔约主体的要求似乎过于苛刻，对行政契约缔结中出现的很多问题也难以解释。例如，基于宏观调控甚至国防建设需要，对国内一部分重要生产资料以及军事物资，国家往往实行严格的订货管理规定，供需双方均得依国家订货计划签订订货合同，这种情形下的供需双方可能都以企业面貌出现，其所订合同属民事契约还是行政契约呢？如果单纯以形式标准衡量，它们可能不成其为行政契约，但若将其归入民事契约，有些疑问又难以说清。

这种情况在西方国家行政法中同样存在。法国行政法院认为，公私合营公司与建筑企业签订高速公路和国有公路建设契约的活动，本质上属于国家活动，这种活动即使发生在私人之间，也受行政法的支配和行政法院管辖，他们之间所订立的这类契约是行政契约；此外，根据"代理人的行为效力及于本人原则"，私人作为公法人的代理人和其他私人所签订的契约，应认为是该公法人和另一私人之间的契约，从而也可以成为行政契约；法国行政法院甚至认为，在行政主体没有明白授权的情况下，如果根据情况可以认为私人是作为行政主体的代理人而和另一私人签订契约时，这种私人之间的契约同样可能认为是行政契约。例如，私人在承包以外接受行政主体的补助和其他企业签订契约，由后者进行某项建设，工程完成后立即由行政主体所有和管理。这种私人活动，可以认为是行政主体的代理人和其他私人签订行政契约的活动。① 显然，法国行政法院对行政契约缔约主体资格的理解是非常宽泛的，对此，我们国家未必完全照搬，但这种理解对正确思考这一问题无疑有启发。

私人之间不能订立行政契约是原则，该原则立足于行政契约的形式标准。但当私人之间所订立的契约，是基于法律的特别规定或授权，② 内容涉及行政法上的权利和义务，目的也与执行行政公务有关时，难道还有必要死抠形式标准而否定其行政契约的属性吗？恐怕没有必要。比较圆满的做法是，在对行政契约定性时，除了适用形式标准，还宜考虑实质标准，前者是原则，后者是例外。那些既符合形式标准又符合实质标准的契约，当然是行政契约；那些只合乎实质标准，而在形式标准上存在瑕疵或欠缺的契约，仍然属行政契约。下面，主要围绕行政契约的实质标准展开论述。

（二）行政契约的目的是直接执行公务

契约的订立目的，是区分行政契约和民事契约的最重要的实质标准。关于行政契约的目的，不同版本的行政法学著作表述不一。有人认为，"行政契约应以执行公共事务、增进公共利益为直接目的"③；有人认为，"签订行政合同的目的是为了执行公务，实现国家行政管理目标"④；有人认为，行政契约是"行政主体为了行使行政职能、实现特定的行政管理目标"而订立的⑤；也有人认为，行政契约旨在"实现国家行政管理

---

① 参见王名扬：《法国行政法》，中国政法大学出版社1988年版，第187页。王名扬先生所谓的"代理人"即受行政主体委托签订行政契约的个人；"公法人"即行政主体；王名扬先生原著中的合同、行政合同，在此替换成契约、行政契约，行政机关则替换成行政主体，我想，这大概不违反王先生的本意。

② 这里的法律当指狭义的法律，即最高国家立法机关制定的法律规范。

③ 参见应松年主编：《行政行为法——中国行政法制建设的理论与实践》，人民出版社1993年版，第586页。

④ 参见许崇德、皮纯协主编：《新中国行政法学研究综述（1949—1990）》，法律出版社1991年版，第473页。

⑤ 参见罗豪才主编：《行政法学》，北京大学出版社1996年版，第258页。

的某些目标"。① 有人甚至干脆表述为"行政目的",② 而这简简单单的四个字,恰恰揭示了上述各种观点的共性。可见,以"旨在实现行政目的"作为行政契约的实质标准,是大陆行政法学界的主流观点,很有代表性。

西方国家行政法围绕行政契约的实质标准问题,界定不一。大陆法系各国的行政法,对行政契约的界定标准虽有差异,但更多考虑实质标准是其共性。德国行政法将行政契约界定为"设立、变更和终止公法上的法律关系的合同"。③ 该定义立足于合同的一般概念,通过"公法上的法律关系"的定语,直接揭示了行政契约的本质,非常清晰地指出了行政契约不同于私法契约的地方。根据该规定,在对合同性质作认定时,"合同当事人的法律身份并不重要。合同一方或者双方当事人是公法上的行政主体的事实,并不足以认定为行政合同。双方当事人都是行政主体的合同可能是私法合同,例如甲镇与乙镇根据民法典第 433 条签订的机动车辆买卖合同。另一方面,有人认为,私人之间在法律明确授权的情况下也可能签订行政合同,建设法典第 110 条规定的协议,征收的受益人和关系人是私人,经常达成协议(征收机关自己不是当事人,而是合同的中介人),以合同的方式接受打扫街道的公法义务,公法租金请求权转让合同。"④ 尽管德国国内针对私人之间能否成立公法合同的问题也有争议,有人认为,公法租金请求权转让合同不是行政合同。但无论如何,行政程序法都包括私人之间的"行政合同"。⑤

法国没有一个法律规定行政契约的意义,识别行政契约的标准由行政法院的判例提出,"公务理论"就是法国行政法院创设的用以识别行政契约的标准。根据公务理论,实质意义上的公务是指"行政主体为了直

---

① 参见张焕光、胡建淼:《行政法学原理》,劳动人事出版社 1989 年版,第 307 页。

② 参见叶必丰:《行政法学》,武汉大学出版社 1996 年版,第 183 页。

③ 《联邦行政程序法》第 54 条第 1 款。

④ 参见 [德] 哈特穆特·毛雷尔:《行政法学总论》,高家伟译,法律出版社 2000 年版,第 350 页。这里所谓的"行政主体"实际上就是行政机关。

⑤ 参见 [德] 哈特穆特·毛雷尔:《行政法学总论》,高家伟译,法律出版社 2000 年版,第 350 页。

接满足公共利益的需要而从事的活动，以及私人在行政主体控制之下，为了完成行政主体所规定的目的而从事的满足公共利益的需要的活动。"法国行政法院对行政契约的识别，主要考虑实质意义上的公务标准，并且以是否"直接执行公务"作为判断行政契约的实质标准。诚如王名扬先生所云，"行政机关签订合同大都以执行公务为目的，然而不能认为一切和执行公务有关的合同都是行政合同，只有直接执行公务的合同才是行政合同。直接执行公务的合同发生在两种情况下：合同的当事人直接参加公务的执行，或者合同本身构成执行公务的一种方式。"不管在哪种情况下，法国行政法院所认可的行政契约均得以"直接执行公务"为目的。① 当然，通过诸多判例来识别和界定行政契约的做法，比较复杂，但法国行政法院"在判案中又从公法契约与私法契约在法律适用上是不同的这一认识出发，找到了另一个技巧，即果发现合同中含有私法以外的规则，也认定该合同为行政契约。这种反推的方法是值得赞赏的，这就将私法所不能调整的契约统归行政契约范畴，因而比较科学。"② 所以，在法国，直接执行公务的契约，固然是行政契约；但只和公务执行有关，不直接执行公务的契约中，倘若含有私法以外的规则，则也成为行政契约。一般而言，私法以外的规则是指在性质上和民商合同当事人所自由约定的权利和义务不同的权利、义务及其条款。它一般包含在合同条款之中，也可以出现在合同条款以外关于签订合同的特别制度中。例如在合同中特别约定，赋予行政机关自由解除或变更合同、依职权执行合同等超越一般民事合同规则的特权，或者给予当事人对第三者享有独占经营、规定价格等方面的特权。"这类条款的出现表示双方当事人有意使合同不受私法支配。行政机关所签订的这类合同，不论是否与公务的执行有关，都是行政合同。"即使"合同的条款中没有包含特殊的规则，而缔结合同的制度超越一般私法范围时，这类合同不论是否和公务的执行有

---

① 参见王名扬：《法国行政法》，中国政法大学出版社 1988 年版，第 186—188、480—483 页。

② 参见余凌云：《行政契约论》，中国人民大学出版社 2000 年版，第 37 页。

关，也是行政合同。"在此情形下，契约的缔结往往出于被迫或非自愿，私法契约的自由缔结制度无法适用。①

日本行政契约的概念"不是实定法上的术语，所以，其定义也因人而异。"通说将行政契约定义为"以公法上的效果发生为目的的，由复数的对等当事人之间的相反方向意思的一致而成立的公法行为。"② 由此可见，"以公法上的效果发生为目的"，是通说所主张的行政契约区别于私法契约的实质标准。进一步说，以私法上的效果发生为目的的契约，不是行政契约。可是，契约作为法的一般形式，对公法和私法具有普遍的适用性，它在公法上的效果与在私法上的效果到底有何不同？仍然是一个难以回答的问题。由于"以公法上的效果发生为目的"作为判断行政契约的实质标准存在很大的不确定性，"最近，日本学者一般将作为实现行政目的的手段而缔结的契约，一概称为行政契约"。③

因此，大陆法系国家，有关公法与私法之属性的判断，对行政契约的界定影响甚大。而在任何一个大陆法系国家，要非常清晰地区分公法与私法，都不那么容易，进而，要非常准确地界定行政契约，就更不容易了。例如，"契约内容倘有部分是公法，也有部分是私法，整体契约又该如何定性？是拆开分别定性，或一体定性？……其次，数个相关联的各自独立契约也有可能合并记载在一个文件上，例如土地转移契约与开发代金契约，在此，固然可以各自区分属公法或私法契约，无须一体判断。不过，究竟是一个契约或数个契约，有时不易判断，且即便形式上可区分为数个不同契约，如各该契约有主从之分，究应分开定性或一体定性，也是问题，"主要还是由于一个干净利落的区分标准难寻，或甚至不存在所致。"④ 许宗力先生认为，"与其让学界与实务界继续花费精力

① 参见王名扬：《法国行政法》，中国政法大学出版社1988年版，第189—190页。

② 参见杨建顺：《日本行政法通论》，中国法制出版社1998年版，第509页。

③ 参见杨建顺：《日本行政法通论》，中国法制出版社1998年版，第510页。

④ 参见许宗力：《双方行政行为——以非正式协商、协定与行政契约为中心》，载杨解君编：《行政契约与政府信息公开——2001年海峡两岸行政法学术研讨会实录》，东南大学出版社2002年版，第65—66页。

去钻研注定会徒劳无功的法规主体说、修正的法规主体说，乃至综合考察说，倒不如化繁为简，干脆透过立法途径或直接采取行为主体说，将一切契约，只要有行政机关参与为契约当事人者，无论有没有法规依据，都一律划定为公法契约。简单、清楚、易操作，是这种化繁为简之定性法的最大优点。"① 许宗力先生的这一主张，更接近普通法国家的法理。普通法国家，没有公法与私法之分，也不区别公法和私法争议的救济管辖，对行政契约的界定，做法比大陆法系国家简单得多。普通法国家的行政法，往往采取形式主义的界定方法，将以政府为一方当事人的合同统称为政府合同。

这样一来，当真能"化繁为简"，从而使久而未决的问题迎刃而解吗？恐怕没那么简单。因为，在契约制度乃至所有法律制度上，普通法国家有其自身的、不同于大陆法系国家的、独特的传统、习惯和规律性，这些东西放在普通法国家固然顺理成章，可一旦移植到大陆法系国家，就可能有害而无益了。所以，没有理由反对对这种"化繁为简"之法作理论探讨，同时也承认这种方法在一定程度上的合理性，但它的缺陷和弊端则是显而易见的。不妨假设一下：倘若以此为标准，那就意味着，行政机关为购买100元的办公用品，与商家签订的买卖合同，属于行政契约；而一个法规或规章认可的国有公司，为完成耗资100亿元的重大公共工程项目，与相对人签订的BOT合同，则不属于行政契约。这样的结论难道不耐人寻味吗？其实，大陆法系国家的行政机关所签订的契约有行政契约与民事契约之分，普通法国家所谓的政府合同，同样包括理论界所讲的实质意义上的行政契约和纯粹的民事契约两种，法院在具体判案中，对这两类契约也是区别对待的。尽管这些政府合同的法律适用规则不同于普通合同，但这并不意味着凡是以政府为一方当事人的合同都与私人之间签订的普通合同有着实质的区别，也不意味着这些政府合同只

---

① 参见许宗力：《双方行政行为——以非正式协商、协定与行政契约为中心》，载杨解君编：《行政契约与政府信息公开——2001年海峡两岸行政法学术研讨会实录》，东南大学出版社2002年版，第66页。

能一概适用特别规则而绝对不适用一般合同法规则。可见，纯粹形式主义的界定方法，并不能准确划定行政契约的范畴，也无法为司法审判实践提供足够的理论指导。

若将法国的"公务理论"与德国的"法律关系"学说结合起来，从是否"直接执行公务"和是否"设立、变更和终止公法上的法律关系"两方面综合考虑，并以此为实质标准界定行政契约，似乎更适合中国的法制现状。以涉及的法律关系为标准划分两类契约的方法，与我国法学理论上通行的从调整对象（即法律关系）角度划分法律部门的做法相吻合。民法与行政法之所以作为两个不同的法律部门，就是因为它们有不同的调整对象，民事契约与行政契约作为分属于两大法律部门的两个法律范畴，之所以不一样，自然也是因为它们涉及两种不同的法律关系。同时，法律关系的设立、变更和终止又与当事人的主观目的紧密联系，行政契约不同于民事契约的另一重要表现，还在于其"直接执行公务"的行政目的。这样一来，不但能涵盖大陆行政法学界以"旨在实现行政目的"作为行政契约界定标准的主流观点，而且能避免单纯考虑行政目的所带来的缺陷。

据此，行政主体签订行政契约，应以直接执行公务并以设立、变更和终止行政法上的权利义务关系为目的。有些契约，虽由行政主体与相对人签订，甚至由行政主体相互签订，契约的目的也与执行公务有关，但由于这类契约并不以直接执行公务为目的，仅仅与执行公务有某种间接关系，因而不是行政契约。具体说，某一不以采购、租赁为其行政本职的行政主体，为租赁办公用房、购买办公用品而与相对人签订的租赁契约、买卖契约，虽然与执行公务不无关系，但由于采购、租赁并不属该行政主体的行政本职或固有公务，其行为也不以直接执行公务为目的，只是和执行公务有关或对执行公务起辅助、准备作用，这类契约就不是行政契约。不过，当某一行政主体直接基于法律、法规乃至规章之规定或授权，以实施买卖、租赁等行为作为其行政本职或固有公务时，就应另当别论了。例如，我国集中采购机构依据《中华人民共和国政府采购法》的有关规定，为完成政府采购的本职工作或固有公务所签订的政府采购合同，应属行政契约。

可见，那些与执行公务有间接关系的契约，本质上属私法契约，跟那些旨在直接执行公务的行政契约，既有联系又有区别。一般情况下，只有行政契约才能设立、变更和终止行政法律关系，才能对相对人发生直接的行政法律效力。而行政主体签订的私法契约，即便与执行公务有关，也不能直接设立、变更和终止行政法律关系，作为行政主体直接执行公务的补充、辅助或准备形式，它对行政法律关系的设立、变更和终止只起间接作用。

（三）行政契约的内容是行政法上的权利和义务

行政契约的内容，表现为行政法上的权利与义务，与私法上的权利和义务不同。私法上的权利和义务具有对等性，一方之权利即为他方之义务，一方之所得即为他方之所失。而行政法上的权利和义务，往往具有同一性，权利与义务不能截然分开，权利中含有义务，义务中含有权利，其权利不一定仅为权利主体的利益，其义务也不一定仅为义务主体的损失。行政主体签订行政契约的行为本身，就是行使行政职权、实现行政目标的一种手段，行政主体的这一行政职权，便是权利和义务的结合体。行政主体通过行政契约行使行政职权，既是其权利，又是其义务，非经特别程序，一般不能转让，更不能放弃，否则就是失职。即便发生因工作需要而将某一行政职权"转让"（即委托）给其他行政主体或有关组织的情形，则这种转让仍只能表现为行政职权实现方式的变化，而不能是行政职权归属主体的变更，即该项行政职权仍应归属于原来的行政主体，其所有者未变，只不过其具体的执行者发生了变化。

另一方面，行政契约的内容还不得超出行政主体法定的职权范围。一般说来，行政主体的行政职权和相对人的行政权利义务，都是由行政法律规范及有关行政政策规定的，这种法定的权利与义务，具有抽象和概括的特点。行政契约就是将这些具有法定性、抽象性、概括性的权利和义务具体化、明确化的重要手段，它将契约当事人所固有的行政法上的权利与义务，具体落实到相对人身上，并督促相对人切实履行。但行政主体缔结行政契约跟行政主体采取其他行政行为一样，均受"越权无效"原则的支配，不能因行政契约的特殊性改变行政职权的法定性。

当然，经行政契约具体化的行政职权乃至作为行政契约内容的所有行政法上的权利和义务，均有一定的灵活性。由于行政契约所依据的行政法规范及有关行政政策会因国家政治、经济形势的变化而变化，而且这种变化有时还表现得相当频繁，因而行政契约的内容也必定随着这种变化而有所修改。但行政契约内容的修改，只能取决于它所依据的行政法规范及有关行政政策的变化或调整，绝不能基于契约一方当事人的行政主体的主观随意。倘若行政主体可以以行政契约内容的灵活性为借口对生效行政契约作任意改变，那么行政契约所应有的稳定性和严肃性将荡然无存，国家行政管理的稳定性和严肃性也势必大打折扣，这对国家行政职能的正常实施是极为不利的。

（四）行政契约的适用规则超越了私法范畴

行政契约是直接执行公务的契约，行政契约的适用规则也要与它直接执行公务的基本属性相适应，那些旨在实现当事人私人利益的私法契约所适用的规则，不完全符合行政契约的本质属性，不能为行政契约所适用。因此，行政契约所适用的是私法以外的规则，至于私法以外的规则到底应包含哪些内容，又通过何种形式体现，理论界观点并不一致。

一般而言，行政契约的适用规则既取决于行政契约的行政性，又反映了行政契约的行政性。在私法契约中，契约双方当事人不但法律地位平等，而且权利义务对等。而在行政契约中，特别是行政主体与相对人签订的行政契约中，双方当事人的法律地位虽然平等，但其权利义务常常不对等。因为，在行政契约缔结前，行政主体与相对人之间大都存在管理与被管理的不平等关系，行政契约缔结后，这种不平等关系虽因契约所要求的双方当事人平等、合意的本质属性而改变，但契约所包含的双方当事人的权利与义务并不完全对等，这种权利与义务的不对等，最集中地表现为行政主体在行政契约中所拥有的一系列特权。譬如，缔结行政契约的原始发动权（要约权）永远在行政主体一方；又如，行政主体对行政契约拥有单方面的变更权、解除权、执行权和制裁权。

当然，行政主体在行政契约中的所谓特权，只能基于实现行政目的的需要而存在，也只能以行政主体在缔约前事先承诺的义务（如提供优惠条件）为前提，行政主体还得为行使这些特权付出补偿的代价。因此，行政主体在行政契约中的特权是有限的，绝不是一种任意的、无节制的专横力量。也正因为在行政契约中适度保留了行政主体的某些特权，行政契约的行政性才能得到必要而充分的体现。

二、行政契约是一种借助契约手段实现行政目标的行政行为

行政契约首先具有行政性，因为它旨在直接执行公务，实现行政职能。但行政契约同时具有契约性，它与行政主体长期以来普遍实施、广泛运用的以强制性和单方意志性为基本特征的行政命令、行政处罚、行政强制、行政许可、行政检查、行政裁决等不同。从广义上讲，行政契约与它们一样，都是行政行为，但行政契约是一种借助契约手段实现行政职能的行政行为，它与其他行政行为的最大区别，在于其契约性或合同性。

行政契约尽管不同于民事契约、商事契约等私法契约（传统契约），但它仍不失为契约的一种，仍具有契约的一般共性。因此，行政契约的契约性源自私法契约的某些本质特征，是私法契约的内在规定性在行政契约中的具体体现，也是行政契约与以"命令—服从"为特征的传统行政行为的区别所在。行政契约的契约性具体表现在如下几方面。

（一）行政契约双方当事人法律地位的平等性

理论界有不少人，以行政契约中行政主体与相对人之间权利与义务的不对等为根据，得出了行政契约中行政主体与相对人法律地位不平等的结论。其实，这一观点失之偏颇。因为，双方当事人法律地位的平等

不等于其权利义务的对等，反言之，双方当事人权利义务的不对等也不等于其法律地位的不平等，契约双方当事人权利与义务的对等与否，对双方法律地位的平等性并不构成必然影响。① 进一步说，契约作为调整新型社会关系的有效手段，自脱离母体始，就与强制、命令水火不容，而与平等、自愿结下了不解之缘。行政契约作为契约的一种，当然不能背离契约的基本信仰和本质特征。

因此，行政主体在实施行政契约外的其他行政行为时，行政主体作为管理者，相对人作为被管理者，他们的法律地位是不平等的。行政主体对相对人有命令、指挥的绝对权力，处于主导、支配的优越地位；从相对人一方来看，他对行政主体有服从、遵循的义务，处于被动、从属的地位。但当行政主体借助于契约手段实现行政职能时，作为行政契约相对人的公民、法人或其他组织，便取得了与行政主体平等的法律地位。当然，由于行政契约所具有的行政性，行政契约与私法契约相比，自有其特殊之处，其特殊性也决定了行政契约与私法契约在范畴、原则、缔结、履行、变更、解除等方面存在诸多差异。但是，决不能因为它们两者间的差异而否定行政契约与私法契约在形式特征上的一致，即不能以行政契约中行政主体与相对人权利义务的不对等，否定行政契约双方当事人法律地位的平等，否则，行政契约的存在将以牺牲自己的基本特征

---

① 这里的所谓"平等性"与"对等性"是两个既有联系又有区别的概念，不能混用。从双方当事人之间权利与义务关系或法律关系的角度，我们用"对等性"；而从双方当事人法律地位的角度，我们用"平等性"。有学者在其著述中对这两个概念不作严格区分，如余凌云先生认为："以行政关系的不对等来否定契约关系成立的可能性，是建立在这样一种认识基础之上，即契约的本质是合意，而合意有效成立的前提是双方当事人法律地位必须平等……而在行政法领域之中，政府和相对人之间形成的是以命令和强制为特征的权力服从关系，没有地位对等可言，因而真正自由的合意也就无从产生。其实，这种观点过分拘泥于民法理论以及传统的高权行政理论，而没有敏锐地体察到现代行政法发展所带来的变化，因而是失之偏颇的。"（余凌云：《行政契约论》，中国人民大学出版社 2000 年版，第 10—11 页）

为代价，整个契约制度的基石也将遭到毁灭性的破坏。①

也有人认为，"在签订契约过程中，对等地位对于合意自由性的实现，只是充分要件而不是必要要件。平等地位能够实现自由合意的事实，并不否定在不对等基础上就不能实现自由的合意。在这里，问题的关键不在于契约当事人地位是否平等，而在于是否真正实现合意。"因此，"对问题的思考应转到'合意'，也就是双方意思的自由表达上。法律或事实上双方地位是否对等，都无关宏旨。"② 这一观点，同样值得商榷。因为，契约的本质是合意，而双方当事人法律地位平等是合意有效成立的前提。进一步说，权利与义务对等与否，对双方当事人合意的有效成立不起决定作用，即使权利与义务不对等，双方当事人之间也能形成合意。但法律地位的平等与否，对双方当事人合意的有效成立则至关重要，很难想象，两个处于不平等地位的当事人之间能够实现真正意义上的讨价还价并达成有效合意。③ 所以，接下来要探讨的行政契约双方当事人意思表示的一致性，是以行政契约双方当事人法律地位的平等性为前提的。

---

① 日本的田中二郎先生认为："一般说来，对通说认为公法关系即支配关系、公法行为即权力性行为的见解，是不能赞成的。我们不得不承认公法关系中也存在非权力服从的支配的关系，故公法行为中也存在非权力性行为的行为，在公法上的关系中，不限于上下的关系，对等者的关系也可能成立。"（田中二郎：《公法契约论序说》，载田中二郎：《行政行为论》，有斐阁1954年版，第284页）以上资料转引自杨建顺：《日本行政法通论》，第514页。笔者觉得，将田中二郎先生所谓的"对等者的关系也可能成立"改为"平等者的关系也可能成立"也未尝不可。

② 余凌云：《行政契约论》，中国人民大学出版社2000年版，第16—17页。

③ 即便主张"契约当事人地位是否平等"不是"问题的关键"的余凌云先生，对"这种地位不对等状态"也表示了他的担忧："这种地位不对等状态存在着压制相对一方的意思的自由表达、使行政契约滑向行政命令的危险。"（余凌云：《行政契约论》，中国人民大学出版社2000年版，第17页）既然如此，何不以立法形式对行政契约中事实上可能存在的"这种地位不对等状态"作有效的防范及规制呢？哪怕是旨在实现一种法律上的"拟制平等"，总比对"这种地位不对等状态"听之任之强吧！

（二）行政契约双方当事人意思表示的一致性

行政契约是一种双方行政行为，是行政主体与相对人意思表示一致的产物。行政契约的有效成立，必须以行政主体与相对人的合意为前提，这与那些只需行政主体单方面意思表示即可成立的行政行为完全不同。后者往往带有命令色彩，相对人在这种行政行为面前，只有服从的义务，没有讨价还价的权利。行政主体与相对人各自的价值取向和意思表示，可能是一致的，也可能是不一致的，但不管是一致还是不一致，均不影响行政行为的有效性，即这类行政行为并不以行政主体与相对人的合意为前提。"合意"只是一种手段，是实现行政目的的一种形式，它只是一个"外壳"。而行政契约的成立，大都以行政主体与相对人的自愿为原则，并且以双方当事人的合意为前提，这一原则和前提又在一定程度上表现为行政契约双方当事人的互选性和妥协性。

客观上，现代行政法的发展已为私法理念和私法制度向公法领域的渗透创造了条件，也为契约关系在行政法领域的形成提供了合意的基础，运用契约手段、采取合意方式处理公法关系是必要而可行的。所以，"对行政契约的思考，不必羁束在传统的公法行为理论框架内，完全可以跳出以往的那种认为公法行为必定是行政机关单方意思表示的权力行为、公法关系必定是权力服从关系的思维定式，而承认可以采取双方协商合意的非权力行为方式。"[1]

（三）行政契约双方当事人的互选性和妥协性

正因为行政契约的成立以双方当事人的合意为前提，所以行政契约的订立不但应给双方当事人以互相选择的机会和条件，而且要求双方当事人在一定条件下应互谅互让，以必要的妥协换取意思表示的一致。

首先，行政契约中的行政主体常常是特定的，相对人有时是特定的，但多数情况下是不特定的。当相对人较为特定时，行政主体和相对人相互选择的机会就少；当相对人不特定时，行政主体和相对人相互选择的

---

[1]　余凌云：《行政契约论》，中国人民大学出版社 2000 年版，第 11 页。

机会就多。但从整体来看，相对人选择行政主体的机会更少，而行政主体挑选相对人的机会更多。同样一个行政契约，可供行政主体挑选的相对人往往有两个乃至若干个，为了选出最理想的契约相对人，行政主体可以采取招标、邀请发价和直接磋商等多种方式。只有那些得到行政主体特别信任的相对人，行政主体才会选他做行政契约的对方当事人。另外，相对人也不总是处于消极的、被选择的地位，在行政主体选择相对人的同时，相对人也在选择行政主体。当一定的行政主体和一定的相对人互为选择并达成合意时，行政契约就可能在他们两者之间成立。即便是那些行政主体对相对人以及相对人对行政主体的选择余地较小或者根本无法选择的行政契约，其自愿色彩虽然受到了一定的影响，但双方意思表示的一致性对这类行政契约的成立，仍起着不可替代的作用。

其次，行政契约与行政主体那些单方面的行政行为不同，若非相对人的承诺和认可，行政契约便不会成立并生效。因此，为了得到相对人的理解和支持，行政主体在必要时还得作出某种妥协和让步。如给相对人提供某种便利、给相对人以一定的帮助或补贴等，以使相对人心悦诚服地接受行政主体在行政契约中的某些特权，并使双方形成共同、一致的意思表示。

问题在于上述选择、妥协或者讨价还价与传统的契约自由是不是有所区别？传统的契约自由在行政契约领域有无存在的空间？行政契约中代表行政权行使的依法行政原则与传统契约理念所包含的契约自由原则能否协调？

对契约自由原则在行政契约中的运用，既不能全盘肯定，也不能全盘否定。首先，应当承认契约自由在行政契约领域的存在；同时必须看到，这一特定环境下的契约自由并不是不受任何限制的。其实，即便在私法领域，契约也非绝对自由，也要受到法律的限制，契约自由与受法律羁束并非绝对不能相容。[1] 早在《罗马法》中就有"私人约定不能变

---

① 德国学者果德勒（D.Goldner）持此观点。转引自吴庚：《行政法之理论与实用》，台北三民书局 1996 年版，第 367 页。

更公法规定"的法谚，① 那么，在属公法范畴的行政契约领域，强调依法行政的同时，实行适度的契约自由更是无可非议。既然如此，问题的关键就不在行政契约中的依法行政与契约自由会不会步入水火不容的困境，接下来的问题恐怕是行政契约中依法行政与契约自由的界限到底如何来划定。布林格（M.Bullinger）主张，行政机关只有在法律赋予其自由裁量权时，才有选择契约作为行为方式的自由。② 所以，"行政契约在一定程度上是附着在裁量之上的"，行政契约中契约自由的"边际是由合行政目的性原则与依法行政理念划定的，因而双方当事人的合意空间是有限的。"③ 可见，行政契约中的契约自由是有限的契约自由，是依附并服从于依法行政的契约自由，我国台湾学者林纪东所谓公法中的"契约不自由"原则以及"唯在不抵触法规之限度内，公法上契约始得有效成立"之观点，大概也是这个意思。④

行政契约中的契约自由在行政契约的缔结和契约内容的确定这两大环节，意义尤其重要。根据上述原则，行政契约的缔结自由意味着，只要法律不禁止，行政主体即可基于行政目的，径行缔结行政契约。具体说，当法律对缔结行政契约有强制性要求时，无论行政主体还是相对人均无缔约选择权；当法律对此未作强制性要求或根本未作规定时，行政主体可以在法定权限内、基于行政目的缔结行政契约。在契约内容的确定方面，同样遵循法律优位原则，当法律对行政契约的内容有硬性规定时，应服从法律；当法律未作规定时，行政主体可以自由裁量，相对人也可以讨价还价。通常情况下，这时的相对人对契约内容的接受与否享有单方面的决定权，若契约内容不可接受，相对人有权拒签，行政主体无权强制其必须接受。

---

① 参见吴庚：《行政法之理论与实用》，台北三民书局1996年版，第363—364页。
② 转引自吴庚：《行政法之理论与实用》，台北三民书局1996年版，第365—366页。
③ 余凌云：《行政契约论》，中国人民大学出版社2000年版，第20、23页。
④ 参见林纪东：《行政法新论》，台北三民书局1985年版，第259页。

（四）行政契约缔结的公开性和竞争性

行政契约的订立应遵循公开、竞争的原则。公开招标缔结契约的方式最符合自由竞争的思想，也最适合我国当前市场经济的新形势。因为，公开竞争是市场经济条件下缔结行政契约的一项重要原则（紧急情况和涉及国家机密的情况除外），行政契约之所以不同于那些带有命令色彩的行政行为，就是因为行政契约缔结过程中的公开性和竞争性，以及双方当事人意思表示的一致性。倘若行政契约的相对人仅由行政主体私下确定，不经过公开竞争，行政契约的成立也不以双方当事人的合意，而由行政命令左右，则势必造成地区与地区、部门与部门的分割和封锁，地方保护主义、行业保护主义也由此产生，平等、公正、竞争、规范、健全、完善的统一市场和良好、有序的社会环境便无法形成。

三、行政契约是一种具有浓厚"纵向"色彩的法律行为

行政契约的"纵向"色彩源自行政契约的行政性，它与以"横向"色彩为基本特征的民事契约的区别也在于其行政性。为揭示行政契约作为"纵向契约"所固有的行政性，有必要以行政契约双方当事人间的"纵向"关系（管理与被管理关系）为立足点，对行政契约的基本类型做进一步解剖。

从行政契约双方当事人的相互关系看，作为行政职能实施者或行政契约发起方（要约人）的行政主体，与作为受行政职权作用的相对人或行政契约的承诺方，大都存在法律上的管理与被管理关系，这种管理与被管理关系，就是通常所说的"纵向"关系。因此，大量的行政契约，是行政主体与公民、法人或其他组织等相对人订立的，这类行政契约的"纵向"色彩非常明显，人们的认识也大体一致。

但在实践中，某些特定的行政主体，除了与公民、法人或其他组织订立行政契约，还经常与其他行政主体签订行政契约，对这类行政契约"纵向"色彩的认定，便不十分容易了。

在一定意义上，所有行政契约都是由行政主体与相对人签订的，某些特定行政主体与其他行政主体签订的行政契约，只不过是行政主体与

相对人缔约的特殊形式。因为，可以成为行政契约相对人的，除了公民、法人或其他组织，还有一定条件下的其他行政主体，即行政主体在一定条件下也可转化为相对人，这是由不同的行政主体担负的不同使命决定的。

根据国家行政管理体制的内容和特点，任何一个行政主体，一方面依本身的职权管理着一定的相对人（包括其他行政主体），另一方面，也要受到来自其他行政主体依其各自职权所实施的管理，从这一意义上讲，所有行政主体，既是管理者，又是一定条件下的被管理者。当某一行政主体成了另一特定行政主体所要求订立的行政契约的被管理者时，它同时便成了与公民、法人或其他组织一样的相对人。

所以，当同一行政契约的双方当事人均为行政主体时，对双方当事人法律地位及有无"纵向"色彩的判断，应依据以下原则。

首先，当行政契约所确定的行政目标的直接追求者和行政职能的具体实施者比较明确时，拥有管理职能的行政契约的发起方是行政主体，而被管理方是相对人，他们之间订立的行政契约，"纵向"色彩就比较鲜明。

例如，市容管理部门（特定的行政主体）为更好地贯彻、落实市容卫生责任制，与城区内所有企事业单位、机关团体等（当然包括那些本身就具有一定其他行政管理职能的行政主体），就其各自包干区内的市容卫生状况，签订的卫生包干契约。这些行政契约中，就有一部分属于特定行政主体与其他行政主体（特殊相对人）所订立的行政契约。

其次，当双方或多方当事人都是行政契约所确定的行政目标的直接追求者和行政职能的具体实施者时，他们当中究竟谁是管理者，谁是被管理者，并不十分清楚。在这种情形下，双方乃至多方行政主体可以互为相对人。但他们之间订立的行政契约，"纵向"色彩便不甚明朗，反倒"横向"色彩占了上风。

例如，长江沿岸十大城市的市长，分别代表自己所在的市政府，就共同开发长江水力资源这一共同性的问题，签订了协议。尽管这十大市政府的行政级别不完全对等，其中有直辖市，也有省辖市，有一般的市，还有国务院批准的较大市，但他们之间既不存在行政隶属关系，也不存在管理与被管理关系，他们所签订的行政契约，便没有一般情况下的那种"纵向"色彩。

因此，所谓行政契约的"纵向"色彩和民事契约的"横向"色彩，只是一个形象化的比喻，之所以用这个比喻，也是为了更形象地说明行政契约的行政性，切不能望文生义，作片面理解。

总之，构成行政契约的基本要素有二：一是行政性，二是契约性。这两个要素是有层次的，行政性是第一层次的因素，它揭示了行政契约中权力因素的主导作用，表明该行为是为行政管理服务的，因而处于第一层次。契约性则充分显示了行政契约制度与一般传统手段相区别的特色。但是，契约性作为基本要素之一，其地位却不能与行政性相对等，它是从属要素。契约精神在公法领域中的介入，仅是弱化行政行为的单向性、命令性，强调行政主体与相对人的沟通与合作并不能改变行政权的本质特点。

综上所述，行政契约是作为法律文书的契约与作为管理手段的行为的有机统一，也是行政行为与契约行为的有机统一。行政契约的本质属性在于行政性，契约性只是形式特征。就性质而言，行政契约是行政主体为实现行政目的，依法与相对人签订的协议，是能够设立、变更和终止行政法律关系的具体行政行为。

第三节　行政契约的分类及形式

如前所述，不同法系、不同国家对行政契约的概念及定性认识不一，自然，其分类及形式就有差异，即便在同一国家，由于分类标准的不同，其结论也会有所不同。严格意义上讲，行政契约的分类与行政契约的形式是两个不同的范畴，分类属学术范畴，形式属实践范畴。前者是学界根据一定标准对各种行政契约的归类，后者是行政契约在实践中的存在方式或行政契约的名称。由于两者间存在内在的联系，可以结合起来研究。

一、西方国家行政契约的分类及形式

在法国，行政契约适用的事项有的由法律规定，有的由行政机关决定，据此，行政契约可分为两类：适用事项由法律规定的行政契约，如公共工程承包契约、公共工程捐助契约、公务特许契约、独占使用共用公产契约、出卖国有不动产契约等。这类行政契约只占少数，大多数行政事项，究竟缔结民事契约还是行政契约，往往由行政机关根据需要和情况进行选择，法律并无硬性规定。例如，行政机关签订的供应契约、运输契约、雇用契约等，有时是行政契约，有时是私法契约，只有当行政机关决定采用行政契约方式缔结契约时，它们才成为行政契约。①

也有人将众多不同的行政契约主要划分为公务特许契约和公共采购契约两类。公务特许契约是行政机关将公务特许个人（通常为私人）行使而签订的契约，如地方行政区与自来水公司签订的有关特许后者在该行政区内供应自来水的契约。公共采购契约是有关为公务提供特定物品或服务的契约，如公共工程契约、供应契约、劳务契约。②

在德国，有关行政契约的分类很多，可以从契约主体或者契约客体等角度进行分类。德国《联邦行政程序法》和学术界常常根据签订契约时主体双方所处的地位及其相互关系为标准，将行政契约分为对等权契约和主从权契约。对等权契约是指原则上地位相同的当事人之间，特别是具有权利能力的行政主体之间所签订的行政契约。例如，两个乡镇之间有关界河养护的协议；两个乡镇的区域变更契约；乡镇和县之间有关移交垃圾清除义务的契约；等等。主从权契约是指具有命令服从关系的当事人之间，即行政机关为一方、公民或其他位于行政之下的法人为另一方签订的行政契约。例如，公共设施利用契约；行政机关与公务员之间签订的有关提前退职退还培训费的契约；警察机关和违法行为人之间

①　参见王名扬：《法国行政法》，中国政法大学出版社1988年版，第186页。
②　参见余凌云：《行政契约论》，中国人民大学出版社2000年版，第67页。

签订的有关履行警察义务的契约；等等。①

　　由于主从权契约或隶属契约中"双方地位不平等，容易出现'出卖公权力'或利用公权力欺压相对人的情况，因此要在法律上对隶属契约加以特别防范和控制。"② 为此，德国《联邦行政程序法》专门规定了和解契约和双务契约。尽管这两类契约在对等权契约中同样存在，但它们在主从权契约或隶属契约中，使用频率更高，被滥用的可能性更大，所以《联邦行政程序法》对此作特别规定，不是没有道理的。

　　所谓和解契约，是指为消除合理判断中的事实或者法律问题的不确定状态，通过相互让步而缔结的行政契约。行政主体缔结这类契约，旨在提高行政效率，节约行政开支，减少行政争议，消除行政讼累。但这类契约极易引发行政机关为规避其调查义务、讨好相对方当事人而作无原则让步、损害国家或他人利益的危险。为消除上述危险，法律一方面要求这类契约的签订应符合一定条件：（1）存在着有关事实状况或者法律观点的不确定状态；（2）这种不确定状态不能查明，或者非经重大支出不能查明；（3）通过双方当事人的"让步"，可以取得一致的认识。③另一方面，对有些问题，法律还禁止契约当事人互相和解。比如，在核发医师执照时不得就应具备的医师资格进行和解；在对于适用何种法律或哪种条款存在争议时，也不能互相让步寻求和解。④

　　所谓双务契约（又译为互易契约），是指缔约双方互负给付义务的行政契约。这类契约通常由行政主体与公民签订，大都属主从权契约，在

---

① 参见［德］哈特穆特·毛雷尔：《行政法学总论》，高家伟译，法律出版社2000年版，第353—354页。也有人将它们称为对等契约和隶属契约，其判断既要考虑契约标的，更要注意契约当事人的身份。（参见余凌云：《行政契约论》，中国人民大学出版社2000年版，第37页）

② 参见余凌云：《行政契约论》，中国人民大学出版社2000年版，第68页。

③ 《联邦行政程序法》第55条。参见［德］哈特穆特·毛雷尔：《行政法学总论》，高家伟译，法律出版社2000年版，第356页。

④ 参见吴庚：《行政法之理论与实用》，台北三民书局1996年版，第373—374页。转引自余凌云：《行政契约论》，中国人民大学出版社2000年版，第69页。

双方地位不对等的情形下，极易出现不合理的约定条款。为保护公民利益，防止"出售高权"，法律同样规定了这类契约的缔约条件：（1）符合特定目的；（2）旨在完成公务；（3）合乎适当性要求；（4）与行政主体在契约中的给付义务存在客观联系。① 上述条件必须同时具备，缺一不可，否则，双务契约归于无效。双务契约的典型例子是建设费用豁免契约。例如，甲打算在城区修建一座商店，提出相应的建设许可申请。甲不能在其不动产区域内留出汽车停车场的位置，申请行政机关批准免除这一法定义务。行政机关要求，甲为此应当支付 10000 马克公园建设费，该公园应当修建在商店附近。双方据此签订相应的契约，约定行政机关有义务发放甲为之支付 10000 马克的豁免。这一双务契约，就完全符合法定条件：（1）这笔款项只能用于建设指定的公园；（2）建设公园符合公共利益；（3）与修建公园的总款项相比，或者与甲通过豁免而节省的数额相比，10000 马克是适当的；（4）存在客观的关联点，通过支付 10000马克，使公园的建设成为可能。②

日本法受德国法影响较深，就行政契约的分类而言，虽未直接援引德国行政法上对等权契约与主从权契约的分类，但从传统通说的分类方法，不难发现它受德国法影响的痕迹。日本传统通说将行政契约分为：行政主体相互间的契约，如市町村相互间的儿童教育的委托协议③，地方公共团体相互间的道路、河川的费用负担比例的协议④，地方公共团体在本区域外设置营造物时与相关地方公共团体之间的协议⑤；行政主体与私人之间的契约，如公共团体与私人之间的公用负担契约、市町村与煤气

---

① 《联邦行政程序法》第 56 条。参见［德］哈特穆特·毛雷尔：《行政法学总论》，高家伟译，法律出版社 2000 年版，第 356 页；于安：《德国行政法》，清华大学出版社 1999 年版，第 140 页。

② 参见［德］哈特穆特·毛雷尔：《行政法学总论》，高家伟译，法律出版社 2000 年版，第 351—352、356—357 页。

③ 《学校教育法》第三十一条。

④ 《道路法》第五十四条、《河川法》第六十三条。

⑤ 《地方自治法》第二百一十、二百一十一条。

公司等之间的奖励契约；私人之间的契约，如土地收用中土地收用事业部门与土地所有者等之间的协议。① 这种分类方法，在田中二郎、美浓部达吉、佐佐木物心一的著作中均有采用。②

可见，传统通说的分类，基本上以缔约当事人的身份与地位为标准，与德国行政法上基于双方当事人是对等关系还是隶属关系来划分行政契约的做法如出一辙。但二战以后，"日本法制在特定的历史环境下逐渐受到普通法的侵蚀，……现代很多日本学者倾向于将作为达成行政目的手段而缔结的契约统称为行政契约，从中考察其共通的特征。这就使得行政法上契约的范围较德国的行政契约要广，内容更加复杂多样，类型也更加纷繁不定。"③

原田尚彦将行政契约分为行政组织法上的契约和行政作用法上的契约。前者即所谓真正的公法契约，如某地方公共团体为在其他地方公共团体所管辖的区域内设置公共设施，而与该地方公共团体签订的协议④；后者即所谓非真正的公法契约，如公害防止协定。⑤

室井力将行政契约分为行政主体相互间的契约和行政主体与相对人之间的契约。前者如地方公共团体间的事务委托协议。⑥ 后者范围更广，包括：有关提供行政服务的契约，如公民馆等公共设施及邮政、自来水等公共企业的利用及补助金等的交付的契约；为筹措行政手段的契约，如政府采购契约、共用负担契约、公务员雇用契约；财产管理契约，如国有财产中有关普通财产的租赁契约；作为规制行政手段的契约，如公

---

① 《土地收用法》第四十条、一百一十六条以下。
② 以上参见杨建顺：《日本行政法通论》，中国法制出版社 1998 年版，第 510 页及注。
③ 余凌云：《行政契约论》，中国人民大学出版社 2000 年版，第 72—73 页。
④ 《地方自治法》第二百四十四条（3）。
⑤ 参见［日］原田尚彦：《行政法要论》，东京学阳书房 1995 年版，第 175 页。转引自余凌云：《行政契约论》，中国人民大学出版社 2000 年版，第 73—74 页；另参见杨建顺：《日本行政法通论》，中国法制出版社 1998 年版，第 511 页。
⑥ 《地方自治法》第二百五十二条（14）。

害防止协定；等等。①

石井昇则认为，行政法上主要存在：行政主体相互间有关行政上事务的契约，如市町村间的教育事务委托契约；作为行政活动之必要的物的手段而缔结的契约，如公共用地买收契约；公共设施、公共企业利用契约，如邮电事业等公共企业利用契约；有关财政补助的契约，如社会保障行政领域中各种资金的交付、贷付契约；公务员劳动契约；奖励契约；公害防止协定等。②

另一位日本学者盐野宏认为，在日本，"缺乏将行政契约作为公法上的契约来把握，并将其视为一个范畴的素材。但是，行政主体以各种各样的形式和私人或者其他行政主体进入契约关系，这是广泛存在的，这里决不是不存在法律上的问题。"所以，他不是从"公法上的契约之形式"，而是从"行政上的契约之形式"将行政契约分为准备行政中的契约、给付行政中的契约、规制行政中的契约和行政主体间的契约。其中，与准备行政有关的契约，传统上是依据民法手段（主要是买卖契约）进行的，它并没有作为公法契约而形成和民法不同的特别的法理，这一点"在否定行政主体不合理的特权地位方面具有值得肯定的价值。但是，契约当事人在形式上的平等并不一定能够保障公正的结果，并且，鉴于其必然地伴随着公共资金的支出，为了确保公正，对民法上的契约法理进行修正或适当的补正，在立法论和解释论上便成为必要。"③

综上，多数日本学者将政府采购契约纳入了行政契约范畴，这类契约虽然依据民法手段而进行，但它所散发出的浓厚的行政法气息是无法驱散的。这对我国政府采购合同的定位，无疑有参考价值。

---

① 参见［日］室井力编：《行政法 100 讲》，东京学阳书房 1990 年版，第 148—149 页。转引自杨建顺：《日本行政法通论》，中国法制出版社 1998 年版，第 512—513 页。

② 参见［日］石井昇：《行政契约的理论和程序》，东京弘文堂 1988 年版，第 6—7 页。转引自余凌云：《行政契约论》，中国人民大学出版社 2000 年版，第 73 页。

③ 以上参见［日］盐野宏：《行政法》，杨建顺译，法律出版社 1999 年版，第 135—140 页。

　　以上大陆法系各国对行政契约的分类，基本上是以公法与私法相区分为背景的，公、私法划分理论对其有直接的指导意义。英美法系国家，无公法与私法之分，公法契约与私法契约的适用规则基本相同，但对行政契约进行分类，仍然有理论和实践价值。以美国为例，从合同内容或政府征集的标的角度，政府合同可分为供应合同（Contracts for supplies）、劳务合同（Contracts for service）和建筑合同（Contracts for construction）；从缔约方式或政府征集的方法角度，政府合同可分为竞争性合同（Competitive Contracts）和非竞争性合同（Noncompetitive Contracts）；从政府给相对人合同价款的计算和偿付方法角度，政府合同可分为固定价款合同（Fixed-Price Contracts 又译为选定价格合同）和费用补偿合同（Cost-Reimbursement Contracts 又译为偿还成本合同）。①

　　不同类型及形式的政府合同，在政府管理中的作用有所不同，政府可以根据需要选择合适的方式与相对人签约。例如，选定价格合同是双方当事人在缔约时就确定价格，其价格条款是固定的，不可随意更改。这类合同有利于政府转嫁合同风险，便于相对人努力控制成本，实现利益最大化。但当合同价款事先无法确定时，政府为保证合同成本的合理性，就得与相对人缔结偿还成本合同，待合同履行完毕后，政府再根据相对人履约的实际成本，计算并支付费用，在此情形下，政府必须对合同的履行实行有效的管理和控制，以实现成本最小化。究竟采取何种方式，涉及缔约所冒的风险程度，政府应通过风险和效益的综合比较，最大限度地利用不同类合同的有效空间，作出明智的选择。

　　葡萄牙《行政程序法典》（1991 年颁布，1996 年修订）设专章规定了行政合同，根据该《法典》，行政合同在葡萄牙有广阔的适用空间，只要法律没有相反的规定，或者只要不是因拟建立的关系的性质不允许，

---

①　参见［美］海恩：《政府合同管理手册》1987 年（英文版），第 20、31 页；［美］阿纳瓦斯（Annavas）、陆伯瑞（Rubery）：《政府合同指南》1987 年（英文版），第 2—16 页。转引自中国人民大学朱韶斌：《西方各国行政合同制度比较研究》，1994 年硕士学位论文。

行政机关为实现其所属的法人的职责，就可订立行政合同。由于行政合同的适用范围广泛而不定，《行政程序法典》只列举了几种常见的行政合同，如公共工程承揽合同、公共工程特许合同、公共事业特许合同、公产开发合同、公产专用合同、博彩经营特许合同、继续供应合同、为直接公益提供劳务合同。①

二、我国行政契约的分类及形式

照理，谈到我国行政契约的分类及形式，应涉及我国的港、澳、台地区，但考虑到我国香港地区与英国、我国澳门地区与葡萄牙及我国台湾地区与德国在行政契约制度乃至整个法律制度上的渊源关系，其行政契约的分类及形式没有太大的代表性，故探讨的重心宜放在中国大陆。而中国大陆的行政契约制度正处于形成和发展阶段，缺乏单行、系统的法典依据，所以，对我国行政契约的分类及形式的讨论，包括以后将要展开的其他问题的讨论，更多还只是理论上的。

我国大陆出版的行政法学著作，大都基于契约所调整的行政关系的范围、契约主体间的相互关系、契约的内容、契约所涉及的行政管理领域等标准，对行政契约进行分类。② 参考相关著作的相关内容，宜按不同标准对行政契约作以下分类。

1. 以契约所调整的行政关系的范围为标准，行政契约可分为内部契约和外部契约。所谓内部行政契约，是调整内部行政关系的契约，它通常在行政主体之间或行政主体与其成员之间缔结。所谓外部行政契

---

① 转引自杨海坤、黄学贤：《中国行政程序法典化——从比较法角度研究》，法律出版社1999年版，第344页。

② 许崇德、皮纯协主编：《新中国行政法学研究综述（1949—1990）》，法律出版社1991年版，第475—476页；张正钊、韩大元主编：《比较行政法》，中国人民大学出版社1998年版，第413—414页；熊文钊：《现代行政法原理》，法律出版社2000年版，第461—463页；罗豪才主编：《行政法学》，北京大学出版社1996年版，第261—262页；张焕光、胡建淼：《行政法学原理》，劳动人事出版社1989年版，第308页。

约，是调整外部行政关系的契约，它通常在行政主体与外部相对人之间缔结。

2. 以契约主体间的相互关系为标准，行政契约可分为行政主体间的契约和行政主体与公民、法人或其他组织间的契约。前者，契约主体均为行政主体，契约主体间的相互关系可以是上下级关系，也可以是平级关系。这类契约均为内部契约。后者，契约的一方主体是行政主体，相对方主体是公民、法人或其他组织，两者之间存在管理与被管理关系。这类契约，绝大多数属外部契约，但也有一部分属内部契约。

3. 以契约内容为标准，行政契约可分为：

（1）行政事务委托或公务特许契约。即某一行政主体因委托另一行政主体代办某项行政事务或委托有关公民从事特定公务活动所缔结的行政契约。如公安机关之间因委托调查而成立的契约。

（2）行政事务共同管辖契约。即两个或两个以上行政主体，为共同管辖或联合管理某项行政事务所缔结的行政契约。如长江沿岸几大城市的市政府就共同开发长江水力资源所签订的协议；又如上海市与江浙两省的几大旅游城市，就"非典"之后如何启动三地的旅游市场，并共同开发旅游资源所签署的协议。

（3）特种事务协作契约。即行政主体之间或行政主体与相对人之间，为完成某种特定事务而相互协作所缔结的行政契约。前者如行政主体间的公务员借调契约；后者如政府有关部门与大专院校、科研机构及研究人员签订的科研协作契约，又如政府与有关单位为落实计划生育政策而签订的计划生育契约。

（4）以财产权转移为内容的契约。即行政主体之间或行政主体与相对人之间以转移财产为目的缔结的契约。这类行政契约可以在行政主体之间缔结，也可以在行政主体与相对人之间缔结。所转移的财产，可以是公产，也可以是私产。转移的方式通常包括买卖、出让、借贷、捐助、补偿等。具体如：政府购买契约（包括行政主体间的公产买卖契约和特定行政主体与有关相对人间的政府采购或征购契约）、行政主体为一方当事人的土地使用权出让契约、行政主体基于特定行政目的的借贷契约、以行政主体为受让人的财产捐助契约、就行政处理致相对人损害事项达成的补偿契约等。

（5）承包、租赁契约。与买卖、借贷一样，承包、租赁本属私法行为，但一旦承包或租赁的标的物不是普通财产而是国有企业，发包方或出租人也不是普通个人或单位而是政府或其他行政主体时，他们为推行行政政策、落实国家计划、增强企业活力、提高行政效率和经济效益，与作为相对人的承包人或承租人之间签订的承包契约或租赁契约，也属行政契约。如国有企业承包经营契约、小型国有企业租赁经营契约等。

（6）公共事务管理契约。公共事务范围广泛，涉及公共工程、环境保护、水电气供应与管理、公害防治等方面，具有浓厚的行政及公益色彩。所以，涉及公共事务管理的契约，当然属行政契约。例如：公共工程承包契约、公共工程捐助契约、公共工程特许契约、水电气供用契约、环境整治契约等。

4. 行政契约广泛存在于工业、农业、交通、公安、民政、科教文卫等领域，不同行政管理领域所适用的行政契约，各有特色。因此，也可以契约所涉及的行政管理领域为标准，对行政契约进行分类。

5. 以实施行政契约目的为标准将行政契约分为限制性行政契约和协作性行政契约。限制性行政契约指行政主体为了公共利益的目的，限制一定相对人为或不为一定行为的契约，如博彩经营特许契约。协作性行政契约，又称鼓励性行政契约，是指为了公共利益鼓励相对人从事一定行为的契约，如公共捐助契约。

6. 根据运用行政契约的领域不同，可以分为规制类行政契约和服务类行政契约。规制类行政契约指行政主体以专业管理为手段实现行政目的的契约，如工业管理行政契约、农业管理行政契约等。服务类行政契约指政主体以提供服务而实现行政目的，与相对人订立的契约，这类契约如救灾安置契约、环境管理契约等。

7. 根据契约是否具有给付内容，可分为给付性行政契约和非给付性行政契约。给付性行政契约指具有金钱给付内容的契约，如行政救济契约、行政征收契约、国有土地使用权出让契约等。非给付性行政契约指不具有金钱给付内容的契约。这类契约是纯管理性契约，如文化管理契约、计划生育契约等。

其实，完全没有必要为分类而分类，进而使分类停留在对行政契约表面特征的揭示，忽略其本质属性的阐释。所以，对行政契约作分类研究的最终目的不在分类本身，而在对行政契约的进一步定性，以使人们更加合理地界定行政契约，弄清行政契约的本质属性。为此，不妨循另一思路考察分类问题，这样似乎更有助于厘清行政契约所涉及的错综复杂的关系，并平息由此所致的一系列争议。

我国大陆行政法学界对行政契约的分类，一直存在重形式、轻实质或者重外表、轻内容的缺陷，即便是以契约内容为标准所作的分类，也因其内容的复杂性而难以系统化、规范化，含混之处甚多，真是剪不断、理还乱！何以至此？行政契约界定不清所使然也。可想而知，连什么是行政契约这一最基本的问题还没弄清楚，围绕行政契约的分类怎么可能清晰呢？因此，对行政契约的分类应始终结合行政契约的界定，不能离开这个背景。基于这一认识，宜按照下述思路对行政契约作分类：有些契约，公法属性非常鲜明，它与私法契约迥然不同，这一差异连私法学界也不得不承认。这类契约，不妨称之为纯粹行政契约或典型行政契约。例如：行政区域边界争议和解协议、行政事务委托或公务特许契约、治安处罚担保书、治安责任状①、人事聘用契约等。

有些契约，直接执行公务的目的非常明确，但它借用了私法契约的传统方式，从而使得它与私法契约的差异不甚明显，人们的认识也不一致。若从区分行政契约与私法契约的实质标准出发，这类契约仍属行政契约，为了有别于纯粹行政契约或典型行政契约，不妨称之为混合行政契约或非典型行政契约。例如：政府采购或征购契约、国有企业承包或

---

① "书""状"为契约的两种特殊形式。

租赁契约、公共工程特许或捐助契约等。

对典型行政契约的认识，分歧不会太大，而对混合行政契约的定性，理论分歧恐怕难免。尽管法、德等国的公务理论和法律关系学说对我们区分行政契约与民事契约不无帮助，但那些公私法条款交织、混杂的混合契约，到底属行政契约还是民事契约，依然仁者见仁，智者见智，众说纷纭，莫衷一是。这种分歧在法治发达的西方国家尚且存在，在我们这样的法治欠发达国家，特别是行政契约制度尚处于初创阶段的国家，存在这样那样的意见，是很正常的。如何消除纷争，解决这一矛盾？最行之有效的办法是由立法来确认。看来，我国"行政契约法"的制定势在必行！

分类是科学研究的基本方法之一，当面对的事物纷繁芜杂时，常需借助于分类的方法加以把握，行政契约就是这样的领域。行政机关对行政契约手段的运用本身就是一种创造性的活动，是行政机关根据行政需要进行判断和选择的结果。因此，对层出不穷的行政契约实践，要想穷尽所有的契约形式是不可能的。其中更为重要的是借助类型化的条理分析将不同类型的行政契约加以规范，且为以后的立法指明方向。依据不同的标准，可以对行政契约的形式作进一步分析。

三、几种特殊的行政契约

行政契约种类繁杂，形式多样，部分行政契约又难以定性，疑惑颇多。所以，本书不打算对行政契约的所有形式逐一介绍，只是选择几种特殊的、有一定代表性的，甚至可能是争议较大的行政契约作一剖析。

（一）BOT 特许权协议

BOT 是英文 Build Operate Transfer 的缩写，意即"建设—运营—移交"，其基本含义是：政府同私营部门（可以是外商或外国与本国联合的财团）签订合同，授予其参与某些基础设施或公共工程建设的特许权，由该私营部门独自或联合政府部门，组成项目公司或开发公司，负责该项目的筹资、设计、承建等，项目建成后由私营部门（或项目公司）

负责一定时间的运营管理，待其收回筹资的本息并获取一定利润后，或者是待约定运营期限届满后，再把整个项目无偿移交给政府或政府部门。① 根据世界银行《1994 年世界发展报告》，这类特许权协议项目方式很多，除上述 BOT 外，还有：BOOT（Build-Own-Operate-Transfer），即建设—所有—运营—移交；BOO（Build-Own-Operate），即建设—所有—运营；BTO（Build-Transfer-Operate），即建设—移交—运营；BOOST（Build-Own-Operate-Subsidize-Transfer），即建设—所有—运营—补助—移交；BRT（Build-Rent-Transfer），即建设—出租—移交；BT（Build-Transfer），即建设—移交；等等。它们在具体结构及成分上虽有差异，但它们"利用非公共机构实现公共职能的基本目标和遵循的基本原则是统一的，没有实质上的差别。"②

BOT 作为一种公共工程或基础设施建设的投资融资方式，在法国的行政合同制度中，具有典型意义。"在法国，政府从事的工程建设有时受公法的支配，这种工程属于公共工程。有时受私法支配，这种工程属于私工程。公共工程和私工程的区别正如行政合同和民事合同、公产和私产、公务员和雇佣人员的区别一样，是法国法律区别公法和私法的结果。"③ 何种工程属公共工程，一般由行政法院的判例产生，通常指那些行政主体为了公共利益对不动产所进行的工程活动，以及其他人为了行政主体的打算对不动产进行的以公共利益为目的的工程活动。与公共工程有关的合同，主要有公共工程特许合同、公共工程捐助合同和公共工程承包合同。

公共工程特许合同是行政主体与受特许人之间就公共工程的建设、运营所缔结的行政合同。根据合同约定，由受特许人出资或筹资实施工

① 参见刘舒年：《国际工程融资与外汇》，中国建筑出版社 1997 年版，第 133—134 页。

② 参见于安：《外商投资特许权项目协议（BOT）与行政合同法》，法律出版社 1998 年版，第 3—4 页。

③ 王名扬：《法国行政法》，中国政法大学出版社 1988 年版，第 411 页。

程建设，工程完成后，由受特许人在一定期间内对该公共工程取得经营管理权，自己免费使用该工程或向使用人收取费用，作为投资回报。

公共工程捐助合同是私人或其他公法人对某一行政主体提供捐助，用以建设公共工程所缔结的行政合同。

公共工程承包合同则是行政主体为建设某项公共工程，与建筑商之间达成的协议。根据约定，由建筑商按照行政主体的意图和打算实施工程建设，行政主体向建筑商支付一定价金作为报酬。

当今，BOT 已在许多国家和地区广泛运用。20 世纪末，美国在私有化浪潮的冲击下，BOT 方式几乎覆盖了其基础设施的所有领域，在公路、桥梁、隧道、水厂、电厂、垃圾处理厂等项工程的建设中得到了普遍应用。迄今为止，在发达国家和地区已进行的 BOT 项目中，以英国和法国共同建设的英吉利海峡海底隧道工程、澳大利亚悉尼港海底隧道工程和香港的海底隧道工程最为著名。① 除发达国家外，发展中国家对 BOT 投资方式的态度也越来越积极，纷纷通过 BOT 方式，解决因公共工程或基础设施建设所带来的资金不足的矛盾。泰国、巴基斯坦等国在这方面的成绩和经验，值得我国关注和学习。

显然，政府采用 BOT 投资方式，不但能摆脱公共工程建设中资金不足的窘况，而且可以避免为大型建设工程融资而出现的风险，预防损失，减轻产生长期债务的危险，好处自不待言。② 基于此，我国政府对 BOT 投资方式的态度也由观望转向实施。十八届三中全会《决定》指出：政府要加强发展战略、规划、政策、标准等制定和实施，加强市场活动监管，加强各类公共服务提供。加强中央政府宏观调控职责和能力，加强地方政府公共服务、市场监管、社会管理、环境保护等职责。推广政府购买服务，凡属事务性管理服务，原则上都要引入竞争机制，通过合同、

---

① 参见于安：《外商投资特许权项目协议（BOT）与行政合同法》，法律出版社 1998 年版，第 11 页。

② 参见 A.D.F.普赖斯：《国际工程融资》，水利电力出版社 1995 年版，第 103 页。

委托等方式向社会购买。2014 年，财政部和民政部《关于支持和规范社会组织承接政府购买服务的通知》中强调：充分发挥社会组织在公共服务供给中的独特功能和积极作用，有利于加快转变政府职能，创新公共服务供给方式，提高公共服务供给水平和效率；有利于培育和引导社会组织，加快形成政社分开、权责明确、依法自治的现代社会组织体制；有利于推动整合利用社会资源，增强公众参与意识，激发社会发展活力。由此，BOT 投资方式在我国有了明确的规章依据，并在公路、铁路、水、电等工程领域得到了广泛应用，甚至已由国际 BOT 延伸到国内 BOT。①

　　由于 BOT 投资方式所涉及的法律领域具有综合性和复杂性，呈公、私法交融之状。其中，属于私法范畴的问题大都与公司、证券、票据、保险、商业银行、商事合同等有关，也正因为此，往往使人产生 BOT 项目协议属私法契约的错觉。不错，私人投资者为实施 BOT，首先须建立专门的项目公司，因该项目公司的成立和运作而产生的一系列法律问题，有不少是私法性质的。但是，作为 BOT 项目主体内容的特许权协议，其公法属性或行政法特征是毋庸置疑的。

　　严格意义上讲，BOT 特许权协议的基础和前提是政府特许，若无政府特许，BOT 特许权协议便无法成立。所以，BOT 特许权协议的性质取决于政府特许的性质，政府特许到底属商业交易（私法行为）还是行政许可（公法行为），直接影响和决定着 BOT 特许权协议的定性。如果将政府特许视为私法意义上的商业交易，则由此而产生的 BOT 特许权协议便是私法契约；反之，若将政府特许视为公法意义或行政职权意义上的行政许可，则 BOT 特许权协议就应该是行政契约。

　　从政府特许的基本特征看，它应是一种特殊的行政许可。通常情况下，行政许可的实体内容表现为，行政主体对符合法定条件的申请人依法解除禁止，从而使该申请人取得了一般人所没有的、可以从事某些特

---

① 此处的国际 BOT，即外商投资的 BOT 项目；国内 BOT，即国内民营机构或私人以 BOT 方式参与公共基础设施的建设项目。

殊民事活动的"特权"。这种行政许可，虽以相对人申请为前提，但行政主体与申请人之间在许可问题上不存在讨价还价或协商合作，它以行政主体单方面发放的许可证为表现，是一种典型的单方行为。而 BOT 项目中的政府特许，在解除禁止和赋予特权等行政许可的实质要件上，与一般行政许可没有两样。所不同的是，政府特许以行政主体与相对人（项目公司）签订的行政契约为表现，是一种典型的双方行为。但双方缔结的特许权协议所包含的权利义务关系属于行政法律关系，其中涉及的国有化政策、关税及税收制度、外汇管理制度等等，均对特许权协议的行政性起着决定作用。综上，BOT 特许权协议当然是一种行政契约。

（二）公产特别独占使用特许及承包、租赁、出让契约

将行政主体的财产分为公产与私产，是法国行政法的特色。公产受行政法支配，由行政法院管辖；私产则受私法支配，由普通法院管辖。公产与私产的区分标准，主要由法院的判例决定。一般认为，行政主体的公产是供公众使用或供公务使用的财产，所以，公产可以分为公众直接使用的公产和公务用公产。具体表现为海洋公产、河川湖泊公产、空中公产和地面公产，包括以自然资源及公共工程形态存在的有形资产，也包括以公共资源形态存在的无形资产，前者如道路、铁路、桥梁、军港、兵工厂、公立医院、通信设施等，后者如无线频道、交通营运线路、民用航空航线等。

公产使用的方式和原则，因公众用公产和公务用公产的不同而不同，公众用公产的使用又有共同使用和独占使用之分。公产的共同使用意味着一般公众不需要对公产享有任何特殊的权利即可直接使用之；公产的独占使用，则是从使用者根据行政主体所给予的权利单独占用公产的一部分而言的。当某一共用公产设定的目的就是供公众个别地使用时，属于普通的独占使用；当某一共用公产设定的目的本来是供公众直接共同使用，而由个别人例外地设定独占使用时，则属于特别的独占使用。这种特别的独占使用，可以因行政主体单方面的允许而实现，也可以由行政主体与私人间所缔结的合同来约定，这类合同可以单独存在，也可以作为占用不动产的公务特许合同的补充，法国行政法上通常称之为共用

公产特别独占使用特许合同。这类合同，原则上只能在行政主体与私人之间缔结，一方面，行政主体有权单方面变更合同，甚至终止合同；另一方面，特许占用人有权使用合同约定的公产，当合同权利受行政主体侵害时，有权请求损害赔偿，当行政主体单方面解除合同时，还有权请求损失补偿。根据1938年6月18日的法令，一切占用公产合同的诉讼均由行政法院管辖，因此，不管共用公产特别独占使用特许合同所用的名称如何，它们均属行政契约。①

在我国，公产的概念是从国家经济制度的层面上来使用的。我国《宪法》规定，公有制经济包括全民所有制经济和劳动群众集体所有制经济，因此，国有财产和集体所有的财产共同构成公有财产，简称"公产"。这与法国行政法上的公产概念完全不同，与公产有关的行政契约的表现形式也不一样。我国涉及公产承包、租赁、出让的行政契约主要有：国有企业承包契约、小型国有企业租赁契约和国有土地使用权出让契约。

1. 国有企业承包、租赁契约

1988年2月27日，国务院颁发了《全民所有制工业企业承包经营责任制暂行条例》（1988年2月27日国务院发布，1990年2月24日第一次修订，2011年1月8日根据《国务院关于废止和修改部分行政法规的决定》第二次修订，以下简称《企业承包条例》）。② 该条例第二条规定："承包经营责任制，是在坚持企业的社会主义全民所有制的基础上，按照所有权与经营权分离的原则，以承包经营合同形式，确定国家与企业的责权利关系，使企业做到自主经营、自负盈亏的经营管理制度。"同年6月5日，国务院又颁发了《全民所有制小型工业企业租赁经营暂行条例》（1988年2月27日国务院发布，1990年2月24日修订，以下简称《企业租赁条例》），该条例第三条也规定："本条例所称租赁经营，是指在不改变企业的全民所有制性质的条件下，实行所有权与经营权的分离，国

---

① 参见王名扬：《法国行政法》，中国政法大学出版社1988年版，第301—354页。

② 1993年3月，全国人大修改《宪法》，国营经济改为国有经济，国营企业也相应改为国有企业，因此，所谓全民所有制企业应理解为国有企业。

家授权单位为出租方将企业有期限地交给承租方经营，承租方向出租方交付租金并依照合同规定对企业实行自主经营的方式。"这里所谓的企业承包经营合同和企业租赁经营合同，实际上就是一种公产承包和公产租赁契约，二者没有实质的区别。这类契约的出现，是以我国政府对国有企业管理方式的变革为背景的，其理论前提是所有权与经营权的分离，政府与企业之间的关系，也因此由传统的落实指令性计划为目标的行政隶属关系转向用契约方式调节的横向色彩较浓的权利义务关系。

上述国有企业承包、租赁契约的出现，在法学界引起了一场争论。不少人将其视为民事合同或所谓的经济合同①，更多地从私法角度剖析其属性。其实，从《企业承包条例》和《企业租赁条例》的字里行间不难发现，企业承包契约和企业租赁契约具有公法属性，与传统的私法契约存在质的差异。

首先，从缔约目的看，承包契约旨在"确保上交国家利润，增强企业自我发展能力，逐步改善职工生活"。（《企业承包条例》第三条）上述三重目的，实际上涉及国家、企业、个人三者利益，其中，确保上交国家利润体现了承包契约的公共行政目的，起主导作用。租赁契约中，出租方有权"监督承租方遵守国家方针政策、法律法规，完成国家下达的计划"，（《企业租赁条例》第二十三条第（一）项）这同样意味着，保证国家计划的完成，实现公共利益，也是租赁契约的目的。其次，从缔约主体间的相互关系看，承包契约的发包方为人民政府指定的有关部门，承包方为实行承包经营的企业。（《企业承包条例》第十四条第二款）租赁契约的出租方为国家授权的企业所在地地方人民政府委托的部门，他们代表国家行使企业的出租权，（《企业租赁条例》第六条）承租方可以是个人、合伙人，也可以是本企业全体职工。（《企业租赁条例》第七条）这里的发包方与出租方均为政府指定或委托的部门，其法定身份是行政主体，其发包、出租行为是行政管理行为，他们与承包方和承租方

---

① 随着《中华人民共和国合同法》的制定颁布，经济合同的概念已毫无意义，原有意义上的所谓经济合同，本来就应属民事合同范畴，均为私法契约。

之间因缔约所产生的法律关系具有公法属性，是一种行政法律关系。

当然，由于计划经济体制的影响，特别是受民事合同、经济合同理念的影响，本属行政契约的企业承包、租赁契约，私法痕迹时有出现，自相矛盾之处也不在少数。例如，这两个条例一方面规定了平等、自愿、协商的原则，另一方面又规定了契约的行政目的以及行政主体单方面的监督、检查权。而且，无论《企业承包条例》还是《企业租赁条例》，虽然都在一定程度上规定了行政主体单方面的特权，但与作为行政契约的承包、租赁契约所追求的行政目的的基本要求相比，远远不够，这两个条例所设定的契约模式，只能陷入公私法界限不明、契约性质难以认定的困境而无法自拔。

其后，我国企业改制中又出现了一些新情况、新问题，政府对国有企业的管理制度已不再局限于承包和租赁了，通过拍卖、兼并甚至有条件的"配送"等方式对国有中小企业和集体企业进行改制的做法非常普遍，其中涉及的企业出让契约如何定性、如何缔结、由此所致的争议又如何解决等问题，应当引起足够的重视。宜汲取前述企业承包、租赁契约的教训，将可能引发的分歧消灭在立法阶段。

2. 国有土地使用权出让契约和农村土地承包契约

根据我国《宪法》规定，我国土地实行公有制，有国家所有和集体所有两种形式，1988年4月，全国人大修改《宪法》，对土地使用权的有偿转让作了肯定。

1994年颁发、2007年修订的《城市房地产管理法》规定，房地产开发用地的土地使用权，通过出让或划拨方式取得，其中的土地使用权出让，是指国家将国有土地使用权在一定年限内出让给土地使用者，由土地使用者向国家支付土地使用权出让金的行为。土地使用权出让，可以采取拍卖、招标或者双方协议的方式，应当签订书面出让合同，即国有土地使用权出让契约。

这类契约究竟如何定性？是将土地使用权作为一般的民事权利来理解呢，还是更多地从出让行为的行政管理属性来考虑呢？不难理解，土地使用权的出让，是政府对国有土地实行有效管理的一种手段，是行政权的一种表现，尽管这一权力是通过契约的形式来实现的，但其行政色彩不容抹杀。

首先，土地使用权出让契约的缔约双方为市、县人民政府土地管理部门与土地使用者，土地使用权的出让，由市、县人民政府有计划、有步骤地进行，土地管理部门具体负责出让事宜，只是代表政府实施土地管理职能，其行政主体身份不容置疑。

其次，土地使用权的出让应符合合理开发和利用土地资源的行政目的，土地使用权出让契约的缔结，将最有利于实现这一行政目的，为确保这一目的的实现，土地使用者必须按契约要求使用土地，若需要改变土地使用权出让契约约定的土地用途的，必须取得出让方和市、县人民政府城市规划行政主管部门的同意，签订变更协议或重新缔结土地使用权出让契约。

最后，在土地使用权出让契约中，作为行政主体的出让方享有特权。例如，一般情况下，国家对土地使用者依法取得的土地使用权，在出让合同约定的使用年限届满前不收回；但在特殊情况下，为公共利益需要或者为实施城市规划进行旧城区改建，需要调整使用土地的，由有关人民政府土地行政主管部门报经原批准用地的人民政府或者有批准权的人民政府批准，可以收回国有土地使用权，并根据土地使用者使用土地的实际年限和开发土地的实际情况给予相应的补偿。又如，不按照批准的用途使用国有土地的，由县级以上人民政府土地行政主管部门责令交还土地，处以罚款。这些都体现了土地出让方在契约中的一定特权。以上特征足以表明，国有土地使用权出让契约的运行规则不同于私法契约，这类契约应属行政契约范畴。

与此类似的另一种行政契约是农村土地承包契约。根据2002年颁发的《中华人民共和国农村土地承包法》的规定，国家实行农村土地承包经营制度，其中，家庭承包方式适用于农村集体经济组织内部，对那些不宜采取家庭承包方式的荒山、荒沟、荒丘、荒滩等农村土地，可以采取招标、拍卖、公开协商等方式承包。不管采取何种方式承包农村土地，均得签订承包契约。农村土地承包契约旨在促进农业、农村经济发展和农村社会稳定，其发包方通常是农村集体经济组织、村民委员会或者村民小组，家庭承包的承包方是本集体经济组织的农户，其他承包方式的承包方可以是本集体经济组织成员，也可以是本集体经济组织以外的单位或者个人。农村土地承包契约所涉及的诸多问题，用私法原理难以解释清楚。例如，发包方何以监督承包方依照约定的用途合理利用和保护土地？发包方又如何制止承包方损害承包地和农业资源的行为？尽管该法所规定的农村土地承包契约当事人承担违约责任的依据是《中华人民共和国合同法》，而现行《合同法》又属私法范畴，但不能由此得出农村土地承包契约不是行政契约的结论。《农村土地承包法》之所以如此规定，只是暂时填补我国当前有关行政契约立法空白的权宜之计，在《行政契约法》没有制定前，与此相关的问题适用《合同法》的一般规定还是说得过去的。类似问题，在下述的政府采购合同中同样存在。

四、政府采购及政府购买服务合同

（一）政府采购及政府购买服务合同的性质

政府采购或公共采购是指公权力机构代表（如政府采购中心）采购商品或者服务。占 GDP 10%至 20%的政府采购是全球经济的重要组成部分。[1] 为了预防欺诈、浪费、腐败或保护主义，大多数国家的法律均或多或少地对政府采购进行严密监管。如果采购的产品或服务超过一定的金额，那么通常需要采购当局进行公开招标。

采购行为本属私法领域中的商业行为，采购合同也应属民事契约，但一旦政府成了采购行为的实施主体或采购合同的缔约者，情形又该如何呢？对此问题，理论界的观点未必一致。在我国，针对政府采购合同的性质主要有三种观点：一是认为政府采购合同为公法契约，适用行政合同一般规定；二是认为政府采购合同为私法契约，适用《合同法》关于民事合同的一般规定；三是认为政府采购合同为"混合合同"，同时具

---

[1]　Government Procurement Summary, http://www.cid.harvard.edu/cidtrade/issues/govpro.html at Harvard University, accessed 2February, 2015.

有民事合同和行政合同的双重属性。诸如大陆学者湛中乐、杨军佐认为政府采购具有民事行为和行政行为的双重性质，即既有民事行为的属性，要受《民法》某些基本原则的制约；也有行政行为的属性，受《行政法》基本原则的制约；政府采购行为体现了民事行为与行政行为的结合，但侧重于行政行为的属性，总体上仍属于行政行为的范畴。[①] 台湾学者黄锦堂认为，政府采购合同应该是私法契约。而董保城教授则将政府采购行为分为两段，前半段的招标与决标行为，涉及厂商的投标资格及国家资源的充分公平分配问题，公法性质突出，因而是公法行为；而契约的缔结、履行等行为，则是私法行为。[②]

政府采购合同与纯粹的私法契约不能等同，而将政府采购行为分为前后两个阶段，并以契约前阶段政府权力的单方面性为基础认定其公法属性的观点，虽有一定道理，但由此而生的法律障碍也是无法逾越的。试想，同一政府采购合同，若前阶段的招标决标与后阶段的缔结履行法律性质不同，前者属公法范畴，发生纠纷后理应纳入行政诉讼，后者属私法范畴，发生纠纷后应纳入民事诉讼。那么这种案件性质和管辖法院的分裂，不但不能从根本上消除人们的认识分歧，而且会引发更大的争议。

事实上，由一般商业合同转化为政府采购合同的过程是一个质变的过程，促成其质变的原因主要在于政府采购所固有的政策性和公益性以及政府采购合同适用规则的特殊性。行政契约本身就是政府执行经济计划、推行经济政策的手段，现今的政府采购已在这方面发挥着越来越重要的作用。由于中国大陆政府行政管理和公共事业的职能广泛，公共需求和支出巨大。按国际上常用的平均计算方法，政府采购相当于国内生产总值的10%—15%，占财政支出的30%。据最新的资料统计，2013年

[①] 参见湛中乐、杨军佐：《政府采购基本问题研究》（上），《法制与社会发展》2001年第3期。

[②] 参见杨解君编：《行政契约与政府信息公开——2001年海峡两岸行政法学术研讨会实录》，东南大学出版社2002年版，第176—183页。

全国政府采购金额为 16381.1 亿元，比 2012 年增加 2403.4 亿元，增长了 17.2%。政府采购规模占全国财政支出和 GDP 的比重分别为 11.7% 和 2.9%。① 政府采购作为政府消费的主要方式，在国内国民生产总值中所占的比重如此巨大。与此相关的是，"政府在何时、何地、向何人购买何种物资，对该经济部门或地区的发展、生存或获利都会产生关键性的影响，进而对整个国民经济都会发生举足轻重的影响"。② 基于政府采购之巨大规模以及由此产生的影响力，将政府采购作为政府干预社会事务、推行经济政策的手段，在很多国家都已经是不争的事实。政府采购一旦作为政策工具而存在，并在贯彻一定行政政策的过程中发挥其经济、社会乃至政治功能时，政府采购合同就"不再仅仅是商业活动的媒介，而转变为行政规制的手段，在公务机制中所起的作用也会随之加强"。③

政府采购的政策性主要是从政府采购的功能角度来分析的，政府采购的公益性则主要通过政府采购的范围或内容来体现。根据《中华人民共和国政府采购法》第二条的规定，我国大陆的政府采购范围既包括货物，也包括工程和服务，但无论哪种采购标的，都与政府公务及公众利益有关，具有很强的社会公益性和浓厚的行政色彩。政府采购的这一行政色彩虽然随着《政府采购法》的颁布和施行而有所减弱，但其本质属性并未改变。回顾我国大陆政府采购的历史，若以《政府采购法》的制定为分界线，此前的政府采购主要采用行政审批控制和各个需求单位分散自行采购相结合的体制，在计划经济体制下，甚至还实行过所谓"集团购买"的控制措施，这种模式下的政府采购，行政性更强。通过指标分配和控制等行政手段，旨在平衡短缺经济条件下的供求矛盾。而《政府采购法》制定实施后，政府采购中的市场化和竞争性虽有所加强，但

① 参见《2013 年全国政府采购规模通报》，载 http://www.mof.gov.cn/pub/guokusi/zhengfuxinxi/gong - zuodongtai/201407/t20140716 _ 1113940. html，最后浏览日期：2014/12/25。

② 余凌云：《行政契约论》，中国人民大学出版社 2000 年版，第 189 页。

③ 余凌云：《行政契约论》，中国人民大学出版社 2000 年版，第 190—191 页。

其行政性和公益性依然存在。从宏观上看，政府采购在遏制腐败节省财政资金、改革财政制度等方面的作用，无不体现其行政性和公益性。从微观角度，在特定案件中，政府采购的行政性和公益性，同样可以通过在契约中保留政府特权或主导性权利的条款来实现。例如，在合同中约定政府对契约履行的管理权等。而且，有些政府采购活动，本就应受法律的特别控制，由私法以外的特殊规则来调整，这类特殊规则在《政府采购法》中比比皆是。例如，"政府采购应当严格按照批准的预算进行"。（第六条）"政府采购实行集中采购与分散采购相结合。集中采购的范围由省级以上人民政府公布的集中采购目录确定。"（第七条第一款）"政府采购应当有助于实现国家的经济和社会发展政策目标，包括保护环境，扶持不发达地区和少数民族地区，促进中小企业发展等。"（第九条）一般情况下，"政府采购应当采购本国货物、工程和服务……"。（第十条）"各级人民政府财政部门是负责政府采购监督管理的部门，依法履行对政府采购活动的监督管理职责。各级人民政府其他有关部门依法履行与政府采购活动有关的监督管理职责。"（第十三条）等等。以上还只是《政府采购法》总则的有关规定，除此之外，在政府采购当事人、政府采购方式、政府采购程序乃至政府采购合同以及质疑、投诉、监督检查和法律责任等方面，反映政府采购活动的公益性和行政性的条款也时有出现。例如，"采购人采购纳入集中采购目录的政府采购项目，应当委托集中采购机构代理采购。"（第十八条第一款）"采购人不得将应当以公开招标方式采购的货物或者服务化整为零或者以其他任何方式规避公开招标采购。"（第二十八条）"负有编制部门预算职责的部门在编制下一财政年度部门预算时，应当将该财政年度政府采购的项目及资金预算列出，报本级财政部门汇总。部门预算的审批，按预算管理权限和程序进行。"（第三十三条）……以上规则，对普通民事合同往往不予适用。也正因为政府采购活动在内容及适用规则上的特殊性，它当然有别于一般的民事合同。

值得一提的是，尽管《政府采购法》中规定了"政府采购合同适用合同法……"（第四十三条）的条款，但并不能据此得出政府采购合同属私法契约而非行政契约的结论。因为，在有关行政契约的立法尚未成就之前，作为行政契约表现形式之一的政府采购合同适用《合同法》的一般规定并无不妥。行政契约本身就是在私法契约基础上发展而来的一种特殊契约，其契约规则中本来就存在大量的私法规则，两个不同本质的事物存在某些相同或相似的形式或表现，在理论上是成立的，所以，在行政契约中援用民法或私法原理也是常有的事。基于此，政府采购合同适用《合同法》并不意味着政府采购合同就因此成了私法契约。何况，《政府采购法》还规定了政府采购行为的特殊内容及其必须遵循的特殊规则，这些特殊内容和规则的存在，足以决定政府采购合同的行政契约属性。

（二）政府采购及政府购买服务合同的内容

各国不同法制下的政府采购及政府购买服务合同内容各异，但是颇有相似之处。下面以美国为例，与我国政府采购及政府购买服务合同的内容作比较分析。美国政府采购是指联邦政府购买商品、服务（尤其是建筑）以及不动产利益的过程。政府采购合同通常涉及采购商品、服务以及政府通过购买或者租赁不动产的合理资金使用，而不论商品、服务或者利益是否已经存在或必须创建、开发、阐明以及评估。[①] 美国政府采购活动都是以采购合同为中心进行管理和执行的。美国是世界上最早实行政府采购的国家之一，也是政府采购额最大的国家。美国没有专门的政府采购法，而与政府采购相关的法律规范却多达500部，因而联邦政府将散见于众多法律之中有关政府采购的规定加以综合和细化，形成《联邦采购条例》。《联邦采购条例》对联邦政府的采购计划、采购方式、合同类型、采购合同管理、采购合同条款及合同格式等，都作出了明确而又详尽的规定。一方面，美国政府采购遵从"最大限度保护公共利益"原则，在采购合同订立或修改、解除等方面一览无余。采购合同订立的一般程序性要求如下：政府发布采购要约、经过30天或更长时间的等标期（期间投标意向人可以就要约提出问题）、投标人投标、竞争性谈判（如有需要）、合同授予、质疑投诉（联邦问责署将在100天内解决，有

---

① See 48 C.F.R. § 2.101.

大约 20% 的投诉获胜）。而为了公共利益，法律亦允许政府单方面修改或终止政府采购合同。① 另一方面，联邦政府采购合同同样具备私人之间合同的法律要素：一个合法的目的、缔约主体、要约、与要约内容一致的承诺、相互之间的义务和对价。然而，联邦政府采购合同基于联邦合同程序相关法律规定受到更为严格的监管。② 私营主体与其他私营主体签订一份合同（例如商业合同）要比私营主体与联邦政府签订一份合同在双方同意的基础上建立广泛的合同条款更为自由，也即私营主体与联邦政府签订合作合同受到较多的限制。每个私营主体代表着自己的利益，以合法行为履行着自己的义务。联邦政府允许在双方同意的基础上建立合同条款，但是许多领域受到《联邦合同法》的限制，并要求依法使用相应的规定和条款。在商业合同领域，一方或者双方可以由在法律意义上实际控制企业的代表担任代理人，代理人通常可以参照公认的商业合理性理念以及应用一些法律条款签署合同。在联邦政府签订合同时，政府代理人订立合同过程需要特定监管机构的介入，政府代理人的议价权力受到反映国家政策选择的法律和法规的严格限制，对联邦雇员使用联邦基金的权力进行谨慎限制。相反，在商业合同中，法律允许任何一方依赖于对方的权力在双方一致同意的基础上缔结对双方具有约束力的合同。当然，在商业合同中也存在一些细微差别，但是一般来讲，法律鼓励各种代理人以各种方式缔结商业合同以促进贸易的发展。③

我国政府采购规模不断扩大，继《招标投标法》《政府采购法》等出台后，2015 年 3 月 1 日《政府采购法实施条例》也正式实施，政府采购规制日益受瞩目，有关政府采购和政府购买服务合同的内容更是首当其冲。我国《政府采购法》在第四十三至五十条对"政府采购合同"作了专章规定，对政府采购合同的适用、政府采购合同的形式、政府采购合同的必备要件、政府采购合同的履行、政府采购合同责任的承担等方面

① 参见《美国政府采购合同》，《中国招标》2014 年第 35 期。

② Titles 10,31,40,and 4 1of the United States Code.

③ http://en.wikipedia.org/wiki/Government_procurement_in_the_United_States.

都作了详细规定。与之相配套的《政府采购法实施条例》亦在第四十七至五十一条对"政府采购合同"作了专章规定。除此之外，其他部分也有相关重要涉及，实有必要进行有序梳理。

我国《政府采购法》第一条规定："为了规范政府采购行为，提高政府采购资金的使用效益，维护国家利益和社会公共利益，保护政府采购当事人的合法权益，促进廉政建设，制定本法。"《政府采购法》第二条第二款规定："本法所称政府采购，是指各级国家机关、事业单位和团体组织，使用财政性资金采购依法制定的集中采购目录以内的或者采购限额标准以上的货物、工程和服务的行为。"由此可见，《政府采购法》所称的政府采购或政府购买服务合同必须同时具备四个要件：一是采购主体为国家机关、事业单位和团体组织；二是采购资金属性为财政性资金；三是采购对象为集中采购目录以内或者采购限额标准以上的货物、工程和服务，《政府采购法实施条例》第二条第四款规定："服务，包括政府自身需要的服务和政府向社会公众提供的公共服务"；四是采购目标为维护国家利益和社会公共利益。

我国政府采购的方式包括：公开招标、邀请招标、竞争性谈判、单一来源采购、询价、国务院政府采购监督管理部门认定的其他采购方式。《政府采购法》第二十六条：政府采购采用以下方式：（一）公开招标；（二）邀请招标；（三）竞争性谈判；（四）单一来源采购；（五）询价；（六）国务院政府采购监督管理部门认定的其他采购方式。公开招标应当作为政府采购的主要采购方式。针对不同类别的采购方式，我国明确了相应的各自不同的程序。例如公开招标的具体流程为：1. 受理申请表；2. 确定采购方式（公开招标、邀请招标、竞争性谈判、单一来源采购、询价采购、其他采购方式）；3. 编制招标文件；4. 招标办审核招标文件，采购人对招标文件进行确认；5. 发布招标公告；6. 投标报名，资格预审，发售招标文件；7. 组织答疑，对招标文件进行必要的补遗（发布变更公告）；8. 组织召开招标会；9. 中标公示；10. 签发中标通知（成交确认）书；11. 未中标供应商退还投标保证金；12. 中标供应商和业主单位在招标文件规定的时间内签订合同；13. 中标供应商退还投标保证金，并按招标文件规定缴纳履约保证金；14. 将招标文件资料整理后统一装订编号归档。政府采购程序是一个完整流程，从政府采购计划预算的编制到财政部门的审查，从选择合适的采购方式到适用具体的采购程序，再到最终政府采购合同的签订。如果违反采购程序的法律规定，则会产生合同无效等法律后果。

我国《政府采购法》第四十六条规定：采购人与中标、成交供应商应当在中标、成交通知书发出之日起 30 日内，按照采购文件确定的事项签订政府采购合同。中标、成交通知书对采购人和中标、成交供应商均具有法律效力。中标、成交通知书发出后，采购人改变中标、成交结果的，或者中标、成交供应商放弃中标、成交项目的，应当依法承担法律责任。

（三）政府采购及政府购买服务合同的缔约违法责任

如前所述，政府采购及政府购买服务合同本身性质特殊，加之政府采购及政府购买合同的订立、履行程序复杂，阶段性强，其承担责任的类型应是一种综合性的法律责任。

我国《政府采购法》第四十三条规定："政府采购合同适用合同法。采购人和供应商之间的权利和义务，应当按照平等、自愿的原则以合同方式约定。采购人可以委托采购代理机构代表其与供应商签订政府采购合同。由采购代理机构以采购人名义签订合同的，应当提交采购人的授权委托书，作为合同附件。"这表明，我国政府采购及政府购买服务合同具备合同要素，即按照平等、自愿的原则以合同方式约定权利和义务，亦适用合同法。同时，政府采购及政府购买服务合同的缔结和履行，的确存在民事责任情形，其民事法律责任，更多体现在缔约后的履行阶段。《政府采购法》第七十九条规定："政府采购当事人有本法第七十一条、第七十二条、第七十七条违法行为之一，给他人造成损失的，并应依照有关民事法律规定承担民事责任。""政府采购当事人"包括采购人、供应商、采购代理机构等。另外，政府采购及政府购买服务合同为合同的下位概念，合同双方当事人应该根据合同约定享受权利、履行义务，违反合同义务应当承担相应的违约责任，违约责任的承担同样适用合同法相关规定。但是，不能因为政府采购及政府购买服务合同准备缔结、缔结、履行过程中的民事责任乃至刑事责任的存在，而否定行政责任在其中的主导地位，政府采购及政府购买服务合同作为行政契约的本质属性，决定了其缔约违法责任的行政法特质。

应当说，在政府采购及政府购买合同的缔约前准备阶段及缔约阶段，法律责任是以行政责任为主导的，构成犯罪的，追究刑事责任。诸如我国《政府采购法》第七十二条规定：采购人、采购代理机构及其工作人员有下列情形之一，构成犯罪的，依法追究刑事责任；尚不构成犯罪的，处以罚款，有违法所得的，并处没收违法所得，属于国家机关工作人员的，依法给予行政处分：（一）与供应商或者采购代理机构恶意串通的；（二）在采购过程中接受贿赂或者获取其他不正当利益的；（三）在有关部门依法实施的监督检查中提供虚假情况的；（四）开标前泄露标底的。第七十三条规定：有前两条违法行为之一影响中标、成交结果或者可能影响中标、成交结果的，按下列情况分别处理：（一）未确定中标、成交供应商的，终止采购活动；（二）中标、成交供应商已经确定但采购合同尚未履行的，撤销合同，从合格的中标、成交候选人中另行确定中标、成交供应商；（三）采购合同已经履行的，给采购人、供应商造成损失的，由责任人承担赔偿责任。

另外，我国《政府采购法》对政府采购的程序规定较为严格，如果违反政府采购的法定程序，那么就需要承担相应的法律责任，其法律责任情形仍以行政法律责任为主。

1. 采购人、采购代理机构的法律责任

（1）开标前泄露标底的法律责任

标底有一定的浮动范围，在政府采购实践中，采购人或政府采购代理机构一般将标底作为衡量投标报价的基准，过高或过低的报价将被拒绝。因此，开标前标底是保密的，任何人不得以任何方式泄露。泄露标底将会造成招标失败的后果。我国《招标投标法》第二十二条规定："招标人不得向他人透露已获取招标文件的潜在投标人的名称、数量以及可能影响公平竞争的有关招标投标的其他情况。招标人设有标底的，标底必须保密。"因此，在开标前泄露标底的，采购人、采购代理机构将承担法律责任。我国《政府采购法》第七十二条规定，采购人、采购代理机构及其工作人员，开标前泄露标底，构成犯罪的，依法追究刑事责任；尚不构成犯罪的，处以罚款，有违法所得的，并处没收违法所得，属于国家机关工作人员，依法给予行政处分。

（2）在招标采购过程中与投标人进行协商谈判的法律责任

在招标采购过程中，采购人、采购代理机构与投标人进行协商性谈判的行为是违法的，采购人、采购代理机构应负相应的法律责任。依据我国《政府采购法》的规定，采购人、采购代理机构在招标采购过程中与投标人进行协商谈判的，责令其限期改正，给予警告，可以并处罚款，对直接负责的主管人员和其他直接责任人员，由其行政主管部门或者有关机关给予处分，并予通报。

（3）不按照中标文件签订合同的法律责任

采购人与中标、成交供应商应当在中标、成交通知书发出之日起30日内，按照采购文件确定的事项签订政府采购合同。中标、成交通知书对采购人和中标、成交供应商均具有法律效力。中标、成交通知书发出后，采购人改变中标、成交结果的，或者中标、成交供应商放弃中标、成交项目的，应当依法承担法律责任。我国《招标投标法》第五十九条规定："招标人与中标人不按照招标文件和中标人的投标文件订立合同的，或者投标人、中标人订立背离合同实质性内容协议的，责令改正；可以处中标项目金额5‰以上10‰以下的罚款。"依据我国《政府采购法》的规定，采购人、采购代理机构在中标、成交通知书发出后不与中标、成交供应商签订采购合同的，责令限期改正，给予警告，可以并处罚款，对直接负责的主管人员和其他直接责任人员，由其行政主管部门或者有关机关给予处分，并予通报。

采购人、采购代理机构由于违法行为影响中标、成交结果的，分别按下列情况处理：第一，未确定中标、成交供应商的，终止采购活动；第二，中标、成交供应商已经确定但采购合同尚未履行的，撤销合同，从合格的中标、成交候选人中另行确定中标、成交供应商。我国《招标投标法》第六十四条规定："依法必须进行招标的项目违反本法规定，中标无效的，应当依照本法规定的中标条件从其余投标人中重新确定中标人或者依照本法重新进行招标。"第三，采购合同已经履行，给采购人、供应商造成损失的，由责任人承担赔偿责任。

2. 供应商的法律责任

供应商有下列情形之一的，处以采购金额5‰以上10‰以下的罚款，列入不良行为记录名单，在一至三年内禁止参加政府采购活动，有违法所得的，并处没收违法所得，情节严重的，由工商行政管理机关吊销营业执照；构成犯罪的，依法追究刑事责任：（一）提供虚假材料谋取中标、成交的；（二）采取不正当手段诋毁、排挤其他供应商的；（三）与采购人、其他供应商或者采购代理机构恶意串通的；（四）向采购人、采购代理机构行贿或者提供其他不正当利益的；（五）在招标采购过程中与采购人进行协商谈判的；（六）拒绝有关部门监督检查或者提供虚假情况的。供应商有前款第（一）至（五）项情形之一的，中标、成交无效。供应商的法律责任中，"列入不良行为记录名单"和"取消相关业务资格"属于新的责任形式，这也是法律责任形式的新发展。

3. 政府采购监督管理部门及其工作人员的法律责任

《政府采购法》第八十二条规定："政府采购监督管理部门对集中采购机构业绩的考核，有虚假陈述，隐瞒真实情况的，或者不作定期考核和公布考核结果的，应当及时纠正，由其上级机关或者监察机关对其负责人进行通报，并对直接负责的人员依法给予行政处分。"集中采购机构在政府采购监督管理部门考核中，虚报业绩，隐瞒真实情况的，处以二万元以上二十万元以下的罚款，并予以通报；情节严重的，取消其代理采购的资格。

4. 其他承担法律责任的情形

任何单位或者个人阻挠和限制供应商进入本地区或者本行业政府采购市场的，责令限期改正；拒不改正的，由该单位、个人的上级行政主管部门或者有关机关给予单位责任人或者个人处分。

第四节　行政契约的缔结、履行及救济

　　行政契约旨在推行行政政策，实现社会公益，这是它与私法契约的本质区别，但这一事实并不必然排斥行政契约对私法原理或私法规则的适用。在行政契约的缔结、履行及救济程序上，到底有没有必要设立一套与私法契约泾渭分明的规则体系？行政契约到底能不能适用私法规则以及能在多大空间援用私法规则？对此问题的回答，最终有赖于对公法与私法之间关系特别是两者之间"共通性"的思考。

　　大陆法系国家，在实在法上存在公法与私法的结构，围绕公法与私法的关系问题，也一直争论不休。有人从根本上否定私法规则在公法领域的适用。德国学者奥托·迈耶认为，公法上虽也有财产、地役、雇佣、损害赔偿等用语，但这些均以权利主体的不平等为基础，和私法关系不同，故应在公法原理上寻求妥当的解决，而不能类推适用民法规则。① 也有人不赞成上述观点，主张公法领域可以援用私法规则。德国另一学者革赫在肯定公法与私法有共同原理的前提下，认为私法是以个人利益为重，公法以社会利益为重，在法律规定上，公法有其特别规定，但除此特别规定之外，私法规定可以类推适用于公法。② 日本学者美浓部达吉也认为，尽管公法与私法有着各自的特殊性，应遵循各自不同的规律，但这个事实并不否定公法与私法之间有着"共通性"，在此共通性的限度内，当然可以适用共同的规律。但由于公法关系中"还没有像民法那样的总则规定"，因而"本来以专求适用于私法关系为目的而规定的民法总则，便在许多地方非解释为类推适用于公法关系不可"。接着，美浓部达吉又进一步指出，"正确地说来，那并不是私法的规律适用于公法关系，

---

① 转引自余凌云：《行政契约论》，中国人民大学出版社 2000 年版，第 107 页。
② 转引自余凌云：《行政契约论》，中国人民大学出版社 2000 年版，第 108 页。

而系公法关系遵守与私法关系共通的规律"。①

英美法系国家，尽管公法与私法的实在法结构并不明显，但公法与私法在行政契约领域的冲突与融合现象同样存在。英国历史上由于戴西的"法律面前平等"原则的宪法价值观的影响，包括政府在内的任何人都必须平等地遵守宪法，由普通法院将普通法律适用到政府行为上去，是当时英国社会普遍认同的政治和法律理念。因此，政府合同适用私人间合同的普通合同法规则是顺理成章的事。可是，由于这种合同的主体涉及政府，目的又为实现社会公益，这类合同适用不同于普通私法合同规则的特殊规则的必要性，便愈来愈突出。据哈罗和劳林斯的观察，"现在在英国已经出现了为数不少的特别规则，更为有意义的是，出现了公法与私法相混合的规则体系"。因为，"单一的法律体系在控制具有混合特征的行政上显然不如混合的法规范体系来得有力，来得有用"。② 所以，对行政契约这一有混合特征的行政的规制，与其采用纯粹公法或纯粹私法的规范模式，还不如将公法与私法这两种制度结合起来，进而鼓励公法规则与私法规则的相互交融以及取长补短。③

借鉴上述代表性观点，至少可以得出以下结论：第一，公法与私法以及行政契约与民事契约之间存在本质区别，它们有各自的特殊性，不能混同。第二，行政契约本来就是将私法上的契约观念和契约制度引入公法领域的结果，它是一种混合特征的行政④，不能将两者截然割裂开来。第三，由于行政契约的主体和目的具有特殊性，因而不能毫无保留地适用私法契约的普通规则。那些只能适用于行政契约的专有规则（公法或行政法规则），不能用私法规则替代；对行政契约领域存在的那些公

① 参见［日］美浓部达吉：《公法与私法》，台北商务印书馆1963年版，第205、206、220页。转引引余凌云：《行政契约论》，中国人民大学出版社2000年版，第109页。

② 这里所谓的混合特征的行政，就是指行政契约这种既有行政特征（公法特征），又有契约特征（私法特征）的行政。

③ 以上观点转引自余凌云：《行政契约论》，中国人民大学出版社2000年版，第105页。

④ 从另一层面上，也可理解为一种混合特征的契约。

法或行政法未作特殊要求的问题，援用私法规则并不影响行政契约的公法属性，因而可以有条件地适用。具体说，在行政契约的缔结、履行及救济领域，涉及要约与承诺、权利能力与行为能力、委托与代理等问题，均可找到与私法契约的契合点，形成两者共通的原理或规则。因此，行政契约的缔结、履行及救济，既受行政法设定的公法规则制约，又受民法设定的私法规则约束。而不管行政契约所适用的规则源自公法还是私法，只要已经为行政契约所援用，便应认可其公法效力。

一、行政契约的缔结

要约与承诺是缔结行政契约和民事契约共通的程序要求，所不同的是，民事契约的原始发动权（要约权）在主体双方，而行政契约的原始发动权在行政主体，相对人一般不能提出要约；行政契约的容许范围具有法定性，而民事契约的适用范围遵循意思自治，基本由当事人自由选择。

在西方，围绕行政主体缔结行政契约应否有明确的法律根据问题，过去与现在做法不一。早先，依照行政法治原则，对行政契约的缔结有严格限制，除法律明确规定外，行政主体不能缔结行政契约。而现代行政是福利行政，运用行政契约方式实现国家行政目的的现象日益见多。在德国，根据其行政程序法规定，行政主体缔结行政契约不需要法律的特别授权，在一般行政行为与行政契约的选择方面，原则上法律不作强制性限制，允许行政主体自由定夺，对那些不适于采取行政契约方式的行政事务，法律往往以列举方式进行排除，行政主体只要不违反法律的这类禁止性规定即可。① 在法国，行政契约的适用事项有的由法律规定，例如公共工程合同、公务特许合同等。但大多数行政事项，往往由行政主体根据需要和情况，决定究竟缔结民事契约还是行政契约，例如行政

---

① 参见于安：《外商投资特许权项目协议（BOT）与行政合同法》，法律出版社 1998 年版，第 137 页。

主体签订的供应合同、运输合同、雇佣合同等。[1] 日本学者也普遍认为，只要不违反法令即可以签订行政契约。[2]

上述经验，值得借鉴。在行政契约的缔结过程中，基于权力主体的强大意志，如果没有合理的价值规制，权力意志的不受约束很有可能导致契约双方立约意志的不平等，进而导致行政契约的价值偏颇。基于此，行政主体缔结行政契约宜遵循以下原则。

第一，合乎行政目的。行政契约作为公法手段，旨在推行行政政策，实现社会公益，其行政目的非常明确。因此，行政契约缔结中，无论是实体性权利义务的设定还是程序性权利义务的配置，均应服务于实现行政目的，使得行政契约的缔结，"既能有效地促成行政契约所预期的特定行政目的的实现，同时又以实现特定行政目的的必须原则为限度，禁止在权利义务上的不合理连接。"基于此，就必须赋予行政主体在契约中适度的主导性权利，同时积极发挥相对人对行政主体履行义务的监督作用。[3]

第二，基于行政权限。与一般行政行为相同，行政契约也是行政主体行使行政权的一种方式，只不过其具体内容和要求与一般行政行为有所不同而已。因此，行政契约的缔结也应以行政主体所拥有的行政职权为基础，任何行政主体都只能在自己管辖的事务范围或行政权限内与相对人缔结行政契约，行政主体超越权限范围所缔结的行政契约是无效的。

第三，符合行政政策。一般情况下，行政主体的行政职权源自法律、法规，作为行政主体的一种职权活动，行政契约的缔结原则上应以法律、法规明示的范围为基础。但由于行政管理的特殊性，党和政府的政策作为法律、法规的有效补充，也是我国行政主体行政职权的重要渊源，因此，行政主体根据法律、法规以外的政策所赋予的权限缔结行政契约仍属合法

---

① 参见王名扬：《法国行政法》，中国政法大学出版社 1988 年版，第 186 页。

② ［日］南博方：《行政法》（第六版），杨建顺译，中国人民大学出版社 2009 年版，第 65 页。

③ 余凌云：《行政契约论》，中国人民大学出版社 2000 年版，第 118 页。

有效。行政契约的缔结，除了取决于行政主体对一般行政行为和行政契约方式的选择，还取决于行政主体对相对人的选择，为防止对相对人选择过程中的营私舞弊，各国法律所设定的行政契约的缔结程序，均遵循公开和竞争原则。我国《政府采购法》规定的政府采购方式有公开招标、邀请招标、竞争性谈判、单一来源采购、询价和国务院政府采购监督管理部门认定的其他采购方式，其中，公开招标应作为政府采购的主要采购方式。美国《联邦采购规则》规定的政府采购方式有竞标、协商和报价邀请。法国法律规定的行政契约缔结方式主要有招标、邀请发价和直接磋商三种。下面，主要对招标、竞争性谈判和直接磋商等方式作一介绍。

(一) 招标

所谓招标，是指由行政主体确定标底和合同主要条款，相对人根据要求承诺并竞标，行政主体经法定评标、议标程序，选择、确定最优者为中标方并与之缔结合同。招标是行政契约最常见的缔结方式。我国《政府采购法》规定的招标有公开招标和邀请招标两种，以公开招标为主，邀请招标为辅，只有当政府采购的货物或者服务符合下列情形之一的，才可采用邀请招标方式：（1）具有特殊性，只能从有限范围的供应商处采购的；（2）采用公开招标方式的费用占政府采购项目总价值的比例过大的。在法国，行政契约的缔结也以招标最为常用，金额在一定数目以上的合同，除少数情况特别着重当事人的个人因素或有紧急需要以外，必须采取招标缔约方式。招标可以是公开的或者是有限制的，公开招标时，对合同标的有兴趣的相对人均可投标，而有限制的招标，只有行政主体指定的相对人才可投标。不管哪一种形式，行政主体只能和要价最低或出价最高的相对人缔结合同。①

招标的缔约方式之所以被广泛采用，一方面因为它最合乎公开、公正、平等竞争的精神；另一方面，它具有广泛的适用性，不同地区、不

① 参见王名扬：《法国行政法》，中国政法大学出版社1988年版，第191—192页。在这里，要价最低主要适用于政府为购买方的情形，而出价最高主要适用于政府为出卖方的情形，前者如政府采购，后者如国有土地出让。

同行业、不同领域均可适用。

（二）竞争性谈判

所谓竞争性谈判，是指行政主体对不能或不宜采取招标方式缔约的事项，通过与多个相对人分别谈判，从中选择最合适的人选缔结合同。

根据我国《政府采购法》的规定，符合下列情形之一的货物或者服务，可以采用这一方式：（1）招标后没有供应商投标或者没有合格标的或者重新招标未能成立的；（2）技术复杂或者性质特殊，不能确定详细规格或者具体要求的；（3）采用招标所需时间不能满足用户紧急需要的；（4）不能事先计算出价格总额的。

与招标方式相比，竞争性谈判方式在相对人的选择上具有更大的自主性，行政主体可以通过谈判、比较，确定最佳人选；在合同内容的确定及缔约程序上，竞争性谈判也具有更大的灵活性，通过谈判，能使行政主体的意图和目的得到最充分的体现，从而使合同内容最具有客观性和针对性。

（三）直接磋商

所谓直接磋商，是指行政主体事先有一定意向，自由地和任何相对人直接就合同内容进行协商并缔结合同。

这种缔约方式下，行政主体选择相对人的自由度最大，容易产生不公乃至腐败，所以，法律往往对此作一定限制，同时，法律也尽量鼓励竞争。在法国，根据 1964 年及以后补充的合同法的规定，直接磋商方式主要用于下列事项：研究、试验和实验合同；招标和邀请发价没有取得结果的合同；情况紧急的合同；需要保密的合同；只能在某一地方履行的合同；需要利用专利权或其他专有权利的合同；需要利用特殊的和高度专门技术的合同。可见，直接磋商方式虽然受到了限制，但其应用范围仍然非常广泛。①

直接磋商的缔约方式，在我国《政府采购法》中表现为单一来源采

---

① 参见王名扬：《法国行政法》，中国政法大学出版社 1988 年版，第 192 页。

购。符合下列情形之一的货物或服务，可以依法采用单一来源方式采购：
(1) 只能从唯一供应商处采购的；(2) 发生了不可预见的紧急情况不能
从其他供应商处采购的；(3) 必须保证原有采购项目一致性或者服务配
套的要求，需要继续从原供应商处添购，且添购资金总额不超过原合同
采购金额百分之十的。

以上是行政契约缔结的几种主要方式，但不管采取何种方式缔约，
行政契约都宜采用书面形式，这是行政法治的基本要求。口头形式的契
约虽合乎合同法的一般要求，在私法领域有其合法空间。而在公法领域，
行政契约无论在内容、程序还是形式上，均有一定的特殊性，其规范性
更强，要求更严格，所以不宜采用口头形式，只能采用书面形式。

二、行政契约的履行

在缔约环节，行政契约与民事契约的不同已有体现，而在履约阶段，
两者之间的差异则更为明显，从某种意义上，行政契约的某些特点，在
其履行阶段得到了更集中的反映，权力理性的维系也体现得更为明显。
一方面，当事人地位平等、非经双方同意合同条款不得变更、合同义务
必须遵守等私法契约的基本原则，在行政契约中不能严格执行，因为，
行政主体拥有特权是行政契约最显著的特征。另一方面，"为了补偿对方
当事人接受行政主体的特权所受到的损失，对方当事人也具有私法合同
中所没有的权利。对方当事人在履行行政合同的过程中，由于自己行为
以外的原因而受到不能预见的重大损失时，即使行政主体没有过失也能
得到补偿，以恢复履行合同时的经济平衡。行政主体的特权和对方当事
人的经济利益平衡，可以说是行政合同履行时两个主要的特点。"[1]

(一) 行政主体的特权

行政主体在行政契约中享有特权[2]，这些特权可以在缔约时以强制性

---

[1] 王名扬：《法国行政法》，中国政法大学出版社 1988 年版，第 194—195 页。

[2] 也有人将这类特权称之为"主导性权利"。(参见余凌云：《行政契约论》，中国人
民大学出版社 2000 年版，第 118—123 页)

条款的形式存在，相对人要签订合同，就得接受；也可以作为行政契约履行的基本要求或基本原则在立法时就加以确定，不管相对人是否知晓，都不需要特别约定。结合各国行政契约的理论与实践，行政主体在履约时的特权或主导性权利主要有：

1. 契约履行的监督检查权

行政主体对行政契约的履行过程及其履行情况有权进行经常性的监督检查，借以掌握或了解行政契约履行的数量和质量以及是否符合公共利益的要求等，这对于督促相对人切实履行义务，减少因履约引发的争议，进而实现行政契约的既定目的，具有重要意义。行政主体的这一特权，在我国的行政契约立法中也得到了相应的确认。① 例如，根据国务院1990 年颁布实施的《城镇国有土地使用权出让和转让暂行条例》第六条的规定："县级以上人民政府土地管理部门依法对土地使用权的出让、转让、出租、抵押、终止进行监督检查。"这意味着，因城镇国有土地使用权出让、转让等缔结的行政契约，土地管理部门作为缔约的行政主体，有权对此类合同的履行进行监督检查。

2. 契约履行的指挥权及强制执行权

在法国行政法上，不论行政契约中有无约定，行政主体对相对人均有履约指挥权。例如在公共工程承包合同中，"行政机关对承包人可以下达职务命令，后者必须遵守，指挥权的大小随合同的种类而不同，一般规定在合同的条款中。即使合同中没有规定，最高行政法院认为行政机关仍然具有这种权力。因为行政合同的履行必须符合公共利益，行政机关是公共利益的判断者，哪种履行方式最符合公共利益由行政机关决定。"②

---

① 尽管我国的行政契约立法，目前还比较分散、零碎，缺乏完整性和统一性，但透过有关单行法，我们仍不难发现一些涉及行政契约内容的条款，从这一意义上讲，我国目前只是未启动行政契约法法典的立法程序，而有关行政契约的法律规范或法律条款还是很常见的。

② 王名扬：《法国行政法》，中国政法大学出版社 1988 年版，第 195—196 页。

对那些不履行契约义务的相对人，行政主体甚至无需请求法院判决而依据职权直接行使强制执行权，因为，公务优先作为行政契约行政性的应有之义，理应在契约履行中得到充分体现。当然，行政主体的强制执行权并不是不受任何限制的，为避免行政主体借此特权恣意侵犯相对人权益的情形，法国行政法也非常重视其程序限制。例如，在实施强制执行措施之前应遵循向相对人的催告程序；允许相对人向行政法院申请救济等。①

3. 契约履行中的单方变更权和单方解除权

根据行政法理论，行政主体对单方行政行为有主动的、单方面变更和撤销的权力，但对行政契约这种双方行政行为，行政主体的上述单方面权力是否依然存在？如果一味恪守"契约必须执行"的原则，行政主体当然不能单方变更或解除行政契约，因为行政契约既然是行政主体与相对人双方合意的产物，就理应保持一定稳定性。但是，在契约履行过程中，一旦出现不可抗力或情势变更，若不及时对其作相应调整，就可能违背公共利益而无法实现行政契约的既定目标。

在法国，"整个行政契约理论的核心思想是公共利益居于优越地位，行政机关可以根据公共利益的需要随时变更契约履行标的或内容或者解除契约，但从平衡相对人利益的角度，法国行政法又创立了'经济平衡原则'，以便使公共利益和私人利益获得良好的协调。"② 因此，行政契约缔结后，由于发生了不能归责于行政主体的意外事件或不可抗力，使得契约内容必须调整甚至契约的继续履行已无必要，法律允许行政主体在给相对人以补偿的前提下单方面变更或解除合同。

在德国，行政主体对行政契约的解除，是基于情事变更的不得已之手段，德国法并未像法国法那样赋予行政主体普适的单方变更或解除契约的权利，一旦发生情事变更，往往鼓励双方主体先协商调整契约内容，只有在不能调整或者不能期待于当事人之一方调整时，行政主体始得单

---

① 参见余凌云：《行政契约论》，中国人民大学出版社2000年版，第125页。
② 余凌云：《行政契约论》，中国人民大学出版社2000年版，第128—129页。

方解除契约。而行政主体的这种权利只能在防止或免除公共福祉之重大损失时才能行使，相对人也能因此取得损害赔偿的救济。①

借鉴法国、德国的经验，我国立法上对行政契约的变更和解除作制度安排时，应考虑如下因素：第一，行政契约一经缔结，就有相对稳定性，任何一方均不能随意变更，更不能随意解除。第二，行政契约缔结后，因不可抗力或情势变更，致使原契约的存在与履行有悖于契约初衷乃至公共利益，甚至会造成重大损失时，行政主体应主动与相对人协商，调整或变更契约内容，使其最大限度地符合公共利益。第三，只有双方就契约的修正或变更无法达成共识时，行政主体方可单方面行使变更或解除权，但相对人有权获得相应的补偿。

4. 契约履行中的制裁权

行政契约履行过程中，当相对人违反契约时，行政主体有权施以惩戒和制裁。在法国，行政主体的制裁手段主要有三种：（1）金钱制裁。主要包括违约金和赔偿损失。（2）强制手段。原则上行政契约非常注重相对人的个人因素，相对人必须亲自履行义务，非经行政主体同意，不能由他人代为履行。但一旦相对人本人不履行应该履行的约定义务时，行政主体可采取一定的强制手段实现契约目的。常用的强制手段是代履行，即由行政主体或行政主体选定的第三人代替相对人履行契约义务，费用则由相对人负担。这一情形下，契约并未解除，相对人仍然是适格的契约主体。（3）解除契约。这是最严厉的制裁手段，只有相对人存在严重过错时，行政主体才能采取。这种作为制裁手段赋予行政主体的直接解除行政契约的权力，不同于上述因不可抗力或情势变更及公共利益需要而设定的单方面解除权。首先，前一种解除，相对人主观方面存在严重过错；后一种解除，则由于不可抗力或情势变更。其次，因制裁而解除契约时，不给相对人以任何补偿；而后一种解除，行政主体应给相对人以适当补偿。②

---

① 余凌云：《行政契约论》，中国人民大学出版社2000年版，第131页。

② 参见王名扬：《法国行政法》，中国政法大学出版社1988年版，第197—198页。

（二）相对人的权利

不得不承认，行政主体在行政契约履行过程中的特权或主导性权利，对行政契约所预期的行政目的的顺利实现固然起着决定作用，但是，相对人对行政契约履行所起的潜在作用也不容忽视，从相对人权利义务的配置角度，探究督促行政主体遵行契约义务的途径，同样有必要。

法国行政法上，相对人在行政契约履行中的权利主要有取得报酬权、损害赔偿请求权、必要的和有益的额外费用偿还请求权、不能预见的物质困难的补偿权、统治者行为的补偿权和不可预见的情况的补偿权等。①相对人的这些权利大都基于行政主体在履约中的特权而产生，从这一意义上，不妨将相对人的这一类权利简化并归纳为对行政主体特权行为的"补偿权"，其实，补偿权恐怕也是相对人在行政契约履行过程中的最实在、最本质的权利。

如前所述，在行政契约的履行中，基于权力的优先性，为了着力于权力与权利之间的平衡以及权力理性的实现，更应当提倡一种充分尊重缔约相对人权利的观点。虽然，行政主体在行政契约的履行过程中具有主导性权利，但是，行政契约目的的实现如果仅仅强调权力主体的价值与实践优先性而忽视了相对人的权利与利益保障，那么，这一制度设计的原初动机和价值都将受到质疑和挑战。权力理性的观念，要求行政契约在具体的履行过程中，既应当维护权力主体的优先性，更应当维护相对人权利配置的合法状态，设置合理的相对人权利与义务体系，以此促进行政契约制度的合理价值构造。因为，为实现社会公益及行政目的，行政契约履行过程中，行政主体拥有许多特权或主导性权利，相对人因此也负担了一些特殊义务。从某种意义上讲，这是相对人为维护行政契约的行政性所做的"牺牲"，如果在制度设定上视相对人的这种"牺牲"为理所当然，似乎不近人情，而且显然有悖于现代法治行政的精神。妥善而公平的办法是，应给相对人为服从行政主体的特权所做的牺牲以必要的补偿。所以，相对人因行政主体行使诸如指挥权、强制执行权、单

---

① 参见王名扬：《法国行政法》，中国政法大学出版社1988年版，第198—203页。

方面变更或解除权等特权而受到损害时，可以请求行政主体给予补偿。通过补偿，不但可以维持行政契约双方主体地位的平衡，而且可以实现公共利益与个人利益或整体利益与个体利益的平衡，从而最大限度地维护权力理性。

当然，行政主体在行政契约中的特权行为所致的损失可能很严重，即便如此，所谓对此所作的补偿，也绝不是不作任何限制的，或者说不可能全额或等值补偿，而是有限制的适当补偿。一方面，这种补偿仅针对行政主体在契约履行中的特权行为所直接造成的损失；另一方面，补偿不同于赔偿，它以实际损失为限，不包括期待利益的丧失或预期损失。

（三）行政特权的程序控制

行政特权本质为"权力"而非"权利"，权力天然的扩张性和入侵性使得权力一旦无约束或限制，即会产生异化。在行政契约中，特权屡见不鲜，特权滥用（过分任意行使）、特权不作为（消极行使不足）的存在显而易见。行政特权具有普遍性，纵观世界各国，控制行政特权模式很多。

法国行政契约强调公共利益优先于个人利益，行政性优先于合同性。通过实现行政契约法典化，利用严密法规、众多判例建立起对行政特权相对明确的规定，立法详尽，告知原则、经济补偿等都是对行政特权控制的有效之道。德国更为强调行政契约的合同性，偏向于遵从契约自由精神，通过《联邦行政程序法》对行政特权内容、行使方式加以限定，要求程序正当，规定不得越权行使。英国是判例法国家，行政契约适用民事法律规范，强调私法规则对行政特权的控制。

借鉴他国，程序控制行政特权的方式让人尤为津津乐道，当然并非有贬低其他控制模式之意，此处仅是选择将程序控制加以展开详尽阐述。程序问题的重要性毋庸置疑。"程序正义的诸多问题渗透在现代社会中。程序占据了法律的中心地位。大法官弗兰克福特认为，自由的历史在很大程度上就是程序保障的历史。道格拉斯大法官认为，正是程序决定了法治和任意之治的分野。"① 意大利学者克拉玛德雷教授则将程序视为实现民主的关键，并在此基础上提出国家应当通过制定法定程序的方式实现国家理性，"正义之提供，牵涉国家的权威和声望。因此，国家总不允许提供正义之方法沦落成为个人偏好的即兴创作和奇思妙想；它感到有必要在有约束力的规则体系里规定法律程序的技术，其主体是法定程序法；在把这些技术转化为统一法律规范时，它还希望确保实现此最庄严使命即提供正义的方法总是与理性一致——此乃国家理性，化约为有约束力的程序，并同样适用于所有人。"② 程序是一种有价值的善，这种善同时能够为其他价值或理念提供路径依赖。正因此，美国学者马肖教授则提出了专注于行政程序自身的发展以实现行政合法性的理论。③

具体到行政权范畴，程序公正是限制行政权运行的内在需要。法治的理念要求任何权力的行使都必须遵循一定的规则、因循一定的程序。事实上，一切权力或权利都是寓于程序之中的，并通过程序的合理设置得到相应的保障。因此，程序的本身就是对权力、权利的规范化运作方式，程序的设置和运作都要反映对权力的规范和制约，不仅体现权力之间的界限，更体现着权力与权利、国家与个人之间的制约和平衡关系。行政主体更容易借助合同形式出卖公权力或侵害相对人的合法权益，因此，程序控制尤为重要。

就行政契约而言，契约目的的实现是一个动态的过程，其运行的轨迹可以确定为契约的签订、履行、协商、变更、解除、救济。在这个运行过程中，行政主体一直都处于积极主动的地位，指挥和控制契约的发展，享有各种特别权利。从静态上看，契约程序表现为各种程序制度的构建，由程序法规范所确立，从而构成程序中相对稳定的静态结构。同

① ［美］迈克尔·D.贝勒斯：《程序正义——向个人的分配》，邓海平译，高等教育出版社2005年版，第1页。

② ［意］皮罗·克拉玛德雷：《程序与民主》，翟小波、刘刚译，高等教育出版社2005年版，第2页。

③ 参见［美］杰瑞·L.马肖：《行政国的正当程序》，沈岿译，高等教育出版社2005年版，第24—25页。

时作为一种法律规则，这种程序具有明显的强制性与规范性，只有这样的程序才能为行政契约的运行提供值得信赖的保障。从动态上看，则是行政契约双方当事人利益实现的过程，表现为行政主体的特权与相对人权利相互博弈、良性互动的过程。相对稳定的静态结构是行政契约成立和发展的必要条件；任何已形成的结构都决定着制定行为及行为的各要素在整个制定过程中的地位、性质、功能。因此，为了保障契约的有效实现，就需要根据各个行为的特点，把静态结构的研究推进到契约行为的动态分析当中去，把契约的活动当作一项系统工程，从整体、全局意义上把握和看待每一个活动，并针对不同特点加以规制。

借鉴域外国家的经验，结合我国的具体国情，我国的行政契约程序可以考虑如下几方面的原则和制度：公开竞争原则、书面原则、经济平衡原则；公告制度、听证制度、说明理由制度、回避制度、协商制度、参与保留制度。

公开竞争原则。行政契约涉及公共利益，公众享有知情权。在行政契约的整个运行过程中，行政主体应遵循公开原则。缔结契约阶段，行政主体在遵循竞争原则和公开原则的前提下，享有优先要约相对人的权利，可采取招标或直接协商的方式。在契约的履行过程中，应将各种信息向社会公布（除法律、法规规定保密外），以接受公众监督。

书面原则。根据各国行政程序法规定，行政契约应采取书面形式，详细的书面契约能够明确细化程序参与者的各自要求，预先杜绝彼此可能产生纠纷的根源；而且一旦发生纠纷，也便于分清责任，加速调解、裁决的进程。要式主义的价值也为各国所认识。英、美等国政府契约制度中出现了鼓励使用标准契约的倾向，认为这种标准契约能够起到统一的作用，节省时间，而且便于政府推行行政政策。在特定行政契约中，形成冲突的利益方不仅限于行政主体和相对人，还有可能涉及受到影响的第三方。在德国，公法契约侵害第三人权利时，应得到第三人的书面同意作为生效要件。

经济平衡原则。公共利益的概念给行政主体以极大的裁量权，若这种裁量权不受限制，则可能给行政主体滥用变更或解除行政契约的权力以可乘之机。因此，应建立经济平衡原则，来有效控制行政主体这种特权。在制度设计上，应在保证公共利益优先满足的情况下，就相对人因保证行政目的的实现所受的损失以必要的补偿，从而维护两种利益的平衡。即在给予相对人合理补偿前不得变更或解除契约。单方面解除契约是以正当理由为前提的，且以对相对人作出补偿或赔偿为先决条件，以此来增强政府的责任感。

公告制度。建立此项制度的目的是使契约的整个活动过程中出现的错误能够及时予以纠正，防止滋生内幕交易及行贿受贿等腐败现象。公告制度的实施过程，应注意及时通知对该项契约感兴趣的人参加契约的确立，也好让第三人适当维护自身的利益。资讯公开能使程序参加者了解契约的详细材料，从而使参与活动更具目的性。

听证制度。听证是行政主体进行行政决策、作出行政处罚等行政行为时，为防止影响行政相对人合法权益的情形发生，行政主体应当告知行政相对人，并听取其意见的法律制度。行政契约缔结准备时，行政契约相对人可以就自身符合契约条件加以阐述，积极参与竞争；行政契约履行中，行政契约相对人有权对行政特权提出异议，为自身符合契约约定与否作出说明、辩解等。

说明理由制度。说明理由的作用是由行政主体在多名符合资格的竞争者中进行利益分配和取舍时，可以对最终决定作依据解释，或者作为听证的替代方式对主导性权利的实现进行书面的阐述。要求行政主体承担这种义务，能够使行政主体作出决定时更加审慎，同时也便于对决定的正确性进行事后审查和判断。

回避制度。回避制度通过相对人对执法主体中立性态度的审视和挑剔，辅之以执法人员的自我回避，来维护行政契约权行使的权威性和客观公正性。需要回避的情况包括：（1）行政主体的工作人员与行政契约的缔结或执行有着个人利害关系；（2）行政主体的工作人员与参加竞争的相对人之间存在利害关系；（3）行政主体的工作人员与受行政契约缔结影响的第三人有着利害关系。需要回避的时间应当是行政契约的订立、履行、发生纠纷等整个阶段。

协商制度。行政契约的魅力无非就是权力因素与契约因素相结合：一方面，它是行政主体与相对人通过相互交流与沟通而达成的协议；另一方面，作为签约一方的行政主体仍保持其原公权力主体身份，因而又能保证行政目的的实现。协商制度有效化解了民主与效率之间的矛盾。通过协商实现权力与权力关系的重新配置，让公民有更多的机会来参与国家行政活动，从而实现行政的民主化与效益性，契约精神得到完美体现。因此，协商制度成为调解各方利益冲突的协调器，在整个契约程序中占据着中心地位。

参与保留制度。《联邦德国行政程序法》第58条第2款规定："如果作出行政行为按照法律规定必须得到其他当局许可、同意或赞同的，订立替代行政行为的契约也必须在得到其他行政当局按规定形式的参加后才能生效。"[1] 我国行政法上只在个别法律规定了参与保留制度。在缔结行政契约时必须征得其他行政机关的核准、同意或会同办理的程序，也能在一定程度上抑制行政恣意，增加决定的正确性。这在行政法理论上称为"参与保留"。在制度设计时应强调对涉及"参与保留"的事项作事前防范，从所有涉及当事人利益角度着眼，不将政府行政失误转嫁给善意当事人。在涉及经济利益的行政契约中，审议系统对地方行政机关缔结的契约情况进行有追溯力的调查，是维护公共利益的一个重要控制措施。

三、行政契约的救济

所谓行政契约的救济，是指行政契约的相对人认为行政主体的行为违约并侵犯其合法权益，依法向有权机关申诉或起诉，由有权机关审查并裁判，使相对人受损的合法权益得到补救的制度。

行政契约的救济途径有行政救济和司法救济两种，行政救济职能由缔结行政契约的行政主体自身或其上一级行政主体履行，理论上争议不

---

① ［德］埃贝哈德·施密特-阿斯曼等：《德国行政法读本》，于安等译，高等教育出版社2006年版，第435页。

大，实践中也易于操作。在我国，最常见的行政救济手段是行政复议。根据《中华人民共和国行政复议法》第六条（六）之规定，相对人认为行政主体变更或者废止农业承包契约，侵犯其合法权益的，可以依法申请行政复议。这一规定是行政复议作为行政契约救济途径的最直接的法律依据。司法救济又谓行政诉讼，此项职能理应由司法机关即人民法院行使。对行政契约的司法救济问题，理论界观点不一，实际做法也有差异。有人干脆从根本上否定行政契约的可诉性，认为行政契约纠纷只能通过行政调解、行政复议、行政裁决等行政途径解决，不能诉诸法院；也有人有条件地承认行政契约的可诉性，认为那些有经济内容的行政契约（即所谓的经济契约）可以诉诸法院，而且只能提起民事诉讼，其他行政契约，则不具有可诉性。实际做法基本上采取后一种观点，即人民法院对行政契约纠纷一般不予插手，但那些有经济内容的行政契约所致的少部分纠纷，法院可作为经济契约案件，按照民事诉讼程序处理。

这种做法在行政审判庭刚刚建立，《行政诉讼法》尚未出台之际，作为一种临时性的过渡措施，是必要且可行的，但时至今日，这两个因素都已不复存在，如果仍旧沿用这种做法，则将从根本上否定行政契约的行政法属性（公法属性），进而背离行政诉讼的基本精神。

（一）行政契约是一种可诉的行政行为

从世界各国行政诉讼的理论和实践看，行政契约的可诉性是得到普遍承认的。法国和德国等大陆法系国家，有关行政契约的审判管辖权是由行政法院行使的，即行政契约纠纷属公法案件，由行政法院按行政诉讼程序予以司法救济。英国和美国等普通法系国家，法院对行政契约的审判管辖权受公、私法界限不明的影响，有一个变化过程。起初，政府或行政首长，对行政契约纠纷的裁决具有终局效力，相对人无权请求司法救济而诉诸法院。但后来，政府的这一行政终审权，在国会和法官的坚决反对下被推翻了，法院也因此拥有了对行政契约的司法审查权。

行政契约纠纷能否提起行政诉讼，关键在于行政契约属不属于行政诉讼受案范围内的行政行为。我国新近修改颁布的《行政诉讼法》第十二条规定了人民法院受理公民、法人或者其他组织提起的诉讼事项，其中第十一款规定：认为行政机关不依法履行、未按照约定履行或者违法变更、解除政府特许经营协议、土地房屋征收补偿协议等协议的。由此，行政契约的可诉性问题在我国得到了制定法层面的规范支撑。

借鉴世界各国行政诉讼的基本经验，确立我国人民法院对行政契约纠纷的审判管辖权，不但有直接而明确的法律依据，而且符合我国行政诉讼的基本宗旨。它一方面有助于防止行政主体对单方面权力的滥用，另一方面也有利于保护与行政主体签约的相对人的合法权益。

（二）行政契约纠纷属行政争议范畴

如上所述，行政契约的可诉性是不容置疑的，但可诉性仅仅指可以提起诉讼，并不是必然提起诉讼，即便是已经提起诉讼，这种诉讼所固有的行政诉讼属性仍需进一步证实。为彻底解决这些接踵而至的问题，有必要对行政契约纠纷的基本属性及表现形式做进一步分析。

行政契约纠纷从本质上讲属于行政争议范畴。根据行政契约双方当事人的不同情形，因行政契约纠纷所产生的争议，大抵不出两类：一类是特定行政主体与其他行政主体的争议；一类是行政主体与公民、法人或其他组织的争议。但实质上，这两类争议都是在行政主体与相对人之间产生的。因为可以成为行政契约相对人的，除了公民、法人和其他组织，还有一定条件的其他行政主体，即行政主体在一定条件下也可转化为相对人，这是由不同的行政主体担负的不同使命决定的。任何一个行政主体，一方面依本身的职权管理着一定的相对人（包括其他行政主体），另一方面也要受到来自于其他行政主体依各自职权所实施的管理，从这一意义上讲，所有行政主体，既是管理者，又是一定条件下的被管理者。当某一行政主体成了另一特定行政主体所要求订立的行政契约的对方当事人时，它同时便成了与公民、法人或其他组织一样的相对人。

从行政争议产生的基本规律看，在行政契约缔结、履行、变更、解除、制裁的每一个环节及行政契约中权利义务内容的每个细节上，都有可能产生行政纠纷，酿成行政争议。具体情形有：

1. 行政契约争议因契约的缔结而产生

行政主体欲与某相对人缔结行政契约，相对人认为行政主体的缔约要求违反法律规定或没有法律依据，从而提出异议。例如，相对人认为行政契约的当事人有误，即认为自己不是行政主体所要求的行政契约的合格当事人，行政主体应与另一相对人订立该项行政契约。当然，相对人可以提出缔约异议，但无权单方面拒绝缔约。

2. 行政契约争议因契约的履行而产生

行政契约缔结后，作为契约的双方当事人，无论是行政主体还是相对人，均有义务履行契约，只要有一方未履行或者未按契约要求履行义务，就会酿成行政争议。例如，按照粮食征购契约规定，相对人应向行政主体交售一定数量的粮食，而行政主体应向相对人提供一定数量的平价农药和化肥，倘若行政主体未按要求承担自己的义务，那么相对人履行自己义务的热情就可能减弱。如果行政主体一味要求相对人如约履行义务，而相对人又以行政主体违约在先为由拒绝履行，就可能导致行政纠纷。

3. 行政契约争议因契约的变更而产生

行政主体在行政契约订立并生效后，单方面变更契约内容，而相对人认为此种变更违反法律规定。例如，相对人认为行政契约的变更超出了公共目的需要的限度，或者变更了和公共利益无关的条款，或者认为自己因变更契约所加重的负担没有得到应有的补偿等。所以，虽然单方面变更行政契约是行政主体的一项特权，但对这一特权的行使并不是毫无限制的，相对人对行政主体的这一特权也不是一味无条件地消极服从，他们有权依法提出异议。当然，这种异议的提出对行政契约内容的变更并不产生必然影响，在有权机关对因此所致的争议作出最终而有效的评判前，行政主体对行政契约内容的单方面变更视为有效变更，照样要执行。

4. 行政契约争议因契约的解除而产生

行政主体在行政契约缔结之后或履行之中，单方面解除生效的行政契约，相对人认为此种解除违反法律规定。例如，相对人认为行政主体对生效行政契约的解除，不是基于不可抗力或情势变更及公共目的的需要，而是基于行政主体的主观臆断，或者为保全行政主体内某一行政首长的私人利益。

5. 行政契约争议因对违反契约的制裁而产生

行政主体认为相对人未履行行政契约或者违反了行政契约，为保证行政契约的履行，维护正常的契约秩序，行政主体对相对人采取了一定的强制措施或处罚手段，而相对人认为此种制裁违反了法律规定。例如，根据行政契约的约定，相对人有义务完成一定数量的原油供应计划，但相对人无正当理由拒不完成，为迫使相对人履行义务，行政主体对相对人实施一定的处罚或者径自强制执行，由此酿成行政纠纷。

6. 行政契约争议因契约的内容而产生

行政契约缔结之后或者履行之中，相对人认为契约内容违反法律规定，要求行政主体撤销，而行政主体则坚持契约是合法的。例如，相对人认为行政主体在缔结契约时意思表示不真实，隐瞒了一部分事实真相等。当然，相对人对行政契约内容的合法性，虽有权提出异议，但无权单方面解除。

总之，因行政契约所致的争议，不管其表现形式怎样，均符合行政争议的基本要求，与私法意义上的民事、商事争议，有本质区别。

（三）行政契约案件的审理适用行政诉讼程序

既然行政契约纠纷是一种行政争议，由此所致的诉讼也是行政诉讼，行政契约案件的审理便只能适用行政诉讼的一般规则。具体说：

1. 行政契约案件由行政审判庭负责审理

根据人民法院各审判庭的不同分工，行政审判庭审理行政契约案件是天经地义的。必须从根本上改变那种将部分具有经济内容的行政契约案件作为所谓经济契约案件，并由民事审判庭审理的错误做法，一切因行政契约纠纷所致的案件，均属行政案件，也均由行政审判庭审理。

2. 行政契约所致的诉讼以行政主体为当然被告

行政契约所致的行政诉讼，被告只能是签订行政契约的行政主体，不能是行政主体的行政首长或具体负责签订契约的工作人员。

3. 行政契约所致的诉讼不影响行政契约的正常履行

除非法律规定的特殊情况①，行政主体所签订的有争议的行政契约，并不因相对人的异议或起诉而暂时停止其履行，即在人民法院作出撤销裁判之前，原行政契约照常履行。这是由行政行为的先定力、即时性及紧迫性决定的，即便是那些即时性和紧迫性不十分明显的行政契约，考虑到国家行政管理的稳定性、连续性和严肃性，在复议或诉讼过程中不停止对争议行政契约的执行或履行，也是十分必要的。

---

① 以我国 2014 年修正的《行政诉讼法》为例，第五十六条规定："诉讼期间，不停止行政行为的执行。但有下列情形之一的，裁定停止执行：（一）被告认为需要停止执行的；（二）原告或者利害关系人申请停止执行，人民法院认为该行政行为的执行会造成难以弥补的损失，并且停止执行不损害国家利益、社会公共利益的；（三）人民法院认为该行政行为的执行会给国家利益、社会公共利益造成重大损害的；（四）法律、法规规定停止执行的。当事人对停止执行或者不停止执行的裁定不服的，可以申请复议一次。"

孟鸿志 法学博士，东南大学法学院副院长、教授、博士生导师，东南大学法治政府研究中心主任、法治与城市发展研究所所长。兼任中国行政法学研究会常务理事、江苏省立法学研究会会长、江苏省行政法学研究会副会长，北京大学软法研究中心、国家行政学院行政法研究中心研究员、山东大学行政法专业点教授等。曾首任内蒙古财经大学法律系（院）副主任（主持工作）、山东工商学院法学院院长、党总支书记、山东省重点学科"宪法学与行政法学"首席专家。被授予全国优秀教师、山东省教学名师、山东省高校十大优秀教师、山东省高校优秀共产党员、首届山东省和内蒙古十大优秀中青年法学家。主持省部级以上科研项目13项，出版《行政法学》《中国行政组织法通论》《部门行政法研究》《城市规划法律治理研究》等著作10余部，在《中国法学》等刊物发表论文50余篇，获山东省和江苏省社科优秀成果与教学成果奖7项。

　　行政规划是现代政府行为中最为复杂的现象之一，也是行政法治实践中日显突出、具有重大现实意义的问题。然而对行政规划的法治化问题，世界各国尚缺乏富有成效的研究。行政规划具有单方性、裁量性和复杂性等特征，它作为政府在市场条件下的重要干预手段，广泛作用于经济、社会和文化生活中。实践中，我国大量的行政规划还游离于法律之外，缺少法律的约束，从而导致规划权的滥用以致对公民和社会组织的权利的限制。因此，全面系统研究行政规划的法治化及其规律，具有重要的理论价值和现实意义。本章在全面梳理国外特别是德国、日本以及我国台湾地区行政规划法治化的基础上，系统阐述了行政规划的基本概念、特征、种类、性质、历史发展及其功能，针对我国国情和实践，研究和论证了我国行政规划的法治理念与原则、规划裁量与法律规制的模式、路径及其对策建议。

第一节　行政规划的基本范畴

一、行政规划的概念界定

（一）规划与计划之辨析①

　　俗语说："凡事预则立，不预则废"②。"预"即是规划或计划之意。在汉语中，"规划"与"计划"两词存在着一定差异。在《辞海》中，规划被解释为谋划、筹划之意，后指全面或长远的计划；计划则被解释

---

① 参见孟鸿志：《行政规划》，载应松年主编：《当代中国行政法》（下卷），中国方正出版社 2005 年版，第 1034—1035 页。

② 语出自《礼记·中庸》。

为人们为了达到一定目的，对未来时期的活动所作的部署和安排。① 在《现代汉语词典》中，规划与计划分别解释为："规划"为比较全面的长远的发展计划，如制订规划、十年规划；"计划"为工作或行动以前预先拟定的具体内容和步骤，如科研计划、五年计划。② 按汉语的上述解释，规划要比计划更全面、更长远，计划则比规划更具体、范围更广。

在现实生活中，对"规划"与"计划"的使用并没有严格的界限和尺度。在已有法律文件及其他规范性文件中，"规划"与"计划"两词都被广泛地使用。使用"规划"的如《中华人民共和国国民经济和社会发展第十二个五年规划纲要》《中华人民共和国城乡规划法》《规划环境影响评价条例》《历史文化名城名镇名村街区保护规划编制审批办法》《湖南省土地利用总体规划条例》《杭州市城市总体规划》等；使用"计划"的如《中华人民共和国国民经济和社会发展"九五"计划和 2010 年远景目标纲要》《国务院 2012 年立法工作计划》《长江三峡工程库区移民计划及经费管理暂行办法》《土地利用年度计划管理办法》《国家科技计划实施中科研不端行为处理办法（试行）》等。规划按内容可分为综合性规划和专项规划。综合性规划着重解决国民经济和社会发展的总体目标、战略重点和战略方针，协调中长期发展过程中总量增长和结构调整的关系，解决产业结构和地区结构的矛盾，如国民经济和社会发展规划、区域综合规划等。专项规划是为了解决国民经济和社会发展中的某些薄弱环节、突出矛盾和重点任务而制订的规划，如国土规划、城市规划、流域治理规划等。规划按时间期限也可以分为长期规划、中期规划和短期规划。可见，规划与计划在很大程度上被混同使用。或许"计划"一词很容易让人们与计划经济联系起来，我国现行立法中对"规划"一词使用较多，"规划"有替代"计划"的趋势，但从广义看，规划亦为计划，

---

① 参见《辞海》（缩印本），上海辞书出版社 2000 年版，第 464、1743 页。
② 参见《现代汉语词典》（2002 年增补本），商务印书馆 2002 年版，第 474、596 页。

因此，行政规划也称行政计划①。由"规划"替代"计划"的观念转变也意味着我国政府职能和工作方式的转变，即由过去的指令性计划转向战略性、政策性、指导性规划；由过去注重产业发展、指标分配的计划，转向强化公共资源、公共产品、服务配置和空间定位的规划，② 因而具有积极的意义。

（二）行政规划的概念比较

行政规划与日常生活中的一般学习计划、工作计划不同，其是受行政法律规范调整的计划。在国外，早期的资本主义国家，特别是英国和美国，由于奉行"管得最少的政府是最好的政府"，因而对规划的运用及研究相对较少。相比之下，大陆法系的德国、日本以及我国的台湾地区对行政规划的研究较为深入。

在德国，行政规划在实践中的重要作用得到了国家法学和行政法学日益深入的研究。但尽管如此，规划与规划行为的概念在法理上还不明确，主要原因是规划为新生事物，对其多样化难以进行系统的整理，而且它与传统的国家活动方式也不甚切合。有学者认为，凡是立法机关确定或称为计划的行为，都属于规划。从这个角度来看，存在着为数众多、形态各异的国家行为，它们虽然都笼统地被称为规划，但相互之间通常存在着重大区别。③ 例如，有关联邦、州和乡镇的财政规划；有关针对特定区域总体发展或与区域发展有关的道路建设、机场建设的区域规划；有关学校、医院和幼儿园建设的发展需求规划；有关联邦高速公路需求的规划；有关风景、空气保持、废水处理的特殊规划；有关残疾人的总体规划以及作为管理刑事犯人根据的执行计划等仅涉及个人的规划等。上述不同的规划或计划，在制定主体、法律依据、规划确定程序以及调

① "规划"与"计划"虽存在一定语义差异，但从实践看，已无必要，也难以细分之。本文为叙述方便，除直接特殊引用或特指外，一般使用"规划"一词。

② 参见李煜兴：《区域行政规划研究》，法律出版社 2009 年版，第 24 页。

③ 参见 ［德］哈特穆特·毛雷尔：《行政法学总论》，高家伟译，法律出版社 2000 年版，第 404 页。

整对象等方面均有明显不同。因此，该学者认为要想给"规划"下一个全面、统一的概念是不可能的。就此而言，不存在作为行政法上一种独立活动的规划。但同时认为，可以对"规划行为"作一定的界定，规划与规划行为的含义不同，规划行为是以制定规划为目标的行为，而规划是这种行为的结果，并进而将规划行为分为执行性行为和计划性行为两种，认为执行性行为是指执行特定的法律规范或者政府制定的纲领的行为，是"表演"；而计划性行为是指在立法机关或者政府的确定目标和范围之内具体确定目标和确定实现目标的途径的行为，是"编剧"。①

德国另一位学者对此也做了解释，认为规划和规划行为是行政法上的两个重要概念，是指行政机关实施的计划性活动，主要是在基础设施、未来照顾和创造性执行任务等方面，形式多种多样。认为规划行为是指为了以最好的方式实现根据现有条件确定的目标而进行系统准备和合理性设计的过程，是为了实现特定的制度设计而协调各种不同的，甚至相互冲突的利益的过程；而规划则是预先确定的目标及有关必要实现手段的主观设计，是有关安全、简便和迅速地实现预定结果的草案，是规划行为的结果。②

在日本，南博方将行政规划定义为："为处理行政事务、实施行政事业或制定行政政策，由行政机关确定的行政指导目标。"但同时指出，"制定行政计划的目的各种各样，其内容包罗万象，因此，要明确地予以定义是极其困难的。"③ 盐野宏将行政规划定义为："行政规划是为了一定公共目的而设定目标，综合地提出实现该目标的手段的活动。"④ 同时他认为，由于行政规划形式多样，各种规划均显示出各自特有的性质，

① 参见［德］哈特穆特·毛雷尔：《行政法学总论》，高家伟译，法律出版社 2000年版，第 408、409 页。

② 参见［德］汉斯·J.沃尔夫、奥托·巴霍夫、罗尔夫·施托贝尔：《行政法》（第2卷），高家伟译，商务印书馆 2002 年版，第 179、180、181 页。

③ ［日］南博方：《日本行政法》，杨建顺、周作彩译，中国人民大学出版社 1988 年版，第 60 页。

④ ［日］盐野宏：《行政法》，杨建顺译，法律出版社 1999 年版，第 152、153 页。

其究竟是法律行为还是事实行为很难加以一般区分，因此，行政规划在行政法中的地位很难概括出来。

在我国台湾地区，有学者还从行政管理学角度认识行政规划的概念，即认为行政规划"是行政过程中的第一步；是行政内容的具体说明；是预先决定的；是经过缜密思考及理智抉择后的成果；是行动的准则、考核的标准和管理的基础"。同时认为，行政规划的具体内容可以用六个"W"来表示："What"，达成目标的行动是什么？"Why"，为何要采取这些行动？"When"，何时完成这些行动？"Who"，何人负责实施某一行动？受何人监督？可以指挥何人？"Where"，在何处或由何部门实施此计划？从何处得到支援？"How"，如何实施这些行动？① 目前，台湾行政法学界对行政规划的概念已基本达成共识。台湾地区的"行政程序法"第163条将行政规划定义为："行政机关为将来一定期限内达成特定之目的或实现一定之构想，事前就达成该目的或实现该构想有关之方法、步骤或措施等所为之设计与规划。"② 对此，陈新民教授作了进一步明确，即"行政计划是行政机关为了在未来一定期间内达到特定行政目的，或实现某种行政理想，就采取之步骤与方法所为规划与设计之行为"。③ 行政规划行为不像行政处分、行政命令甚至行政合同，在传统行政法学的领域已经过长年的研究，故行政规划目前仍属行政法学中研究起步最晚的一种行政行为。④

我国虽实行计划经济多年，但对行政规划研究并不深入，对行政规划概念的讨论也是近十多年才开始的。有学者认为，行政规划是指"行

---

① 参见张润书：《行政学》，三民书局1979年版，第560页。

② 台湾地区"行政程序法"第163条对行政规划的定义，与台湾1990年"行政程序法（草案）"第113条的规定完全一样。（参见翁岳生主编：《行政法》，中国法制出版社2002年版，第800页；另参见应松年主编：《外国行政程序法汇编》，中国法制出版社1999年版，第729页）

③ 陈新民：《行政法学总论》（修订六版），三民书局1997年版，第314页。

④ 参见陈新民：《行政法学总论》，第315页。另参见陈新民：《中国行政法学原理》，中国政法大学出版社2002年版，第239页。

政主体在实施公共事业及其他活动之前，首先综合地提示有关行政目标，事前制定出规划蓝图，以作为具体的行政目标，并进一步制定为实现该综合性目标所必须的各项政策性大纲的活动"①；行政规划是"行政主体在其法定职权范围内，为在未来一定时期内实现特定公共利益、达到特定行政目的，就与此有关的方法、步骤和措施，与行政相对人充分沟通协商而预先进行的安排和部署，对规划所涉及各方当事人均具有法律意义的一种行政行为"②。还有学者认为，从静态上讲，行政规划指"行政机关依照法律规定，在其职权范围内，为了在一定期限内实现其行政目标而设定的规划及其为达到此目标的实施程序和方法；从动态上讲，是一种行政管理手段，属于非强制行政行为③。2003年行政立法研究组草拟的《行政程序法（试拟稿）》所设定的"行政决定""行政规范性文件""行政规划""行政指导""行政合同"五大类行政行为中，唯有对行政规划没有作定义性表述，其余四类行为均采取了定义性表述，足见对行政规划下定义之难。但该试拟稿第142条（适用范围）采用了描述性语言对行政规划作了限制性界定，即"行政机关为了实现国土或城乡规划、兴办公共事业或者公共设施等行政目标，对将来一定期限之内拟采取的方法、步骤、措施而对外作出具有法律约束力的规划"。④ 近期学者对行政规划有了进一步认识，如认为行政规划是"行政主体为保证行政权的有序行使，而对将来一定时期内所要完成的行政工作，及完成该

① 这一定义实际引用的是日本原田上彦在《行政法要论》中的定义。（参见姜明安主编：《行政法与行政诉讼法》，北京大学出版社、高等教育出版社1999年版，第208页；姜明安主编：《行政法与行政诉讼法》，法律出版社2003年版，第114页；胡锦光、杨建顺、李元起：《行政法专题研究》，中国人民大学出版社1998年版，第85页）

② 李凌波：《行政规划基本范畴研究》，载罗豪才主编：《行政法论丛》（第8卷），法律出版社2005年版，第229页。

③ 参见韩会志：《日本行政计划述评》，《黑龙江省政法管理干部学院学报》1999年第3期。

④ 行政立法研究组：《中华人民共和国行政程序法》（试拟稿）。

项工作所必需的方法、步骤和措施等进行的设计与规划的指标体系和行为体系的总称，是过程与结果、动态与静态的有机统一体"①；行政规划是"行政主体为实现行政管理的目的，完成行政事业目标，依法确定管理目标和制定实现目标措施或手段的行为"②；行政规划是"行政机关基于职权，在全面评估现实、进行充分的利益衡量和妥适价值取舍基础上进行适当裁量，通过各种决策方式作出判断，拟定针对未来的目标蓝图并综合运用各种手段的行为"③，等等。

（三）行政规划的概念界定

综上可见，要想为实践中呈现出多样性和复杂性的行政规划下一个统一而完整的定义，实属难事。但我们仍可以看出，上述对行政规划的定义只是着眼点不同，并没有实质性区分，其共同之处或基本含义在于：其一，都认为行政规划的制定主体是行政机关；其二，行政规划的目的是实现行政管理的目标；其三，行政规划是一种行政行为，既可以表现为一种行为活动或行为过程，也可以表现为某种行政规范或结果；其四，行政规划是对将来事项作出的前瞻性、战略性部署，反映了行政规划对未来服务和发展的需求；其五，行政规划应包含实现目标的方法、步骤和措施。由此，我们可以把行政规划定义为：行政主体为了实现特定的行政目标而对未来一定时期内拟采取的方法、步骤和措施依法作出的具有约束力的设计与规划。这个定义至少涵盖了以下几层含义。

一是行政主体要素。这是行政规划区别于其他类型规划的主要标志。行政规划是行政主体履行行政职能的一种活动方式。与其他行政行为一样，行政规划的主体一方必须是享有国家行政权，并能以自己的名义独立承担因行使行政权（规划权）而产生的相应法律责任的组织。因此，没有行政主体参加的规划不是行政规划。如行政机关以外的政党组织、

---

① 杨临宏等：《关于行政计划的法律思考》，《云南大学学报》2004 年第 4 期；杨临宏主编：《行政规划的理论与实践研究》，云南大学出版社 2012 年版，第 10 页。
② 宋雅芳等：《行政规划的法治化理念与制度》，法律出版社 2009 年版，第 6 页。
③ 郭庆珠：《行政规划及其法律控制研究》，中国社会科学出版社 2009 年版，第 41 页。

企事业单位组织对未来工作所作的战略规划和安排则不属于行政规划。行政主体作出的行政规划又可分为两类，一类是行政机关制定的规划，另一类是通过行政授权或委托非行政机关制定的有关公共设施的规划。参与行政规划的主体可能有多个，如规划的拟定机关、听证机关、确定机关等，但对外承担法律责任的只能是行政规划的制定主体，即规划确定机关。在规划制定过程中，各机关所起的作用是不同的，但只有作为规划确定的机关才对规划形成起决定性作用，因此，规划确定机关才是行政规划的行政主体。强调行政主体的要素并不否认行政相对人参与的地位，现代行政规划的过程就是行政相对人参与的过程，没有相对人参与的规划将会使规划走向民主的反面，但在行政规划中行政主体始终居于主导和支配地位，这一点应当是没有疑问的。

二是行政目标要素。行政规划的目标是行政规划的核心，行政规划就是为了实施特定的行政目标而制定的。在行政规划的各种定义中目标要素几乎是每一种表述都不可或缺的。不同的行政规划所要达成的具体行政目标是不一样的，但总体上都是为了维护和实现社会公平正义，合理配置社会资源，保障公共利益和社会福祉，促进经济和社会的健康发展。对于行使公共权力的行政规划来说，其目的性尤为重要，这就决定了行政规划的合法性与正当性。

三是规划未来要素。行政规划是针对未来行政事项而预先制定的规划蓝图以及部署和安排，是对未来一定时期内要采取的方法、步骤和措施所进行的前瞻性的设计过程。这种预先设计的规划既可以作为一种行为的过程之形式，也可以作为一种行为的结果之形式，这是其有别于其他典型行政行为的特殊性所在，但总体上仍属于行政行为的范畴。

四是依法规划要素。依法规划对于行政规划的合法性具有决定意义。虽然行政规划具有前瞻性、复杂性、广泛裁量性和给付行政的特点，难以要求其严格适用"无法律既无行政"的硬性标准，[1] 但这并不意味着

---

[1]　参见李凌波：《行政规划基本范畴研究》，载罗豪才主编：《行政法论丛》（第8卷），法律出版社2005年版，第228页。

行政规划可以超越法律、不受法律约束。依法规划包含法律依据和法律责任两层含义，法律依据即要求行政规划要遵守相关的组织法、行为法和程序法的职权设定和行使的规定，法律责任则要求违反相关法律的规定应承担相应的法律责任。

五是具有约束力要素。行政规划是否具有法律上的约束力是一个颇具争议的问题。笔者认为，从定义界定的角度，行政规划与行政指导不同，其总体上具有法律上的约束力。行政规划依不同的标准也可以分为内部行政规划和外部行政规划，但无论内部行政规划还是外部行政规划，对行政主体而言都具有法律上的约束力，有关行政主体必须执行行政规划。对相对人而言，外部行政规划对相对人的权利义务会产生一定的影响。其中外部行政规划中的强制性规划将对行政相对人的权利义务产生直接或间接的法律效果；而非强制性规划，即不以产生特定影响和限制相对人权益为目的的规划，则属于行政事实行为，可将其列入行政指导的范畴。

二、行政规划的特征分析

行政规划与其他行政行为相比应有其自身的特殊性。对此，国内外学者提出了以下不同观点。

一种观点认为，行政规划具有综合性、法定性和广泛裁量性三个基本特征，即所谓的三特征说。[①]

有学者从行政行为的角度概括了日本行政规划的五个基本特征：一是单方行政行为；二是一种行政事实行为；三是一种非强制行政行为；四是其属于积极行政范畴；五是符合现代法治原则要求的行政行为。[②]

---

① 参见姜明安主编：《行政法与行政诉讼法》，北京大学出版社、高等教育出版社1999年版，第209页。

② 参见韩会志：《日本行政计划述评》，《黑龙江省政法管理干部学院学报》1999年第3期。

也有学者在分析日本行政规划时认为，行政规划的特点在于行政机关要预测未来，并根据广泛的行政政策性裁量判断作出政策决定。在这层意义上，行政规划的策划和决定，与其说是法的行为，倒不如说是具有强烈政策性的行为。[1]

有的学者从行政规划要素的角度概括了国外行政规划的主要特征：第一，它是用于实现一定政策的手段和工具；第二，它是实现行政目标的一个过程；第三，在时间上它具有动态展开的要素；第四，行政规划的内容具有非完结性并留有一定的余地；第五，单纯的综合性规划和指导性规划并不一定要有具体的法律根据，但当行政规划的决定产生各种权利限制时，则必须要有行政作用法上的具体法律根据。[2]

还有学者从行政规划的主体、客体、实施过程和法律属性上分析行政规划的特征，认为从主体上看，行政规划一般包括拟定机关和批准机关两级；从客体上看，行政规划涉及面广、时间长、数量多；从实施的过程看，行政规划往往需要多个具体行政行为连续不断作出，且相互配合，协调一致，方能完全实现所确定的内容；从法律属性看，行政规划是具有一定普遍性的具体行政行为。[3]

综观上述观点，我们认为行政规划主要有几个基本特征：一是单方性。行政机关制定行政规划的目的是为了协调各方面的利益关系，并使之处于一种效益最大化的平衡状态，从而实现特定的行政目标。虽然行政规划涉及众多利害关系的不特定人，有必要依靠相关人参与到行政规划的制定程序中，但行政规划的制定毕竟不是必须经双方或多方意思表示合意才能成立的行政行为，其仍然是以行政机关单方面意思表示制定的，故行政规划属于单方行为。

---

[1]　参见杨建顺：《日本行政法通论》，中国法制出版社1998年版，第563页。

[2]　参见皮纯协主编：《行政程序法比较研究》，中国人民公安大学出版社2000年版，第278页。

[3]　参见任仲杰主编：《行政法与行政诉讼法学》，中国政法大学出版社1999年版，第145—146页。

二是综合性。行政规划包括了行政目标的设定以及为实现行政目标所采用的各种手段。行政规划目标设定及拟采用的方法、步骤和措施是多方面的，是一种具有复杂性、多样性和系统性的综合指标体系和行为体系。因此，行政规划不是一个孤立的行为，而是一个有关目标、过程和行为的综合体。例如，如果把城市规划作为目标的话，那么为实现该规划目标就需要综合考虑事业用费、应征用的土地、资源利用、环境保护、文化遗产保护以及其他公共利益的实现和公共安全的维护等诸多因素。这些因素的综合设计以及内在关系的互相牵制与制约，使得行政规划必然呈现综合性之特征。

三是法定性。从行政规划的功能及对相对人权利的影响看，行政规划必须有法律上的根据，而不应该游离于法律之外、脱离法律的规制，特别是制定那些对人民生活产生直接影响的行政规划更应如此。由于行政规划是为实现特定行政目标而预先构架的政策性大纲和发展蓝图，所以，由实体法对其内容加以完全的制约也是不可能的。法律对行政规划内容的实体控制只能提供原则性的判断标准，以供规划制定主体裁量之依据。因此，各国对行政规划的控制手段除要求其有最起码的组织法上的根据外，更注重行政规划的程序控制。行政规划的法定性应包括规划主体法定、规划职权法定、规划程序法定和规划内容具有法律效力等。当行政规划直接涉及行政相对人的权利义务时，必须强调行政规划的法定性，否则行政规划将损害行政相对人的合法权益，也达不到预期的法律效果。

四是裁量性。行政规划即使有法律依据，并受程序法的规制，但仍应承认规划的拟定、确定者有广泛的裁量权，这是行政规划的重要特征。行政规划的裁量性就是指行政机关在拟定行政规划时有权自主决定规划的目标、内容、手段等。一般情况下，法律只规定有关行政规划的总体目标或策划者、制定者在拟制规划时应该考虑的要素，而对规划的具体内容和手段则授权给规划的策划、制定者依法确定。当然，行政规划的裁量性不是绝对的。为保障行政规划客观和公正，行政机关的规划裁量权应受3项规则限制：(1)行政机关所作的规划不得超越其职权；(2)行政机关的各种规划行为应遵守相应的法律规范；（3）行政规划的制定程序应受法律的规制。

五是强制性。强制性是行政规划不同于行政指导的重大区别。如果没有强制性，行政规划与行政指导的界限就很难划清。上述行政规划的单一性、综合性、法定性和裁量性的特征均包含或表明了行政规划在某些方面的强制性特征。而行政指导是行政机关为谋求当事人作出或不作出一定行为以实现一定行政目的所实施的指导、劝告、建议等不具有国家强制力且不直接产生法律效果的行为。因此，二者有明显的不同。同时，行政规划的实施，必须有方方面面的具体执行措施相配套。在多种配套措施中，行政规划实际上成了实施行政规划的依据，有关机关必须遵守。特别是拘束性行政规划因直接涉及相对人的权益，在其制定过程中都必须遵守法定的程序规则，若违反这些规则应构成司法审查的对象。

六是动态性。从时间和空间角度看，行政规划是从制定规划到逐步实现规划目标的发展过程；从效果角度看，行政规划具有从一般政策的告示到逐渐赋予一定约束力的过程，具有一定的前瞻性与预测性。因而行政规划具有动态性的特征。由于行政规划是针对未来事项作出的，而未来的因素又具有较强的可变性，当决定行政规划的目标、手段、持续时间、制定机关等多元化的因素体中任何一个因素发生变化时，都会使原设定的行政规划发生变化。这也是在行政规划中适用信赖保护原则的重要原因。

三、行政规划的类型梳理

由于行政规划具有复杂性、多样性等特征，作用的领域非常广泛，因而行政规划的种类也多种多样。

在德国，对行政规划进行划分的主要标准是法学、经济学和社会学方面的标准。其中被广泛采用的一个标准是规划的拘束力，即影响行政相对人行为的强度，也是最有意义的分类。根据该标准，行政规划可以分为指导性规划、调控性规划和命令性规划。按照德国学者的解释，指导性规划是提供数据和预测的规划，其目的是将现在和未来关系的状况通告各级国家机关和私人，为其决定和处置提供相应材料；命令性规划是对"特定受件人"具有约束力的规划；调控性规划是介于上述两种规划之间的规划，它要求实施与特定目标相应的手段，但不通过命令和强制的方法，这种规划对私人的影响力因人而异，因通知的法律形式而异，从纯粹的目的声明一直到法律明确规定的补贴和税收优惠。① 我国台湾学者陈新民对这一分类标准也进行了有价值的分析，即根据行政规划所具有拘束力的大小"拘束效果"（Bindungswirkung），将行政规划分为拘束性规划、影响性规划及建议性规划。② 这三种规划的拘束效果呈依次递减之形态。拘束性规划是指行政规划涉及的对象具有拘束力，受拘束的对象可能只是行政机关内部人员（内部效果），也可能涉及行政机关以外的公民（外部效果）。由于拘束性规划会产生拘束力，故这种规划具有行政法源的效果，同时这种规划会涉及被拘束人的权利，因此，这种规划必须适用法律保留原则，同时也涉及规划的法律救济问题。影响性规划是指一个行政规划虽不具有拘束性但又不是纯粹的建议性规划。这种规划因体现了行政机关借规划颁布之机，期望能"影响"公民自行采取符合规划目的之意图，故是一种"诱导性"规划，具有一定的行政指导精神。此种类型的行政规划因没有强制力，公民及法人是否愿意接受，完全自由。此类规划虽无法律上的强制力，但却涉及"诚信原则"的问题。依现代法治国家的原则，任何行政行为都必须以诚实信用的方法为之，并应保护公民正当合理的信赖利益，如果公民因信赖此规划而使权利受损时，国家应负相应的责任。建议性规划是一种以提供信息、判断、预测等资讯，供人民或社会参考的规划。这种规划完全不具有法律拘束力，仅作建议之用，因此也可称为"信息性规划"。这种建议性规划既然以提

① 参见［德］汉斯·J.沃尔夫、奥托·巴霍夫、罗尔夫·施托贝尔：《行政法》（第2卷），高家伟译，商务印书馆2002年版，第182页；［德］哈特穆特·毛雷尔：《行政法学总论》，高家伟译，法律出版社2000年版，第409—410页。
② 参见陈新民：《中国行政法学原理》，中国政法大学出版社2002年版，第239—241页。

供信息为主，因此一般以行政事实行为的方式出现，同时也可能以行政指导的方式出现。

除上述分类外，德国还有学者根据行政规划的性质提出"作为行政行为的规划"和"作为法律规范的规划"的观点。① 作为行政行为的规划是指该规划在性质上属于形式意义或实质意义上的行政行为，其通常适用法律规定的规划确定程序，并且通过规划确定裁决作出。作为法律规范的行政规划是指以法律规范的形式作出的规划，即行政机关以法规命令或者规章的形式作出的规划。

此外，在德国还有以规划的主体、客体、行业范围、空间范围、法律意义等标准进行的分类，如分为"高权性"规划和"非高权性"规划，强制性规划和自愿性规划，针对空间的方位规划（如建筑规划）和针对时间的战略性规划（如劳工招聘和使用规划），总体规划和专业规划，中央规划、地区规划和地方规划，内部规划和外部规划等。②

在日本，行政法学者对行政规划主要做了如下划分：一是以行政规划的内容为标准，将行政规划分为经济规划、国土规划、防灾规划、产业规划、教育规划、开发规划等。二是以行政规划的性质为标准将其分为政策性规划与狭义性规划，前者是指国土综合开发规划、经济发展规划等有关国家政治上的目标，一般成为政治和行政的方针，后者则主要指为实施政策规划而制定的各种事业计划。三是以规划的适用范围为标准分为上位规划与下位规划，前者主要是指更具全面性的基本性规划，这种规划具有方针性质，后者指为实现上位规划设定的目标而制定的具体实施事业的计划。由于上位规划与下位规划的关联性，在实践中为实现同一目标，要求二者之间具有统一与协调性。四是以规划对国民是否具有拘束力为标准将其分为拘束性规划与非拘束性规划，前者是指对国

① 参见［德］汉斯·J.沃尔夫、奥托·巴霍夫、罗尔夫·施托贝尔：《行政法》（第2卷），高家伟译，商务印书馆2002年版，第182、184页。

② 参见［德］汉斯·J.沃尔夫、奥托·巴霍夫、罗尔夫·施托贝尔：《行政法》（第2卷），高家伟译，商务印书馆2002年版，第182页。

民权益加以直接限制的法律确认性行政规划，后者指在行政组织内部作为活动基准的规划。①

台湾地区学者也从不同的角度对行政规划作出了分类。如有的以规划的内容、规划的方式为标准划分的；有的以规划的位阶、发展步骤、单元或多元事务领域、影响范围、规划时间的长短、有无拘束力与效力为标准划分的，甚至还有以政治意味的浓淡、内容的广狭、有无法律上拘束力为标准划分等。②

我国行政法学界对行政规划尚无深入的研究。有学者参照日本行政法将行政规划分为以下七类：一是依据行政规划的对象事项，可以分为各专门领域的经济行政规划，如城市发展规划、教育发展规划等；二是依据规划的作用范围，可分为总体规划（综合规划）和专项规划（特定规划）；三是依据规划的区域广度，可分为全国性、区域性和地方性规划；四是依据规划的时间周期，可分为长期、中期和短期规划；五是依据规划内容之具体性，可分为目标规划（如基本规划、规划纲要）和实施规划（事业规划、管理规划）；六是依据规划有关法律上的根据，可分为法制上的规划和事实上的规划；七是依据规划是否具有法律上的拘束力，可分为拘束性规划（政府组织落实的规划）和非拘束性规划（指导性规划），前者对行政机关的判断及行为具有拘束力，甚至对行政组织外部的利害关系人也具有拘束力，后者仅为行政机关指出可选择的判断或行为准则。③

通过对以上观点的梳理，笔者认为，对行政规划应主要从以下角度进行分类。

第一，以行政规划是否具有拘束力以及拘束力的大小为标准，可分

---

① 参见曾祥瑞：《简述日本行政法中的行政计划与行政指导》，《黑龙江省政法管理干部学院学报》1999 年第 4 期。

② 参见翁岳生主编：《行政法》，中国法制出版社 2002 年版，第 799 页。

③ 参见姜明安主编：《行政法与行政诉讼法》，北京大学出版社、高等教育出版社 1999 年版，第 210—211 页；杨建顺：《日本行政法通论》，中国法制出版社 1998 年版，第 565 页。

为拘束性规划和非拘束性规划。此类标准的划分还可以进一步细分为拘束性规划、影响性规划及建议性规划三种。这种分类标准前已述及。

第二，以行政规划是否有法律依据为标准，可分为依据法律规范的行政规划和依据职权的行政规划。前者是行政主体依相关法律、法规拟定的规划；后者是行政主体根据组织法规定的职权（授权）拟定的规划。

第三，以行政规划的存在形式为标准，可分为法规性规划和非法规性规划。前者是指以法律、法规的形式表现出来的规划；后者则是通过其他规范性文件的形式表现出来的规划。在实践中，行政规划存在的具体形式非常混乱，有时被冠以"规划"或"计划"字样，但有时不一定冠以"规划"或"计划"字样，而是以一定的公文形式表现出来的，诸如"目标""政策""纲领"或"纲要""预算""方案""要点""措施""规程"等。我国2004年国务院制定的《全面推进依法行政实施纲要》，就是一个以"纲要"形式出现的具有战略指导性和宏观性的行政规划。

第四，以行政规划的效力范围为标准，可分为内部行政规划和外部行政规划。前者是行政主体对自我管理的事务预先作出的规划，其效力一般只涉及内部行政组织，对行政相对人没有约束力，如政府机构改革方案；后者是行政主体对社会公共事务预先作出的规划，其不仅对行政主体有约束作用，对行政相对人也会有一定的约束作用，如城市规划、道路交通规划等。

第五，以行政规划是否具有可诉性为标准，可分为可诉性规划和不可诉性规划。前者是指法律允许对其提起诉讼的规划；后者是法律不允许对其提起诉讼的规划。

第六，以行政规划涉及的范围和领域为标准，可分为综合性规划和专业性规划。前者是有关抽象行政的综合性政策大纲，或对某一行政事务作出的总体规划，如国民经济和社会发展规划、城市发展规划等；后者是有关具体行政事务的施政规划，或者是对综合性规划作出的详细规划。

第七，以行政规划的时间为标准，可分为长期规划、中期规划和短期规划。

四、行政规划的性质判断

(一)行政规划性质的理论之争

行政规划的性质是指行政规划内在的与其他典型行政行为不同的本质属性。行政规划性质的归属与判断,决定着行政规划在制定程序、实施方式以及在实施过程中出现纠纷时或损害相对人利益后,相对人是否有权请求司法救济等一系列问题。对行政规划法律性质的深入探讨,将有助于行政规划在行政行为体系中的合理定位,有助于行政规划相关法律规章制度的构建。

对行政规划的性质问题,我国大陆行政法学者论述较少,台湾地区和国外一些学者争论较多,且论述多集中在行政规划是否属于行政行为这一点上。目前关于行政规划的性质主要有"政策性行为说""立法行为说""具体行政行为说""机能说""分别归类说""特别行为说"等。

1. "政策性行为说"。该说认为,行政规划作为统一行政上的各项政策的基本标准,与行政立法或准立法有相通的一面,但行政立法是假设命题(条件大纲)式的规定,而行政规划是在考虑现实情况的基础上设定的具体行政目标(目标大纲),是运用行政机关的裁量权作出的政策决定。因此,行政规划的策划和决定,与其说是法行为,倒不如说是具有强烈政策性的行为。但该说并不否认行政规划又分别具有内部行政行为和行政指导的性质。①

2. "立法行为说"。平特纳主张适宜把行政规划作为公共行政的一种特别活动形式予以理解,并进而对行政规划裁量权的法律基础进行了分析,认为"只要立法者(也包括制定行政法规、规章者)进行计划或决定一计划,其'计划裁量权'即属于在国家权力范畴的普通立法裁量权。立法裁量中不存在诸如在使用不确定法律概念中所具有的行为裁量与判断活动的区别⋯⋯此两者都属于不可分割的创设自由,在立法裁量中融

---

① 参见杨建顺:《日本行政法通论》,中国法制出版社1998年版,第563页;姜明安主编:《行政法与行政诉讼法》,法律出版社2003年版,第116页。

为一体"①。可见，平特纳将立法者决定的行政规划作为运用立法裁量权的行为，即立法行为。

3."具体行政行为说"。该说认为，虽然行政规划以一般人为对象，关系到超个人的一般公共秩序，从这个意义上说，它是类似于立法行为的一种抽象行为。但是，由行政规划产生的权利限制等效果却不是抽象的，远比法令的效果具体而强烈，从这个意义上说，行政规划更类似于具体行政行为。行政规划是具有相当广泛的政策性、专业技术性的裁量，但这不能成为否定行政规划的行政处分性质的依据。②

4."机能说"。该说认为，行政规划不具有共同的法律效果，可以根据其具体特性解释为法规命令、行政规则、内部行为等各种各样的行为形式。但对行政规划的本质研究要着眼于其机能，统一加以把握，除拘束性规划之外的行政规划，尽管不直接涉及相对人的权利义务，只是作为行政系统内部的活动标准而要求规划实施机关必须遵守，但其对于社会具有预测和引导的机能，可以引导国家和地方公共团体的预算和立法。这些机能便是行政规划的本质。③

5."分别归类说"。持这种观点的学者认为，不同的行政规划具有不同的法律效果。有些规划具有规制私人的效果，有些规划只是拘束行政主体，对私人无直接利害关系，还有些规划既拘束行政主体，又拘束公民个人。"行政规划确实在与其他行为形式的关系上不能相提并论，但是，从另外的观点来看，也具有可以分别归类于以前的某一种行为形式之中的性质。"④ 因此，不能将行政规划千篇一律地归入某一种既存的行为形式之中。

---

① 参见［德］平特纳：《德国普通行政法》，朱林译，中国政法大学出版社 1999 年版，第 156、159 页。

② 参见［日］南博方：《日本行政法》，杨建顺、周作彩译，中国人民大学出版社 1988 年版，第 62 页。

③ 参见［日］室井力：《日本现代行政法》，吴微译，中国政法大学出版社 1995 年版，第 54—55 页。

④ 参见［日］盐野宏：《行政法》，杨建顺译，法律出版社 1999 年版，第 153 页。

6. "特别行为说"。由于行政规划的特殊性，现有的法律形式难以概括其法律性质，因而有的学者认为应当把其作为一种特别行为来理解，"行政规划本来的作用在于树立一定的目标，为实现目标而综合调整、引导既存各种行政行为形式。因此，以既存的行政作用模式来分析行政规划，难以全面、客观、正确地把握行政规划的性质。"① 还有学者认为，"行政规划与其他行政行为形式之间有非常密切的联系，很多时候是其他行政行为的前奏，其他行为则是规划的具体落实，但行政规划并不能因此简单地被其他行政行为所替代，而有必要将行政规划作为一个独立的客体，把行政规划制度作为行政法上的一个相对独立的制度加以探讨"。②

通过对上述行政规划性质主要观点的梳理和分析，可以看出：一方面因行政规划表现形式的多样化，行政规划的性质极其复杂且具有综合性的特征，另一方面也反映出行政法学界对此问题的研究还相当滞后甚至混乱。上述有关行政规划性质的各种观点虽各有侧重，但总体上呈现出两种倾向：一是认为行政规划没有统一的法律性质，应该具体问题具体分析和判断；二是认为应将其作为一种特殊性质的行为类型来理解。行政规划的综合性与复杂性为其性质的判断和认定提出了难题，规划可以是一种独立的行为方式，但其作为独立的法的形式还未得到公认，即"所谓独立的'行为形式'并非等于独立的'法形式'"。③

（二）行政规划性质的判断

综上所述，行政规划作为行政机关管理社会广泛运用的手段，表现为制定主体、规划目标、手段方式、持续时间、效力范围等诸多因素的多元化，以及目标设定与手段结合上的综合性，它兼具抽象性与具体性、法律性与事实性的综合法律属性。因此，行政规划的性质不能简单化，否则，将难以反映行政规划的本质和特点。行政规划应属于有别于其他典型行政行为的特殊行政行为。就我国目前而言，应特别注意区分内部

---

① 杨建顺：《日本行政法通论》，中国法制出版社1999年版，第563页。
② 姜明安主编：《行政程序研究》，北京大学出版社2006年版，第97页。
③ 林志忠：《行政法要义》，千华出版公司2003年版，第221页。

行政规划的性质与外部行政规划的性质。行政法关注的重点应当是外部行政规划。

内部行政规划具有内部行政行为的性质，一般只对行政主体具有约束力，而不直接影响外部公众的权利义务。如国务院机构改革方案、各级政府的预算、税收计划等。外部行政规划以其是否产生某种特定的法律效果为目的，可以将其性质划分为行政行为性质的规划和事实行为性质的规划两类。

行政行为性质的规划又称强制性规划或拘束性规划，它以产生特定的影响和限制行政相对人权益之法律效果为目的，一般适用于关系国计民生和社会发展的重要活动，对此种规划，行政主体和相对人均必须执行，不得擅自调整或更改。在行政行为性质的规划中，有的是针对不特定相对人、具有普遍拘束力、不直接产生法律效果的规划，属于抽象行政行为（有的属于法律法规形式的规划，有的属于其他规范性文件形式的规划）；有的是直接涉及特定相对人权利义务并直接产生法律效果的规划，属于具体行政行为性质，如专项规划、城市建设规划中的部分内容、城市拆迁规划和行政机关给企业直接下达的计划等。在现实中，许多行政规划不只具有上述某一种属性，而可能同时具有多种属性，如城市规划就兼有抽象行政行为和具体行政行为的性质。

行政事实行为性质的规划又称非强制性规划或非拘束性规划，即所谓的指导性规划，它不以产生特定的影响和限制相对人权益之法律效果为目的，因而对相对人不具有强制性。此类行政规划一般是行政主体基于国家法律、政策规定作出的，旨在引导行政相对人自愿采取一定的作为或不作为，以实现行政管理目标的一种行政规划。如产业结构调整方向、经济发展预测和建议等。指导性规划反映着政府预期要达到的目标，按照宏观控制的要求为社会指引方向，具有指引性、诱导性，同时允许行政相对人结合自身条件自主决定是否采纳，又具有一定的灵活性，其是现代社会条件下应当积极采取的一种手段。

五、行政规划的历史背景及其功能

（一）行政规划的历史背景

规划是一种社会现象，是人类理性活动的结果，只要人们有意识地进行活动，就会有计划地存在。因此，行政规划并非现代国家特有的现象，古代社会也存在计划，只不过其重要性和功能与现代社会不同而已。行政规划的发展变迁与政府职能的历史演变紧密联系在一起，行政规划的适用范围和强度也取决于国家对社会的干预范围与强度。

在早期的自由资本主义时代，受"自由放任"为主流的古典自由思想的支配，人们对经济的发展往往寄托于市场这一"看不见的手"的自然调控，因而政府的职能受到了严重的限制。这一时期"管得最少的政府，是最好的政府"，国家职能演变为"夜警国家"，政府主要充当"守夜人"的角色，国家的活动被限制在狭小的范围内，其功能主要限于对破坏公共安全和秩序的行为作出反应，即单纯以创设和维护良好的公共秩序为目的，而不是积极主动去干预社会和经济的发展。在这种"秩序行政"或"消极行政"的背景下，作为具有积极主动和干预色彩的行政规划显然不能得到充分重视。

但是当自由资本主义发展到一定阶段，伴随着经济的迅猛发展，大量社会矛盾和社会问题开始产生，特别是在经济领域内由于自由市场内在的致命缺陷，产生了一系列无法通过市场自身来解决的经济和社会问题。19世纪20年代，以亚当·斯密为代表的古典自由主义理论以及反映在政府职能上的"消极行政"的理念受到了严重质疑，取而代之的是凯恩斯的政府干预理论。在"市场失灵"和凯恩斯政府干预理论的背景支配下，各国纷纷强化了政府干预经济的职能，由此政府的行政职能迅速扩大。特别是第二次世界大战期间到战后，政府的权力日益扩大，无论是东方还是西方，无论是社会主义国家还是欧美资本主义国家，虽然政府干预的程度和范围有所不同，但是强化政府的积极作用是各国的一致做法，这一时期政府的行政活动覆盖了社会生活的方方面面，影响着众多人的权益。政府的职能由"守夜人"转为"从摇篮到坟墓"的管理者。政府的全面管理与服务也成为"行政国"现象的形象描述。与此同时，在德国产生了"生存照顾"和"给付行政"的行政法理论，并希望借助政府力量来缓解各种社会问题，从而使规划成为政府治理社会的必要手段。通过行政增进国民福利、改善国民生活以及积极地影响和调节社会，成为各国政府的重要责任。在行政资源需大于供以及行政环境瞬息万变的情况下，为有效处理行政事务，政府必须预先从多角度考虑所有重大问题，明确提出未来行政的构想，并以此作为行政的目标，有计划地综合推进为实现相应目标所必需的各种行政政策及公共事业，以在国计民生中发挥重要的导向作用。因此，规划手段被广泛运用于国家和社会公共事务管理中，"行政的计划化"或"规划行政"便成为不可避免的现象，当然也就成为行政法的重要研究课题。到了20世纪70年代后，随着金融危机的出现，政府干预过程中又产生了与"市场失灵"相对应的"政府失败"现象，权力腐败和官僚主义的现实问题又促使新一轮的政府职能变革，即要求政府放松对社会经济生活的干预，给市场更大的自由空间。由此产生了以德国为代表的控制行政规划权的一系列理论。可见，行政规划的兴起与发展是与政府职能的演变有着内在的联系，现代政府职能的复杂化和多样化也影响着现代行政规划的广度和深度。

我国曾经是一个非常崇尚计划的国家，在新中国成立后也长期实行过"计划经济"体制。计划经济曾被视为社会主义制度区别于资本主义制度的重要特征之一。按照斯大林的说法，社会主义经济是最统一和最集中的经济，社会主义经济是按计划进行的。由此，计划经济成为社会主义另一个代名词。这一时期，计划体制推动着我国国民经济的发展和工业体系的快速建立，但同时也使单一计划体制的弊端暴露无遗。这种计划"试图根据一个单一的计划对一切经济活动加以集中管理，规定社会资源应该有意识地加以管理，以便按照一种明确方式为个别目标服务"。① 说到底，这种计划是一种异化了的计划，即计划的产生并作为体制确立后，借助国家权力渗透到国民生活的各个方面、各个层次，"无微不至"地"关怀"着人们的生活，从而成为全面控制人们的一种"桎梏"。② 当今，在市场经济条件下，我们并不完全排斥计划的作用，"计划和市场都是手段"，"计划多一点还是市场多一点，不是社会主义与资本主义的本质区别"③。计划作为社会主义市场经济中的宏观调控手段，仍然在国民经济和社会发展中发挥着巨大作用。当然，在现今中国特色社会主义市场经济体制下，行政规划无论在形式上还是在作用上都不同于传统计划经济体制下的行政规划。

新中国半个多世纪以来，我国的行政规划经历了一个逐步发展和完善的演变过程：由单纯的经济计划演变为国民经济和社会发展规划④；由单纯的五年中期规划演变为五年规划与十年规划、十五年远景规划相结合，并注重中长期规划的连续性和动态衔接，强调中长期规划的宏观性、战略性和政策性，以及规划指标的指导性和预测性；由全国统一的中长期规划演变为中央与地方分层次决策，综合性规划纲要与行业规划、专业规划并存，地方规划和行业规划的独立性和自主性明显增强；中长期规划的编制过程从封闭逐步走向公开、透明，社会参与度明显提高。⑤ 但不可否认，我国现今的行政规划仍然没有完全摆脱计划经济体制下思维

① ［英］哈耶克：《通往奴役之路》，王明毅等译，中国社会科学出版社1997年版，第40页。

② 参见李刚：《市场和计划法：对计划的两次限制》，载漆多俊主编：《经济法论丛》（第6卷），中国方正出版社2002年版，第234页。

③ 《邓小平文选》第三卷，人民出版社1993年版，第373页。

④ 2005年召开的党的十六届五中全会审议通过了《中共中央关于制定国民经济和社会发展第十一个五年规划的建议》，这使得延续半个多世纪的国民经济和社会发展"计划"首次变为"规划"。

⑤ 参见姜明安主编：《行政法与行政诉讼法》，北京大学出版社、高等教育出版社1999年版，第211—212页。

模式的束缚，在行政规划的实践中，还大量存在着重人治、轻法治以至违背科学发展的现象，行政规划的法律制度也极不健全。因此，重新审视和深入研究现代行政规划问题，是十分必要的。

（二）行政规划的功能定位

现代社会，行政规划几乎作用于全部行政领域，在某种场合和某种意义上，甚至可以说，行政规划被置于法律的前导，具有引导法律性功能，如国家权力机关和行政机关的相关立法规划等。但由于行政规划种类繁多，性质各异，要对其功能或作用作出统一的论断是极其困难的。对此有学者认为，在现代社会中，规划行政的日益展开和规划手段的广泛运用，行政规划的功能更加复杂和多样化了，例如，引导和指导行政相对人的预期和行为的功能；引导、联系和协调其他行政手段（包括行政法律手段）的功能；通过确立科学、合理的行政目标来最有效地调动行政资源、实施行政活动的功能；通过取得各行政机关的共识和协调行政政策来提高整体行政效果的功能等。[①]

也有学者认为，行政规划的必要性当今已经没有异议。行政规划不仅使各级国家机关的措施得以步调统一、有的放矢，而且给经济和社会的发展提供了巨大的推动力。同时，规划符合理性科学分析现代潮流，有利于解决现存问题。[②]

还有学者认为，行政规划主要有两方面功能：一是科学合理地实施行政的功能。行政规划必须设定综合的、科学合理的行政目标。但为保障行政效益，仅仅靠确立总目标是不够的，还必须在准确把握社会现状和行政需要动向基础上，合理地分配可以利用的一切人力、物力资源，

[①]　参见［日］室井力：《行政法100讲》，学阳书房1990年版，第120页。转引自皮纯协主编：《行政程序法比较研究》，中国人民公安大学出版社2000年版，第279—280页。

[②]　参见［德］哈特穆特·毛雷尔：《行政法学总论》，高家伟译，法律出版社2000年版，第407页。

科学地具体选择并设定在一定时间内能够实现的、最接近理想的状态，以此作为行政行为努力的具体目标。二是调整和综合的功能。由于现代国家行政作用的领域非常广泛，各种行政政策和权力运行的方式多种多样，目标与目标之间、政策与政策之间发生矛盾甚至冲突是难以避免的，而行政规划的目的正在于设定相关各个行政机关共同的目标，调整和综合各个行政政策，以达到协调一致。制定规划时，为取得有关机关对其内容的认可，有时法律上要求与其他部门协商，取得其同意。①

借鉴上述观点，我们认为，行政规划除具有政策预测与引导、保证行政的科学性、合理性和利益协调功能之外，还具有以下两方面的主要功能。

一是有效利用资源，减少市场经济的盲目性。行政规划的最大价值就在于在社会资源稀缺的情况下，最大限度地合理利用社会资源，实现最大的社会效益。通过行政规划设定与实施，可以合理地调动人力、财力与物力等资源，有步骤地实现行政目标，从而达到预期的行政效应，这是行政规划最重要的功能。

市场经济与计划经济均为社会资源配置的两种方式。市场经济并不排斥计划，相反，计划也可以更好地促进市场经济的发展。市场经济之所以需要计划，是由市场经济自身的缺陷所决定的。在市场经济体制下，行政规划可以合理有效地配置资源，减少市场经济的盲目性。

二是拘束和引导行政主体与行政相对人的行为。无论拘束性规划还是非拘束性规划，对行政主体而言，都具有一定的约束力和引导力，有关行政主体必须执行，并遵守信赖保护原则。对行政相对人而言，拘束性规划也具有拘束和引导的双重功能，但非拘束性规划即指导性规划，则仅具有获取信息和利益诱导的功能。

---

① 参见姜明安主编：《行政法与行政诉讼法》，北京大学出版社、高等教育出版社1999年版，第212页；姜明安主编：《行政法与行政诉讼法》，法律出版社2003年版，第114—115页。

具体来说，行政规划对行政主体而言，其功能主要体现为目标预定性、协调性和自律性等方面。所谓目标预定性，是指通过规划可以使行政机关对其将来一定时期预达到的行政目标得以确立，便于行政主体采取相应的措施实现行政目标，避免行政管理的盲目性；所谓协调性，是指行政规划目标的实现，特别是综合性规划的实施，往往会涉及若干行政主体的职能，需要相关行政主体的配合与协作才能实现，而行政规划能够有效地将有关行政主体组织起来，协调各相关行政主体的行为与整个规划步调一致，共同完成行政规划确定的目标和任务；所谓自律性，是指行政规划一旦作出，就具有一定的约束力，行政主体必须采取有效措施保证其实现，因此行政规划本身就成为行政主体在行政管理中自我约束的规范。

对行政相对人而言，行政规划的功能主要体现为获取行政信息和利益诱导方面。行政规划是对未来行政的政策设计与构想，往往会涉及一定利益的再分配，因而对行政相对人来说，了解和掌握行政规划是获取行政信息的一个重要途径。通过行政规划所表明的政策性信息，一方面可以引导行政相对人的行为走向，对相对人起到利益诱导的功能，相对人在了解了行政规划有关信息后，可以根据自己的判断和需求，"趋利避害"，理性地选择和调整自己的生产和生活，并从中获得一定的利益；另一方面也使行政规划易于相对人协助和配合，使行政规划的实现变得更加顺利，进而实现行政主体预期的行政目标。正因为如此，凡不属于法定保密范围的行政规划，都应该具有一定的透明度，在规划的拟定、变更、审议和公布等方面建立相应的程序保障制度。

第二节　行政规划法律制度的比较考察

行政规划作为人类理性活动的客观现象而引起法学家和法律工作者的关注是近晚时期的事。但无论是传统的西方国家还是东方社会主义国家，总体上对行政规划法律制度建设重视程度不高，未能形成普遍适用或普遍借鉴的制度成果。由于各国之间历史传统与法律文化的不同，行政规划的具体制度表现出很大的差异性。相比之下，国外特别是德国、日本以及我国台湾地区形成了具有一定借鉴价值的制度成果。本节着重运用比较分析方法系统梳理和分析两大法系主要国家特别是德国、日本以及我国台湾地区行政规划的主要制度和基本经验，进而对我国行政规划的立法现状与法治化问题进行了分析，以揭示出当代行政规划走向法治化的必然趋向。

一、国外及我国台湾地区的行政规划制度

（一）英美法系国家的行政规划制度

1. 英国的行政规划制度

英国作为资格最老的英美法系国家，其行政规划制度并不发达，在实践中也主要体现为经济领域中的规划，这与英美法系国家大多奉行市场自由主义的观念有密切的关系。英国工党虽然于 1965 年向议会提交了比较全面的全国经济发展规划，但由于该规划的指导作用不强，在实践中没有实现预定的指标，事实上并没有真正得以实施。英国的行政规划通常仅仅指出一定时期经济发展的战略性要求和有关综合经济参考指标，并规定为实现此种目标而采用的社会经济政策和措施，① 因而它不具有法律上的强制性，仅仅是一种指导性的经济行政规划。

虽然英国在经济领域的全国性计划一直不大成功②，但在城市规划制度上还是有一定特色的。一般认为，1909 年英国颁布的《住宅、城镇规划法》是世界上第一部现代意义的城市规划法规，标志着城市规划作为

---

① 参见皮纯协主编：《行政程序法比较研究》，中国人民公安大学出版社 2000 年版，第 287—288 页。

② 参见何大龙：《外国经济体制概论》，新华出版社 1985 年版，第 113 页。

一项政府职能的开端和现代城市制度的建立。① 从立法层面看，英国现行的规划法体系主要是指因城市化问题而引发制定的一系列城市规划法，主要包括城市规划的核心法、从属法规、专项法和相关法等。②

英国城市规划中的编制体系可以分为两级，包括结构规划、地方规划。结构规划的任务是为未来 15 年或更长时期的地区发展提供战略框架，作为编制地方规划的依据。结构规划编制中的公众参与采取公众评议而不是公众听证的方式，希望得到更多的是关注整个地区的发展而不是拘泥于具体利益的得失。地方规划的任务是为未来 10 年的地区发展制定详细政策，包括土地、交通、环境等方面，是开发控制的主要依据，包括总体规划、近期发展的地区规划和专项规划。地方规划的编制过程包括磋商、质询和修改三个阶段。规划部门对于按照规定程序提出的所有书面意见进行分析，然后以非正式的方式与提出意见各方进行沟通，否则就要举行听证会。听证会由环境与交通的规划监察员主持，根据双方（反对者与规划部门）陈述的证词和提供的证据，监察员提出是否需要修改书面建议。地方规划部门有权决定是否采纳监察员的建议。监察员的建议、规划部门的决策以及对于地方规划的任何重要修改都要公布

---

① 参见耿毓修、黄均德主编：《城市规划行政与法制》，上海科学技术文献出版社 2002 年版，第 353 页。

② 英国城市规划法主要包括：核心法——《城乡规划法》（1990 年）；从属法规——《城乡规划（用途类别）条例》（1987 年）、《城乡规划（环境影响评价）条例》（1988 年）、《城乡规划（发展规划）条例》（1991 年）、《城乡规划（听证程序）条例》（1992 年）、《城乡规划上诉（监察员决定）（听证程序）条例》（1992 年）、《城乡规划（一般许可开发）条例》（1995 年）、《城乡规划（一般开发程序）条例》（1995 年）、《城乡规划（环境评价和许可开发）条例》（1995 年）、《城乡规划（建筑物拆除）条例》（1995 年）；专项法——《规划（历史保护建筑和地区）法》（1990 年）；相关法——《环境法》（1995 年）、《保护（自然栖息地）条例》（1994 年）；等等。参见唐子来：《英国城市规划核心法的历史演进过程》，《城市规划》2000 年第 1 期。

于众。①

在英国行政规划制度中，其规划督察制度值得特别关注。规划督察制度（Planning Inspectorate）是英国规划体系下的特殊产物，现行规划督察制度始于1992年，规划督察是一个衔接上下级部门的行政机构，最初隶属于英国环境部，如今是全权负责英格兰事务的副首相办公室（ODMP）下设的一个行政机构。目前，在英格兰和威尔士规划督察机构中有督察员500多人。规划督察机构的主要职责是处理与规划有关的申诉事宜，仅在1998—1999年度，规划督察受理的申诉案件就达到12877件。② 另外，根据英国程序法上的普通原则，行政规划在制定和实施过程中，只要出现越权行为、法律上的错误以及违反自然公正原则三种情况之一，法院即可宣布行政规划无效或撤销行政规划。③

2. 美国的行政规划制度

美国作为英美法系的一个代表性国家，其行政规划的运用与英国类似，"是西方世界中唯一没有正式的全国计划的工业大国，它在过去一个多世纪里从没有一个供全国经济决策用的单一的中央行政规划"，④ 这与美国的政治体制有关系。美国政府制度的基础是联邦、州和地方政府分权。一些政府机构（如美国联邦储备委员会）所具有的法定"独立性"，使制定全国性长期经济计划的任何行动均难以实现。从制度层面看，美国的行政规划与英国一样主要表现在城市规划领域，其城市规划的法律制度比较完善。经过近百余年的城市规划发展，美国的城市规划形成了联邦、州和地方三个层次的制度体系。

从联邦层面看，美国虽然没有全国统一的城市规划法，但是到20世

---

① 参见耿毓修、黄均德主编：《城市规划行政与法制》，上海科学技术文献出版社2002年版，第357—358页。

② 参见张险峰：《英国城市规划督察制度的新发展》，《国外城市规划》2006年第3期。

③ 参见王万华：《行政程序法》，中国法治出版社2000年版，第254—255页。

④ 皮纯协主编：《行政程序法比较研究》，中国人民公安大学出版社2000年版，第289页。

纪 20 年代，在美国商务部的推动下，出台了两部重要的规划法案，即 1922 年的《州分区规划授权法案标准》和 1928 年的《城市规划授权法案标准》。这两个法案为美国各州赋予地方政府相应的规划权提供了可借鉴的立法模式，因而构成美国城市规划的法律基石。

从州的层面看，各州通过规划授权法案对地方政府的规划进行规范和授权。由此许多州颁布了授权法案，如"规划授权法案"（Planning Enabling Act）、"规划委员会法案"（Planning Commissions Act）、"分区规划法案"（Zoning Act）等。值得注意的是，美国城市规划师协会为促进州的规划法规的改革，于 1998 年出版了一套最新的立法指南（Growing Smart Legislative Guidebook），旨在为州的规划立法提供标准的语言和模式。如该书引入了区域概念，强调了公众参与以及对规划的定期评估，强调了州一级对地方规划的控制。

从地方层面看，如同州层次所确立的特别授权法覆盖了城市建设的一些领域，在地方层次往往运用特别的区划制度和城市总体规划制度来详细确定和指导城市规划的运用。城市总体规划制度以 1909 年的"芝加哥规划"为标志，建立了美国总体规划的雏形和模式，并由此推动了美国现代城市规划的起步。美国的城市总体规划的出台必须富有详细的公众参与计划，主要形式有公民咨询委员会、公众听证会、访谈、问卷调查、媒体讨论、互联网、刊物、社区讲座以及社区规划的分组讨论与汇总等。[1]

（二）大陆法系国家及我国台湾地区的行政规划制度

相比英美法系中的英美国家而言，大陆法系国家尤其是德国、日本以及我国台湾地区对行政规划的运用和研究较为深入，因此，以下主要以德国、日本以及我国台湾地区的相关制度为主要考察和借鉴的对象。[2]

---

[1]　参见孙晖、梁红：《美国的城市规划法规体系》，《国外城市规划》2000 年第 1 期。

[2]　并非国外及我国台湾地区的行政规划法律制度都包含下述内容，下列内容只是按一定的逻辑顺序对其进行的比较分析和概括，以期从总体上把握行政规划法治化的现状和发展趋向，为完善我国行政规划法律制度提供参照与启示。

1. 关于行政规划的立法模式

总体上看，大陆法系国家和地区的行政规划立法模式大体上有三种类型：第一类是德国模式。即把行政规划纳入行政程序法中。德国于1976年颁布《联邦行政程序法》①，开了行政规划确定程序法典化之先河。② 德国模式的主要特点是，确定规划的程序规定条文详尽，其在《行政程序法》第五章第二节中规定了确定规划程序的五大步骤：拟定规划的提出；拟定规划的公开与异议的提出；预告听证日期；听证的进行；确定规划的裁决和送达。此外，对多个规划的竞合以及规划的变更及废止也作了详细的规定。

第二类是我国台湾地区模式。这种模式的特点是，虽然把行政规划纳入行政程序法中设专章调整，但仅有行政规划的定义性法条和适用的类型，至于对规划确定的具体程序不作具体规定，而是采用"按钮条款"③ 授权"行政院"另行规定。分析未将确定规划程序列入行政程序法的原因有三：一是我国台湾地区现行法如"都市计划法""区域计划法""农地重划条例"等对于行政规划的程序皆有规定，行政程序法并无再就行政规划作规定之必要，如果再行规定，就会因规定的程序及法律效果的不同，对现有法规造成较大冲击；二是由于台湾地区目前行政体制及行政文化与德国的差距甚大，台湾现存各种条件难以匹配，若具体

① 详见《联邦德国行政程序法》（1997年）第五章第二节"确定规划程序"第72条至78条。载应松年主编：《外国行政程序法汇编》，中国法制出版社1999年版，第192—196页。

② 需要说明的是，日本、韩国于1993年和1998年分别正式通过的行政程序法，基于对行政规划的理论不够成熟，而未将行政规划列入其行政程序法中。台湾地区在20世纪90年代中期以前的行政程序法草案中，也多有仿效德国立法例，其中以1990年由翁岳生主持的行政程序法草案的版本最为典型。后由于对行政规划的争议较多，台湾"立法院"在审议时只保留了原则性的两条规定，其他仿效德国立法例的详尽规定均未采纳。

③ 台湾地区"行政程序法"（2001年1月1日正式施行）第五章"行政计划"中仅有两条规定（第163条和164条），其中第164条第二项规定："前项行政计划之拟订、确定、修订及废弃之程序由行政院另定之。"

规定将产生执行上的困难；三是外国立法例，日本、韩国相继于1993年、1998年通过行政程序法，但基于对行政规划理论不够成熟，日、韩两国均未将行政规划列入行政程序法中。①

第三类是其他国家模式。这种模式既没有统一的行政规划法典，也未在行政程序法中纳入行政规划，而是在单行法中规定相关的行政规划。如日本的《国土综合开发法》《城市计划法》《国土利用计划法》《土地规划法》等都规定了有关土地和城市开发利用的行政规划制定程序。此种模式为目前大多数国家对行政规划所采取的立法模式。

2. 关于行政规划的制定程序及其法律效果

由于行政规划是根据具体情况而制定的作为行政目标的发展蓝图，由实体法对行政规划内容加以完全的制约是不可能的。即使希望事前用法律条文对规划内容加以实体法上的制约，也只不过是提供抽象的方向性判断要素，对行政提示裁量的标准而已，因此，作为对行政规划实行法律控制的行政规划制定程序日益受到了人们的重视。行政规划制定程序是否公开和民主，成为保证行政规划内容是否科学与合理的重要标准。一般认为，行政规划制定程序应当包括：规划构想、规划选定、规划公开、规划确定和规划变更五大核心程序，虽然各种不同行政规划可能有对某一程序的偏重，但是，五大核心程序却是制定行政规划法所不可缺少的最低标准程序内容。② 下面主要根据德国行政程序法介绍行政规划的确定程序及其法律效果。

（1）拟定规划。在德国，拟定行政规划的主体通常多数是行政机关。除行政机关外，私人特别是企业也可以拟定规划。行政规划确定程序要求，拟定规划的主体要尽可能先征询相关机关的意见，并将所拟定的规划书送交其直接的上级机关，以备日后听证及上级机关展开规划确定程序之用。当拟定的规划书送交其直接的上级机关时，规划确定的程序即已开始。拟定规划主体所递交的规划书应载明下列主要内容：规划的目

---

① 参见翁岳生主编：《行政法》，中国法制出版社2002年版，第803、804页。

② 参见林明锵：《行政计划法论》，《台大法学论丛》第25卷第3期。

的；规划的缘由及事实；拟采取的重要措施；涉及的国土资源及设施；其他有助于了解规划内容的必要事项等。规划书的内容越详细越有助于该规划公开时集思广益、周全考虑。规划书内容如不完整或不清楚，上级行政机关可以责令其限期补全，逾期未补全者，将规划书退回给拟定规划的主体。① 同时，所拟定的规划是否必要、全面、合理和可行，不能由拟定规划主体自行认定，而应由拟定规划主体的直接上级机关通过民主、公开参与的程序，使拟定规划主体所拟规划经过公开评定后的修正、调整及增减内容而最终确定。

（2）拟定规划的公开与异议。拟定规划机关或组织的直接上级机关在接到拟定规划书后，应将规划的内容登载于政府公报或其他报纸上，特别是规划书内容涉及土地资源开发利用或限制使用的，或涉及地方开发或发展的，应将规划书送相关地方政府公开展示，地方政府应将公开展示的日期及场所向社会予以公告。将规划书的内容登载公报或报纸时，应同时载明负责听证的单位名称及人员，以及权益受规划影响之人向听证的单位或人员提出异议的期限。② 拟定规划的公开与异议提出的目的在于，拟定规划的直接上级机关借着将规划公布之际，可以公开主动征询规划所涉及相关机关的意见，向社会大众提供对本规划相关的咨询，汇集各方面的意见与资讯，为将要进行的听证程序做好准备。拟定规划机关的直接上级机关同时行使着听证机关的职能。

（3）预告听证。负责听证的单位或人员在异议期过后，应当公告听证的日期及场所，并以书面形式通知拟定规划机关、与规划事务有关的机关、权益受规划影响的组织或个人以及规划的异议人于听证日期到场表示意见及讨论。为便于当事人及时做好听证准备、主张其权利，要求公告及通知的内容不仅要明确、及时，而且要将听证公告刊载在规划影响地区发行的新闻报纸上。

---

① 参见翁岳生主编：《行政法》，中国法制出版社2002年版，第805—806页。
② 参见《联邦德国行政程序法》（1997年）第72—73条。载应松年主编：《外国行政程序法汇编》，中国法制出版社1999年版，第192—194页。

（4）听证。主持听证的单位主管或人员有权决定听证的方式及问题处理。举行听证时，应首先由拟定规划的机关对其他参与听证程序的人说明该规划及其作用，然后其他当事人表示意见。主持听证的单位或人员应使参与听证的人充分表达意见，对于逾异议期间提出的异议也得讨论，并力求调和各种不同利益之意见。听证的目的和意义在于，在规划决定作出之前，通过公开、民主参与的听证程序，可以使因规划牵涉广泛利益冲突的各方以正当程序充分表达意见，从而为作出科学合理的行政规划提供基础，也可以因公平之参与减少行政争讼。

（5）确定规划的裁决。主持听证的单位主管或人员应于听证终结后一个月内，就进行听证时各有关机关的意见，当事人间达成的协议及未解决之异议，连同其对听证结果的意见作成的听证报告书，递交负责确定规划的机关。规划确定机关应根据拟定规划主体的申请书内容以及听证的结果，对该规划作出是否核准的决定。在规划确定决议中，规划确定机关应对在听证机关举行的听证会上未解决的异议作出裁决。规划确定机关须要求规划承担者采取必要防预或设定和保持有关设施，以保护公共福利，或避免对他人正当利益造成消极后果。如该项防预或设施无济于事，或与规划不可协调，当事人有权请求适当的金钱补偿。① 确定规划裁决书应送达拟定规划机关、其他有关机关、已知权益受影响之人以及曾向举行听证的人员或机关提出异议之人，并应连同确定规划书递交受影响地区的政府公开展示。至此，经过上述五个程序，一部行政规划被最终确定下来。

---

① 参见《联邦德国行政程序法》（1997 年）第 74 条第 2 款，载应松年主编：《外国行政程序法汇编》，中国法制出版社 1999 年版，第 194 页。另外，杨建顺以日本审议会的咨询程序为例，指出必须对如下几个要素进行审查：（1）委员的构成是否违法；（2）提供给审议会的资料是否公正；（3）应该考虑的要素是否有遗漏；（4）不应考虑的要素是否被过大评价；（5）反对意见是否得以讨论研究；（6）是否研究过除本方案以外的其他方案的可行性；等等。上述要素中缺少任何一个，便可以以行政过程的程序上有瑕疵为理由，撤销该行政决定。参见杨建顺：《日本行政法通论》，中国法制出版社 1998 年版，第 571 页。

行政规划一旦依法经过缜密的程序被确定下来，即产生法律效力。在德国，确定规划裁决具有行政处分的性质，因而确定规划的裁决除具有一般行政处分所具有的拘束力、公定力、执行力、构成要件效力及存续力之外，还具有因经过确定规划程序所产生的三种特殊效力，即许可效果、集中事权或整体效果以及形成效果。在许可效果上，规划一经确定裁决，该裁决的效力不仅及于规划本身，亦及于因实施规划采取的必要措施，甚至及于因该规划涉及其他有关公共利益的规定。在集中事权或整体性效果上，确定规划的裁决赋予了拟定规划机关具有集中各相关行政机关职权的效果。拟定规划机关按规划实施的必要措施，依法本应经有关主管机关核准或特许，但因确定规划裁决程序的先前存在，有关机关在听证程序时已表示意见，因此为使已经确定的规划能够顺利实施，避免再次征询有关机关意见之烦琐，提高行政效率，故拟定规划机关在实施规划而为的必要措施时，可不必再次经其他行政机关的同意或特许。在形成效果上，规划一经确定，便在拟定规划机关与规划所涉及的权益人之间，依据该规划确定的内容形成法律关系。因此，确定规划之裁决是具有形成效果的行政处分特征。

3. 关于行政规划的实施、变更及废止

（1）行政规划的实施。确定规划的裁决已经不能诉请撤销而确定时（在法定救济期间内放弃救济或未提起救济或提起行政诉讼而被驳回、败诉等），行政规划即产生确定力，应按规划予以实施，任何妨碍规划的请求，包括中止规划的实施，废弃或变更有关设施或停止该设施的利用等请求，皆应排除，不得主张。但规划确定后，规划或已确定规划的配合措施对人民的权利发生不可预见的影响时，利害关系人可以请求确定规划机关责令拟定规划机关为采取必要的防护措施、设置或维护必要的设施，用以排除不利的影响。如果防护措施或设施无效或与规划不适合，确定规划的机关应依利害关系人的请求责令拟定规划机关给予一定金额的补偿。

（2）行政规划的变更与废止。规划生效后未实施或实施尚未完成而必须变更的，因与原来规划有所不同，对当事人权益的影响将有所变化，一般应重新进行规划确定程序。但规划的变更如果不重要且不涉及他人权益，或经利害关系人同意其变更的，可免除新的规划确定程序，以提高行政效率。规划尚未实施或实施尚未完成前，因故终止实施的，由于先前已生效的确定规划裁决仍然有形式上的拘束力，因此，为使此拘束力失去效力，确定规划的机关应依一定程序作出废止该规划的裁决。在作出废止决定前，应听取拟定规划机关的意见。为了维护公益或防止他人权益受到损害，确定规划的机关如果认为有必要采取回复原状或其他适当的措施，应当一并课以拟定规划机关回复原状或采取其他适当措施的义务。

4. 关于行政规划的法律救济

行政规划的法律救济，通常表现为对确定规划裁决不服的救济以及对规划变更、废止的救济两个方面，同时涉及信赖保护问题。

（1）对行政规划裁决不服的救济。在德国，不服确定规划的裁决如同对行政处分不服一样可以提起撤销之诉，具体可分为全部规划裁决撤销之诉与部分规划裁决撤销之诉。提起撤销之诉的主体包括拟定规划的机关（拟定规划的机关与确定规划的机关属于同一行政主体除外）和私人主体。私人主体提起撤销之诉必须主张其个人权利受损，而不能以其他人未参加规划确定的程序为由提起诉讼。在对行政规划裁决不服之诉中，当事人可直接向行政法院提起撤销之诉，而无须经过诉讼前的诉愿前置程序。这是因为，在规划确定程序的过程中，相关的行政机关、公民或团体通过听证程序已作了充分的陈述，已兼顾了利益衡量的妥当性与客观性。如果仍遵循一般撤销之诉的前置诉愿程序，让上级机关去变动已在规划确定程序中对利害关系人与行政机关经繁复程序而达成的共识结果，反而有害确定规划裁定的可行性与妥当性。在日本，情况则几近相反，法院认为即使涉及对国民权益有直接限制的拘束性行政规划（如都市计划）也不得提起诉讼。认为诸如土地区划的拘束性规划，仅为"蓝图"而已，至于因规划确定公告使国民权益受限制，也仅为"蓝图"的附随效果，故不具争讼的成熟性。而且，该规划仅涉及不特定多数人的利益，具有抽象性，缺乏行政处分"具体性"的特征，因而认为拘束性规划本身并非行政处分，故不得提起行政争讼。与日本不同的是，韩国大法院曾将城市规划变更告示判示为行政处分，得以提起行政争讼。①

（2）对行政规划变更和废止的救济。在德国，由于行政规划的法律性质不同，救济方式也不尽相同。对于指令性规划的风险分担，法律作了相应的规定，如建设法典第 39 条作出以下规定，公民对具体建设规划的变更享有补偿请求权。而指导性规划向来排除这种补偿请求权，但作为例外，公民对"错误通知"享有损害赔偿请求权。调控性规划由于其法律性质难以界定，有时是事实行为，有时是法律行为，因而是救济重点所在。在一般情况下，即使是没有约束力的意识表示，这种规划的刺激作用本身也能构成信赖的事实要件。

在德国，行政规划的救济不仅是公民是否可以行使因信赖损害的请求权和赔偿请求权，而且是公民是否对规划的存续和执行享有请求权，以及变更时的适应措施和过渡措施享有请求权。（1）规划存续请求权。规划存续请求的目的是维持规划，反对规划的变更和废除。但原则上不承认一般的规划存续请求权，否则，个人信赖利益就会始终优先于变更规划的公共利益。只有在例外或者规划的作出采取了法律规范或者行政行为形式的情况下，才存在规划存续的请求权。（2）规划执行请求权。规划执行请求权的目的是规划的遵守和执行，反对行政机关采取违反规划的行为。该权利也需要具体认定。首先，应当审查规划是否具有法律约束力，是否仅约束作出机关及其所属的行政主体；其次，应当区分遵守和执行，具体建设规划对所有的行政机关都是具有法律约束力的规划，任何行政机关都应当遵守，不得采取违反该规划的措施，否则就会构成反复无常和裁量瑕疵。（3）过渡措施和补救措施请求权。这种请求权是直接针对规划的变更和废除的，即已经按照规划采取了相应处置，因规划消灭而遭受财产损失的人可以要求行政机关为此采取过渡措施或者通过适应性帮助。通过这种方法，一方面使必要的规划变更得以执行，另一方面使有关公民的利益也得到考虑。通过过渡措施或者适用性措施，

---

① 参见翁岳生主编：《行政法》，中国法制出版社 2002 年版，第 811、812 页。

关系人可以逐渐适应新的情况。如与交通规划变更有关的企业家，根据原来的交通规划享有有利的条件的，可以得到财政上的过渡帮助。①

行政规划常常是根据具体情况而制定的，所以根据情况的变化而随时予以修改、变更规划便在所难免。但行政规划的修改和变更，往往给国民生活带来巨大的影响，这就产生了行政规划的变更对国民的信赖保护的关系问题。如果行政机关随意取消、变更已经制定公布的行政规划，就有可能使相信既定行政规划的国民蒙受难以预料的损害。因此，对于相信某行政规划而着手某种具体行为的国民，必须保障其在一定范围内不接受随意变更规划的信赖利益，即规划保障请求权。例如，在日本，对于市长突然废除市营住宅小区的建设规划，使按照市政府的指导，在该住宅小区预定地着手建设公众浴场的事业主受到损害的事例，下级法院判决认为，行政规划的变更是合法的，但是，在与原告事业主的关系上，却违背了诚信原则，因而是违法行为，市政府的规划变更属于"由合法行为导致的非法行为"，故命令市政府支付损害赔偿金。最高法院判决也认为，地方公共团体的工厂招标政策的变更是合法的，但当该变更不当地破坏了被招标企业的信赖时，在与企业的关系上是非法的，地方公共团体必须承担不法行为责任。这两个判例都是为了保障信赖行政规划以及相关企业主的信赖利益的判例，其结论是正确的。但是，上述两个判例，都把由于行政规划的合法变更而产生的信赖利益的损失补偿，看作不法行为责任的问题。对此，许多日本学者提出疑问，认为这可以比照撤回行政行为时的信赖保护的法理作为损失补偿的问题，参照《都市计划法》的规定来处理。②

（三）比较与借鉴

1. 有关行政规划法律制度间的差异与借鉴

由于各国及地区的历史传统与国情的不同，行政规划所发挥的作用

---

① 参见［德］哈特穆特·毛雷尔：《行政法学总论》，高家伟译，法律出版社2000年版，第413—418页。

② 参见杨建顺：《日本行政法通论》，中国法制出版社1998年版，第573、574页。

及其作用的范围不可一概而论，其行政规划制度表现出很大的差异性，不仅在不同法系国家之间存在着差异，而且在同一法系的不同国家或地区之间也存在着差异。

总的来说，两大法系主要国家和地区之间的差异集中体现在对行政规划的研究和运用上。英美法系国家由于历史上一直奉行自由主义，控权理念根深蒂固，认为"管得最少的政府是最好的政府"，因此，英美国家的行政法学一般多涉及行政程序以及司法审查等控权理论的研究，往往忽视对各类行政行为的研究，这是导致英美法系国家对行政规划研究不足的主要原因。与英美法系国家相比，大陆法系国家对行政规划研究相对深入，行政规划在实践中适用范围较广，几乎作用于全部行政领域。

从制度层面讲，英美法系国家的行政规划制度比较分散，行政规划的制度主要表现为城市规划领域中的相关制度，且制度与制度之间的差异性较大，这种情况不仅反映在英美两个典型国家，其他英美法系国家也有相似情况，如加拿大等。尽管德国、日本和我国台湾地区的行政规划制度比较典型，但其各自的行政规划法律制度也存在明显的差异，这主要体现在立法模式上的差异，德国采用的立法模式是将行政规划纳入行政程序法之中，而且其确定规划的程序规则非常详细；台湾地区所采取的立法模式虽然将行政规划纳入行政程序法中，但仅有定义性法条；日本的立法模式与德国和台湾地区不同，采用的是以单行法的形式规定相关行政规划的模式。这三种模式各有优劣。在立法上德国行政程序法之模式虽有全面具体的优点，但将全部行政规划问题规定在一部行政程序法中难度较大，也难以应对复杂多变的社会环境；日本单行法之模式虽能适应复杂多变的社会，却难以协调不同种类行政规划之间可能产生的冲突；台湾"按钮条款"之授权模式虽更具有灵活性，但又过分简单化，将产生实质上的法律冲突，造成违反法律保留原则和"违宪"之嫌。这些都是我国今后行政规划立法中特别注意借鉴和总结的经验。

2. 有关行政规划中信赖保护原则、听证程序和救济制度的借鉴

笔者认为，以德国为代表的域外行政规划制度中，其信赖保护原则、听证程序制度和必要的法律救济制度对我国行政规划制度的完善有重要

的借鉴意义。行政规划具有形式上的确定力，即"对行政主体和行政相对人具有不受任何改变的法律效力"。① 行政规划的变更和废止虽在所难免，但将对行政规划相关人的生产和生活产生重要影响，因此，在完善我国行政规划制度中确立信赖保护原则和必要的补偿制度显得尤为重要。听证程序制度是现代民主政治的产物，也是行政程序的核心制度。行政规划制定中广泛采用听证程序制度，对于保障规划相关人的知情权和参与权，实现行政规划的科学、民主与法治精神具有重要意义。在行政规划程序中，加强公众参与的力度是现代行政规划与传统行政规划的重大区别。同时，在行政规划制度体系中设置保障行政相对人合法权益的救济制度，对于防范和减少违法和不当的行政规划行为与后续行为，保护行政规划相对人的合法权益，也具有重要意义。德国行政规划中赋予行政相对人的四项权利，即规划存续请求权、规划执行请求权、过渡措施和补救措施请求权以及补偿请求权，是值得我们总结和借鉴的。我国以往发生过许多因行政规划而引发的行政案件，这些案件虽然表面上可能不是针对行政规划本身，但都是针对以规划为依据的行政许可、行政强制等后续行政行为不服而产生的争议，实质上都与行政规划自身的不合理有直接关系。解决这一问题的途径，一方面要通过设立一整套合理制度来保证行政规划本身的质量，另一方面应当赋予利害关系人对行政规划本身不服可以起诉的资格。没有事先的完善的法律规制机制，事后的法律监督和救济机制就很难启动。此外，英国行政规划中特有的督察制度和美国以州为基本框架的规划制度体系特别是其中的公民参与制度，对我国的行政规划改革尤其是城市规划制度的改革也具有一定的参考价值。

3. 有关行政规划运行中共性问题之思考

各国在采用行政规划这一手段已达成行政目标的过程中，程度不同地存在下列共性问题：一是怎样认识与处理行政规划与法治的关系。对

---

① 姜明安主编：《行政法与行政诉讼法》，北京大学出版社、高等教育出版社1999年版，第155页。

于"行政计划化""计划行政"等提法和现象是否违背法治主义的问题人们早有争论，对政府采用行政规划来实现推动社会经济发展等行政目标的实际效果和合法性也提出了疑问，认为以官僚制为前提的"计划行政"会使法治主义徒具形式，特别是那些缺乏具体法律依据，缺乏有效监督和约束的行政规划，颇有违背法治主义、侵犯公民之嫌。二是行政规划的法律责任和政策责任尚不明确，纠错性和救济性较差。通常，当行政规划与国民的权益无直接关系时，这种规划不称为行政处分，因而一般不能提起行政诉讼；而当行政规划与国民的权益有直接关系时，因往往没有明确的法律规定，能否提起行政诉讼，人们的意见也不一致。因此，从各国目前的法律规定和司法实践看，行政规划纠纷实际上是较难得到司法救济的。缺乏事前明确的法律责任规范和事后有效的监督救济机制，是人们怀疑和否定行政规划的重要理由之一。三是许多行政规划缺乏民主性、科学性和制度化。行政规划制定过程中的民众参与、民意吸纳和利益协调机制不完善，公开性和民主协商不足，行政规划内容的前瞻性、科学性、针对性和指导性不强，① 制定行政规划的制度和实施行政规划的制度不配套，等等。上述都是我国在完善行政规划制度中应当引以为鉴的。

二、我国行政规划法治化的现状

（一）行政规划立法现状的梳理

改革开放以来，虽然我国的经济体制开始转向市场经济体制，但计划经济体制下的计划模式仍然深深地影响着行政规划工作，制约着行政规划法治化的进程。目前，我国行政规划的法律规范还不健全，未形成严密的体系，有关行政规划的规范性文件，有些是以法律的形式分散于有关法律、法规之中，如《城乡规划法》《土地管理法》等，多数是以非法律形式的规范性文件表现出来，具体来说：

---

① 参见皮纯协主编：《行政程序法比较研究》，中国人民公安大学出版社 2000 年版，第 295—296 页。

1.《宪法》中的规定

《宪法》确定，国务院编制和执行国民经济和社会发展计划及国家预算，全国人大及其常委会审查批准国民经济和社会发展计划及预算和预算执行情况，县级以上地方各级人大及其常委会和地方各级人民政府分别审批、编制、执行本地方国民经济和社会发展计划及预算。[①] 上述规定从根本法的高度确立了我国行政规划工作的宪法依据。

2. 法律

目前，我国尚没有一部完整系统的规划法，这对一个实行了几十年计划经济体制并积累了丰富计划经验与教训的国家来说，是一件十分遗憾的事。但并不是说，我国法律中就没有行政规划的规定。如《地方各级人民代表大会和地方各级人民政府组织法》第八条、四十四条、五十九条、九条、六十一条分别对县级以上地方各级人大及其常委会、地方县级以上人民政府以及乡、镇一级人大和政府在制定、审批、执行国民经济和社会发展计划、预算方面的职权作出了规定；《土地管理法》在总则中对土地利用总体规划的内容作了原则规定，第三章专门对土地利用总体规划进行了具体规定；《环境影响评价法》分别在总则和第二章规定了规划的环境影响评价；《水法》《森林法》《海域使用管理法》《海洋环境保护法》等均有按照规划进行水资源、森林资源以及海洋资源的开发利用规定；《环境保护法》《文物保护法》《城市房地产管理法》《军事设施保护法》《人民防空法》《广告法》《建筑法》《消防法》《公路法》等也有相关的规划内容规定，而《城乡规划法》则是一部关于城乡规划的专门法律。

3. 行政法规

如 2011 年的《国有土地上房屋征收与补偿条例》对城市规划的问题做了相关规定，2006 年的《风景名胜区条例》、2011 年的《城市绿化条例》、1993 年的《村庄和集镇规划建设管理条例》、2011 年的《城市道路管理条例》、2011 年的《基本农田保护条例》等均有相关行政规划的规

---

① 参见《宪法》第六十二条、八十九条、九十九条等规定。

定。此外，还有众多的以国务院其他规范性文件对有关行政规划的规定，如 2015 年国务院《关于大别山革命老区振兴发展规划的批复》《关于长江中游城市群发展规划的批复》《国务院办公厅关于印发国家贫困地区儿童发展规划（2014—2020 年）的通知》、2014 年《关于国家应对气候变化规划（2014—2020 年）的批复》《关于印发物流业发展中长期规划（2014—2020 年）的通知》、2013 年《关于确定三沙市城市总体规划由国务院审批的通知》、2012 年《关于印发卫生事业发展"十二五"规划的通知》《关于重点区域大气污染防治"十二五"规划的批复》《关于东北振兴"十二五"规划的批复》、2009 年"十一大产业调整和振兴规划"①、2008 年《汶川地震灾后恢复重建总体规划》，等等。

4. 地方性法规

如北京市人大常委会 2009 年的《北京市城乡规划条例》、云南省人大常委会 2012 年的《云南省城乡规划管理条例》、山东省人大常委会 2012 年的《山东省城乡规划管理条例》、河北省人大常委会 2013 年的《唐山市城乡规划条例》、浙江省人大常委会 2011 年的《杭州市城乡规划管理条例》、江苏省人大常委会 2012 年的《南京市城乡规划管理条例》、广东省人大常委会 2014 年的《广州市城乡规划条例》、湖南省人大常委会 2009 年的《湖南省实施〈中华人民共和国城乡规划法〉办法》、重庆市人大常委会 2015 年的《重庆市村镇规划建设管理条例》，等等。

5. 部门规章

部门规章中有关行政规划的规范性文件较多，但极为零散。如住建部 2014 年的《历史文化名城名镇名村街区保护规划编制审批办法》、2010 年《城市、镇控制性详细规划编制审批办法》、国土资源部 2012 年

---

① 2009 年国务院陆续出台的"十一大产业调整和振兴规划"包括：《物流业调整和振兴规划》《钢铁产业调整和振兴规划》《汽车产业调整和振兴规划》《纺织工业调整和振兴规划》《电子信息产业调整和振兴规划》《有色金属调整和振兴规划》《装备制造业调整和振兴规划》《轻工业调整和振兴规划》《石化产业调整和振兴规划》《船舶工业调整和振兴规划》《文化产业调整和振兴规划》等。

《矿产资源规划管理暂行办法》、2009 年《土地利用总体规划编制审查办法》、建设部 2011 年《建制镇规划建设管理办法》、2010 年《省域城镇体系规划编制审批办法》、2005 年《城市规划编制办法》、2003 年《城市抗震防灾规划管理规定》、国家旅游局 2000 年《旅游发展规划管理办法》、中国民航总局 2010 年《民用机场总体规划管理规定》等。至于国务院各部门的其他行政规划的规范性文件更多，大约是部门规章的 60 倍，约 3000 多件。①

6. 地方政府规章

如江苏省政府 2015 年的《江苏省土地利用总体规划管理办法》、宁波市政府 2015 年《宁波市城乡规划实施规定》、珠海市政府 2015 年《珠海市城乡规划监督检查办法》、银川市政府 2015 年《银川市停车场规划建设和车辆停放管理条例实施办法》、四川省政府 2014 年《四川省消防规划管理规定》、南宁市政府 2012 年《南宁市私有房屋建设规划管理办法》、广州市政府 2011 年《广州市城乡规划程序规定》、上海市政府 2010 年《上海市城市详细规划编制审批办法》、北京市政府 2007 年《关于郊区城镇和农村建设规划管理的若干规定》，等等。

（二）行政规划立法现状的分析

从总体上说，我国行政规划法治化的程度还比较低，已有的行政规划立法还很不完善，大量的行政规划还游离于法律的控制之外。仅就已有的相关行政规划立法来看，尚存在以下诸多缺陷。

第一，我国有关行政规划的立法一般分散在各单行的法律法规中，行政规划没有一部规划基本法典的总体规制。从而导致各分散的相关规

---

① 笔者 2015 年 7 月 21 日在访问《北大法宝》"法律法规"数据库中，通过输入"规划"关键词统计出如下重要数据（包括有效和失效文件）：法律 3 件；行政法规 3 件，国务院规范性文件 338 件；部门规章 52 件，部门规范性文件高达 3115 件；地方性法规 471 件；地方政府规章 239 件，地方政府规范性文件高达 22473 件。这一粗略的统计足以反映出国务院、国务院各部门和地方政府这三类机关制定的有关行政规划的规范性文件远远高于同层级的行政立法文件，也充分说明了行政规划对社会的重大影响。

划立法没有统一的标准可循。

第二，我国绝大部分的行政规划程序缺少民主参与和沟通机制，规划程序过于笼统。这在以往具有典型规划法特征的原《城市规划法》中表现最为突出。如原《城市规划法》关于城市总体规划程序均没有规定向社会公开，没有规定相对人参与，也缺乏听取专家意见的协商沟通机制，从而导致相关机关之间职权上的冲突，同时对规划的变更和废止规定过于笼统，导致实践中规划变更或废止的随意性，造成利害关系人权益损害并引发诸多社会矛盾。类似这样的规划还有很多，如《土地管理法》中的土地利用总体规划的法定程序也是如此。

第三，规划关系人的正当权益缺少有效的救济机制。现实中行政规划无论其约束力强弱与否，均会影响到规划关系人的生产和生活，许多行政相对人会以规划为自己的行动指南。然而，目前受规划影响从而导致规划关系人权益受损的法律救济十分残缺。一是我国缺少相关的对规划裁决不服提起诉讼的法律依据，因而在实践中得不到法院的支持；二是因行政机关变更规划而导致的损害，不管这种变更是否合法，变更的机关无法律责任的事先设定，受规划影响的利害关系人难以针对规划的变更要求法律救济；三是没有赋予规划关系人对行政主体变更或撤销的行政规划请求行政主体采取过渡措施和补救的权利。

探究我国规划制度存在缺陷的主要原因有两个方面：一是制度层面的原因，一是行政法学理论研究不足的原因。从制度层面上讲，我国曾长期实行计划经济体制，受计划经济体制中"依计划行政"的惯性思维影响，对于制定和实施行政规划的行为无论在政府还是民众的观念中，都理所当然地理解为是政府单方面行政权力范围内的事情，公民个人甚至其他国家机关很少有人去过问，依法行政的理念难以确立，从而在人们意识中长期形成了习惯性思维，即行政规划只是政府内部的管理事项。这是导致行政规划制度落后的思想根源。从理论研究层面上讲，行政法学没有为行政规划的法律制度提供足够的、切实可行的理论支撑，以致理论界与实务界对行政规划存在模糊认识。因此，加强行政规划的理论研究，构建科学可行的理论体系，对改革和完善我国的行政规划制度，具有重要的现实意义。

（三）行政规划法治化涉及的基本问题

我国行政规划法治化所涉及的基本问题是：行政规划为什么要法治化？能不能被法治化？哪些方面可以法治化以及如何法治化等。

1. 行政规划为什么要法治化

"在历史上，计划最初与法律似乎是无缘的"[1]，但随着社会经济的发展，行政干预的加强，计划被频繁地使用于社会生活的各个方面，人们逐渐意识到计划是行政权力职能的重要形式，必须首先将其纳入法治化的轨道，使规划工作有法可依，这是在行政规划领域中实现依法行政的前提和基础。在我国全面推进依法治国、建设社会主义法治国家的今天，行政规划的法治化有着特殊的意义。

第一，市场经济体制的运行需要行政规划法治化。行政规划是现代政府干预市场的重要手段。而在现实中，行政规划与市场调节两者总会发生冲突，这就需要在行政规划与市场调节之间进行合理分工，明确两者的界线，即凡是市场调节能够作用的领域应尽量避免行政规划的介入[2]。由于我国过去长期实行计划经济，政府已习惯了对经济的全方位干预，而规划行为作为政府的一种干预职能又总有扩张的趋向。因此，以法律的形式界定行政规划干预的领域和范围，以解决计划与市场之间的矛盾是非常必要的。

第二，行政规划的重大影响及其自身的特点要求行政规划法治化。如前所述，行政规划按其对象可划分为经济规划、产业规划、社会规划、开放规划、土地规划、国防工业规划、生态建设规划、科技发展规划、防灾规划、扶贫规划、事业规划、财政规划、人事规划等，其广泛作用于国家和社会的各个领域，无论是对整个国民经济的发展还是对百姓的生活都具有重大影响。特别是在市场经济条件下，利益主体的多元化是社会发展的必然趋势，而利益多元化的结果则是每一个利益群体都希望

---

[1]　漆多俊主编：《宏观调控法研究》，中国方正出版社2002年版，第55页。

[2]　参见王克稳：《经济行政法基本论》，北京大学出版社2004年版，第259页。

通过影响政府的决策而使政府作出有利于本群体的决策，① 因此行政规划也易受到各种利益的影响。为了保证行政规划内容的客观与公正，实现行政的民主化和科学化，就需要从法律上为行政规划的制定和实施设计出一整套科学的程序和方法。同时，行政规划自身的复杂性、多样性和裁量性也需要通过法律进行引导，以保证各分散的行政规划之间协调一致，避免行政规划制定的随意性。

第三，依法规划是依法行政的必然要求。我国已将依法治国确定为治国方略，而依法行政又是依法治国的核心所在。行政规划作为行政机关活动的重要方式，必须依法进行，受到法律的统制。行政规划的法治化是保证依法规划的前提，是依法行政题中应有之义。目前，由于行政规划缺乏完善的法律制度，规划权往往被看作行政机关的自由裁量权，从而在实践中导致了许多不切实际的"政绩规划"和"朝令夕改规划"，不仅浪费了大量资源，也侵害了行政相对人的合法权益。因此，依法规划不仅是依法行政的内在要求，而且具有较强的现实必要性。

2. 行政规划能不能法治化

行政规划与行政立法不同，其是对未来发展的一种设计和规划，是设定有关具体行政目标的政策性大纲活动。因此灵活性或不稳定性是行政规划的主要特征。而法律规范的最大特征就在于它的确定性和稳定性。"纵使肯认行政计划法制规范之可能性，但是，如何兼顾保存行政计划内容形成之弹性与法律规范安定性之需求，……恐怕甚不为易。"② 而且，在理论上我国有学者也曾主张"行政计划不属行政法学之范畴，仅是行政学之概念，故不宜作为行政程序法的内容"③。因此，行政规划能否被法治化还存在一定的争议。但我们认为，行政规划法治化是可行的。首先，行政规划虽有灵活性因素，但通常情形下其稳定因素还是要大于灵活性因素。行政规划是建立在具体现实基础上的，其所考虑的可利用资

---

① 参见王克稳：《经济行政法基本论》，北京大学出版社 2004 年版，第 259 页。

② 林明锵：《行政规划法论》，《台大法学论丛》第 25 卷第 3 期。

③ 胡建淼：《行政法学》，法律出版社 1998 年版，第 465 页。

源的能量是一定的，抛开将来的不确定因素，建立在具体现实基础之上制定出的行政规划是应当合乎理性和稳定性的。其次，行政规划作为一类行政行为，不管其表现形态多么复杂，但在实质上总体具备行政行为的一般属性，依法行政原则也完全适应于行政规划。最后，从世界各国立法实践看，已有将部分行政规划纳入法治化之先例，如德国针对特定土地的利用、公共事业的设定或公共设施的设置等具体事件已纳入了法治化轨道。

3. 行政规划的哪些方面可以法治化

行政规划的特征使得每一具体行政规划涉及的因素有很多，因此不可能对行政规划的每一个方面都可以法治化，法律也很难对其预先作出事无巨细的规定，因此在行政规划法治化的过程中应当给规划机关留有适当的余地和空间，即相应的规划裁量权。这就涉及行政规划法治化的范围和程度。

行政规划的法治化既要给行政机关留有裁量的余地，以使其能够根据客观形势变化及时调整和修正规划，同时，又要防止行政机关滥用裁量权制定出不符合客观实际与理性的规划，以及行政机关频繁变更规划而影响相对人的利益。立法上应在行政机关的规划裁量权与相对人的权益保障之间寻求平衡。由于规划法治化的目的是确保规划内容的科学性和稳定性，而规划的科学性和稳定性来源于规划制定过程的民主性及对规划主体的法律约束，因此，行政规划法治化的核心内容应是规划程序的法治化以及规划主体责任的法治化。

4. 行政规划如何法治化

行政规划如何法治化问题主要涉及行政规划的立法模式选择。行政规划法治化可以选择的立法模式主要有三种：一是通过单行立法分别规定各规划领域的规划；二是将行政规划行为纳入行政程序法；三是制定一部统一的规划法作为规划的基本法，再辅以单行的规划立法。基本法与单行法互相配合，基本法起统率作用，单行规划立法起补充作用。

上述三种立法模式中，第一种立法模式难以涵盖所有的行政规划，而且难以保证各规划立法彼此之间的协调和统一。第二种立法模式在不少国家和地区都尝试过，但因难度大、争议多而大都搁浅。比较而言，第三种立法模式即制定一部统一的规划法再辅以单行的规划立法具有一定的可行性。统一的规划法可以对其他单行规划立法起统领作用，而其他单行规划立法只注重其特殊性即可，这可以避免立法的烦琐性。规划法既是一部规范规划行为的基本法，也是一部规范规划行为的程序法。作为一部统一的规划基本法，它应当对规划行为的基本方面作出规定，包括规划法的立法目的、基本原则、规划的性质和形式、规划程序、规划关系人及社会公众在规划法上的基本权利以及规划行为的法律救济等内容。笔者认为，我国行政规划法治化应当综合考虑后两种模式，即制定一部统一的行政规划基本法，再辅助以单行的规划立法，并在行政程序法中规定行政规划的基本程序。

第三节　行政规划的法治理念与原则

一、行政规划的法治理念

（一）行政规划与法治主义

法治主义是法治国家所奉行的最高理念，任何时候、任何行为都不能脱离法治主义这个前提，行政规划也不例外。不过由于行政规划的功能在于为有关行政机关提示统一的标准，因而就其性质而言，一些行政规划有时往往被看作仅在行政机关内部有效的一种内部规范。在行政实践中，没有具体法律根据也可以制定行政规划，已成为司空见惯的通例。然而，无论行政规划在法律上是否直接拘束行政相对人，在实践中均作为指导社会生活和调整社会关系的大纲发挥着重要作用。对于行政相对人来说，行政规划具有与行政立法以及其他行政行为同样重要的意义。以致有学者认为，行政规划的盛行，具有破坏依法行政原理，将现代行政的性质变为"依规划行政"并促成行政权强化的危险倾向。① 因此，行政规划与法治行政存在着客观的冲突，如何认识规划与法治的关系，如何保障行政规划的科学化、民主化和法治化，控制行政规划权的滥用，是各国行政法面临的共同难题。②

（二）行政规划应确立的法治理念

"法治"是来自西方的舶来品，有着非常久远的历史和深刻的内涵。西方近代以来的法治，经历了从形式意义的法治向实质意义的法治转型的渐进过程。形式意义的法治强调依法而治，突出法的工具性和形式意义；实质意义的法治则强调法的统治，强调法的目的性价值，关注法的正义和对人权的尊重。③ "理念"是一个哲学范畴，是指"一种理想的、永恒的、精神性的普遍范型。"④ 而法治理念则是体现法治内在要求的一系列观念、信念、理想和价值的集合体，是指导法治实践的方针和原则。我国《宪法》已确立"依法治国，建设社会主义法治国家"的基本方略，明确将"国家尊重和保障人权"写进宪法，突出强调了宪法保障公民权利，规制国家权力的核心价值观念，从而为行政规划应确立的法治理念和保障公民权利提供了坚实的宪政基础和宪法依据。行政规划在走向法治的进程中，首先应确立以下基本法治理念：

一是要确立尊重和保障人权的理念。人民是一切国家权力或公权力的本源，国家公权力行使的目的是为了人民的权益和幸福。人权是人之作为人都应该享有的权利，是现代社会道德和法律对人的主体地位、尊严、自由和利益的最低限度的确认。人权来源于人的理性、尊严和价值，基本人权则是当代国际社会所确认的一切人所应当共同具备的权利。尊重和保障人权的理念要求在行政规划中必须确立"以人为本"的理念，

① 参见杨建顺：《日本行政法通论》，中国法制出版社1998年版，第567页。

② 参见孟鸿志：《行政规划》，载应松年主编：《当代中国行政法》（下卷）第22章，中国方正出版社2005年版，第1049页。

③ 参见程燎原：《从法制到法治》，法律出版社1999年版，第292—293页。

④ 参见《中国大百科全书·哲学》，中国大百科全书出版社1987年版，第465页。

不能把人仅仅视为行政规划的客体或工具，要充分保障行政相对人知情权和参与权得以实现，这就要求行政规划的制定要充分征求利害关系人的意见。尊重人权的理念在行政规划中必然表现为对公民权利和利益的尊重，因而行政规划的内容在服务公共利益的同时，尽可能地保障行政相对人的权益，重视对公民个人利益的保护，这也是构建和谐社会中以人为本的内在要求。在以往行政规划的制定和实施中，存在着片面强调公共利益而忽视公民私益保护的情形。当面临公共利益与私人利益的衡量选择时，一些行政主体往往会首先去考虑公共利益的因素，而公民个人利益却被让位于公共利益，这种现象是不符合人权保障的宪法精神的。公共利益不是一个可以任意解释的抽象概念，对其判断必须有严格的具体标准，否则极易造成对公民私人利益的侵犯。① 同时，在行政规划实践中，还要特别克服在计划经济时代被异化了的计划思想的影响，由传统的"干涉行政"之思维方式向现代"给付行政"的理念转变。行政规划不仅仅是强制性的规划方式，其更广的领域应为社会和公民提供福利、信息、指导等给付行政的服务职能，因此，行政规划的制定和实施要尽可能采用协商和沟通的方式。

二是要确立规划权受制约的理念。如前所述，在以往的观念中，受传统计划经济和行政规划自身属性的影响，行政规划常被行政机关视为其内部行为或完全视为行政机关的自由裁量领域，从而或多或少存在着排斥法律的规制，拒绝相关公民和社会参与监督，甚至把行政规划凌驾于法律之上等情形。在法治社会形态下，任何权力都不应该是无限的，行政规划权也不例外，其必须受到严格的监督和制约。行政权力受约束的理念要求行政规划中必须首先树立"宪法至上"的观念。宪法至上是宪法权威的集中体现，"由于宪法在整个国家法律体系中居于最高地位，因此宪法至上是法律至上的核心和标志。只有牢固树立宪法至上观念，在国家和社会管理中切实奉行宪法至上原则，才能把我国建设成为民主

---

① 参见郭庆珠：《行政规划及其法律控制研究》，中国社会科学出版社2009年版，第198页。

法治国家"。① 行政规划权的源头主要来自宪政安排，因此宪政和法律对行政规划权的规制就成为最重要的制约方式。对此，有学者也认为："宪政是这样一种思想，正如它希望通过法治来约束个人并向个人授予权利一样，它也希望通过法治来约束政府并向政府授权。"② "宪政是对政府最高权威加以约束的各种规则的发展"，既强调对政府权力的法律约束，又强调宪法的实施。③ 党的十八届四中全会《关于全面推进依法治国若干重大问题的决定》也指出：坚持依法治国首先要坚持依宪治国，坚持依法执政首先要坚持依宪执政。全国各族人民、一切国家机关和武装力量、各政党和各社会团体、各企业事业组织，都必须以宪法为根本的活动准则，并且负有维护宪法尊严、保证宪法实施的职责。一切违反宪法的行为都必须予以追究和纠正。④ 我国宪法对行政机关的职权包括行政规划权已作出基本的规定，这些规定成为行政机关行使规划权不得触动的一条最基本的高压线，因此，行政规划权的行使必须首先符合宪法有关国家职权包括规划权的规定，不能突破宪法最基本的规定。行政规划权受约束的理念还要求行政规划中必须遵守有限政府的原则。即在法治的环境下，行政规划权不是无限的，其必须受到法律的限制，法律须为其划定一定的界限，即不能非法侵犯公民私益的范围，其权力的行使必须受到法律的监督和制约。目前的行政规划尚未形成有效的法律规制模式，特别是作为司法救济的可行性和范围，尚在讨论和争论中，而实践中一些行政主体任意改变行政规划，甚至将行政规划变为行政机关追求政绩的工具，以致侵害公共利益和公民利益的情形屡屡可见，从而使行政规划

---

① 周叶中：《论宪法权威》，载周叶中：《宪政中国研究》（上），武汉大学出版社2006年版，第146页。

② ［美］斯蒂·M.格里芬：《美国宪政：从理论到政治生活》，《法学译丛》1992年第3期。

③ 转引自周叶中主编：《宪法》，高等教育出版社、北京大学出版社2000年版，第177页。

④ 参见《中共中央关于全面推进依法治国若干重大问题的决定》。

在一定程度上失去了规划目标所追求的法治理念的核心价值。① 因此，从制度上如何设计行政规划有效的法律控制机制，防止行政规划权力的异化，是法治进程中需要认真研究的问题之一。

三是确立诚信和责任的理念。我国《行政许可法》第一次以法律形式在行政许可领域确立了信赖保护原则，要求政府实施的行政许可行为必须诚实守信，发布的信息必须真实可靠，政策必须保持相对稳定，不得擅自撤销和变更已经作出的行政许可决定。为了公共利益的需要而必须变更或撤销已经生效的行政许可时，行政机关必须对行政相对人受到的财产损失依法予以补偿。行政许可法关于建设诚信政府的法治精神同样适用于行政规划领域。行政规划"就其实质而言，规划始终处于稳定性和灵活性之中。"② 因而在实践中对行政规划适时作出修改和变更也是客观需要的。但因改变的行政规划给规划利害关系人的信赖利益造成损害时，必须依法予以补偿。同时，行政许可法所确立的责任政府原则也同样适用于行政规划领域。"有权力就有责任、有权利就有义务"③，没有责任的权力必然导致权力的滥用与腐败。责任的功效一方面是事先的预防，另一方面是事后的惩戒。事先的预防需要一系列有关行政规划的组织法、行为法和程序法的设定，事后的惩戒也需要建立完善的责任追究机制。我国目前有关行政规划的责任机制尚不健全，法律规定的责任尚不明晰，虽有部分关于责任的规范，但在实践中往往流于形式，从而使其失去了应有的预防和惩戒功能。

二、行政规划的法治原则

行政规划领域所适用的法治原则可集中表现为行政法治原则或依法

---

① 参见郭庆珠：《行政规划及其法律控制研究》，中国社会科学出版社 2009 年版，第 199 页。

② ［德］哈特穆特·毛雷尔：《行政法学总论》，高家伟译，法律出版社 2000 年版，第 413 页。

③ 参见《中共中央关于全面推进依法治国若干重大问题的决定》。

行政原则，其核心内容是要求行政规划行为应符合法律的规定。依法行政原则包括两个最基本的原则，即法律优先原则与法律保留原则。法律优先原则和法律保留原则实际上是宪政在处理国家行政权上的两项重要原则。探讨行政规划领域中如何适用法律优先和法律保留原则，具有重要的现实意义。

（一）关于法律优先原则在行政规划中的适用

"法律优先"一词最早由德国行政法学者奥托·迈耶提出。他认为"以法律形式出现的国家意志依法优先于所有其他形式表达的国家意志；法律只能以法律的形式才能废止，而法律却不能废止所有与之相冲突的意志表达，或使之根本不起作用。"[1] 法律优先原则体现在法律与行政立法的关系上，即法律优先于行政立法，其基本含义是指法律对行政立法及行政法规和规章的优越地位，从这个角度而言，法律优先实质上强调的是法律的位阶体系。在多层次立法的情况下，法律处于最高位阶、最优地位，法律在效力上高于其他法律规范，其他法的规范都必须与之保持一致，不得相抵触，否则无效。这是立法权高于行政权、行政从属于法律的体现，也是法律至上原则在行政法领域中的适用。[2] 由于法律所享有的广泛民意基础，其法律效力具有崇高性，因而无论是行政机关的抽象行政行为还是具体行政行为都不得与法律相抵触。行政规划行为是行政行为的一种，理所当然应适用法律优先原则。

在实践中，通常实体法对行政规划规定是有限的，即使有规定也是概括性的规定，多数情况下行政规划是依组织法的授权作出的，因而法律优先原则在行政规划中尚难以发挥应有的作用，实践中常常出现行政机关只知有计划而不知有法律的情况，甚至存在"依计划行政"代替"依法行政"，"计划优位"代替"法律优位"的怪现象。

这"正如人们所说的'根据计划的行政''冠以计划之名的法律'

① ［德］奥托·迈耶：《德国行政法》，刘飞译，商务印书馆2002年版，第70页。
② 参见周佑勇：《行政法基本原则研究》，武汉大学出版社2005年版，第175—176页。

'（对法律）计划的优越'等，有可能使法治主义徒具形式。"① 因此，关于法律优先原则在行政规划中的适用仍是理论和实践中亟待探索和解决的一个现实问题。

（二）关于法律保留原则在行政规划中的适用

与法律优先一样，法律保留原则亦源自德国行政法鼻祖奥托·迈耶之首创，按照奥托·迈耶的经典定义，法律保留是指"在特定范围内对行政目标作用的排除"。② 即特定范围之内的行政事项专属于立法者规范，行政非由法律授权不得为之。③ 从法律保留的历史变迁看，其作用的方式和内容处于不断的变化之中，特别是现代给付行政的出现，使法律保留的范围一直成为人们争论的核心问题，它直接决定着立法与行政的界限。随着行政领域的扩张和社会主体对行政依赖性程度的提高，有关法律保留原则的适用范围不断发生变化，并产生相应的"侵害保留说""全部保留说""重要事项保留说"等学说。侵害保留也称干涉保留，是指对人民之自由、财产权的剥夺以及义务之负担，都应当由法律明确加以规定④；全部保留说是指法律保留原则应适用于行政法的所有领域，不管是负担行政还是给付行政，也无论是内部行政还是外部行政，都应当受法律约束；重要事项保留说是指凡公民重要的权利义务应当由法律加以规定，凡是涉及相对人重要的、基本的权利义务的行政作用都应当有明确的具体的法律依据。⑤ 在我国，现行宪法和法律对必须由法律规定的事项已作出了某些规定，根据《宪法》以及《立法法》《行政诉讼法》《国家赔偿法》《行政处罚法》等规定，我国法律保留的范围通常采用的是重要保留说。

---

① 参见［日］室井力主编：《日本现代行政法》，吴微译，中国政法大学出版社1995年版，第55页。

② ［德］奥托·迈耶：《德国行政法》，刘飞译，商务印书馆2002年版，第72页。

③ 参见陈新民：《行政法学总论》，台湾三民书局1997年版，第52页。

④ ［德］奥托·迈耶：《德国行政法》，刘飞译，商务印书馆2002年版，第72页。

⑤ 参见周佑勇：《行政法原论》（第二版），中国方正出版社2005年版，第71页。

那么，在行政规划领域是否需要适用法律保留原则，如果适用应采取上述何种保留的方式，对这个问题还需要区别情况进行具体分析。行政规划不同于其他典型行政行为，行政规划既包括强制性规划又包括非强制性规划。如果采用全部保留，则对于不以产生法律效果为目的的非强制性规划而言，显然没有必要；如果采用侵害保留说，则大量的行政规划是以给付行政为目的的，虽然并不会对公民的财产权和自由权造成侵害，但是却会对其生存权和社会权造成影响。因此，采用重要事项保留说应当是行政规划的必然选择。① 也就是说，行政规划适用法律保留原则的范围首先是包括对公民的自由权和财产权进行干涉的强制性规划。

总之，依法行政原则中的法律优先原则和法律保留原则在行政规划领域中面临着种种难题。按照法治主义的要求，行政规划的作出须有法律依据，但因行政规划是基于对未来预测的属性，由法律对行政规划的内容和手段进行完全具体的规定是难以做到的。因而在法律授权上与其他行政行为有很大不同，其主要表现为组织法上的授权，而行为法上的授权比较少，即使有行为法的规定也往往是纲要式的规定，因此如何在法治主义下使法律优先和法律保留两项原则融入和适用于行政规划领域是值得深入探讨的问题。②

第四节　行政规划裁量与法律规制的模式

行政规划中的裁量问题，是现代政府行为中最为复杂的现象之一，其在实践中与行政规划一样也呈现出多样性、综合性、动态性、广泛性和复杂性等特征。受行政规划性质的决定，规划裁量与其他裁量一样都

① 参见郭庆珠：《行政规划及其法律控制研究》，中国社会科学出版社 2009 年版，第 203—204 页。

② 本部分参见孟鸿志：《行政规划裁量与法律规制的模式的选择》，《法学论坛》2009 年第 5 期。

具有双重作用，一方面有其存在的必然性和合理性并对社会发挥着广泛的能动作用，但另一方面同样面临着规划权被滥用而产生危害社会的消极作用。因此，厘清行政规划裁量的基本理论并选择必要的治理模式对规划裁量权进行规制，就成为行政法的一个永恒命题。

一、行政规划裁量的一般属性

由于行政规划是关于未来的一份蓝图，是目的与手段、政策与技术、预测与选择的综合机能体，因而其有着不同于传统的行政处罚、行政许可等典型行政行为的特征，其性质及表现形态多种多样，如前文所述的"政策性行为说""立法行为说""具体行政行为说""机能说""分别归类说""内部行为与外部行为说""拘束性与非拘束性（指导性）说"等等。这正如有学者指出的，行政规划的制定和实施过程涉及对多元利益的调整，而在具体内容上又富有专门的技术性和政策性因素的判断。这种双重属性决定了行政规划在编制和执行过程中存在着广泛的创造空间，即"规划裁量"，[①] 或者"计划者的形成自由"。从前述行政规划的一般属性看，行政规划与规划裁量有着密不可分的关联。

规划裁量的概念最早源于德国《建筑法典》中所赋予行政机关的"计划高权"，[②] 而后在德国联邦行政法院的一项判决中发展出计划裁量的概念。这个概念所关注的主要是行政机关在拟定行政规划时具有裁量权，即规划者形成规划的自由空间。有学者在此基础上认为："计划裁量"可以包含两项含义，在行政作用法层面，代表计划确定机关对计划内容的判断自由，就行政组织法而言象征地方自治团体对领域内的空间利用规划的专属性和独立性。[③]

---

① 参见苏苗罕：《计划裁量权的规制体系研究》，《云南大学学报》2008 年第 3 期。

② 德国《建筑法典》第 1 条、第 2 条、第 10 条赋予了相关行政机关的"计划高权"或"计划自由"。参见 ［德］汉斯·J.沃尔夫等：《行政法》第 1 卷，高家伟译，商务印书馆 2002 年版，第 372 页。

③ 参见吕理翔：《计划裁量之司法审查》，台北大学 2000 年硕士论文，第 37 页。

　　规划裁量与一般行政裁量之间既有联系又有区别。从概念起源的脉络观察，二者皆以"裁量"来概括行政的自由决定权限。就权利保障观点来说，二者权限的行使都必须由法律法规授权才具有正当性，因此二者不存在本质性差别。二者的差别更多体现在利益衡量范围的不同，行政裁量往往是在具体案件中针对个别的公益与私益进行权衡比较，而规划裁量所需要考量的利益范围更广，需要评价的利益更多元、更复杂。①但也有学者以规划法的规范构造为前提，认为规划裁量有自己独特的法律个性，规划裁量与一般意义行政裁量的区别不仅在量上，即法律赋予规划裁量的空间明显要大于行政裁量，而且在质上亦有不同。② 因此，一般的行政裁量理论并不能完全适用于规划裁量的实践。笔者认为，行政规划裁量是指行政机关在法律的框架内，就拟定规划、变更规划以及执行规划中有关规划的目标、手段和内容等形成的判断、选择和作出正当决定的权力，主要包括形成规划的裁量权、变更规划的裁量权以及执行规划的裁量权。受行政规划的属性决定，行政规划裁量至少呈现出以下特征。

　　第一，从规划的构造角度看，规划裁量具有目的——手段式的特征。一般行政裁量以满足法律的相关构成要件为标准而产生特定的法律效果的裁量，这是一种要件——效果模式的裁量；规划裁量主要是根据目的设计达致目的的手段、方法、步骤，以及拟定出规划后按照规划进行相关行政行为的裁量，属于目的——手段模式的裁量。规划裁量不受相关法律关于行为构成要件的约束，不以产生满足构成要件后的法律效果为目标。

　　第二，从规划的内容上看，规划裁量既有目标方面的裁量，又有手段方面的裁量。目标裁量是行政规划中最重要的裁量，统摄整个规划的制定、变更和执行。行政规划的目标是规划存在的直接依据，如果目标

---

① 参见吕理翔：《计划裁量之司法审查》，台北大学 2000 年硕士论文，第 39 页。
② 参见郭庆珠：《行政规划及其法律规制研究》，中国社会科学出版社 2009 年版，第 234—237 页。

不合理和不正当，行政规划本身的存在就没有了依据或者说就是违法的。而在现今多元利益的时代，目标不可能是唯一的，目标的多样性决定了目标之间必然存在冲突，在多元目标之间如何选择适当合理的目标则是规划裁量的核心内容。目标之间的冲突主要表现在权力与权利的博弈、公益与私益的冲突①，此两种博弈和冲突的过程即为规划裁量之利益衡量与选择的过程。根据目标来选择达致目标的手段同样是多种多样的，但行政规划本身所具有的合理配置资源的功能决定其必须选择最佳的手段，即必须以最小的代价取得最大的收益。那么选择何种手段是最佳的也即规划裁量的过程。手段裁量必须依附于规划所要达致的目标，离开了目标的手段裁量是不具有正当性与合理性的。

第三，从规划的过程上看，规划裁量涉及拟定规划、变更规划以及执行规划的全部过程。拟定规划中的裁量主要包括是否拟定规划以及拟定规划的目标、手段、方式和内容；变更规划中的裁量主要指规划机关是否决定变更以及变更多少等；执行规划中的裁量涉及规划制定后的一系列后续行为。行政规划在一定时间内是一系列后续行为的指南和依据，是多次参照的"准法律"，如一个城市的总体规划确定后对后续相关的建设规划以及选择相关的行政行为（如行政许可、行政征收、行政强制等），都有不同程度的约束力与影响力。

二、行政规划裁量的必然性

"行政法的精神在于裁量"②，美国科克教授甚至认为，"行政法被裁量的术语统治者"。③ 随着现代经济与社会的迅猛发展以及政府职能的扩张和转变，规划手段被广泛运用于国家和社会公共事务管理中，"行政的计划化"或"规划行政"便成为普遍存在的社会现象。如前所述，现代

① 参见王青斌：《论行政规划中的私益保护》，《法律科学》2009年第3期。
② 参见杨建顺：《行政规制与权利保障》，中国人民大学出版社2007年版，第104页。
③ 参见周佑勇：《行政裁量治理研究 一种功能主义的立场》，法律出版社2008年版，第1页。

行政规划几乎作用于全部行政领域，甚至在某种意义上可以说，行政规划具有引导法律的功能。前述行政规划的功能决定了规划裁量充斥在行政规划的全部过程中，具有相当的广泛性①和内在的必然性。行政规划的制定机能正是一种基于行政机关广泛的规划裁量权的强力形成权能，以至于常常被称为"第二立法权"或"第四种权力"。② 从这种意义上讲，行政规划行为很大程度上即是规划裁量的过程，行政规划权即规划裁量权。

行政规划裁量的必然性还取决于行政规划的自身属性。一是行政规划大多数是原则性的规范，而不是严格的规则模式。由于人类理性的有限，行政规划只能是建立在现实和信息基础上的一种政策性预测，是未来发展的一份蓝图，为了更好地适应社会的发展与变化，行政规划（包括立法层面的规划法）相比其他法律而言则更加抽象，使用的语言更加原则甚至模糊，从而造就了更加广泛的行政裁量空间。"法律终止之地，即个性化的裁量开始之处。"③ 由于立法语言的局限以及表现为条文的规则的僵化，使其难以涵摄所有的现实问题，规则之治必然具有不可抗拒的缺陷。在规则与事实的永恒冲突中行政规划裁量应运而生，并在规则与事实之间开辟出第三条道路，从而起到弥补规则不足或滞后的作用。二是行政规划基于对未来的预测，其只能是一种目的—手段式的行为，而不是要件—效果式的行为，这也是行政规划区别于其他行政行为的明显之处，而目的和手段的选择使规划裁量扮演了重要角色。规划裁量更多地表现为一种政策性判断或对未来的政策设定，是一种诱发性的超前的行政行为。面对纷繁复杂的社会事实，规划裁量拥有一定程度的收缩

---

① 笔者通过对现有法律法规、国际条约以及裁判文书的相关搜索得出结论：一是有关行政规划的规范性文件非常广泛，二是有关行政规划的规范性文件内容一般都以不确定的弹性语言表达，如"结合当地发展状况""因地制宜""妥善处理""优先安排"等。

② 参见杨建顺：《日本行政法通论》，中国法制出版社 1998 年版，第 567 页。

③ K.C.Davis, *Discretionary Justice, A Preliminary Inquiry*. University of Illinois Press, 1969: 55.

性，可以不变应万变，在法律效果与社会效果之间寻求一个最佳的平衡点，同时，在多次裁量后还可以对相同问题进行类型化和规则化，从而使其具有操作性。此外，行政规划的政策性、技术性和复杂性也是造就和推动规划裁量的重要原因。因此，从这个意义上讲，规划裁量是规划的生命，没有规划裁量就没有行政规划。①

三、行政规划裁量的失范

只要有裁量就会有裁量的滥用，就像绝对的权力导致绝对的腐败一样。行政裁量是一把双刃剑，处理好了可以发挥积极作用，相反，滥用行政裁量权必然会给公民带来巨大的损害。行政裁量的滥用有多种表现形态，② 而行政规划裁量更有其独特的个性。由于受行政规划自身属性的局限，加之我国已有的行政规划立法不够完善，从而导致实践中大量的行政规划还游离于法律的控制之外，行政规划裁量严重失范。

第一，行政规划立法缺乏统一性和确定性。如前所述，我国关于行政规划的立法基本上分散于各单行的法律、法规和规章中，整个行政规划缺少一部统一的规划基本法的指导和规制。从而导致各分散的立法在立法目的、规划性质和形式、编制规划的基本原则、规划的程序、规划管理体制以及法律责任与救济等方面没有统一的标准可循，行政规划呈现多中心、多层次性，各规则之间不可避免地缺少协调和统一。同时，受行政规划的性质所限，几乎所有涉及行政规划的条文表述都极具抽象性，行政规划的规则相比其他规则具有更大的开放结构，其意思中心被

---

① 在行政执法实践中，尚有一种想当然的错误认识和提法，如有的部门明确提出了"把行政裁量权降为零"的观点，使行政机关完全陷入一种教条式的执法。参见李绍谦、汤伟文：《把行政裁量权降为零——南县国土资源局改革土地行政审批的主要做法》，《国土资源导刊》2006 年第 5 期。

② 例如，美国伯纳德·施瓦茨将行政裁量权的滥用归纳为六类：不正当的目的，错误的和不相干的原因，错误的法律或事实依据，遗忘了其他有关事项，不作为或延迟，背离了既定的判例或习惯。（参见［美］伯纳德·施瓦茨：《行政法》，徐炳译，群众出版社1986 年版，第 571 页）

限定得很小,① 从而造成了法律的不确定性。人们无法从现有的规则体系中对自己的行为进行合理的预期,而相同情况差别对待更使人们对法律本身产生了不信任。"法律的确定性,对于一自由社会得以有效且顺利地运行来讲,具有不可估量的重要意义。"② 行政规划裁量虽然可以使不确定的法律概念通过结合事实、考量多重因素进行确定化,但充满弹性和抽象的法律概念也会导致裁量空间过大、裁量标准不一的问题,使规划裁量走向任意甚至专横,如滥用职权、显失公正、消极不作为,对不确定法律概念解释严重不当等。以新的《城乡规划法》(2008 年 1 月 1 日起施行)为例。该法在第三章"城乡规划法的实施"中规定的"妥善处理""统筹兼顾""优先安排""因地制宜"等不确定性条文,③ 在实践中不具有可操作性,何谓"妥善处理",何为"优先安排"等,具有很大的裁量空间。即便各省又制定了相应条例、细则,如《海南省城乡规划条例》,仍无法在实践中予以操作。

第二,行政规划裁量程序缺乏民主性和科学性。如前所述,我国以往绝大部分行政规划在制定过程中缺少民主参与,规划程序基本上是在行政机关内部封闭运作。一般来说,行政规划不管它对相对人的拘束力如何,总会对相对人的权益产生一定影响。为了保护相对人的合法权益,

---

① 法律语言的开放结构与行政规划中的裁量紧密相关。根据哈特的语言哲学,任何语言都包含有"意思中心"和"开放结构"。在"意思中心"中,语言具有确定性的一面,而在"开放结构"中则存在类似裁量一样的弹性。

② [英] 弗里德里希·冯·哈耶克:《自由秩序原理》(上),邓正来译,三联书店1997 年版,第 264 页。

③ 该法第三章"城乡规划法的实施"中第二十九条规定:"城市的建设和发展,应当优先安排基础设施以及公共服务设施建设,妥善处理新区开发和旧区改建的关系,统筹兼顾进城务工人员生活和周边农村经济社会发展、村民生产与生活的需要。镇的建设和发展应当结合农村经济社会发展和产业结构调整,优先安排供水、排水、供电、供气、道路、通信、广播电视等基础设施和学校、卫生院、文化站、幼儿园、福利院等公共服务设施建设,为周边农村提供服务。乡、村庄的建设和发展应当因地制宜节约用地,发挥村民自治组织的作用,引导村民合理进行建设,改善农村生产、生活条件。"

保证规划的合理性和正当性，规划的制定程序应体现出充分的民主性。规划程序的民主性主要体现在两个方面：一是规划制定过程的公开性，二是保证任何受规划影响的人有参与规划制定的权利和途径，其核心就是规划制定中的听证程序制度和说明理由制度。这样的制度虽然在新的《城乡规划法》中已有所涉及，但由于受旧式计划经济体制的惯性影响，加之缺少专门的规划程序法的规制，行政规划以及规划裁量依然具有浓厚的长官性、盲目性和专横性色彩。行政规划的制定过程缺少对话沟通和民主参与，不可避免地影响到规划内容的科学性、合理性。而欠缺科学、合理的规划一旦付诸实施往往导致大量的资源浪费，也直接影响了规划的稳定性，因而行政规划在执行中朝令夕改的现象非常严重，以城市规划为例，过去基本上是"一任市长一个规划"，因而城市一直处在不停的规划和建设之中。从而出现了被学者所比喻的"中国城市规划十大怪现状"①。

第三，行政规划裁量缺乏相应的监督审查机制。由于行政规划的抽象性和政策性属性，行政规划裁量缺乏相应的责任规制，从而使其很难纳入现有的司法审查范围，受行政规划或规划裁量影响的利害关系人，当其合法权益受到规划或规划裁量违法与不当侵害时，自然也难以得到法律上的救济。行政规划裁量目前主要是通过行政机关的内部自律来加以控制的，个别地方和部门的规范性文件对此也有相关的规定，但能否真正行之有效，也是值得考虑的问题。如《漳州市城乡规划局行政执法自由裁量过错责任追究制度（试行）》中对规划裁量枉法或滥用行政裁

---

① 时任住房和城乡建设部副部长仇保兴曾撰文指出中国城市规划的十大怪现状：1. 城市规划对城市发展失去调控作用；2. 城市规划体系分割，城郊接合部建设混乱；3. 开发区规划建设与城市总体规划脱节，自成体系；4. 历史建筑、城市风貌受到严重破坏；5. 城市生态受到破坏，环境污染日益严重；6. 规划监督约束机制软弱，违法建筑严重泛滥；7. 城市建设时序混乱，城市基础设施严重不足和重复建设浪费并存；8. 区域化归或协调机制不健全，传统的大而全、小而全思想仍占上风；9. 城市建设风格雷同，千城一面；10. 中小城镇规划未引起足够重视。（参见仇保兴：《中国城市规划十大怪现状》，《旅游时代》2007年第7期）

量权的行为进行了规定。其第三条规定："有下列情形之一者应受到责任追究：（一）因滥用或不当行使自由裁量权，造成行政执法案件（行为）被人民法院终审判决撤销、变更或者确认违法的；（二）因滥用或不当行使自由裁量权，造成行政执法案件（行为）被复议机关撤销、变更或者确认违法的；（三）行政执法案件（行为）在行政执法检查中被确认为滥用或不正当行使自由裁量权的；（四）在行政执法过程中因滥用、不当或经调查有过错行使自由裁量权，包括引起当事人投诉，在社会上造成不良影响的。"虽有此类规定，但一旦付诸实践，仍是镜中花，水中月，无法直接依据规则得出结论。在认定是否违法或不当时，仍需要对裁量行为再次裁量，进而得出判断。在没有法律和规则约束的情况下，规划裁量很难步入正轨。

四、行政规划裁量的规制模式

"裁量权是行政权的核心。行政法如果不是控制裁量权的法，那它是什么呢？"[1] 通过上述分析可以看出，规划裁量与其他行政裁量一样都具有双重作用：一方面有其存在的必然性和合理性并对社会发挥着广泛的能动作用，因而肯定和赋予行政机关规划裁量权就成为现代法治的必然要求；但另一方面同样面临着规划权易于被滥用从而产生危害社会公正和社会秩序的消极作用，因而对规划裁量权进行必要的控制和治理也是现代法治的必然要求。这正如威廉·韦德所强调的一样："过去，人们通常认为，广泛的自由裁量权与法不相容，这是传统的宪法原则。但是这种武断的观点在今天是不能被接受的……法治所要求的并不是消除广泛的自由裁量权，而是法律应当能够控制它的行使。现代统治要求尽可能多且尽可能广泛的自由裁量权。"[2] 承认并赋予行政规划的策划者享有广泛的裁量权，但这并不意味着规划裁量权是无限的，它必须在法律规定

---

① ［美］伯纳德·施瓦茨：《行政法》，徐炳译，群众出版社1986年版，第566页。

② ［英］威廉·韦德：《行政法》，徐炳等译，中国大百科全书出版社1997年版，第55页。

的范围内，依据法律规定的原则和程序公平合理地考虑所涉及当事人的利益才能行使。

在我国行政规划领域，因受传统计划经济模式的惯性影响，行政规划依然"具有破坏'依法行政原理'，将现代行政的性质变为'依计划行政'，促成行政权强化的危险倾向。"① 行政主体的行政规划裁量权相比其他行政行为的裁量权要大得多，宽泛得多。因此，对行政规划以及规划裁量权进行必要的法律规制，有着特别重要的意义。

但问题的关键是，对行政规划以及规划裁量能不能规制，选择什么样的模式进行规制，规制到何种程度是适当的和可行的，这些一直成为困扰人们的难解之题。近几年，以罗豪才教授为代表的北京大学软法研究中心所倡导和开辟的一系列针对公共治理领域的软法研究，为行政裁量的治理提供了新的研究视角和进路。笔者认为，对规划裁量的法律治理也可以采用软法和硬法并举的混合规制模式。

（一）硬法规制模式

就我国而言，硬法仍有很大的建构空间。按照传统的法治观点，法律（硬法）对行政权的控制主要包括三个环节：一是实体法上的控制，即行政权的行使必须有法律的明确授权；二是程序法的控制，即行政权的运行必须遵循法定的程序；三是监督法的控制，行政权若违法和造成损害，必须承担相应的法律责任。规划裁量权作为行政权的一种，硬法对其规制一般也体现为这三个方面。从立法层面而言②，硬法对规划裁量的控制应主要通过建立和完善以下法律制度得以实现。

第一，完善相关的组织法，为规划裁量权的正当行使设定组织法或实体法上的边界。虽然行政机关应拥有广泛的规划裁量空间，但并不意味着其权力的行使不受任何限制。行政规划裁量的失范与组织法的不完善有密切的关系。"根据传统的法律保留论，难以要求非拘束性行政计划必须有法律依据，但是，从行政计划在现实中的重大功能来看，是不应

---

① 杨建顺：《日本行政法通论》，中国法制出版社1998年版，第567页。

② "硬法"规制不限于立法规制，还应包括行政规制和司法规制。

该使其完全脱离法律统治的，一般认为，为防止行政厅任意制订计划，制约行政厅的计划裁量权，行政计划最起码要有组织法上的根据。"① 行政规划的组织法表现形式既包括宪法性的组织法，也包括分散在各单行规划法中的组织法规范，如《城乡规划法》。我国虽然在《宪法》和相关单行法中分别赋予了县级以上各级人大和政府享有规划权，使规划权的行使基本上有了《宪法》和组织法上的依据；《城乡规划法》《土地管理法》等也分别是相关领域行政主体行使规划权的依据，但应当承认，上述已有组织法和单行法律的规定还非常笼统，已经建立的"三级三类"规划管理体制中还存在较多问题，远没有达到有效控制规划裁量权的程度。我们认为，在完善有关行政规划的组织法中，至少要遵循两项原则：一是重要的行政规划权特别是具有拘束力的行政规划权必须由法律明确授权；二是进一步明确规划机关的权限分工和法律责任，违反职权法定的越权规划，当属无效，应承担相应的法律责任。

第二，制定行政规划法，为规划裁量权的正当行使设定统一的原则和程序规则。所谓制定行政规划法就是指在行政规划领域中也制定一部类似于《行政处罚法》一样的基本法。由于行政规划的特殊性质，由组织法或分散的单行实体法对行政规划内容完全加以制约是不可能的，即使实体法很健全，其对行政规划权的规制也是有限度的。因此对行政规划的规制模式应从实体法控制转移到实体与程序控制相结合上。目前我国尚未出台"行政程序法"②，比较德、日、韩等国家的经验和不足，反思我国的历史教训，在我国制定统一的行政规划基本法是非常必要的，其对规制规划裁量权的正当行使，是不言而喻的。统一的行政规划法所要解决的核心问题：一是确立行政规划的基本原则，包括依法规划原则、科学规划原则、公众参与原则、利益平衡原则、信赖保护原则等；二是要确立规划程序中最重要的听证制度和说明理由制度。

---

① 杨建顺：《日本行政法通论》，中国法制出版社 1998 年版，第 568 页。
② 虽然由行政立法组起草的"行政程序法"（试拟稿）已将行政规划纳入其中，但其规定的适应范围很窄，仅仅是部分行政规划程序上的依据。

第三，制定行政程序法，为规划裁量权的正当运用设定专门的程序规则。有关行政规划的程序法模式，可以有多种选择。除制定统一的行政规划法模式外，还可以通过制定统一的行政程序法典模式专门规定行政规划的程序问题。在这方面以德国为代表已形成了值得借鉴的经验。目前我国有一些地方已经制定或正在制定地方性行政程序规则。笔者认为，在行政程序规则中规定行政规划的特殊程序以及其所适用的一般程序规则，还是非常必要和可行的。行政程序规则所设定的一般行政行为的程序制度以及对行政规划所设定的特殊程序规则，无疑对目前游离于法律之外的规划裁量权的正当运用产生程序法上的制约和示范功效。

第四，完善相关的监督和救济制度，为规划裁量权的不当行使设定全程监控和救济途径。有权力必有监督，有侵害必有救济，无论是何种性质的行政规划都会对社会产生不同程度的影响。因此，行政规划的制定和实施，必须建立完善的监控体系及其救济制度，包括权力机关监督、行政层级监督、审判监督以及社会监督四种类型。不同类型的监督具有不同的功能和作用。其中，权力机关的监督是最权威、最强有力的，其可通过审查、批准、决定、撤销等方式对行政规划从源头上实施监督。完善人大对行政规划（含预算）的监督，重点是确立审查的标准和切实有效的监督程序。行政层级监督是最直接、最便捷的监督。完善行政层级监督应主要通过拓展和强化行政规划复议审查以及建立一系列有关行政机关的自律机制来实现。审判监督涉及行政权与司法权的分配问题，应通过完善《行政诉讼法》和《国家赔偿法》以及建立相关的补偿制度的途径，将影响重要的、有处分性的拘束性规划纳入行政救济体系中。

以上几类"硬法"规制模式，将是本文进一步讨论的重点。

（二）软法治理模式

软法是相对于硬法而言的。硬法规制是软法治理的前提和条件，软法治理是硬法规制的重要补充；没有硬法的保障，软法的效应就难以充分发挥，没有软法的辅助，"硬法就会陷入孤立无援的尴尬境地"。实践证明，行政规划领域中的裁量现象是行政法中最为复杂的问题之一，因而，再完备的硬法体系也难以承担起对其规制的责任，何况行政规划领域中的法制还非常的薄弱和滞后。当"硬法的发展仍然明显滞后于公域的扩张，无法有效满足公域之治的时候"[1]，软法的作用便凸显出来，特别是在行政规划领域，软法"扮演着不可替代的角色"，它可以通过各种软法的形式（如公共政策、自律规范、专业标准、弹性法条、政策性规制）来引导和约束行政规划的裁量。其中最主要的治理形式有以下几个方面。

第一，软法上的原则之治。软法与硬法是一种相互辅助、相互转化的互动关系，即你中有我，我中有你。硬法属性中的许多抽象性原则其本身也是一种软法性的弹性法条，如《城乡规划法》（硬法）中所规定的优先安排、妥善处理、统筹兼顾、合理布局等。与此相应，许多硬法上的原则又必须通过软法来贯彻实施，《城乡规划法》所规定的原则，如果没有软法的跟进和配合，则很难在实践中奏效。所谓软法上的原则之治，一是要求将硬法所确立的抽象原则通过软法的形式加以实现，如将依法行政原则具体转化为政府的依法行政纲要和措施；二是在硬法所没有顾及的公共领域软法通过创设原则和一系列软法规范来实施治理，如在行政规划领域中确立民主协商、利益衡量的软法原则。这些原则的理念、目标和措施，将为行政规划裁量提供行为导向和准则，也同样需要硬法的保障和吸收。

第二，制定行政规划的裁量基准。一般意义上的裁量基准，是指行政机关在法律规定的裁量空间内，依据立法者的意图以及行政法上的基本原则并结合执法经验，按照裁量涉及的各种不同事实情节，将法律规范预先规定的裁量范围加以细化并设以相对固定的具体判断标准。[2] 行政规划由于是政策性的规划蓝图，其规范构造更加抽象，因而制定更加明确、细化和可操作的行政规划裁量标准，规范行政规划裁量范围、种

---

[1]　罗豪才、宋功德：《认真对待软法——公域软法的一般理论及其中国实践》，《中国法学》2006 年第 2 期。

[2]　参见周佑勇：《行政裁量治理研究——一种功能主义的立场》，法律出版社 2008 年版，第 57 页。

类、幅度，具有特殊的意义。① 这种规划裁量的基准制度同样是落实软法和硬法或填补法律空白的具体体现，是行政规划裁量必须遵循的准则。

第三，建立一整套的行政自我约束机制。软法具有"自我规制"或"准规制"的功能和属性，通过软法的功能可以建构起一整套的治理行政规划裁量的约束机制。如通过规范性文件的形式建立有关规划裁量的说明理由制度、跟踪评估制度、公务员行为规范、规划裁量问责制度、规划奖惩制度等。从行政层级统治角度看，这些带有软法属性的规范性文件对规制行政规划以及规划裁量权更为直接和有效。

第五节　行政规划的立法规制

"法律规制"即用法律对某种行为进行规范，把事实上的行为赋予法律上的含义。行政法意义上的"法律规制"还意味着控制行政权，带有控权的观念在其中。党的十八届四中全会作出《中共中央关于全面推进依法治国若干重大问题的决定》明确指出："制度化、规范化、程序化是社会主义民主政治的根本保障……依法全面履行政府职能。完善行政组织和行政程序法律制度，推进机构、职能、权限、程序、责任法定化。行政机关要坚持法定职责必须为、法无授权不可为……行政机关不得法外设定权力，没有法律法规依据不得作出减损公民、法人和其他组织合法权益或者增加其义务的决定。"本节将从立法规制的角度分别进一步阐述行政规划的组织法规制、规划法规制和程序法规制三种基本控制模式。行政规划最核心的规制环节即行政规划的程序法规制。

---

① 《中共中央关于全面推进依法治国若干重大问题的决定》已将"建立健全行政裁量权基准制度"列入"深入推进依法行政，加快建设法治政府"中的建设内容。毫无疑问，行政规划裁量基准是行政裁量基准制度的重要内容之一。

一、行政组织法规制

（一）行政组织法在行政规划中的功能和作用

行政组织法在行政规划体系中应当具有以下两方面功能。

1. 配置行政规划权

这一功能主要体现在设定规划权、分配规划权和调整规划权等方面①。所谓设定规划权，即组织法可对行政主体的规划权作统一设定。行政规划权来源于法律，只能在组织法的范围和限度内发挥作用，没有法律的明确授权，行政主体不得随意行使行政规划权，否则应承担相应的法律责任。行政规划组织的权限一般也包括管辖权和具体权限。前者是行政规划机关对某类事务的管辖权，如县级以上人民政府的规划管辖权；后者是指其行使管辖权时的具体权限，如确定规划权、许可权、检查权、处罚权等。行政组织法应对规划管辖权作出明确的规定，对具体权限的划分只能做基本规定，而后可由其他行政法律加以细化，如专门的行政规划法和行政程序法。凡是重要的行政规划权，尤其是具有强制约束力的行政规划权，必须有组织法的特别授权。所谓分配规划权，即通过相关行政组织法以及统一的行政规划法典对行政规划机关的相应权限进行具体分配。所谓调整规划权，即组织法可以赋予行政规划机关新的规划权，或撤销原有的行政规划权，或整合规划管辖权（集中事权），对行政规划权重新进行分配。行政规划具有综合性和协商性的功能，能够最大限度地配置资源特别是公共权力的资源。因此行政组织法应当反映行政规划的这一特点，不断调整和整合行政规划权，相对集中行政处罚权和相对集中行政许可权的运行实践，为行政组织法调整和集中行政规划权提供了有价值的现实经验。总的来说，现有的与行政规划相关的《城乡规划法》《土地管理法》等虽然也可规定相关行政机关及行政机构的权力，但其规定非常混乱，因此，完善行政组织法有关行政规划权的配置，具有重要的基础性作用。

---

① 参见应松年、薛刚凌：《行政组织法与依法行政》，《行政法学研究》1998 年第 1 期。

2. 规制行政规划组织

这主要表现在界定和规范行政规划机关及行政机构的性质与设置、规范行政规划机关对外管理的权限和主体形式（如行政授权、行政委托）等。如《宪法》第八十五条规定的国务院有权"编制和执行国民经济和社会发展计划和国家预算"等。我国现有的组织法有关行政组织的内部和外部管理权限过于笼统，缺乏统一的规范和标准，这是导致行政权力包括行政规划权设置混乱和滥用的主要原因之一。行政组织法所具有的规范和控制行政权的功能，也是其他法律制度（如事中的程序制度和事后的监督制度）所不能替代的。因此，"关于行政计划的制定和实施，除行政机关内部的方针外，至少需要有组织法上的依据"。行政组织法在依法行政中具有基础性作用，它作用于包括行政规划在内的全部行政领域。[1]

（二）行政组织法规制的原则和内容

行政组织法规制的原则也可以集中理解为规划组织法定原则，它是指国家对行政规划组织的管理以及行政规划权的行使，必须受到法律的约束，这是规划组织法定原则的核心所在。规划组织法定原则具有丰富的内容，其具体要求包括：

1. 重要的行政规划组织应由宪法和法律规定

行政组织设置中的重要问题属于法律保留事项。如对行政规划的基本组织形式、行政规划机关的设置、中央和地方规划权力的划分等，都要由宪法和法律规定。这些事项不能授权行政机关决定。[2]

2. 重要的行政规划权由法律特别设定

某些重要的行政规划，尤其是具有强制拘束力的行政规划往往要由法律特别授权给特定的行政机关来制定。如《城乡规划法》规定："国务

---

[1] ［日］室井力：《日本现代行政法》，吴微译，中国政法大学出版社1995年版，第56页。

[2] 参见应松年、薛刚凌：《行政组织法基本原则之探讨》，《行政法学研究》2001年第2期。

院城乡规划主管部门会同国务院有关部门组织编制全国城镇体系规划，用于指导省域城镇体系规划、城市总体规划的编制"，"省、自治区人民政府组织编制省域城镇体系规划"，"城市人民政府组织编制城市总体规划"，"县人民政府组织编制县人民政府所在地的镇的总体规划……其他镇的总体规划由镇人民政府组织编制"。① 最新修订的《防震减灾法》第十二条规定："国务院地震工作主管部门会同国务院有关部门组织编制国家防震减灾规划，报国务院批准后组织实施。县级以上地方人民政府负责管理地震工作的部门或者机构会同有关部门，根据上一级防震减灾规划和本行政区域的实际情况，组织编制本行政区域的防震减灾规划，报本级人民政府批准后组织实施，并报上一级人民政府负责管理地震工作的部门或者机构备案"。行政机关制定规划时必须遵守法律明确规定的权限事项，否则将构成越权和违法。根据职权法定原则，该规划应该无效或被撤销。

3. 行使行政规划权的主体必须具备行政主体资格

即要求行政规划的主体能以自己的名义独立行使规划权并独立承担由此产生的法律后果。通常，行政主体一般由若干行政机构组成，行政职权也往往分别由不同的内设行政机构行使，但内设行政机构行使职权的外部法律后果只能由行政主体承担。在行政规划的确定过程中，行政规划确定主体的职权是由其内部多个行政机构分别实施的，如拟定行政规划、组织听证、作出规划确定裁决等，这些行为的外部法律后果只能由具有行政主体资格的行政规划确定主体来承担。②

二、行政规划法规制

（一）行政规划法的结构模式

行政规划法的结构模式即行政规划法律规范存在的方式，一般可分为统一式结构模式与分散式结构模式。所谓统一式结构模式是指在一部

---

① 参见《城乡规划法》第二章第十二、十三、十四、十五条之规定。

② 参见王青斌：《行政规划法治化研究》，人民出版社2010年版，第137页。

统一的并在各主要行政规划领域都可以适用的行政规划法典，其内容既包括行政规划的实体规则，也包括行政规划的程序规则。统一行政规划法模式并不排除制定单行的行政规划法，以规范政府在特定领域、特定事项上的行政规划行为，如我国已制定的《城乡规划法》《防震减灾法》等。同样，在统一行政规划法模式下，也不排除其他法律在规定行政实体法的同时，制定相应的更为具体的行政规划规则，如《草原法》中规定的对草原保护、建设、利用实行统一规划的制度，《水法》中规定的水资源规划制度等。所谓分散式结构模式是指没有一部统一的且在各主要行政规划领域都能适用的行政规划法典，只有就特定领域、特定事项制定的单行行政规划法，如《城乡规划法》《土地管理法》等。

我国宪法和有关行政组织法分别授予了地方各级人大和各级人民政府享有一定的行政规划权，使相应的地方权力机关和地方政府行使规划权有了宪法和组织法上的基本依据；《城乡规划法》、《土地管理法》等也是有关国家机关在相关领域行使规划权的法律依据。但是我国现行的组织法和有关法律的涉及规划权的规定极其简单和含糊，远没有达到有效控制行政规划裁量权的程度。另一方面的问题是，行政规划是根据具体情况架构的行政目标发展蓝图，由一般的实体法担负对规划内容的全面控制几乎是非常难的。因而，对行政规划的制约机制应从单一的实体法控制转向实体法与程序法相结合的控制上，即通过规划制定程序的民主化，创立充分反映与规划有关利害关系人意向的机制，就显得更加重要。① 制定统一的行政规划基本法，从实体和程序上对行政规划作出全面性规定是非常必要的。

统一的行政规划法典应对行政规划的基本原则，行政规划拟定程序、听证程序和确定程序，行政规划的执行机制、规划评估与调整以及法律责任等作出明确规定。选择这种立法结构模式，有利于各行政规划领域遵守共同的最基本的实体规则和程序规则，有利于各单行行政规划法在

---

① 参见孟鸿志：《行政规划》，载应松年主编：《当代中国行政法》（下卷），中国方正出版社2005年版，第1063页。

内容上的协调统一、避免法律规范之间的重复或冲突，从而使行政规划行为更为科学和规范。

（二）行政规划法的基本原则

统一的行政规划法典必须首先确立行政规划的基本原则，即行政机关在制定和实施行政规划时必须遵循的基本准则，它对控制行政规划裁量权具有重要的意义。在我国，行政规划法的基本原则应主要包括依法规划原则、民主参与原则和科学规划原则等。

1. 依法规划原则

行政规划特别是那些具有规制私人行为、产生外部效果的行政规划，必须遵循法治原则。依法规划原则主要包括三项要求：一是行政规划主体合法。即制定行政规划的组织必须具备行政主体资格，必须是法定的行政机关或者是法律法规授权的组织。二是行政规划权限合法。即制定行政规划时必须有宪法、组织法和行政规划法上的依据，不得超越其授权范围和行政机关所管辖的公务范围。三是行政规划内容合法。即行政规划的内容不得违反法律法规的规定，不得违反法律的精神、基本理念及一般法律原则，既要符合国家利益和社会公共利益，又要保护行政相对人的合法权益。四是行政规划程序合法。即行政规划的制定必须遵守法律法规规定的有关步骤、方式、形式、顺序和时间的规定，其中确立听证制度是行政规划制定程序必不可少的内容。同时，行政规划一般是通过具体行政行为的方式去实现的，因此在行政规划的制定和实施过程中，还应遵循有关行政行为的法定原则和程序。

统一的行政规划法应当明确规定各级政府的行政规划权力和权限，规定各级各类行政规划的效力层次，理顺各级各类行政规划之间的关系。处理各级各类行政规划之间关系的原则是：上级规划优于下级规划，下级规划与上级规划相抵触的，自然无效；同级规划具有相同效力；同级规划在制定和执行过程中如果出现纠纷时，各规划制定主体均有权提请其共同的上一级行政机关裁决。此外，应对拘束性行政规划与非拘束性行政规划的制定，规定不同的限制性要求，二者的区别在于：制定拘束性行政规划应当遵循法律保留原则以及上位法原则；制定非拘束性行政规划不能突破宪法与组织法所规定的权限底线，不得违背法律的基本精神，并遵循法的一般原则。

2. 民主参与原则

受计划经济体制的影响，我国以往在行政规划制定过程均依靠各行政机关的惯例进行，缺少程序法的规范，特别是在规划编制过程中很少采用利害关系人参与的制度，对规划主体的行为既缺少法律责任的规定，又缺乏有效的监督机制。制度上的缺陷直接制约了行政规划的民主化和科学化。因此，行政规划的制定程序必须遵循公开、公正以及相对人参与等民主原则。所谓公开原则，就是要求行政机关编制规划的程序应当公开，并将规划草案及相关材料公开展示给规划关系人及社会公众；所谓公正原则，就是要求行政规划的制定应当充分听取规划关系人和社会公众的意见和建议，任何受到该规划影响的组织和个人都有提出异议的机会和权利，任何规划的确定都应当在充分考虑各方面的意见和建议的基础上作出；所谓相对人参与原则，就是要求相对人有权参与整个规划的过程，并成为规划法律关系中的一方当事人，依法享有规划法赋予的各项权利。在这方面，我国新颁布的《城乡规划法》已有明确的规定。该法第二十六条第一款规定："城乡规划报送审批前，组织编制机关应当依法将城乡规划草案予以公告，并采取论证会、听证会或者其他方式征求专家和公众的意见。公告的时间不少于三十日。"这一严格的羁束规定，在一定程度上限制了行政机关的裁量权，使公众参与成为城乡规划编制的法定程序。同时，为了保障行政规划民主参与原则的实现，统一的行政规划法应当确立行政规划程序中最重要的听证程序制度和说明理由制度。

3. 科学规划原则

科学规划原则也是制定和实施行政规划时必须遵守的一项重要原则，它要求行政规划必须实事求是，一切从实际出发，即必须与社会经济发展的诸条件相适应，与整个国民经济和社会发展规划相协调。根据这一原则，行政机关在制定行政规划时应以科学发展观为统领，注意统筹兼顾和利益平衡，例如兼顾公共利益和行政相对人利益；兼顾发展经济与以人为本；平衡区域开发、资源开发、能源开发与环境保护、实体平衡等。①为保证行政规划的科学化和民主化，在制定和实施行政规划的过程中可采用论证会、听证会尤其是由专家学者组成的审议会等民主参与形式，并建立一整套有关行政规划的评价机制。我国 2002 年制定的《环境影响评价法》已经确立了对规划的环境影响评价制度②，这无疑对提高行政规划的科学性具有重要意义。

4. 信赖保护原则

信赖保护原则是民法上的诚实信用原则在行政法中的具体运用，它是指当行政相对人对授益性行政行为形成值得保护的信赖时，行政主体不得随意撤销或者废止该行为，否则必须合理补偿行政相对人信赖该行为有效存续而获得的利益。信赖保护原则的实质是为了保护行政相对人对授益性行政行为的信赖利益，必须对该行为的撤销或者废止予以限制。也即行政主体的撤销权与废止权将受到相对人信赖利益保护的限制。③信赖保护原则要求行政机关在维护公共利益的前提下，可以依法对行政规划进行变更或废止，但应当对行政相对人因此受到的损害予以补偿。对于行政机关随意变更行政规划内容或终止行政规划实施的行为，应认定为无效。我国在完善行政规划的相关立法时，应综合考量国外做法，将信赖保护原则以法律形式确定下来。

在我国，行政规划"朝令夕改"的情况时有发生，因行政规划的变更、中止或失误而给相对人造成的损害或损失，在实践中一般都得不到行政机关的赔偿或补偿，而且也缺乏有关的法律依据。这种现象严重地

---

① 参见姜明安：《行政规划的法制化路径》，《郑州大学学报》（哲学社会科学版）2006 年第 1 期。

② 该法第二章专章规定了"规划的环境影响评价"，其中第十一条特别规定："专项规划的编制机关对可能造成不良环境影响并直接涉及公众环境权益的规划，应当在该规划草案报送审批前，举行论证会、听证会，或者采取其他形式，征求有关单位、专家和公众对环境报告书草案的意见。但是，国家规定需要保密的情形除外。"

③ 参见周佑勇：《行政法基本原则研究》，武汉大学出版社 2005 年版，第 233 页。

损害了政府在人们心中的形象，也与依法治国方略相冲突。行政规划毕竟是政府的活动，特别是在行政规划中有鼓励、诱导相对人配合行政规划实施内容的，就应该考虑对因信赖行政机关而产生利益的相对人的保护问题。由于行政规划的性质不同，对行政规划变更或修改的信赖保护程度也不尽相同。对于指导性规划，人们应该认识到随着客观情况的变化，规划也会有发生变更和取消的可能性，加之此类规划并无法律拘束力，在目前阶段原则上不能对此提出补偿请求。只有在政府提供错误信息，进行错误指导，而相对人的利益确实因错误指导受到重大损失时，才能考虑予以赔偿或补偿。对于拘束性规划则由于相对人的必须遵守，往往其生产和生活均围绕着规划进行，规划的修改或废止会给相对人造成重大损失，因此对因指令性规划修改而造成相对人利益牺牲的，行政机关应给予适当的补偿。

（三）行政规划法规制的范围

由于行政规划内容繁杂，不可能都由法律全面作出明确的规定。但从行政规划在现实中的重大影响来看，不应该留下法律控制的盲区。虽然因规划自身的特殊性而对其控制主要以程序控制为主，但这并不意味着可以忽视实体法的规制，而且历史上没有任何一种行政行为是单纯采用一种控制方法的。德国行政法将行政规划的实体规制限制于相对原则的范围，并提出四个层面的理论，即规划的法律正当性、遵守前置的程序、遵守硬性法律规定和遵守利益权衡的要求。[①] 这种原则性的规定没有对规划内容的形成作出实质要件的规定，反映了规划行为与其他行政行为在实体规制方面的不同。笔者认为，统一的行政规划法在实体法上应从规划关系主体、规划权限以及编制规划的目的和条件等方面进行规制。

1. 合理划分行政规划关系主体的权利义务

任何法律规范都是通过赋予权利与课以义务的方式来实现对法律关系主体的行为进行控制的，行政规划法也不例外。行政规划因其复杂性、

[①] 参见 ［德］汉斯·J.沃尔夫、奥托·巴霍夫、罗尔夫·施托贝尔：《行政法》第 2 卷，商务印书馆 2002 年版，第 261 页。

多样性、易变性等特征，特别是行政规划法不健全的现状，使得行政规划关系主体之间的权利与义务变得非常复杂。因此，如何保证行政规划关系主体及社会公众参与规划的制定，保障他们基于信赖保护原则而在规划法律关系中享有的基本权利，是行政规划法不能回避的问题。

就行政规划关系主体一方的行政机关而言，其权利义务具有统一性。相对于权力机关来说，行政机关的职权就是职责（义务），而相对于相对人来说，行政机关的职责便是职权（权利）。通常，制定行政规划的行政机关具有下列权利与义务：（1）根据国民经济与社会发展的需要积极主动地组织行政规划的制定；（2）必须在其职权范围内依法制定；（3）必须符合行政规划法定原则和民主程序；（4）依法根据社会发展的实际情况，变更、中止、废止行政规划的执行；（5）行政机关在其责权范围内有权依法采取措施排除妨碍行政规划执行的阻力，保证行政规划的正确执行。

相对于规划主体而言，其他规划关系人以及社会公众的权利主要有：（1）查阅相关规划资料的权利；（2）对规划草案表示意见和提出异议的权利；（3）参与听证的权利，即在行政机关举行确定规划听证会时，任何受到该规划影响的单位和个人都有权参与听证，发表意见；（4）规划存续请求权，即规划确定生效后，规划关系人有权要求维持规划，有权要求行政机关不得擅自变更或废止规划；（5）规划执行请求权，即规划关系人有权请求行政机关遵守规划和执行规划内容；（6）规划补救措施请求权，即当行政机关基于合法的理由而必须变更或废止规划时，规划关系人有权要求行政机关采取相应的补救措施以消除因规划的变更或废止所带来的不利影响，如果因此而给规划关系人造成损失的，受害人有权要求行政机关给予相应的补偿；（7）损害赔偿请求权，当行政机关怠于执行规划或因违法变更、废止规划而损害规划关系人的合法权益时，受害人有权要求行政机关赔偿因此造成的损失。其义务主要有：（1）遵守法定程序的义务，行政规划关系人参与规划的过程必须严格遵守法律规定的程序和时限；（2）遵守规划规定的义务，行政规划一旦确立后，便具有了法律的约束力，规划关系人及社会公众都应当遵守；（3）服从规划管理，接受监督检查，如实向行政规划主体提供说明及有关材料。

2. 规制行政规划裁量权的边界

行政规划法应当从以下几个方面对行政规划裁量权进行原则性规制。

一是法律依据的规定。行政主体制定行政规划时必须有宪法、组织法和行政规划法上的依据，不得超越其授权范围及行政机关所管辖的公务范围，行政规划权限要与行政主体的权限相对称。行政规划法应当尽量采取明确式的授权，以保证规划权力来源合法、明确。

二是避免法律冲突的规定。要求规划的内容原则上不能与法律、法规相抵触，上下级机关之间的规划内容不能抵触，一般而言，上级机关所制定的规划内容是下级机关就相同事项做规划时的考量界限。部门规划的内容要与相同位阶全局的规划保持一致。行政规划之间的权力位阶原则可以防止多个规划的竞合，避免不同的行政主体制定出来的行政规划之间出现矛盾和冲突。

三是法律保留事项的规定。如前所述，"法律保留原则要求对于某些事项的规定必须由法律进行或者由法律授权。法律保留的内容规定由45个宪法条文和《立法法》第八条作出。其内容主要涉及国家基本制度、国家机构组织和职权等以及全国人大及其常务委员会认为必须制定为法律的内容。"[①] 凡属法律保留的事项，行政规划机关必须遵守，所制定的行政规划内容也不能侵犯诸如公民基本权利等重要事项。

四是集中事权的特别规定。行政规划所特有的法律效力之一就是集中事权的效力，它使得规划在实施过程中无须再经由其他机关许可。通过确定规划的裁决而剥夺相关行政机关管辖权的做法，变动法律所确定的权限分配秩序，与职权法定原则存在冲突，因此并非所有的行政规划都能适用该项制度，必须要有法律的特别授权规定。例如，前几年发生

---

① 周佑勇、伍劲松：《论行政法上之法律保留原则》，《中南大学学报》（社会科学版）2004年第6期。

的"武汉外滩花园违法审批、违法拆迁"一案①，因武汉市政府在制定行政规划时没有征求长江水利委员会的意见而引发的纠纷，就属于典型的越权行为，它集中了本不属于自己职权范围的权力。

3. 规制行政规划权行使的目的和条件

目的是行为的灵魂所在，"我的目的构成规定着我的行为的内容"。② 对于行使公共权力的行政规划来说，其目的尤其具有重要性，它决定了行政规划的合法性与正当性问题。"正是基于行政内在的合目的性，行政才成为一种积极性的、针对将来的塑造活动"。③ 行政规划由于其鲜明的"理性设计"，而成为最能充分展现行政这一特征的行为。因此对行政规划的法律规制还应包括在法律上明确规定制定规划时应予考虑的行政目的。通常，法律授予行政主体行政规划权是为了实现一定的立法目的，该目的一般会在法律中明确表示。与此相对应，法律还会对行政规划权的运行目的加以明确规定，行政规划权的运行不得与此相违背。同时，法律需规定在何种条件下可以作出何种情形的行政规划，这是约束行政规划内容的重要手段，违反行政规划权行使中所应遵守的法定条件，将会构成行政规划的内容违法。④ 以往我国许多法律都是笼统地规定诸如制定规划要与经济和社会发展相适应，而没有详细规定制定规划所要达到的基本目的和所要遵守的基本条件。在实践中，由于法律缺少这方面的规定，在拟定行政规划之初，在目的的正当性和条件的可行性方面就缺少相关的参考因素。因此，应在统一行政规划法中对制定规划时应实现的目标和基本条件等尽可能作出明确规定，从而使行政机关在规划正式拟定前，就必须考虑相关法律目的和条件的规定，衡量拟制定

---

① 该案资料来源：《武汉外滩花园　炸与不炸的尴尬》，http//news.163.com/05/0205/12/。

② ［德］黑格尔：《法哲学原理》，范扬、张企泰译，商务印书馆1961年版，第124页。

③ ［德］哈特穆特·毛雷尔：《行政法学总论》，高家伟译，法律出版社2000年版，第116页。

④ 参见王青斌：《行政规划法治化研究》，人民出版社2010年版，第139页。

行政规划的目标是否具有合理性和合法性，是否具备实现它的现实基本条件等。

三、行政程序法规制

（一）行政规划程序法的模式

行政规划程序法可以有三种模式选择：一种是在统一的行政规划法典中规定行政规划的程序规则，一种是在行政程序法典中专门规定行政规划的程序规则，还有一种模式是在各单行规划法中规定该规划领域的特殊程序规则。目前我国既无统一的行政规划法典，又尚未出台行政程序法典，有关行政规划的程序规则散见于各单行的行政规划法中，如《城乡规划法》《土地管理法》《水法》《草原法》《防震减灾法》等许多单行法律都有相关规划程序的内容。笔者认为这三种模式都可以综合运用，并构成我国今后行政规划程序法的立法模式。不过，这三种模式要区别对待，应各有侧重和分工。

第一种模式：即统一的行政规划法典模式是我国今后立法趋向的特有模式。我国有着几千年单一制传统的优势，又曾长期实行过计划经济管理体制，作为一个计划色彩很浓的传统大国在转向法治国家的进程中制定一部统一的行政规划法典以治理和管理以往无所不包的行政规划领域，是完全必要的，也是可行的。同时，行政规划作为有别于其他典型行政行为（如行政处罚、行政许可）的特殊行政行为也需要有不同于其他典型行政行为的程序规则。因此，行政规划法应当是一部统一的、既包括行政规划的实体规则又包括行政规划的程序规则，有关行政规划程序的总体内容应置于统一的行政规划法典中。

第二种模式：即行政程序法典的模式也有其存在的必要性，此种模式以德国为代表。行政规划行为虽有别于其他行政行为，但其毕竟总体上是行政行为的一种，行政规划的制定和实施特别是其后续行为，与其他行政行为有着密切的关联性，因此行政规划不可能不受一般行政程序的规制，如听证程序制度、说明理由制度等均对行政规划有重要的制约影响。在理论上，通过程序法控制行政规划行为是无争议的，但是采用何种程序法模式来控制行政规划，即在行政程序法典中要不要对行政规划程序进行特别规定是存有争议的。持反对意见者认为，"行政规划具有多样性，唯有能含括大多数行政规划的程序规定，方有纳入行政程序的必要，否则只针对小部分的行政规划的事项，例如德国行政程序法的大型建筑规划，却纳入行政程序法中，不免以偏概全、见树不见林，且与行政程序法应作为一般行政程序，而非特别行政程序的基准法的本质相违背"。[1] 持肯定意见者认为，"行政程序法典应当调整行政规划、行政合同、行政指导等特殊行政行为，国外、境外的一些行政程序法典有专章规定行政规划、行政合同、行政指导的趋势。之所以在统一程序法典里规定，是因为这些行政行为在现代社会，在民主化、市场化的条件下，具有了越来越重要的地位和作用。……这些特殊行政行为单独立法可能难以在短时间内提上立法日程，而对这些行为的规范却具有迫切性"。[2]

第三种模式：即在单行的专门行政规划法中规定该领域的程序规则模式，这是我国目前采用的模式，其问题较多，相关的程序规定既不完善又不统一。对其的治理有待于前两种模式的出台。

（二）行政规划程序的基本原则

行政规划程序的基本原则是指在行政规划制定程序的全部过程中必须遵循的基本准则，它是依法行政原则在行政规划程序中的具体应用和体现。行政规划程序是行政程序的一种类型，因此行政程序中的基本原则一般同样可以适用行政规划程序。本文无意于行政程序法基本原则的阐述，但行政程序中的公开原则和参与原则应当是适用行政规划程序的最重要的原则。

行政公开原则和行政参与原则均意味着规范和制约行政权，保护行政相对人权益的法治理念和基本功能。表现在行政规划程序中，规划公开原则要求行政规划的公开必须是全面的公开，包括规划的确定过程、

---

① 参见陈新民：《中国行政法学原理》，中国政法大学出版社 2002 年版，第 242 页。

② 参见姜明安：《我国行政程序法立法模式和调整范围之抉择》，《法制日报》2002 年 8 月 11 日第 3 版。

规划内容和规划结果都要公开。规划参与原则也有最基本的要求，一是保证受行政规划可能影响的人有参与规划程序的权利，二是通过程序制度的设计为规划相关人提供有效的参与方式，① 如行政规划程序中的听证制度及说明理由制度等。凡"涉及公民、法人或其他组织权利和义务的规范性文件，按照政府信息公开要求和程序予以公布"，并"推进政务公开信息化，加强互联网政务信息数据服务平台和便民服务平台建设。"② 总之，在行政规划程序中确立并遵循公开原则和参与原则，对保障受规划影响的相关人的参与权和救济权，促进行政规划的民主化和科学化，均有直接的现实意义。

（三）行政规划的制定程序

行政规划的制定程序是指行政主体在编制和变更行政规划过程中所应遵循的方式、步骤、时限和顺序的总称。行政规划的制定程序有一般程序与确定程序之分。此种划分标准主要是依据德国行政程序法的划分标准而来的。按照行政行为对相对人权利义务可能产生影响的程度大小，德国行政程序法将行政程序分为一般程序与特别程序两种类型。而特别程序又细分为正式行政程序（dasf ömliche verwaltungsverfahren）与确定规划程序（planfeststellungsverfahren）。之所以将行政规划确定程序与正式程序并列为特别行政程序，并在具体制度设计方面比正式行政程序更为严格细致，主要原因就在于行政规划往往"涉及土地利用价值之转变与因公共设施或事业之设置地方人文、自然与社会生态之变动，直接牵动人民权益之变动"。③ 从世界各国立法而言，将行政规划的确定程序纳入行政程序法典的尚不多见，只是在德国和我国台湾地区等国家和地区的行政程序法中有相关的规定，而且无论是在德国行政程序法和我国台湾地区的行政程序法中，还是在日本 1983 年的行政程序法草案和韩国 1987 年

---

① 参见郭庆珠：《行政规划及其法律控制研究》，中国社会科学出版社 2009 年版，第 136—137 页。

② 参见《中共中央关于全面推进依法治国若干重大问题的决定》。

③ 参见翁岳生主编：《行政法》（下册），中国法制出版社 2002 年版，第 803 页。

的行政程序法草案中，并不是所有的行政规划都适用严格细致的规划确定程序，通常只有重要的规划诸如土地的利用、公共事业的设立或者公共设施的设置等特定规划类型才适用规划确定程序，而非重要的规划在实践中则没有统一的规定，有时有单行法的个别规定，多数情况下是遵从惯例进行的。

通过借鉴德国与我国台湾地区的经验，并总结我国理论界与实务部门的基本做法，笔者认为，可将行政规划的制定程序分为一般程序和确定程序。关于德国的规划确定程序已在前文述及，此处不再复述。以下仅就行政规划的一般程序作一分析。

从应然的角度看，行政规划一般程序的步骤和内容主要包括以下几个方面。

1. 规划目标的构想与确定。目标的构想与提出可以是主管行政机关，也可以是其他社会组织与社会各界人士，但目标的最终确定要由行政主体来确定。

2. 规划制定前的准备。行政规划是以科学的预测来确定未来一定时期发展目标的活动。为了保证行政规划的科学性，在草拟规划前就应该对规划所要调整的社会关系和客观事实进行全面的调查和研究，这种规划制定前的调查研究应该全面、准确，从而为制定规划提供充分的条件。

3. 规划草案拟定。在充分调查和科学研究的基础上，应该及时拟定规划草案。规划的草拟，一般要围绕规划目标的实现，提出实现目标的途径、措施、手段等要求。在草拟规划时，要分类排列，广泛征求意见，细密研究，在此基础上根据规划目标的需要、规划实施的可行性以及征求到民众的意见等进行通盘考量和取舍。因此在规划草案中要特别注意两个环节的程序要求：一是规划公开与民众参与环节，二是规划的衔接环节。规划的公开与民众参与决定着规划内容的科学性和民众可接受的正当性。在民众参与之前，应该以适当的方式将规划草案的内容予以公开，这是民众能够有效参与的前提条件。民众在规划拟定中的参与制度主要包括普通民众的参与和有关专家的参与两种形式，这两种参与形式都必须切实有序组织好，不能走过场。同时，在拟定规划草案时要特别注意规划的内容与其他规划特别是上位规划的衔接，以避免相互矛盾或冲突而带来后续执行的困难。① 规划的衔接要求规划制定机关在拟定规划草案时应该尽可能地避免与其他规划之间的冲突，规划冲突难以避免时，应建立与其他机关之间的协商沟通机制。

4. 规划确定。规划的确定是指对规划草案进行评估的基础上，依照法定权限和程序对规划进行审查而使其最终获得法律效力。行政规划确定的形式主要有两种：一是行政规划拟定机关对规划草案进行确认，并经首长签署而正式形成。通常，非强制性规划都采用这种方式。二是由行政规划拟定机关的上级行政机关或权力机关审核与批准。规划拟定机关在报有关机关批准时应该提交相关的材料和说明，通常应包括规划编制过程说明、征求意见情况说明、规划衔接情况说明、专家论证的情况以及未采纳的重要意见和理由，规划论证报告以及法律、行政法规规定需要报送的其他有关材料，等等。② 为保证审批的公正性和客观性，审批机关在审批前还应通过一定形式听取民众的意见，这对于审批机关判断规划草案的科学性和可行性，作出正确的审批决定非常重要。凡重要的行政规划，还应在审批之后，建立相应的规划备案制度。规划在获得有关机关的批准后，应该由有关机关及时向社会公开，以便规划效力所及的利害关系人能根据规划的内容及时调整自己的行为。行政规划的公布机关一般由规划拟定机关或批准机关公布。

5. 行政规划的变更与废止。变更并非行政规划必经的程序，但因行政规划是针对未来目标的一种预先安排，具有一定的不确定性，因此根据具体情势的变化及时对原设定的行政规划予以修改，"便是理所当然的事"。③ 为保护利害关系人的信赖利益和维护行政规则的连续性，行政规

---

① 参见郭庆珠：《行政规划及其法律规制研究》，中国社会科学出版社 2009 年版，第 146—149 页。

② 参见郭庆珠：《行政规划及其法律规制研究》，中国社会科学出版社 2009 年版，第 149—150 页。

③ 参见杨建顺：《日本行政法》，中国法制出版社 1998 年版，第 573 页。

划一经制定，未经严格程序不得进行任意修改，否则行政规划将违反法的安定性和行政规划的确定性。通常，行政规划的变更或废止必须由原审批机关批准才能进行。

6. 行政规划的实施。行政规划的实施是实现已确定行政规划的过程，是行政规划的后续行为，因而其本身已不属于行政规划的制定范畴。

第六节　行政规划的监督与救济

通过事前的立法规制无疑对限制行政规划权的滥用是有效的，但是仅仅依靠上述控制制度是不够的，还必须建立有效的法律监督与救济机制。我国行政规划的监控体系包括权力机关的监控、行政层级监控、司法救济以及社会监控四种类型，不同类型的监控具有不同的功能和作用。

一、权力机关监督

权力机关的监督是指全国人大及其常委会以及地方各级人大及其常委会对行政规划的监控。人民代表大会制度是我国权力机关行使监控权的宪政基础。在我国，人民代表大会是国家的权力机关，行政机关由权力机关产生，对权力机关负责，受权力机关监督，因此行政机关的规划行为理所当然地受权力机关的监督和制约。根据我国现行宪法规定，全国人大有权审查和批准国民经济和社会发展计划和计划执行情况的报告；全国人大常委会在全国人大闭会期间，有权审查和批准国民经济和社会发展计划；地方各级人大在本行政区域内，有权审查和决定地方的经济建设、文化建设和公共事业建设的计划；县级以上的地方各级人大有权审查和批准本行政区内的国民经济和社会发展计划、预算以及它们的执行情况的报告。① 同时，权力机关可以撤销行政机关与宪法、法律、法规

----

① 参见 1982 年《宪法》第六十二条、六十七条、六十九条。

相抵触的决定和命令。宪法的规定表明，全国人大及其常委会以及地方各级人大及其常委会可以通过审查、批准、决定、撤销等方式对行政规划从源头上实施监控，而且这是最权威、最强有力的监督。但从实践看，目前我国各级人大的审查监督程序尚难以保证审查质量。如在时间上，七届人大以来，全国人大会议时间为15天左右，省级人大为10天左右，全国人大各代表团在会议期间对国民经济和社会发展规划及预算案专门集中审查的时间不过2—3天；在内容上，仅能就规划和规划执行情况的说明报告、预算和预算执行情况的说明报告的若干指标做原则性审查；在审查标准上，人大会议目前对规划和预算草案审查内容的取舍无明确标准，有很大的随意性和模糊性。因此，从立法和法律实施角度进一步完善人大对政府工作的监督，包括加强对行政规划的监督，是完善行政规划监控的重要组成部分。

在行政规划实践中，权力机关应认真履行审议权和撤销权两种权利。2007年1月1日我国已开始实施《各级人民代表大会常务委员会监督法》，从而使公民的民主监督权利有了坚实的着力点。如该法第八条第一款规定："各级人民代表大会常务委员会每年选择若干关系改革发展稳定大局和群众切身利益、社会普遍关注的重大问题，有计划地安排听取和审议本级人民政府、人民法院和人民检察院的专项工作报告。"以城市规划领域为例，近年来由于我国正进行大规模的城镇改造，在城市规划及其实施过程中发生了大量的群体性纠纷事件，很多纠纷成为社会广泛关注的热点。因此，在符合《各级人民代表大会常务委员会监督法》第八条规定的条件下，地方权力机关完全可以通过听取政府专项工作报告的方式解决有关城市规划的突出问题。当人大常委会发现同级行政机关制定的行政规划存在违法或不适当时，依照我国的政体体制和有关法律规定完全可以行使撤销权，即撤销行政机关违法或不适规划。加强权力机关审议权和撤销权的运用，将为公民权利的保障提供有效的制度路径和监控手段。

二、行政层级监督

行政机关的层级监督主要是指上级行政机关对下级行政机关的监控，以及对因行政规划损害相对人权益而给予的补救。这种补救目前主要是指行政复议制度。对行政规划的层级监督可以从不同角度进行分类：从监督的形式看，可以通过一般层级监督、监察监督和审计监督实施对行政规划的监控。从监督内容看，上级行政机关可对行政规划的拟定动因、制定程序、实施过程与实施结果等方面进行广泛、全面的监控。从实施监督时间看，可分为事前监督、事中监督和事后监督。事前监督是指上级行政机关对下级行政机关的行政规划在确定之前实施的监控，如对下级机关制定的行政规划的审查和批准；事中监督是在规划正式生效后对规划实施过程中的执行、变更与废止进行监控；事后监督是指对下级行政机关实施规划完毕的结果所作的监督。从救济角度看，可以通过行政复议的形式进行监督，即相对人认为行政规划已构成行政行为并侵犯其合法权益的，可以向上一级行政机关申请复议，由有复议权的行政机关对争议的行政规划行为进行审查并作出维持、变更或撤销的决定。即使该行政规划属于抽象行政行为，也可以依据《行政复议法》第七条的规定，在审查依据该行政规划而作出的具体行政行为的同时，对所依据的抽象行政行为规划一并进行审查。

上述行政层级监督虽具有其他监督制度所不具有的功能和优势，但毕竟其属于行政机关的内部监控，有许多的缺陷和弊端。因此，在不断完善行政层级监督制度的同时，还必须完善有关行政规划的司法监督及其救济制度。

三、司法救济

关于法律救济的途径，通常认为包括行政复议、行政补偿与赔偿、行政诉讼等。按照司法最终原则，行政规划的一些争议应该通过最后的司法环节解决，故本部分探讨的行政规划救济主要是司法上的救济。

司法救济又称司法审查或诉讼救济，是指行政相对人认为行政规划侵犯其合法权益而依法提起行政诉讼，由法院对行政规划进行审查，从而为相对人提供救济的制度。有权力必有侵害，有侵害必有救济。行政规划的种种失范现象表明，如果对行政规划缺乏有效的治理机制，其造成的负面影响是不言而喻的。以城市规划为例，随着现代城市化进程的加快，有关城市规划的案件日益增多，因城市规划后续行为引发的社会矛盾也日益突出，如果一概否认行政规划的可诉性而完全将其拒之于司法控制之外是说不通的。司法救济作为最后一道防线，是保护相对人权益最主要和最有效的途径。但是目前有关行政规划的可诉性问题尚存在较大争议。如在日本，行政法学界认为行政规划具有使私人的权利义务发生变动的效果时，一般应承认它具有处分性，① 但长期以来法院的判例一直认为即使是拘束性的规划也不具有可诉性，不过近年日本法院开始有所松动，出现了承认行政规划具有处分性的趋向。②

总的来说，由于行政规划复杂多样，行政规划的纠纷也必然是多种多样的，现实中既有对规划具体内容不服的，也有对规划制定或实施过程中的行为不服的，所以解决的方法不能一概而论。一般来说，凡能够产生外部法律效果并对相对人权益产生实际影响的行政规划，即可以提起行政诉讼。但问题是我国目前的《行政诉讼法》对此尚无明确的规定，因此在实践中还难以操作。如《行政诉讼法》第十三条的规定将"行政法规、规章或者行政机关制定发布的具有普遍约束力的决定、命令"行为列为不可诉的行政行为，2000 年《最高人民法院关于执行〈中华人民共和国行政诉讼法〉若干问题的解释》第一条的规定也将"不具有强制性的行政指导行为"和"对公民法人或者其他组织权利义务不产生实际影响的行为"列为不属于人民法院行政诉讼的受案范围。因此，对具有指导性质的行政规划以及具有抽象行政行为性质的行政规划，以往很难能提起行政诉讼。至于具有具体行政行为性质的并能够对公民法人或者

---

① 参见［日］室井力：《日本现代行政法》，吴微译，中国政法大学出版社 1995 年版，第 59 页。

② 参见［日］盐野宏：《行政法》，杨建顺译，法律出版社 1999 年版，第 323 页。

其他组织权利义务产生实际影响的行政规划，则认为是可以提起行政诉讼的。可见，修改和扩大行政诉讼法的受案范围，明确行政规划行为的可诉性，是保障审判监督的前提和条件。

值得特别提出的是 2014 年 11 月 1 日，十二届全国人大常委会第十一次会议刚刚修订通过的《行政诉讼法》第五十三条规定："公民、法人或者其他组织认为行政行为所依据的国务院部门和地方人民政府及其部门制定的规范性文件不合法，在对行政行为提起诉讼时，可以一并请求对该规范性文件进行审查。前款规定的规范性文件不含规章"。2015 年 4 月 20 日，由最高人民法院审判委员会第 1648 次会议通过的《最高人民法院关于适用〈中华人民共和国行政诉讼法〉若干问题的解释》第二十一条进一步规定："规范性文件不合法的，人民法院不作为认定行政行为合法的依据，并在裁判理由中予以阐明。作出生效裁判的人民法院应当向规范性文件的制定机关提出处理建议，并可以抄送制定机关的同级人民政府或者上一级行政机关。"上述新修订行政诉讼法和司法解释的规定表明，人民法院不仅可以审查行政机关规章以下的规范性文件，即抽象行政行为的合法性，而且赋予法院向规范性文件制定机关提出"处理建议"的司法监督权和监督方式，这对法院监督抽象行政行为性质的行政规划，提供了新的制度途径和空间，对行政规划的监督将产生重要作用。

当然，在扩大行政诉讼受案范围、明确行政规划可诉性的同时，必须恰当处理好司法审查权与行政规划裁量权的关系。首先审查行政规划的前提是先确立行政规划的制定程序，这样可以通过程序审查限制行政规划的随意性；其次，可借鉴和移植我国台湾地区的成熟性原则来审查有关行政规划案件的做法，所谓成熟性原则是指行政规划的救济可以通过依据行政规划而作出的另一个行政行为（可以是抽象行政行为，也可以是具体行政行为）来实现。

四、社会监督

社会监督是指非国家机关的政党、各社会组织和人民群众依照宪法和有关法律对各种行政规划的合法性所进行的监控，它是行政规划监控体系的重要组成部分。社会监督具有广泛性、直接性和普遍性等特点。广泛性是指监控主体具有广泛性，包括政党监控、社会组织监控、人民群众监控、新闻舆论监控等，涉及社会的方方面面；直接性是指在行政规划关系中，规划关系人的权益直接受到规划机关的影响，直接感受到规划行为是否合法、是否对其权益造成了损害；普遍性是指任何行政规划行为都会涉及规划关系人及社会公众的权益，因此任何行政规划都毫无例外地、普遍地受到社会的监督。然而社会监督的缺陷是其不具有直接法律效力，其监控效果只能通过国家机关公权力介入表现出来，如果相应的国家机关体制不畅，社会监控的效果便很难充分发挥出来。因此，社会监控只有与权力机关的监控、行政层级监控、审判监控很好地结合起来，才能发挥其"以权利制约权力"的作用。

第二十七章

行政事实行为

闫尔宝　　　　中国政法大学法学博士，南开大学法学院副教授。曾赴日本中央大学访学 1 年。主要研究方向为行政法与行政诉讼法、日本行政法。出版专著 2 部（《行政法诚实信用原则研究》《行政行为的性质界定与实务》），参编著作若干，在《中国法学》《法制与社会发展》《政法论坛》等期刊发表论文 50 余篇。

第一节　行政事实行为研究概述

一、事实行为在两大法系的不同境遇

（一）英美法系

在行政行为理论中，法律行为与事实行为的区分是大陆法系国家的特有现象。在英美法系国家，对于行政机关作出的管理行为，理论上不存在法律行为性质与事实行为性质的区分。如在美国，行政行为并不是行政法学理论的一个重要组成内容，法学理论体系中很难找到对行政行为的概念、性质、分类、效力等内容的系统论述，学者谈及的行政行为基本上是一个描述性概念，即对行政机关作出的各项管理活动的综合。联邦与州的立法对行政行为（agency action）采用的是描述性定义方式，如在联邦行政程序法（APA）中，行政行为（机关行为）被列举为包括机关的规章、裁决令、决定、许可、制裁和救济的全部或一部；机关采取的其他类似的行为及其否定行为和不作为的全部或一部。至于上述行为中哪些属于法律行为，哪些属于事实行为，则根本不在讨论范围之内。由于英美法系行政法学理论对行政行为本身缺乏兴趣，事实行为也就更难纳入学者讨论的视野。

（二）大陆法系

与英美法系国家相对，以德国为首的大陆法系国家对事实行为持较为关注的态度。虽然在行政法发展早期，事实行为未作为行政行为法的一项重要内容，但进入20世纪以后，事实行为开始逐渐出现在行政法学者的著述之中，学者对事实行为的定义、分类、与法律行为的区别、行为侵权的救济等问题都进行了较为深入的研讨，事实行为逐渐成为行政行为理论的一项重要内容。如在德国，行政事实行为被赋予了各种不同的名称（Verwaltungsrealakte, Realakate, tatsächliche Verwaltungshandlungen, schlichtes

Verwaltungshandeln 等），其界定也各不相同；在我国台湾，行政事实行为的定义也不下十几种，学者对事实行为的分类、范围和救济等都提出了不同的观点，在各种行政法学教科书中，一般都包括事实行为的章节。大陆法系国家研究事实行为的热烈程度与英美法系国家形成了鲜明对比。

（三）原因分析

如前所述，行政事实行为在两大法系具有不同境遇，其原因，我们认为主要有以下两方面。

1. 不同的行政法学观念所造成的行政法学理论体系的差异。英美国家历来秉承自由主义思想，对国家权力一直怀有高度的警惕。对国家权力（尤其是行政权力）的极端不信任为建立以控权为核心的行政法学理论奠定了观念基础。在对待行政法的态度上，英国学者戴雪（A.V.Dicey）的理论便是一个突出例证。戴雪认为，法律在国家与人民之间应当是平等适用的，在国家与人民之间适用不同的法律规则不符合法治的精神。在戴雪的观念中，作为独立的法律部门而存在的行政法是保护行政特权的法，由此认为，英国不存在行政法。受戴雪理论的影响，英美国家的行政法学研究长期处于停滞状态。进入 20 世纪之后，虽然戴雪的理论逐渐被抛弃，但控制行政权力的观念依然被坚持。控权观念直接决定了该法系国家行政法学理论体系的构成。以控制行政权力为中心，英美法系的行政法学一般只涉及行政权力的授予、行使程序以及司法审查等内容。早在 20 世纪 80 年代，美国行政法学施瓦茨就指出，行政法分为三个部分：(1)行政机关所具有的权力；(2)行使这些权力的法定要件；(3)对不法行政行为的补救。[①] 进入 21 世纪之后，以此种逻辑和内容来安排行政法学理论内容的做法总体并没有发生变化。如英国虽然在近二十年来一度制定了《人权法》，下放了中央权力，并组建了独立的最高法院，宪政制度发生了巨大变化，但行政法教科书的基本结构依然保持着注重控

---

① ［美］伯纳德·施瓦茨：《行政法》，徐炳译，群众出版社 1986 年版，第 1 页。

制政府权力的整体风格，各种行政管理手段的理论研究仍付诸阙如。① 由此可以认为，在英美法系国家的行政法学理论体系中，作为行政权实施方式的行政行为的具体表现形式并没有成为学者关注的对象，法律行为的行政行为与事实行为的行政行为的区分也就无从谈起。

2. 法律思维方式的差异。英美法系国家的法律适用实践奉行经验主义、实用主义，法学家关注的是如何处理具体问题，如何运用行政法学理论达到控制行政权力、保护相对人权利的目的。对于行政法学理论体现尤其是行政行为的理论体系构建并不十分热衷。与之相对，长期以来，大陆法系国家一直受建构理性主义的熏陶，法学家们总是将构建一个完整的法学理论体系作为自己的努力方向。法国与德国民法典的制定便是这种法学思维方式作用的产物。基于建构严密的法学理论体系的需要，行政法学者在创立行政法学学科的时候，十分注重理论体系的完整、缜密。由于行政法是调整行政机关管理活动的法律规范，所以，行政行为自然成为行政法学理论的核心，并具有举足轻重的作用。在建构完整理论体系的目标指引下，行政行为的概念、性质、分类、效力等，必然成为行政行为理论的组成内容。事实行为与法律行为的区分也就有了基本前提。

二、作为行政法学研究对象的事实行为

（一）事实行为的研究迟于法律行为

基于理解与翻译的原因，大陆法系各主要国家或地区对行政机关针对具体事件作出处置的法律行为赋予了不同称谓，如法国称行政处理，德国、日本称行政行为，我国台湾地区称行政处分。但一个基本事实是，虽然法律行为性质的行政活动与事实行为性质的行政活动均存在于行政管理实践中，但是法律行为概念的提出却早于事实行为。台湾学者陈新民指出，行政事实行为概念的发展较迟。直到 20 世纪 20 年代，才有学者

---

① 参见 [英] 彼得·莱兰、戈登·安东尼：《英国行政法教科书》，杨伟东译，北京大学出版社 2007 年版。

耶律内克提出单纯公权力行政的概念，自此以后，行政事实行为成为一种新型的行政行为，正式纳入行政法学讨论的理论体系之内。① 另一学者陈敏也指出，行政处分为 19 世纪行政法理论之产物，事实行为之概念成立于德国魏玛时代，由 Walter Jellinek 在其 1931 年第 3 版行政法教科书第 21 页以下，以"单纯高权行政"为名讨论之。②

（二）原因分析

事实行为的研究晚于法律行为纳入行政法学研究视野的原因有二。

1. 国家行政职能有个逐渐发展的过程。行政法学对事实行为的关注与行政职能的客观发展密切相关。行政法发展早期，受自由放任主义思想的影响，国家的行政职能限于外交、国防与国内秩序的维护等有限领域，行政活动多以干涉、负担行为为主，以命令、禁止等高权（威权）行为为常态，法律行为理论正好与这种行政管理事实相适应。进入 20 世纪之后，由于社会、经济、科技的发展，社会问题、环境问题大量出现，客观上需要现代政府履行一定的服务职能。由此，早期的自由放任主义政府理念逐步式微，积极行政的福利国家观念随之出现，政府开始担负起大量的服务职能，如向市场主体提供咨询，通报各种信息，兴建并维护各种公益设施等。与传统的高权行为不同，上述行政活动不包含命令、禁止的成分，更多表现为一种政策、计划的具体实施。因上述行政活动在有些情况下也会影响行政管理相对人的权益，所以，客观上需要对其进行法律规制，行政事实行为遂逐步进入行政法学的研究视野。

2. 不同时期行政法学关注的重心不同。大陆法系行政法学发展早期，行政行为理论的研究重点在于行政行为的法律关系创设功能，在于如何运用行政行为理论建立起稳定的法律秩序。由于法律行为的实质是基于行政机关的意思表示引起相应法律关系的产生、变更与消灭，故该

---

① 参见陈新民：《中国行政法学原理》，中国政法大学出版社 2002 年版，第 231—232 页。

② 陈敏：《行政法总论》，三民书局 2013 年版，第 619 页注 1。

类行为成为行政法学理论关注的重点。以行政机关的意思表示行为为中心，以民事法律行为为模板，大陆法系国家逐渐形成了包括定义、分类、效力判定等完整内容的行政法律行为理论体系。至于行政机关意思表示以外的其他类型的管理行为，因其不具有特定的规制作用，无法引起行政法学者的足够兴趣，事实行为因此未受到行政法学的充分重视。随着现代行政的发展，新的公共行政活动形式不断出现，诸如咨询提供、违法行为警示等指导行为，兴建公共设施等建筑行为，疾病预防控制等公共卫生行为逐渐成为日常公共活动内容。鉴于上述行政活动在实现公共利益方面各自具有不同的意义，且会对公众权益直接或间接带来一定影响，因此，需要纳入依法行政原则规范之下，在学理上需要对上述行为的性质、特征、功能以及由此引起的权益纠纷如何处理展开研究。在此背景下，以德国为代表的大陆法系各国行政行为法体系开始发生变化，除继续探讨行政法律行为基本原理外，也开始对行政事实行为展开理论分析。

三、我国内地行政法学对行政事实行为的研究概况

在我国内地，事实行为概念最早见于第一本行政法学统编教材《行政法概要》。① 该书将行政措施分为事实的行为与法律的行为两类，指出"国家机关的行政行为有的直接产生法律效果，称为法律的行为，有的不直接产生法律效果，称为事实的行为"，"行政事实行为"这一概念由此首次进入行政法学视野。不过，该书研究的重点集中于行政机关实施的法律行为，有关事实行为的类型、特点以及法律规范等问题并未进行深入探讨。《行政法概要》之后，相关行政法学著述很少再见到对行政事实行为的论述，该种状况一直持续到 1995 年国家赔偿法的颁布实施。

---

① 王珉灿主编：《行政法概要》，法律出版社 1983 年版。

（一）国家赔偿法实施之前

国家赔偿法颁布实施之前，内地行政法学对行政事实行为的研究表现为三种情况。

1. 不涉及行政事实行为。在有关行政法学著述中，行政事实行为根本未被纳入研究视野。①

2. 探讨行政行为"法律性"时简单提及行政事实行为。如有学者指出，行政行为的法律性说明它是行政机关一个已经作出的，需要相对人予以执行的"决定"或"命令"，是一个整个行为过程终结的结论，而非此过程中相对独立的某一阶段，在整个行为过程中行政机关可能仅作出一些搜集资料、召开座谈会、通知等不直接创设新的法律关系，不发生法律效果的事实行为，这种行政事实行为在行政管理学上有意义而在行政法学中不属现在探讨的行政法律行为之列。② 另有学者认为，法律性是指具体行政行为必须是实际上影响了公民、法人或其他组织法律上的权利义务，证明它不包括事实行为，行政权力主体将对此承担行政法上的法律后果。③

3. 初步探讨行政事实行为。如学者对行政事实行为的概念界定、主要类型、研究意义等问题进行了较为详细的分析，指出事实行为是指行政机关在管理中作出的与相对人的实体权利义务无关或只涉及相对人程序权利义务的行为，具体包括内部行政措施、情报公开行为、公开调查

---

① 如应松年、朱维究主编：《行政法与行政诉讼法教程》，中国政法大学出版社 1989 年版；另参见罗豪才主编：《行政法学》，中国政法大学出版社 1990 年版；赵克仁主编：《行政法学教程》，中山大学出版社 1990 年版；皮纯协、胡锦光编：《行政法与行政诉讼法教程》，中央广播电视大学出版社 1996 年版；王重高编：《行政法总论》，中国政法大学出版社 1992 年版；韩国璋主编：《行政法学》，吉林大学出版社 1994 年版；张树义主编：《行政法学》，中国政法大学出版社 1995 年版，等等。

② 张树义主编：《行政法学新论》，时事出版社 1991 年版，第 99 页。

③ 杨海坤主编：《行政法与行政诉讼法》，法律出版社 1992 年版，第 79 页。

行为、行政监督行为、行政强制执行行为等几种类型，同时认为区分行政行为与事实行为无论在理论上还是在实践上都有一定的意义。① 这是国家赔偿法颁布实施前不多见的对行政事实行为的较为深入的探讨。②

（二）国家赔偿法实施至 2000 年

1995 年 1 月 1 日国家赔偿法的颁布实施为内地行政法学研究行政事实行为提供了一个契机。在此部法律中出现了一些与具体行政行为不同的行为类型，如殴打等暴力行为以及违法使用武器、警械等行政机关的侵权行为，这些行为与侵权的具体行政行为（如拘留、罚款等决定）存在一定差异。对于该种行为，学者以事实行为称之。如有学者认为："殴打、以暴力侮辱公民和违法使用枪械等行为是事实行为而不是具体行政行为。"③ "从国家赔偿法就赔偿范围的规定看，凡行政机关及其工作人员行使职权的违法行为均可能引起国家赔偿责任……除了行政诉讼法规定的违法具体行政行为外，还包括违法的事实行为"④。法律的规定为行政法学者提出了对该种行为进行解释与界定的要求，由此，事实行为究竟是怎样一种行为、其与被认定为法律行为的具体行政行为是怎样一种关系等问题遂成为学界与实务界关注的重点，此后陆续有一些探讨性的文章出现，在一些新编教材中也列出专门章节介绍行政事实行为。⑤ 值得一提的是，在此期间，司法实务界对行政事实行为的探讨表现出了极高

① 参见薛刚凌：《论行政行为与事实行为》，《政法论坛》1993 年第 4 期。

② 另外，学者吴敏也撰文对行政事实行为进行了初步探讨，指出只有产生法律后果的行为（包括有效法律后果和无效法律后果）才能具有行政行为的特征。不发生法律后果的行为属于一种事实行为，如行政机关的协商行为等，不过，该学者研究的结论认为，事实行为不能成为行政法学研究的对象。（参见吴敏：《从行政法学谈行政行为问题》，《江淮论坛》1991 年第 6 期）

③ 肖峋：《中华人民共和国国家赔偿法的理论与实用指南》，中国民主法制出版社1994 年版，第 152 页。

④ 马怀德：《国家赔偿法的理论与实务》，中国法制出版社 1994 年版，第 91 页。

⑤ 代表性的教材如姜明安主编：《行政法与行政诉讼法》，北京大学出版社、高等教育出版社 1999 年版；杨解君、肖泽晟：《行政法学》，法律出版社 2000 年版。

的热情。①

（三）2000 年之后

进入新世纪之后，学界对行政事实行为的关注逐渐增多，相关研究成果不断出现，此种局面的形成很大程度上源自《最高人民法院关于执行〈中华人民共和国行政诉讼法〉若干问题的解释》（以下简称《若干问题的解释》）的出台。该司法解释的亮点之一是以"行政行为"取代"具体行政行为"作为确定行政诉讼受案范围的标准。根据司法解释起草的主要参与者的说明，此变化旨在恢复立法对行政诉讼受案范围规定的应然理解，将被不当排除的行政行为纳入司法审查范围。据此，属于行政诉讼受案范围的除行政法律行为之外，还包括了诸如检查、搜身、打人、损坏物品等事实行为。② 由此，除行政管理手段的增加作为事实行为日益被学界关注的事实原因外，最高司法机关释放的事实行为可直接起诉的积极信号更是极大刺激了学界对事实行为的研究。

此一时期对行政事实行为的研究成果主要体现在以下几个方面：一是在新版行政法学教材中，事实行为被设置为独立的章节，教材中进一步增加了行政事实行为的比重；③ 二是相关学术论文就行政事实行为的成

---

① 具有代表性的文章如金志华：《行政事实行为浅论》，《行政与法》1996 年第 3 期；吕诚、王桂萍：《行政事实行为几个问题的探讨》，《行政法学研究》1996 年第 4 期；杨绍东：《论可诉性行政事实行为》，《人民司法》1997 年第 8 期；闫尔宝：《论行政事实行为》，《行政法学研究》1998 年第 2 期；李杰：《论行政事实行为的定位及其识别》，《行政法学研究》1998 年第 3 期；苗波：《行政事实行为及其可诉性探析》，《山东审判》1998 年第 7 期。上述文章均由法官撰写。

② 参见江必新：《中国行政诉讼制度之发展——行政诉讼司法解释解读》，金城出版社 2001 年版，第 31 页。

③ 代表性的教材如应松年主编：《行政法与行政诉讼法学》，法律出版社 2005 年版；应松年主编：《当代中国行政法》，中国方正出版社 2005 年版；叶必丰：《行政法与行政诉讼法》，武汉大学出版社 2008 年版；姜明安主编：《行政法与行政诉讼法》，北京大学出版社、高等教育出版社 2011 年版等。

立、界定、功能、类型划分、行政救济等基本理论问题继续讨论外，① 还进一步对治安、环保、教育、劳动保障等各行政执法领域的事实行为展开初步讨论；三是专门研究行政事实行为的著作开始出现，对行政事实行为基本理论的研究进一步深化。② 行政事实行为研究的逐步深入为更好地认识该行为和对其进行法律规范提供了重要参考。另外，此一时期还值得充分关注的是，司法实践中也已出现了适用行政事实行为基本理论进行裁判的诉讼案例，内容涉及行政诉讼受案范围、起诉期限、举证责任分配、裁判方式、赔偿责任承担等。日益增多的司法实务案例为进一步推进行政事实行为的理论研究提供了鲜活的素材。

虽然新世纪之后对行政事实行为的研究呈现可喜的局面，但也应看到，有关行政事实行为的研究还存在一些问题：1. 低层次重复劳动较多，对一些共识性的内容重复论述，缺少更深入的实质性发掘；2. 部门法领域的事实行为研究缺乏特色，很多论述只是行政事实行为基础理论研究结论的简单套用与粗略模仿；3. 对行政事实行为的法律救济研究体现为简单地法条适用解释，缺乏从公法争议类型与行政诉讼类型对应的角度展开说明，尚未认识到事实行为的诉讼救济对于推进我国行政诉讼制度整体变革的重大意义；4. 缺乏对行政事实行为的司法救济实务的经验分析，导致理论脱离乃至落后于现实，无法发挥理论的引导作用。

---

① 代表性的论文如杨立宪：《论行政事实行为的界定》，《行政法学研究》2001 年第 1 期；王锡锌、邓淑珠：《行政事实行为再认识》，《行政法学研究》2001 年第 3 期；柳砚涛、刘瑞芳：《行政事实行为的功能及法制化探析》，《中州学刊》2007 年第 6 期；王红建：《行政事实行为概念考》，《河北法学》2009 年第 7 期；龚钰淋：《行政事实行为救济制度研究》，《河北法学》2010 年第 1 期；顾爱平：《行政事实行为及其可诉性问题研究》，《江海学刊》2012 年第 4 期；杨广、陆达新：《行政事实行为救济中确认判决的有限适用》，《黑龙江省政府管理干部学院学报》2013 年第 6 期。

② 代表著作如王霄艳：《论行政事实行为》，法律出版社 2009 年版；陈晋胜：《行政事实行为研究》，知识产权出版社 2010 年版；张兆成：《行政事实行为研究》，人民出版社 2013 年版。

第二节 不同国家和地区的行政事实行为

行政法学界普遍认为，行政事实行为是一个内涵极不确定、外延又极具扩张性的概念。考察大陆法系各主要国家及相关地区的行政法学理论，可以发现，不同国家的学者在行政事实行为的概念、分类、救济等诸多方面，都存在不同观点和认识。

一、法国

从目前所见到的法国行政法学论著来看，行政法学理论并未有专章论述行政事实行为。对行政事实行为的说明主要见于两个领域：一是在对"有执行力的决定"这一法律行为的特点进行说明时对照提及事实行为；① 二是在讨论行政主体的赔偿责任时提及作为公务过错表现形式的行政事实行为。②

法国行政法学理论认为，行政机关的行为，有的根据行政机关的意思直接发生法律效果，称为行政机关的法律行为，有的不直接发生法律效果，称为行政机关的事实行为。行政行为是行政机关的一种法律行为。行政机关的活动大部分属于事实行为。事实行为有的完全不发生法律效果，例如气象局的天气预报。有的虽然发生法律效果，但其效果的发生和行政机关的意思无关，而完全由于法律的规定，或由于外界事实的自然结果所产生。如海军兵舰撞沉商船，受害人取得损害赔偿权利是由法律规定而产生。又如行政机关在讲卫生运动中捕杀狂犬，发生所有权消灭的结果是由外界事实自然结果所产生。

事实行为的法律效果和行政机关的意思无关，所以不能作为行政活

---

① ［法］让·里韦罗、让·瓦利纳：《法国行政法》，鲁仁译，商务印书馆 2008 年版，第 495 页。

② 王名扬：《法国行政法》，中国政法大学出版社 1988 年版，第 723 页。

动的法律手段。事实行为虽然不直接发生法律效果，但它对法律行为的产生过程和实施过程具有重要关系，所以也受行政法的规定。因此，有时在行政程序中研究事实行为。

行政法学研究法律行为和事实行为的重点不同，对于法律行为主要研究它的效力问题。事实行为由于不发生是否有效问题，在其违法时可能发生行政主体或行政工作人员的责任问题，例如赔偿责任、惩戒责任等。[①]

根据王名扬先生对法国法中行政事实行为的概括介绍，可以明确几点：1. 事实行为属于行政法学的研究对象。2. 法国行政法学是从行为能否直接产生法律效果以及这种法律效果的生成是否与行为主体的意思表示有关角度把握事实行为的内涵的。3. 法国行政法学中的事实行为可以发生法律效果，可以完全不发生法律效果。4. 法国行政法学对于事实行为和法律行为的研究侧重点是不同的。

二、德国

德国学者虽然较早对事实行为进行理论分析，但对于如何界定事实行为以及如何把握其确切范围，却存在一定分歧。

（一）行政事实行为概念的提出

德国学界认为，行政事实行为的概念提出于魏玛共和国时代的德国。学者耶律内克提出了"单纯高权行政"（Schlichte Hoheitsverwaltung）概念。他首次将行政分为公行政与国库行政，公行政又分为高权行政与单纯高权行政，而单纯高权行政，诸如建设街道、铺设绿地、垃圾焚化炉的兴建或交通事故的排除等，就是所谓的事实行为。在早期，学者认为，公权力上的事实行为不受行政法支配，若违法则可依据刑法、民法或国家赔偿法确定其责任，事实行为成为"法外之行为"，但是随着国家职能的扩张，积极行政的出现，事实行为日益受到重视，成为行政法学研究

---

① 王名扬：《法国行政法》，中国政法大学出版社 1988 年版，第 136 页。

的一个重要内容。① 在权威教科书中，行政事实行为都是作为一个独立的章节被讨论。

（二）行政事实行为的界定

关于行政事实行为的界定，学者观点不一：汉斯·沃尔夫等人认为，行政事实行为是指行政机关实施的没有处理内容和法律约束力的行为，又称为事实行为、辅助性行政活动……行政事实行为的主要功能是行政法律行为的准备和施行。② 毛雷尔认为，事实行为（事实活动，纯行政活动）是指以某种事实结果而不是法律后果为目的的所有行政措施。③ 印度学者赛夫考察德国行政法后认为，德国的行政实际行为（Administrative Real Acts）即事实上之行为，是指那些旨在产生事实上的结果（factual results），而不是产生法律结果的行为。行政法上所指的事实行为，是行政机关与公民的有关事务相联系的行为。④

概括起来，德国学界对于行政事实行为的界定出于两个角度，一是行为主体的主观意图，即是以法律后果为目的还是以事实后果为目的；二是行为的后果，即行为是只产生事实结果还是也产生法律效果。

此外，德国学者在对行政事实行为与非正式行政活动的关系上存在一定分歧。如有观点认为，辅助性的行政活动就是非正式行政活动，也有观点认为，非正式行政活动不同于辅助性行政活动，是一种独立的行政活动方式。还有观点认为，凡是不能纳入传统法定活动方式的行政活动均属于非正式行政活动。不过，总体而言，在将非正式行政活动界定为行政决定作出前后行政机关与公民协商或者进行其他接触时，非正式

---

① 参见王锡锌、邓淑珠：《行政事实行为再认识》，《行政法学研究》2001 年第 3 期。

② ［德］汉斯·沃尔夫、奥托·巴霍夫、罗尔夫·施托贝尔：《行政法》（第二卷），高家伟译，商务印书馆 2002 年版，第 187 页。

③ ［德］哈特穆特·毛雷尔：《行政法学总论》，高家伟译，法律出版社 2000 年版，第 391 页。

④ ［印］M.P.赛夫：《德国行政法——普通法的分析》，周伟译，山东人民出版社 2006 年版，第 107 页。

行政活动被放入行政事实行为部分被讨论。①

（三）行政事实行为的类型

德国学者一般认为，对行政事实行为进行完整归类总结是不可能的。为了明确该类行为的结构，行政事实行为可大致分为五种类型：1. 事务性活动，包括内部事务性活动和外部事务性活动；2. 执行性活动；3. 没有约束力的答复和通知；4. 行政机关相互来往时作出的没有约束力的确认；5. 与行政机关进行的非正式的协商活动。②

（四）事实行为与法律的关系

德国学者认为，从法律的角度讲，事实行为不如法律行为重要，但事实行为并非毫无意义。它必须接受法律的调整，符合相应的法律要求。只不过事实行为的合法要件比较宽松，大多享有法外空间。但事实行为的实施不得超越管辖权，不得侵犯公民权利。

事实行为与法律行为受法律调整的侧重点不同。行政（法律）行为违法，产生的是行为的无效、可撤销问题，事实行为违法则不适用上述效力判定规则。事实行为违法产生后果清除请求权和损害赔偿请求权，通过提起一般给付之诉或确认之诉寻求救济。③

三、日本

在日本行政法学中，对行政事实行为的讨论存在两种不同的方式。

第一，坚持传统的行政法学体系，未将行政事实行为作为一个独立内容，只在对学理意义上的行政行为概念说明以及具体行政活动形式的

---

① ［德］汉斯·沃尔夫、托·巴霍夫、罗尔夫·施托贝尔：《行政法》（第二卷），高家伟译，商务印书馆2002年版，第188页以下；［德］哈特穆特·毛雷尔：《行政法学总论》，高家伟译，法律出版社2000年版，第398页以下。

② ［德］汉斯·沃尔夫、托·巴霍夫、罗尔夫·施托贝尔：《行政法》（第二卷），高家伟译，商务印书馆2002年版，第189—191页。

③ 参见［德］哈特穆特·毛雷尔：《行政法学总论》，高家伟译，法律出版社2000年版，第392—393页。

讨论中顺带提及事实行为。如室井力认为，行政行为是对外部实施的法律行为。根据这种标志，行政行为区别于事实行为（行政指导、行政强制、公共土木建筑事业等）和行政组织内部的机关相互间的行为。同时，他还提出，行政机关从事的调查活动是事实上的行政活动，而即时强制行为属于一种权力性的事实行为，对于即时完成的违法即时强制的救济方法，人们只能根据国家赔偿法请求损害赔偿。对于具有持续性质的强制行为，可以利用撤销诉讼或者违法确认诉讼寻求救济。① 盐野宏认为，日本通例是在强调与民法上的法律行为相对比的意义上来界定行政行为的，该行为是指行政活动之中，在具体场合具有直接法效果的行政的权力性行为。在行政行为之外的行为，如行政指导行为，因不具有法律效果，属于事实行为中的表示行为；即时强制（即时执行）行为属于以物理性的行为形式构成的事实行为；行政调查中的任意调查属于单纯的事实行为。② 由以上对学者观点的描述可以发现，在日本，行政机关的事实行为除包括不产生法律效果的行为（如行政指导等表示行为）外，某些行使职权的行为（如强制、调查等）也被认为属于行政事实行为。

第二，将事实行为作为行政法学的一个重要论题集中进行讨论。如小早川光郎在其《行政法》教科书中，就以"行政机关的各种事实行为"为题名，集中对行政事实行为进行探讨。他指出，行政机关实施的行政活动中，存在没有对人民直接产生任何作用的事实行为类型。其中，从法律观点出发，特别重要的是那些针对人的身体、住所、财产或者其他人民生活和事业活动具有干涉性质的事实行为。对此类行为，一方面有必要从是否进行立法规定、立法允许干涉的限度等实体方面进行考察；另一方面，也要进行程序上的规范。此外，小早川光郎还指出，因受行政事实行为违法干涉而遭受损害的人，可以根据民法或者国家赔偿法对

---

① 参见 ［日］室井力：《日本现代行政法》，吴微译，中国政法大学出版社1995年版，第129、130、138、139页。

② 参见 ［日］盐野宏：《行政法Ⅰ·行政法总论》（第四版），有斐阁2005年版，第189、233、234页。

国家和地方公共团体等提起损害赔偿请求。某些情况下，相对人可以针对行政机关的事实行为适用民事诉讼请求停止或者恢复原状，也可以将其作为行政处分的一种（即"相当于作为公权力行使的事实行为"）申请行政不服审查和提起抗告诉讼。有关行政事实行为的类型，小早川光郎重点讨论了行政强制措施、行政调查和具有规制意义的行政指导行为。① 又如，高木光在其专著《事实行为与行政诉讼》中，从事实行为的诉讼救济途径之争出发，对照原西德行政法对事实行为的讨论，详细检讨了日本行政事实行为论的不同观点，指出了日本法律适用过程中存在的"行政行为论负担过重"（以行政处分涵盖事实行为以纳入抗告诉讼）的问题，并提出了"纯化公权力概念""当事人诉讼活用""行为形式论与行政手段论分离"等主张，对于正确理解行政事实行为及其范围，以及确定该行为的诉讼救济途径提出了富于洞见的观点主张。②

四、我国台湾地区

（一）界定

我国台湾地区行政法学对于事实行为的讨论虽较为深入，但对于事实行为的界定同样无统一见解。③ 其分歧表现在：

1. 事实行为与法律效果的关系。对此问题主要有三种不同观点：一种观点认为，行政事实行为包括完全不发生法律效果的行为，同时也包括发生法律效果的行为。如林纪东认为，事实行为谓全不发生法律效果，或虽发生法律效果，然其效果之发生，乃基于外界之事实状态，并非行政权心理作用之行为。一种观点认为，行政事实行为是能够发生法律效果的行为。如涂怀莹认为，事实行为乃行政权主体单方面之事实作用，即可发生行政法效果之行政行为，既非基于行政权主体之意思表示，亦非由于观念的表明。一种观点认为，行政事实行为只发生事实上效果，

---

① 参见 [日] 小早川光郎：《行政法》（上），弘文堂 1999 年版，第 302 页以下。

② 参见 [日] 高木光：《事实行为与行政诉讼》，有斐阁 1988 年版。

③ 参见李震山：《行政法导论》，三民书局 1999 年版，第 231—232 页。

不以发生法律效果为要素。如吴庚认为，事实行为指行政主体直接发生事实上效果之行为，其与行政处分或其他基于意思表示之行为不同者，在于后者以对外发生法律效果为要素。陈春生也认为，事实行为指行政主体所为不以产生特定法效果，而是以事实效果为目的之行政行为形式。

2. 对事实行为结果性质的认识。有的学者认为是一种事实结果，如林明锵认为，事实行为不以发生某特定之法律效果为最终目标，而仅附带直接产生一种事实上之后果者。有的学者认为，行政事实行为也可以附带产生相应的法律效果，如陈敏认为，行政事实行为并非全无法律效果，例如违法之事实行为亦可以产生防御请求权或损害赔偿请求权，仅该法律效果并非行为目的之所在，而系配合一定之状况而间接产生者。有的认为，事实行为同样会直接产生法律效果。如前所述，涂怀莹认为，事实行为乃行政权主体单方面之事实作用，即可发生行政法效果之行政行为。

3. 对于同种行为的性质的认识，学者们存在分歧。如对于行政机关采取的带有强力性质的行为，翁岳生认为，捕杀患有传染病之狗或强制治疗等行为，因其发生一定法律效果，应属于法行为，而非单纯之事实行为。吴庚则认为，以物理上的强制力为手段的执行法律或行政处分的行为，如直接强制、即时强制等行为属于事实行为。

考察台湾学界对于事实行为的界定可以发现，在下列问题上，学者们存在分歧：1. 事实行为是只产生事实效果还是也同时具有法律效果，或者是只产生法律效果。2. 事实行为是以事实上的结果为取向，还是也可以法律效果为目的。3. 事实行为是仅限于非权力实施活动，还是也包括权力运用行为。

（二）事实行为的分类

对不同的事实行为如何进行归类，台湾学者观点各异。

吴庚认为，事实行为主要分为四类：1. 内部行为。即行政机关相互间或行政机关内部单位间意见之交换、文书之往来或有隶属关系之公务员间签呈或指示等均属之。2. 认知表示（也称为通知行为）。实务上常见之观念通知以及行政指导可归入此类行为。3. 实施行为。指实施行政处分或行政计划之行为。4. 强制措施。指行政机关运用物理的强制力，以实现行政处分之内容，或径行执行法令之行为。如直接强制、即时强制等。①

陈敏认为，事实行为分为三类：1. 知之表示。为各种不以发生法律拘束力为目的，亦即不具法效意思之表示行为。例如，提供资讯（台风警报、气象报告）、警告（危险地域、有害商品）、建议、报告、鉴定以及说明等，行政指导原则上亦属之。2. 执行行为。亦即用以执行行政处分或其他具有规制作用高权行为之事实行为。如对核定之低收入户发放生活补助费的行为。3. 事实作业。指一切知之表示及执行行为以外的其他行政事实行为。如支付现金、驾驶公务车、施打预防针、清扫街道等。②

陈春生认为，事实行为分为四类：1. 日常实行活动的事实行为。分为内部实行与外部实行的事实行为。前者如公立学校校园内设路障、管理银钱等，后者如道路之开辟与维修、存款、付款、市民活动空间之设置、关闭屠宰场、救火、砍伐树木、清扫建筑物、空气质量监测及其他事务性工作。2. 执行的事实行为。是指对具有规制性权力处分的执行行为，特别是行政处分之执行，如依核准之补助数额而为付款之行为、依确定之计划裁决而开设道路或对违规汽机车的拖吊。但不包括单纯公权力的宣誓以及行政强制执行行为（因相对人对该执行行为有忍受义务而具有行政处分之性格）。另外，执行的事实行为还包括广义的执行法令的行为，如依照"食品卫生管理法"规定对抽样检验不合格食品的没入、销毁等。3. 无拘束力的提供资讯与通报。前者是指不具有法律上拘束效力的资讯提供行为，如兵役科之提供咨询、青辅会提供就业讯息等；后者是以特定范围的国民或一般性的公告周知，其是一种消息的或沟通的行政行为，如警告、提示、建议等，如主管机关警告抽烟有害健康等。另外，通报还包括学界所谓的行政指导与机关无拘束力的报告（如警察机关有关车祸事故之调查报告）。4. 行政上的非正式行政行为。如行政与

---

① 参见吴庚：《行政法之理论与实用》（增订八版），中国人民大学出版社 2005 年版，第 286—287 页。

② 陈敏：《行政法总论》，三民书局 2013 年版，第 620 页。

私人间可以基于相互利益而订立无法律效果的非正式协议，以取代法律、行政处分、行政契约等。①

陈新民认为，行政事实行为分为四类：1. 执行性行为。是将一个行政措施（行政决定、行政强制）付诸实现的行为，这些事实行为本身不发生法律效果，而是由其所执行的内容依据——行政决定来产生。2. 通知性行为。指行政机关所为无拘束力的意见表示行为，如行政机关提供人民各种信息、法令咨询、说明等。3. 协商性行为（非正式之行政协商）。是行政机关与人民就某些观点及事实所作出不具法律效力的协商行为，如行政机关在为某一行政决定或缔结行政合同前，实现与公民等进行沟通性的洽商。4. 其他建设、维持行为。这是行政机关设立、经营及维持公共机构、公共设施（马路、桥梁）的行为。②

由以上介绍可知，在事实行为的范围上，台湾学界存在着争议。尤其针对行政机关采取的强力措施的性质，学者之间意见不一。

（三）事实行为与法律的关系及法律救济

关于事实行为是否应当接受法律的调整，台湾学者的观点基本一致，认为行政事实行为同样应当服从法律的规制，如违法则应为相对人提供相应救济手段。

陈新民认为，现代法治国家要求任何行政行为皆必须服膺依法行政之理念，既然事实行为是行政行为之一种，自然不能免除这种义务。故事实行为必须服膺法律优越、法律保留以及比例原则。③ 在法律救济方面，可以分违法行为之责任、请求排除请求权及请求作为权三种权利。

陈敏认为，行政事实行为亦如同其他行政行为，不得违法，应适用法律优先、法律保留以及比例原则等。如作出事实行为的行政机关须具备管辖权，遵守法律规定的程序，在干涉人民自由财产权时，须有法律的授权等。当事实行为违法侵害人民权利时，虽然事实行为无法律效力问题，但

---

① 翁岳生主编：《行政法》（下册），中国法制出版社2009年版，第890—891页。
② 陈新民：《中国行政法学原理》，中国政法大学出版社2002年版，第232—234页。
③ 陈新民：《中国行政法学原理》，中国政法大学出版社2002年版，第234页。

作出违法行政事实行为的行政机关在法律上仍有除去该事实行为所造成的结果，以恢复原状的义务。相对人相应具有"结果除去请求权"及"回复原状请求权"，有时并取得"损害赔偿请求权"或"补偿请求权"。①

五、我国内地

国家赔偿法实施之后，内地行政法学开始日益关注行政事实行为。其间，主要涉及以下问题。

（一）行政事实行为概念的存立

事实行为的概念能否成立？这是一个首先要解决的问题。从目前内地学界的研究看，主要有三种观点。

1. 承认观。这是目前大部分学者普遍持有的观点。

2. 摒弃观。认为事实行为是一个内涵极不确定的术语，应该加以废弃。理由是，从法学基本理论上讲，行为一旦受法律调整，它就能产生法律效果，它就应是法律行为，而不应是什么事实行为。行政机关的行为从法律意义上讲，要么就是法律行为，要么就是非法律行为，在法律行为与非法律行为之间划分出一种属于行政公务范围并受行政法调整，却又不是法律行为的事实行为，这是很不科学的。② 另有学者认为，行政事实行为的最终归属是行政法律行为。③

3. 修正观。认为事实行为可以保留，但须加以修正。有学者认为，行政事实行为概念成立于民事事实行为之上。将民事事实行为的实质适用于行政事实行为存在两个困境：一是民法上法律行为与事实行为划分的逻辑起点是意思自治，但行政法领域的意思表示与民法上的意思表示截然不同；二是民事事实行为属于一种法律事实，能够引起法律关系的发生、变更或消灭的法律后果，但行政领域的事实行为则不一定导致法律关系的变动，换言之，行政事实行为包含不产生直接法律后果的行为类型。鉴于上述困境的存在，学者提出，虽然可以保留行政事实行为的

---

① 陈敏：《行政法总论》，三民书局 2013 年版，第 622、627 页。

② 方世荣：《论具体行政行为》，武汉大学出版社 1996 年版，第 144 页。

③ 杨绍东：《论可诉性行政事实行为》，《人民司法》1997 年第 8 期。

概念，但须在考虑行政法学理论和实践的基础上对之作出适当修正。①

我们同意第三种观点，即行政事实行为是行政机关管理行为的一种类型。它在概念使用上最初来自对民事事实行为的模仿，与民事事实行为存在一定接近性。但由于行政管理活动的特殊性，有必要在民事事实行为的基础上，扩大行政事实行为的内涵，从而形成独特的行政事实行为概念。本书以后的讨论即建立在此种认识之上。

（二）界定

内地行政法学对行政事实行为的界定，归纳起来，主要有以下几种不同的角度。

1. 行为的目的

有学者认为，事实行为是指国家行政机关作出的非以设定、变更或消灭相对人的权利义务为内容的行为。包括三层含义：一是行为主体为行政主体；二是行为的内容是没有设定、变更或消灭相对人的权利义务；三是行为的产生虽然源于行政机关的职权，但行为的相对人不承担行政法律后果，即事实行为是与行政权力行为相对应的一种非权力行为。② 另有学者认为，行政事实行为，又称事实管理行为或者纯行政管理行为，是指以产生某种客观后果为目的的行为。与行政法律行为的区别在于前者享有更大的不受法律约束的空间，不以发生法律后果为目的。③

2. 行为的效果

有学者认为，事实行为是指行政机关在管理中作出的与相对人实体

---

① 杨立宪：《论行政事实行为的界定》，《行政法学研究》2001 年第 1 期。

② 参见金志华：《行政事实行为浅论》，《行政与法》1996 年第 3 期；杨绍东：《论可诉性行政事实行为》，《人民司法》1997 年第 8 期。

③ 杨解君、肖泽晟：《行政法学》，法律出版社 2000 年版，第 193 页。类似观点参见姜明安主编：《行政法与行政诉讼法》，北京大学出版社、高等教育出版社 1999 年版，第 329 页。卢婧：《对行政事实行为的法律思考》，《太原师范学院学报》（社会科学版）2006 年第 5 期；张婧：《行政事实行为与相关概念辨析》，《山西财经大学学报》2008 年第 2 期；龚钰淋：《行政事实行为救济制度研究》，《河北法学》2010 年第 1 期。

权利义务无关或只涉及相对人程序权利义务的行为。该行为具有两个重要特征：一是不直接设定相对人的实体权利义务，即与相对人的实体权利义务无关；二是事实行为的实施无需运用国家强制力，但也有个别例外。① 另有学者认为，行政事实行为是指行政主体在执行职务过程中实施的不产生法律效果，但事实上可能会产生一定法律后果并对行政相对人的权利义务产生影响的行政行为。②

3. 行为的目的与客观表现

有学者认为，行政事实行为是指行政主体运用行政权实现行政目的，但并没有产生相应的法律效果。③ 有学者认为，行政事实行为是行政主体履行职责作出的实施行为和不以直接或间接影响行政相对人权利义务为目的的认知表示行为。其内涵包括：（1）由行政主体作出的行为；（2）行政主体履行职责作出的行为；（3）行为包括实施行为和不以直接或者间接影响行政相对人权利义务为目的的认知表示行为。④ 另有学者认为，行政事实行为是指行政主体在其行使职权过程中，直接作出的非以设定、变更或者消灭相对人行政法上的权利义务为内容，但却影响相对人其他权益的行政行为。其特征有四：一是主体为行政主体；二是行为以行使行政职权为核心，属于行政行为；三是行为不具有严格的程序性，是由行政机关直接实施的一种既成行为；四是内容不具有强制性，不具有法律上的确定力与拘束力。⑤

---

① 薛刚凌：《论行政行为与事实行为》，《政法论坛》1993年第4期。类似观点参见刘慧：《试论行政事实行为》，《前沿》2008年第3期；贺伟：《浅析行政事实行为》，《内蒙古师范大学学报》2006年第5期。

② 顾爱平：《行政事实行为及其可诉性问题研究》，《江海学刊》2013年第4期。

③ 叶必丰：《行政法与行政诉讼法》，武汉大学出版社2008年版，第167页。

④ 王霄艳：《论行政事实行为》，法律出版社2009年版，第56页以下。

⑤ 苗波：《行政事实行为及其可诉性探析》，《山东审判》1998年第7期。类似观点参见徐学伟、关纯维：《行政事实行为新探》，《湖北社会科学》2006年第12期；陈晋胜：《行政事实行为研究》，知识产权出版社2010年版；王红建：《行政事实行为概念考》，《河北法学》2009年第7期；邹文娟：《浅析行政事实行为概念》，《湖北财经高等专科学校学报》2010年第5期。

4. 行为的违法性质

有学者认为，行政事实行为是行政机关工作人员在职务活动中的个人侵权行为。具有四个基本特征：一是事实行为表现为行政机关工作人员的个体恣意行为；二是行政事实行为是与行政职权有关的一种行为；三是行政事实行为不直接产生行政法律效果，不直接引起管理机关与相对人之间行政法律关系的产生、变更或消灭；四是行政事实行为一般均是违法行为。①

从上述介绍可以看出，内地学界对行政事实行为的界定存在很大分歧。从行为目的来看，有的认为事实行为非以设定、变更、消灭相对人的权利义务为目的；有的认为事实行为以产生某种客观后果为目的；从行为内容来看，有的认为事实行为与相对人的权利义务不相关，有的认为事实行为虽不涉及相对人的实体权利义务，但涉及相对人的程序权利义务，有的则笼统认为事实行为对相对人的权益产生影响；从行为后果来看，有的认为事实行为只产生某种事实后果，有的则认为事实行为会产生法律上的后果。

（三）分类

在事实行为分类问题上，内地学者的意见也不一致。

有学者认为，行政事实行为包括：1. 内部行政措施。即上级行政机关或行政领导基于层级指挥权对下级行政机关或工作人员所发布的指示和命令等。2. 情报公开行为。指行政机关主动或依相对人的申请，公开或使其知晓有关行政活动的情况或资料的行为。3. 公开调查行为。指行政机关在制定政策和计划前，了解有关情况和当事人意见的行为。4. 行政监督行为。指行政机关对相对人是否遵守法律、法规、履行行政机关决定中的义务进行监督的行为。5. 行政强制执行。指行政机关在相对人不履行行政法上的义务时，强制相对人履行其义务的行为，即时强制措施则是行政（法律）行为。此外，事实行为还有行政咨询、行政指导、

---

① 李杰：《论事实行为的定位及其识别》，《行政法学研究》1998 年第 3 期。

行政鉴定行为等。①

有学者认为，行政事实行为包括两种主要类型：一为权力性事实行为，包括行政检查行为、行政强制措施、即时强制和行政强制执行行为；二为非权力性事实行为，包括资讯处理行为、作出决定后的非权力性实施行为、履行公共服务职能的行为等。②

有学者认为，行政事实行为主要分为四类：1. 补充性行政事实行为（执行性行为）。是行政主体为了实现一个已经作出的行政行为的内容而实施的行为。该行为不具有独立的法律地位，是辅助执行一个已成立的行政行为的行为，如销毁收缴的假冒伪劣商品。2. 即时性行政事实行为。指行政主体在执行公务过程中，为确保正常的社会秩序或者公务活动顺利实现而采取的一种行为，如拖走抛锚的车辆等，具有临时性、紧急性特征。3. 建议性行政事实行为。是行政主体为避免行政相对人的合法权益受到不必要的损失，根据自己所掌握的信息资料作出的判断，而向行政相对人提出的可以实施或不要实施某种行为的忠告、建议等，如行政指导。4. 服务性行政事实行为。是行政主体基于服务行政的法律精神，基于行政职权为社会或者特定行政相对人提供服务的行为，如安装交通标志、提供企业登记档案资料等。③

有学者认为，行政事实行为的范围取决于行政法律行为的范围，行政法律行为的范围越大，行政事实行为的范围越小。如果以有无对行政相对人的意思表示和法律效果为标准，行政事实行为就应该包括有意思表示而无法律效果的行政指导行为，无意思表示但有法律效果的即时强制、行政调查等权力性行为，以及行政主体工作人员在行使职权过程中的个人侵权行为，既无意思表示又无法律效果的程序性行政行为、非正式行政管理行为。至于行政机关内部行为是否应属于行政事实行为，取

---

① 薛刚凌：《论行政行为与事实行为》，《政法论坛》1993 年第 4 期。
② 闫尔宝：《论行政事实行为》，《行政法学研究》1998 年第 2 期。
③ 姜明安主编：《行政法与行政诉讼法》，北京大学出版社、高等教育出版社 2011 年版，第 331—332 页。

决于该行为是否对内部行政相对人产生法律效果。①

有学者认为，行政事实行为可以分为三种：辅助行为、阶段行为和衍生行为。辅助行为，主要是资料性或技术性行为，例如在许可登记行为中的资料检查、立档备案行为等。阶段行为，即构成行政行为的某个特定阶段的事实行为，如对扣押物品的保管。衍生行为，主要是指国家公务员在执行公务过程中，基于临时需要或滥用职权而作出的事实行为，一般表现为对人身或财产的强制，例如，警察在讯问违法行为人时对被讯问人施以殴打等。②

有学者认为，行政事实行为可以分为两类：1. 认知表示行为。是指行政主体履行职责作出的判断、认识和引导等不以直接或间接影响行政相对人权利义务为目的的行为。包括发布信息、行政指导、答复、指导性计划和其他的表示行为。2. 实施行为，又称为物理行为。行政主体系由事实的作用而非以认知等精神作用为要素，通过单方面行动做成。主要包括：公有公共设施建设维护行为、执行行政法律的行为的行为、即时强制、行政检查以及其他实施行为。③

另有学者以行政行为的功能指向为标准，将行政事实行为分为辅助型、沟通型和服务型三种基本类型。1. 辅助型行政事实行为。是指行政主体依据法定职权在法定职责范围内实施的对行政主体的主行政（法律）行为具有辅佐、帮助性质的实际行政行为。具体包括完善型、程序型、处理型、即时型、补充型、职责型、充实型七种行政事实行为。2. 沟通型行政事实行为。指行政主体为了很好地实现行政目标，完成行政任务，发挥行政职能，履行行政职责，在积极、主动地与行政相对人进行接触、联系过程中实施的行政行为。具体包括商议型、确认型、协调型、说明型、表意型、融合型、认知型七种行政事实行为。3. 服务型行政事实行为。是指行政主体在为社会公众提供服务过程中所实施的各种实际行为。

①　杨解君、肖泽晟：《行政法学》，法律出版社2000年版，第194页。
②　周佑勇：《行政法原论》（修订版），中国方正出版社2002年版，第170页。
③　王霄艳：《论行政事实行为》，法律出版社2000年版，第72、74页。

具体包括透明型、告知型、建议型、帮助型、鉴证型、奖励型、惩戒型七种行政事实行为。①

(四) 救济途径

1. 行政复议和行政诉讼救济问题

目前，学界对行政事实行为的违法实施具有统一认识，认为虽然事实行为不具备直接处分相对人权益的特点，但在实施过程中依然具有违法的可能，比如超越职权范围实施指导、发布虚假的信息导致相对人权益受损、违法实施强制造成人身权、财产权受损等。基于"有权利即有救济"的法理，需要对行政事实行为进行法律监督。

不过，在具体的救济途径选择上，学界存在一定的分歧。如针对事实行为是否属于行政复议和行政诉讼受案范围问题，有的学者认为，行政复议法和行政诉讼法都是以行政法律行为作为审查对象，事实行为尚未纳入复议和诉讼受案范围，因此，需要通过修改法律的方式，将事实行为纳入行政复议和行政诉讼范围。② 有的学者认为，实际上，1990 年行政诉讼法规定的受案范围中已经包括了部分事实行为，最高人民法院《若干问题的解释》出台之后，事实上，事实行为完全不可诉的局面已经打破，需要根据诉讼实践来确定个案可诉的事实行为。具体到诉讼类型，可以考虑对部分事实行为提起违法确认之诉，即通过提起确认之诉，确认事实行为违法，为寻求赔偿提供前提条件。行政复议对事实行为的监督类似于行政诉讼。③

2. 行政侵权赔偿与补偿救济问题

学界普遍认为，针对诸如暴力殴打、违法使用武器、警械等侵权事实行为，国家赔偿法已经明确规定适用国家赔偿。基于此种规定，在上述法定事实行为违法侵权造成相对人损失后，受害人完全可以申请行政

---

① 陈晋胜：《行政事实行为研究》，知识产权出版社 2010 年版，第 169 页。

② 王宵艳：《论行政事实行为》，法律出版社 2009 年版，第 143、176 页。

③ 江必新：《中国行政诉讼制度之发展——行政诉讼司法解释解读》，金城出版社 2001 年版，第 31—32 页。

机关承担行政赔偿责任，直至提起行政赔偿诉讼。当前存在的争议是，法定侵权事实行为的范围如何扩大、归责原则如何设置等。此外，有关行政事实行为合法实施造成的相对人权益受损问题，也有探讨是否适用行政补偿制度的问题。

除以上内容外，内地学者还讨论了行政事实行为的法律地位、行政事实行为与法律行为的差异、行政事实行为构成、行政事实行为实施遵循的原则等内容，在此不再介绍。

第三节　行政事实行为界定的前提
——法律行为的确切内涵

从学科建立的历史角度讲，行政行为的方法论原型来自民事法律行为理论，所以行政行为中法律行为与事实行为的界定，需要参考民事行为的基本理论。但由于行政法与民法属于两个不同的法律体系，因此，在吸收民法学研究成果的前提下，行政法学需要作出一定的变通。鉴于民法是以法律行为与事实行为的区分来构建其民事行为体系的（当然，民事法律行为属于法律规范的重点，事实行为只占极小的一部分），所以，要探讨事实行为的内涵及其演变，首先必须真正了解法律行为的确切内涵。

一、行政行为理论的方法论基础

行政法是调整行政机关与公民之间在管理过程中发生的权利义务关系的法律规范，要求用法律来调整、制约行政权力的行使。因此，现代意义上的行政法不可能存在于讲求等级观念的封建社会。确切地讲，行政法是近代资本主义制度建立以后，随着民主宪政制度的建立而出现的法律部门。与之相对应，行政法学也属于年轻的学科，从其建立的"母国"法国行政法学科的创立开始，到目前也只有二百多年的时间。鉴于此种背景，行政法的理论建构必然要在方法论上吸收其他学科的先进经验，进而形成自己的学科体系。鉴于民法已有久远的历史，其理论体系相当成熟，早期大陆法系行政法学者在建立行政行为理论时，不自觉地将目光投向了民事法律行为理论，将该理论作为研究行政行为的方法论基础。这一学科演进的历史，已有很多学者提及。台湾行政法学者城仲模指出，行政法学发展成为独立的一门法律科学，远较民法学为迟；前者借由后者的学理以构建自己的体系，应无可厚非。① 日本行政法学者和田英夫也指出，行政法的方法论原型（尤其是行政行为论同民法的法律行为论）来源于民法。② 因此可以认为，行政法学理论中事实行为和法律行为的区分，某种程度上与民事法律行为和民事事实行为区分具有一定关联。

二、行政（法律）行为对民事法律行为实质内涵的吸收

（一）民事法律行为的实质内涵

作为一个法学术语，法律行为最早见于大陆法系民法。它是由德国民法学者对契约、遗嘱及其他身份行为进行高度抽象的产物，曾被认为是19世纪德国民法取得的最辉煌的成就。因为此种创造具有内在合理性及司法技术上的实用性，所以很快被大陆法系各国民法所接受，成为一个重要的民法基本概念。

民事法律行为区别于其他民事行为的显著特征，即它的基本内涵，可以概括为以下两点。

1. 法律行为是一种意效行为。首先，法律行为是一种表意行为（表示行为），与同为民事法律事实的非表意行为（非表示行为）相对应。由于任何行为均是主观因素与客观因素相结合的结果，因此，任何行为都是在主体意识支配下的活动。但是民法学并未对行为持此种一般意义的理解，而是根据法律调整的重点是行为主体表达出来的法效意图还是其

---

① 城仲模：《行政法之理论基础》，三民书局1994年版，第902页。

② ［日］和田英夫：《现代行政法》，倪健民、潘世圣译，中国广播电视出版社1993年版，第37页。

客观行为本身，将行为分为表意行为与非表意行为，表意行为的法律意义在于主体的意思表示，正因为主体表达出来的意愿具有处分自身法律权益的特点，在意思自治原则下，国家立法认可并赋予其相应的法律效果；对于非表意行为，虽然其仍属于在主体行为意识支配下从事的活动，但或者没有明确的发生法律效果的意图，或者该种意图为行为客观状态或结果所吸收，故法律对非表意行为调整的重点在于作为状态或过程的行为本身，并非主观意图。按照此种分类标准，法律行为属于表意行为范畴。① 其次，法律行为的效力内容直接取决于主体表达出来的效果意思，这是其与其他民法上的行为的显著区别。虽然观念表示也属于表意行为，但在法律效果的产生依据上却与法律行为存在差异，民法学者认为："与法律行为同位种类的民法所调整的行为……一共只有上述那些准法律行为、事实行为……，只有法律行为才能按照当事人意思表示的内容被赋予其法律效力。"② 因此，法律行为属于一种意效行为，即依照当事人的意思表示而发生法律效力的行为。

因法律行为属于一种意效行为，所以围绕着表意内容，民法学逐步建立起一套法律行为所独有的效力判断规则：法律行为是否有效，要综合考虑行为主体的行为能力、意思表示内容的特性（确定、可能、合法等）、意思表示的形式等因素，从而与其他民事行为相区别。

2. 法律行为是一种设权行为，或称为权利设置行为。"从法律的发展来看，法律行为制度主要是从契约制度和遗嘱制度中抽象出来的，在这一制度取得表意行为普遍规则的一般形态之前，它更主要地表现为相互

---

① 我国台湾民法理论一度将作为法律事实的人的行为分为适法行为和违法行为两大类，前者包括表示行为和非表示行为（事实行为）。依照心理学分类，表示行为又分为知之表示行为、情之表示行为和意之表示行为。其中的意之表示行为分为意思通知和意思表示，而意思表示行为即为法律行为之主要构成要素。行政法中的法律行为可以从民法这种对于行为的分类中找到最初的根据。（参见史尚宽：《民法总论》，中国政法大学出版社 2000 年版，第 302—303 页；郑玉波：《民法总论》，三民书局 2000 年版，第 214 页）

② 宋炳庸：《法律行为辩证论》，延边人民出版社 1994 年版，第 59 页。

独立的具体设权行为（特别是合同行为规则）。"① 法律行为的设权性，首先是指通过行为主体的意思表示直接导致法律权利与义务的产生、变更与消灭，从而引起法律关系的变动，因而其可以作为一种法律事实；其次，在更深层次的意义上，法律行为的实施可以在当事人之间设定一种个别性行为规范，为当事人之间进行民事交往创立法律规则，并对其将来的行为具有规范作用，从而集中体现了民法领域"当事人为自己立法"的内在特性。②

法律行为的设权特性决定了其一般具有向后的法律效果，只在当事人之间形成权利义务——使客观法转变为主体的主观权利。从法律调整机制的构成来看，法律行为成立之时，当事人的法律权利与义务仍只具有一种抽象可能性，在实际行使权利履行义务之前，主体的权利义务只停留在观念状态。要真正实现法律关系的内容，尚需借助于一定的具体的行为。但后者与法律行为设定权利义务的特征具有显著区别，不能再称为法律行为。如在当事人订立了买卖物品的合同之后的交付行为本身只是实现合同确立的权利义务，本身不具有设定法律关系的性质，所以交付行为只能属于事实行为，不应是法律行为。

（二）行政法律行为的准确界定

如前所述，行政（法律）行为理论原型取自民事法律行为理论，因此，在对行政管理领域的法律行为进行界定时，须基本符合民事法律行为的实质内涵。从比较法的观点来看，大陆法系国家对行政（法律）行为的界定基本遵循了民事法律行为的实质特征。

法国行政法学理论认为，行政行为首先是一种法律行为，即依照行政机关的意思直接发生法律效果的行为，而其他行为（如指导性行为、

① 董安生：《民事法律行为》，中国人民大学出版社2002年版，第1页。

② 近年来已有学者从"规范说"的立场，将民事法律行为界定为"一种私人自治的行为，通过这种行为，民事主体可以对在与他人的关系中自身的利益进行自我规制"。（参见窦海阳：《论法律行为的概念》，社会科学文献出版社2013年版，第91—93页）

作出行为前的准备行为及作出后的执行行为）等都不是行政行为。法国行政法学理论认为，行政行为意味着行政机关作出的一个可执行的决定。在这里，行政行为的法律行为特征十分明显。

在德国，将民事法律行为的合理内核用于解释行政机关管理活动的是德国学者柯俄曼（Kormann）。1910年，柯俄曼发表了《国家法律行为之制度》一书。在该书中，柯俄曼建立了以民事法律行为与意思表示概念说明公法领域管理行为的理论体系，认为行政法中具有规制内容的管理行为（Verwaltungsakt）是富有法律行为性质的国家行为，将其称为国家的法律行为，该法律行为与民法的法律行为原则上并无差异，适用基本相同的法理。柯俄曼的理论在一定时期引起了学界的共鸣，并逐渐成为德国传统行政法学的主流观点。[①] 从此，以民事法律行为意思表示理论解释行政行为并对行政行为进行分类成为该国行政行为理论的一个重要内容。

因法律继受的原因，日本行政法学以德国为模本提出了其对行政行为的不同理解。二战之前，美浓部达吉参照德国法经验，并根据自己的理解，将行政行为界定为"在法规之下，以作为发生某种法律效果原因的意思行为中行政权的公的意思表示以及类似的心理表示为主要构成要素的行为"。[②] 从该定义表述即可看出其定义与民事法律行为理论的渊源关系。二战之后，以田中二郎为首的学界通说认为，行政行为是指行政厅作出的为了调整具体事实，依法行使公权力对外部采取的产生直接法律效果的行为，并将其行政行为分为两种类型：法律行为的行政行为与准法律行为的行政行为。[③] 其中法律行为的行政行为即是坚持民事法律行为的严格意义得出的概念。至今，该概念仍不时出现在一些权威教材

[①]　参见翁岳生：《行政法与现代法治国家》，台湾祥新印刷有限公司1989年版，第4页。

[②]　［日］美浓部达吉：《日本行政法》，有斐阁1936年版，第157页。

[③]　［日］田中二郎：《行政法》（上卷），弘文堂1974年版，第104、116页。

之中。①

在我国台湾地区，早期行政法学理论受日本法影响，仍以法律行为概念表述行政行为。但随着行政行为概念的日益泛化，学界开始选择以"行政处分"概念来对应德日的行政行为概念。同时，为彰显该行为作为公法行为的特殊意义，人们在学理上也在尽力排除民事法律行为理论的影响。但是，由于行政处分具有与民事法律行为类似的基于行为主体表意内容产生相应法律效果的特征，在对行政处分进行解释时，学界仍无法完全避免使用民事法律行为的表述方式，如认为"行政处分可视为行政法上的一种意思表示"②，"行政处分中的行为要素是指行政机关在公法上的意思表示"。③

内地学界对行政行为进行定义时均认为行政行为包含法律要素，即认为行政行为是行政机关作出的法律行为，而非其他性质的行为。但对于法律行为，内地法学理论中存在两种含义不同的解释。

1. 民法意义的法律行为。即具有表意设权意义的法律行为，能够根据行政主体的意思表示建立、变更或消灭行政法律关系。

2. 法理学意义的法律行为。该种意义的法律行为实质应是"法律上的行为"，包括依照主体的意思表示引起法律关系变动的"法律行为"，也包括不以意思表示为构成要素，但同样可以引起法律关系发生变动的行为主体实施的行为。

由于存在上述两种不同意义的法律行为，在界定行政行为的法律性质时，学者们便不自觉地将法理学意义的法律行为用于解释行政行为的法律属性，由此便很容易得出"行政机关作成的行为要么属于法律行为，要么属于非法律行为"的结论。认为"应该摒弃事实行为概念"的理论

---

① ［日］原田尚彦：《行政法要论》（全订第七版［补订二版］），学阳书房2012年版，第168—169页。

② 翁岳生主编：《行政法》（上册），中国法制出版社2009年版，第607页。

③ 吴庚：《行政法之理论与实用》（增订八版），中国人民大学出版社2005年版，第200页。

依据，即在于此。

我们认为，以民法意义的法律行为作为界定行政法律行为的基础不但符合法学理论发展的历史事实，而且具有凸显行政法律行为区别于其他行政活动形式的理论与实践价值。据此，行政法律行为可定义为"行政主体在行政管理过程中作出的旨在设定、变更、消灭或者确认法律上的权利义务的行为"。

三、法律行为在不同国家和地区行政行为理论的坚持

以民法上的法律行为为基础，大陆法系各国建立起来了一套独具特色的行政行为理论体系。该理论体系包括以下内容。

1. 行政行为的概念与分类。早期大陆法系各国对于行政法律行为的界定都以意思表示为基本内容，带有明显的民法痕迹。虽然随着理论的发展，出于与民法学科区别的考虑，各主要国家的行政法学均不再明确以意思表示作为行政法律行为的表述方式，但是，不能否认的一个基本事实是，就行为效力是以意思表示为中心而言，作为法律行为的行政行为与民事法律行为本质上并无二致，其实质内涵未变。学者指出，在德国，意思表示已经内化在该国行政行为的内涵中。《联邦行政程序法》在界定行政行为时所使用的"为了规制""旨在对外直接发生法律效力"等措辞，清晰无误地标明行政行为的本质就是行政机关为发生法律效果的意思表示。[1] 至于行政行为的分类，更是遗留着民事法律行为理论的影响，法律行为与准法律行为、无效行为与可撤销行为的划分即可作为明证。

2. 行政行为的效力评价。行政行为属于行政机关的表意、设权行为，以意思表示为构成要素，参照民事法律行为的效力判定理论，行政法学也建立了行政行为效力评价理论。借鉴民事法律行为效力的判定方法，行政行为的效力判定也围绕着主体资格（相当于民事主体的权利能力），

---

[1]　参见赵宏：《法治国下的目的性创设——德国行政行为理论与制度实践研究》，法律出版社 2012 年版，第 117 页。

权限范围（相当于民事主体的行为能力），内容合法（相当于民事主体意思表示合法与否的判定），形式合法（相当于民法中的意思表示形式合法与否的判定）等方面进行。

3. 与行政行为相对应的救济制度的设置。由于行政法律行为属于行政机关的设权行为，实质是行政机关作出的一个决定。所以，围绕这一特性，大陆法系各主要国家构建起行政行为的救济制度。最具有代表性的是法国的越权之诉和德国的撤销之诉。法国行政法院认为，提起越权之诉时，要求被攻击的对象必须具有行政决定的性质（含案例和行政处理），而其他所谓采取决定前的准备行为，以及决定后的执行行为等都因不是一个决定，不能提起越权之诉；德国的撤销之诉同样是以行政机关的法律行为为对象，如果不具有法律行为的特性，即不属于行政机关的意思表示行为，同样不能提起撤销之诉。

第四节　行政事实行为的界定

一、相关部门法学对事实行为的界定

事实行为与法律行为的划分源于民法，探讨行政事实行为的内涵，需要借鉴民法以及其他相关学科的成果。综合起来，在民法及其他学科中，事实行为具有以下特征。

（一）事实行为是一种法律事实。法律事实是能够引起特定法律关系产生、变更和消灭的一切客观情况，分为事件和行为两类。其中的行为是指具有法律意义的行为，即可以导致法律关系发生变动的行为。其中即有法律行为与事实行为的区分。如德国民法理论认为，法律事实包括事件与行为两类，法律行为与事实行为均为人在法律上的活动，其中意思表示形成法律行为，而那些纯技术性、物质性的活动则属于事实行为。我国民法学者在从民事法律事实意义上讨论事实行为时，认为作为法律事实的人的行为分为民事行为（含民事法律行为）与事实行为。① 法理学界也承认法律事实意义上的事实行为概念。苏联法理学者亚历山大洛夫认为，作为法律事实的合法行为分为法律行为和客观上产生具有法律意义的结果的行为（又称为法律举动），后一种行为即为事实行为。能够导致法律关系发生变动的事实行为，可以是合法的，如制作物品生成所有权，也可以是违法的，如殴打他人引起民事赔偿责任。

（二）事实行为是一种非表意行为。事实行为往往表现为一种客观状态或活动，而不以意思表示为构成要素。德国民法认为，事实行为是指一种纯粹的活动，法律因该种活动产生的后果赋予一定的法律后果。② 诸如创作、加工以及发现埋藏物等行为，可以基于法律的规定产生成果属于其取得人的法律后果。③ 台湾民法学者史尚宽认为，事实行为是基于事实状态或经过，法律因其所生的结果，特别赋予其法律上的效力之行为，如先占、加工、遗失物的拾得、埋藏物的发现、管理事务、住所设定及废止等。④ 有些学者则将事实行为简单称为一种"实施行为"，即以客观事物为对象的行为。法理学也认为，人们在从事其他的合法行为（事实活动）时，是不具有导致一定的法律结果或设定、变更或消灭民事法律关系的直接意图的，或者换句话说，不论行为人有无意图，这种行为总是会造成这种法律后果的。⑤ 从非表意性角度考虑，可以认为，事实行为主要是一种主体的物理性实施活动，其表现形式即是具体的动作。

（三）事实行为发生法律后果的依据是法律规定。只要行为人的客观活动符合法律规定的条件，即依法在当事人之间形成某种权利义务关系，不存在当事人预期的意思效力问题。所以，作为一种非表意行为，如果

---

① 王利明、杨立新、王轶、程啸：《民法学》，法律出版社 2011 年版，第 36 页。

② 徐国建：《德国民法总论》，经济科学出版社 1993 年版，第 80 页。

③ ［德］维尔纳·弗卢梅：《法律行为论》，迟颖译，法律出版社 2013 年版，第 127 页。

④ 参见史尚宽：《民法总论》，中国政法大学出版社 2000 年版，第 303 页。

⑤ ［苏联］诺维茨基：《法律行为·诉讼时效》，康宝田译，中国人民大学出版社 1956 年版，第 10 页。

事实行为产生一定法律效果的话，只能基于法律的规定，而非主体主观意思表示的设定。如德国民法规定，发现埋藏物的行为人即可因为其发现行为本身获得该埋藏物一半的所有权。这完全是一种法律创设的后果，与行为人的主观愿望无丝毫关系。

二、界定行政事实行为需考虑的因素

我们认为，虽然行政行为的方法论基础是民事行为理论，但鉴于行政活动与普通民事活动的不同，将民事事实行为的实质内涵引入行政法领域的时候，应考虑诸多因素。

（一）民事事实行为观的坚持

法学概念之间具有一定的学科传承性，否则对于相同性质的行为就会出现界定的混乱，最终造成理论交流上的困难。所以，在界定行政事实行为时，应当考虑坚持民事事实行为的基本观念，将与民事事实行为实质上一致的行为界定为行政事实行为。

1. 民事事实行为属于具体的实施行为，表现为民事主体的物理性活动。行政机关在管理过程中，也会作出一些物理性行为，如清除障碍物、铺设绿地、设置交通标志、拆毁违章建筑、捕杀野犬等，这些直接作用于特定物体的物理性实施活动，符合事实行为的上述特征，可以归类于事实行为。

2. 民事事实行为属于法律事实，可以依据法律规定直接导致法律关系的产生、变更与消灭。在行政机关作出的具体实施行为中，也存在这样的行为，其行为的后果来自法律的规定，而非行政主体的意思表示。比如行政机关工作人员违法使用枪械造成人员伤亡的行为，符合国家赔偿法规定的承担赔偿责任的条件，依法在当事人与行政机关之间建立起行政赔偿法律关系；警察作出的强制带离现场行为，同样会在行政机关与当事人之间产生行政法律关系。这些实际的实施活动，符合民事事实行为的实质特征，也可归类于事实行为。

（二）行政活动的特殊性

现代国家是福利国家，行政属于积极行政。现代政府承担着公民从出生之前到死亡之后的各种保育职能。除维护社会秩序、保证国家安全等传统职能外，行政机关要为社会成员提供各种服务。如兴建各种医疗卫生、文体教育、公用事业等设施，为防止公害而建造绿地、处理废弃物、疏通河流等，为社会成员提供各种资讯信息等。这些行为或者表现为事项的通知，或者表现为具体的实施活动。但其本身均不直接导致行政法律关系的产生、变更与消灭，不具有民事事实行为的法律事实特性，似可排除于事实行为范畴之外。但鉴于上述活动也多表现为行政机关的职权活动，即非权力性行为，且特定情况下具有导致相对人权益受损的可能，所以也有必要纳入行政事实行为的范畴。

（三）救济方法的演进对行政事实行为界定的影响

早期大陆法系行政法学研究的重点是行政机关的法律行为，围绕此种行为形成了独特行政救济制度。适应行政法律行为的设权特性，行政诉讼类型主要表现为撤销诉讼（如德国）、越权之诉（如法国）。该种诉讼救济制度的特征是明确规定只有具有决定性质（行政主体的意思表示）的法律行为才能成为诉讼审理对象，而对于行政机关的物理性活动，虽然在一定条件下可以影响行政相对人的权利义务（如即时强制），但因为不符合上述诉讼条件，而被排除于法院救济之外，由此造成了不公平的结果，不能为相对人提供完全的救济。为弥补这一制度上的缺陷，为相对人提供全面救济，大陆法系各主要国家的司法机关开始对撤销诉讼的对象——行政（法律）行为重新进行解释，力图通过扩大解释将本不属于法律行为的部分事实行为也纳入撤销诉讼救济范围。这一方法在大陆法系各国或地区均有不同程度的运用。

在德国，联邦行政法院于1967年2月9日作出判决，将警察作出的挥舞警棍强制驱离聚集群众的直接强制行为解释为行政处分（法律行为），并对其作出裁判，从而实际上扩大了法律行为的范围。[1]

在日本，虽然理论上认为《行政代执行法》中的告诫及通知不是新形成权利和义务或确定其范围的行为（法律行为），但日本下级法院倾向

---

[1]　参见李震山：《行政法导论》，三民书局1999年版，第40页。

于将其视为具有处分性质，允许相对人提起抗告诉讼；与之类似的还有纳税的告知以及"申请进口的印刷品属于禁止进口制品"的通知行为。虽然不具有法律效果，但日本最高法院仍认为上述行为具有处分性，也能够对之提起抗告诉讼。但日本学者认为该种处置方式是以不存在其他合适的救济手段为其实质性背景的。①

台湾地区在"行政诉讼法"修改之前，事实行为的救济途径存在四种不同方式：1. 对事实行为无法提供救济——事实行为非行政处分，无提起争讼的余地；2. 以行政机关发动事实行为之前的预告或以内部公文书视为行政处分（法律行为）；3. 以拒绝相对人请求免予执行或采取措施之答复视为行政处分（法律行为）；4. 于实施行为完成后，发布公告，为相对人提供救济途径。②

上述方法的运用，多是在早期各国或地区诉讼种类不完善（只限于单一的撤销诉讼），对事实行为侵权无法提供救济途径的前提下，由司法机关作出的变通处理，而且，即便在诉讼种类增加之后，仍有法院持有旧时的做法。虽然在保护相对人的合法权益方面具有一定积极意义，但上述处理方式同时也带来了以下问题：一是撤销之诉对象"负担过重"，一些不具有纯粹法律行为意义的行政活动形式也被作为法律行为看待，事实行为与法律行为之间界限日趋模糊；二是引起了行政实体法理论与诉讼法适用的不协调，使行政法律行为理论研究无法实现与诉讼法应用的有序衔接。③ 随着各国行政诉讼制度的完善，诉讼类型不断增加，撤销诉讼不再是行政诉讼的特有种类，对于事实行为可以提供更多的救济途径（一般给付诉讼、确认诉讼等），因此，上述变通做法的正当性面临挑战，事实行为与法律行为的区分问题遂再次被人提出。如台湾学者陈敏

---

① 参见［日］盐野宏：《行政法Ⅱ·行政救济法》，有斐阁 2010 年版，第 110—112 页。

② 参见吴庚：《行政法之理论与实用》（增订八版），中国人民大学出版社 2005 年版，第 291—292 页。

③ 详见闫尔宝：《司法解释放弃定义具体行政行为的策略检讨》，《法制与社会发展》2012 年第 4 期。

的观点即是典型代表。他指出，旧行政诉讼法仅有撤销行政处分之撤销诉讼，行政法院实务上即多方拟制行政处分之存在，无视行政处分为法律行为，以法效意思为要件，并应对外为之。鉴于此种扩展行政处分的实务做法的存在，学理讨论上遂也有附和法院实务，将变通纳入常态，直接将相关行为视为行政处分。而此种实务变通的做法，却未必考虑到行政法理论体系的完整，极可能存在法理上难以协调的问题。在新修订后的行政诉讼法已经增设了一般给付诉讼之后，对实质上并非行政处分而视为行政处分的事例，应不能允许再提起撤销诉讼，才属正当。①

三、行政事实行为的界定

（一）行政事实行为的含义

考虑到上述因素，我们认为，行政事实行为可以界定：行政事实行为是指行政主体在实施行政管理、履行服务职能过程中作出的不以设定、变更或消灭行政法律关系为目的的行为。

对于此种界定，需要作出如下说明。

第一，行政事实行为不包含行政主体的意思表示内容，行政主体作出该种行为的目的并非在于设立、变更、消灭或者确认相对人的权利义务，并非对其权利义务作出具有法律拘束力的处置。在是否包含主体的意思表示这一点上，行政事实行为与民事事实行为具有同质性。

第二，行政事实行为并非一种没有任何法律意义的活动，是一种涉法行为，具有被法律调整的必要性，同样需要受到行政法律规范。其根本的原因在于行政机关的管理活动是公权力在国家事务方面的运用，无论是基于命令服从的权力关系，还是基于双方地位对等的非权力关系。按照权力必须接受法律调控的理论，行政机关作出的行为，无论是法律行为，还是事实行为，都必须接受法律的调整。

第三，行政事实行为具有自己的特殊性。实际生活中，行政机关作出的事实活动是多种多样的，可以是权力性活动，也可以是非权力性活

---

① 参见陈敏：《行政法总论》，三民书局 2013 年版，第 628 页注释。

动；可以表现为提供信息、提出建议等精神性行为，也可以表现为拆除违章建筑，实施行政检查等物理性行为；既可能是合法行为，也可能是违法行为。在众多的事实行为中，不是任何一种事实行为都会直接起到法律事实的作用，也不都会引发行政机关与相对人之间的行政法律关系的建立。所以，在行政机关实施的事实行为中，存在不具有法律事实意义的事实行为，但其同样具有行政法上的意义。

（二）行政事实行为的特征

1. 行政性。行政事实行为是在行政主体行使职权、履行公共服务职责过程中作出的，属于公法上的行为，不同于行政主体作为民事主体实施的民事行为。这是行政事实行为的一个首要特征。行为的行政性决定了由事实行为引发的争议属于公法争议，按照公法争议的解决途径进行救济，不能适用民事诉讼途径解决。

2. 意思表示的欠缺性。行政事实行为不同于法律行为的主要特征是，不以主体的意思表示为构成要素。在实施事实行为时，行政主体并未作出具有法律效果的意思表示，行为即使产生法律效果，该法律效果的产生也不是基于行政主体的意思表示，而往往直接来源于法律的规定。另外，虽然有些事实行为表现为一定的精神作用，如发布市场供求信息，但该种精神作用不属于意思表示，只是一种观念通知。

3. 法律效果的多样性。行政机关从事的事实行为不同于民事主体实施的事实行为。后者作为一种民事法律事实，可以直接引起民事法律关系的产生、变更与消灭。行政事实行为的效果具有多样性。有的可以产生法律效果，如行政机关的侵权行为导致国家赔偿法律关系的生成，有的不直接产生法律效果，如行政机关发布天气预报。

4. 程序的不确定性。行政机关作出法律行为的实质是其将特定的效果意思进行外化。虽然效果意思各异，但程序却具有一定的共通性，因此，法律可以对各种法律行为设置一般程序，各主要国家制定行政程序法即为明证。与法律行为不同，事实行为表现形式多样，既有物理性活动，又有精神性活动，特定的行为还具有即时性或偶发性，由法律预先对该行为设置统一的程序比较困难。因此行政事实行为的发生、发展和消灭往往没有严格的程序规定，可能是即生即灭，也可能发生、持续很长一段时间。

（三）行政事实行为与其他行为的区别

1. 行政事实行为与行政法律行为

（1）主观要求不同。行政法律行为是基于行政主体的意思表示直接发生法律效果的行为。在实施法律行为过程中，必然会有主体的效果意思内容。事实行为多表现为具体的活动，不包含意思表示的内容。

（2）程序要求不同。行政法律行为多数属于要式行为。行政主体作出行为时需要遵循一定的步骤、顺序、时限和形式，为行政程序法所规范。行政事实行为类型多样，并具有即时性、偶发性特点，一般无法通过严格的程序规定加以规范。

（3）法律效果不同。行政法律行为能够引起行政法律关系的产生、变更与消灭，而行政事实行为的法律效果具有不确定性。有的不产生法律效果，仅表现为一种客观的事实状态，有的虽产生一定的法律效果，但往往是法律规定的结果。

（4）救济途径不同。行政法律行为包含意思表示，具有决定的属性，可参照民事法律行为对意思表示的调整方式设定救济途径。在救济法上以撤销诉讼、课以义务诉讼、违法无效确认诉讼为常规类型。行政事实行为不具有决定的属性，不能通过对主体表意内容的评价判断其合法性，因此，多以违法确认诉讼、一般给付诉讼为救济类型。

2. 行政事实行为与准法律行为

在早期的行政行为分类中，于法律行为之外，还存在一种准法律行为。如日本行政法学者田中二郎秉承美浓部达吉的观念，将行政行为分为法律行为与准法律行为两类，并将准法律行为界定为"行为主体作出的不以发生法律效果为目的，而以判断、认识、观念等意思表示以外的精神作用表现为要素，依照法律的专门规定产生法律效果的行为。"[1] 我国台湾学者管欧认为，准法律行为乃行政机关就具体事实以观念表示为

---

[1] ［日］田中二郎：《行政法》（上卷），弘文堂1974年版，第116页。

要素，直接依据法律发生法律效果的行政行为，又称表明行为。①

准法律行为概念的提出同样是民事法律行为理论对行政行为理论影响的产物。在传统民法中，除意思表示和事实行为之外，还存在一种行为，它属于主体的精神作用，表达的是主体的某种认识、观念或感情。当这种精神作用具有法律意义时，可以准用法律行为的规定。将民法中的准法律行为应用于分析行政行为性质时，便产生了准法律行为的行政行为。对于该类行为的法律调整，理论上认为可以准用法律行为的调整方法。如我国台湾学者涂怀莹认为，准法律行为之行政行为的"成立要件"及其"瑕疵"等效力，除与一般行政处分性质完全不相容者外，可以准用行政处分之法理。②

一般认为，准法律行为的行政行为是指行政主体在行政管理过程中所作出的以观念表示为构成要素且依照法律规定产生相应法律效果的行为。其特征有二：（1）不含效果意思要素，只表明主体的判断、认识；（2）行为的法律效果由法律作出明确规定。

在行政事实行为中，除纯粹的实施活动与准法律行为具有表现形式上的区别外，与准法律行为最容易混淆的是事实行为中的观念通知行为。该种行为也表明行政主体的一种判断或认识，属于精神作用范畴，此点与准法律行为相类似。但两者之间依然存在差别：即事实行为性质的观念通知行为不产生任何法律效果，如对于行政机关作出的指导行为，相对人可以接受，也可以不接受，在行政机关与相对人之间不会形成任何法律关系。准法律行为性质的行为则不然。行为一旦作出，即会因法律的规定产生相应的法律后果，如受理行为的作出可以在行政主体与相对人之间建立行政法律关系，相对人有权要求行政主体对申请事项作出处理，后者也因受理行为产生对申请事项作出处理的义务。

---

① 管欧：《中国行政法总论》，蓝星打字排版有限公司 1981 年版，第 428 页。
② 涂怀莹：《行政法原理》，五南图书出版公司 1987 年版，第 578 页。

3. 行政事实行为与具体行政行为

1990 年《行政诉讼法》的颁布实施使曾经一直作为学术用语的"具体行政行为"成了法律术语。但该种法定行为究竟具有何种含义，包括哪些形式，历来是学界与实务界争论的焦点。

依照学界通说对行政行为的界定，可以认为，具体行政行为的构成要素有三：主体要素、职权要素和法律要素。法律要素的含义是指具体行政行为属于行政机关作出的法律行为。在最高人民法院 1991 年 6 月 11 日发布的《关于贯彻执行〈中华人民共和国行政诉讼法〉若干问题的意见（试行）》（以下简称《试行意见》）中，也曾按照学界既有的观念，对具体行政行为做了较为狭义的解释，即"国家行政机关和行政机关工作人员、法律法规授权的组织、行政机关委托的组织或者个人在行政管理活动中行使行政职权，针对特定的公民、法人或者其他组织，就特定的具体事项，作出的有关该公民、法人或者其他组织权利义务的单方行为"。依照此种解释，构成具体行政行为核心的是行政主体作出的单方法律行为。不过，该解释也存在一定问题：首先，将具体行政行为解释为狭义的单方法律行为，客观上会限制对行政相对人权益的保护范围，如行政合同行为引起的争议不能进入行政诉讼受案范围。基于此，在司法实务中，已有突破该种狭义解释的尝试。如佟文功等不服辽阳市宏伟区城建局变更行政合同案①、温铃祥诉福安市溪潭镇人民政府侵犯承包经营权案②等，都是行政合同行为引起的诉案。其次，按照纯理论的观点，在1990 年《行政诉讼法》第十一条列举的可诉具体行政行为中也不限于纯粹意义的行政法律行为。如该条第一款中的限制人身自由以及对财产的查封、扣押行为，在法律性质上即具有事实行为的属性。已有观点认为，按照 1990 年《行政诉讼法》的规定，司法机关已在受理着诉行政机关事

① 辽宁省辽阳市中级人民法院［1997］辽行终字第 28—37 号行政判决书。

② 福建省福安市人民法院一审行政判决书（1998 年 12 月 28 日审结），案号不详。参见北大法律信息网 http://vip.chinalawinfo.com/Case/DisplayContent.asp? gid = 117463574。

实行为的案件，实际上已经把行政事实行为归入了具体行政行为的范畴。① 鉴于以上事实，某种意义上可以认为，1990 年《行政诉讼法》所规定的具体行政行为在司法适用中已经涵盖了行政机关作出的法律行为和部分具有法律效果的事实行为。

需要指出的是，在 2000 年 3 月 10 日最高人民法院发布的《若干问题的解释》中，已经开始以"行政行为"取代"具体行政行为"作为行政诉讼受案范围的判断标准，意在放弃"具体行政行为"的法律行为狭义理解，扩张行政诉讼受案范围。2014 年全国人大常委会修订行政诉讼法后，更直接以"行政行为"取代了 1990 年《行政诉讼法》所规定的全部"具体行政行为"表述。由此，具体行政行为将不再是一个具有重要意义的法律概念。

第五节　行政事实行为的分类

因对行政事实行为的界定不同，学者对于行政事实行为的分类也存在差异。在此，我们尝试以行政法律关系主体在法律关系中的地位为标准，提出对行政事实行为分类方法。根据主体在行政法律关系中所处的地位，行政活动可以分为权力行政与非权力行政。与之相对应，行政行为也可分为权力行为与非权力行为。权力行为是指行政主体居于高权地位，在与相对人不对等的基础上作出管理行为；非权力行政是指行政主体立于与相对人对等的地位作出的管理行为。在权力行为与非权力行为中，均包括法律行为与事实行为。如在权力行为中，许可、处罚属于法律行为，强制执行、即时强制属于事实行为；在非权力行为中，行政合同属于法律行为，而行政指导、行政调解则属于事实行为。

---

① 参见苗波：《行政事实行为及其可诉性探析》，《山东审判》1998 年第 7 期；另参见江必新：《是恢复，不是扩大——谈〈若干解释〉对行政诉讼受案范围的规定》，《法律适用》2000 年第 7 期。

一、权力性事实行为

权力性事实行为是指行政主体立于与相对人不对等的地位，通过行使强制权（或以其为基础、后盾）直接实现行政管理目的的行为。权力性事实行为多表现为行政主体的物理性作用。该类行为具有多种表现形式，我们列出以下几种。

（一）行政检查

行政检查是指行政主体为实现行政管理目的，依法对行政相对一方是否遵守法律以及行政决定所进行的监督检查行为。它是行政主体依法行使法律、法规赋予的行政检查权的表现形式。

关于行政检查行为的性质，学界认识不一。有的认为，行政检查对相对人的权利义务不产生影响，不属于行政法学研究的范围。① 有的认为，行政检查是一种法律行为，在法律上不依赖于哪一种行政行为，并成为其内容的一部分，而是以独立的法律行为方式存在。② 有的认为，行政检查属于事实行为，是行政主体在其职能目标、职能任务的导引下，在其职权范围内实施的各种履行职责的行政实际行为。③ 还有的认为，行政调查（含行政检查）既有属于事实行为的，如人口普查、地震灾害调查评估等，也有属于产生法律效果的行政行为（法律行为）的，其结果或者影响到后续行政行为的作出，或者直接关系到相对人的人身自由权、住宅权、储蓄保密权等。④

---

① 罗豪才主编：《行政法学》，中国政法大学出版社 1996 年版，第 195 页注解。

② 王连昌主编：《行政法学》，中国政法大学出版社 1995 年版，第 189 页；应松年主编：《行政法与行政诉讼法学》，法律出版社 2005 年版，第 260 页。

③ 陈晋胜：《行政事实行为研究》，知识产权出版社 2010 年版，第 201 页。

④ 胡建淼：《行政法学》，法律出版社 2015 年版，第 438 页。日本学者芝池义一认为，行政调查可以分为赋课义务的调查和事实行为的调查，前者如要求提供资料、要求提交报告等，相对人被课予了作为义务，可以认为是行政行为形式的调查；后者如进入检查、质问等，虽然也课予相对人应答义务，但同时伴随着行政机关的实行行为，可以认为是事实行为型的调查。（［日］芝池义一：《行政法总论讲义》（第四版补订版），有斐阁 2006 年版，第 269 页）

我们认为，首先，行政检查行为属于行政法学研究范围。随着现代国家行政权力扩张对相对人权益影响的增强，需要行政法对行政权力的行使过程进行全面监控，只注重对行政过程结果（行政法律行为）的监督已经不合时宜。作为行政法律行为作出过程前奏的行政检查行为有必要纳入法律监控范围，行政法学应对其加以研究。其次，行政检查行为对相对人权益的影响具有多种情况，符合行政事实行为的特征。从一般行为表现上看，如社情调查、日常巡视、人身检查、质问等检查行为往往表现为行政主体实施的一种物理作用，其有的对相对人权益造成一定影响，而有的则不带来任何影响。不能单纯以是否对相对人权益带来影响作为确定其属于法律行为还是属于事实行为的判断标准。第三，根据本文对法律行为的实质界定，可以认为，决定行政检查行为是否属于法律行为的依据并非对权利义务的影响，而是该种影响是否来自行政主体的意思表示，相对人是否因为调查行为的实施而导致权利的剥夺或者义务的增加。考察行政检查的一般过程可以发现，相对人所受到的影响是由检查活动本身造成的，相对人并不因接受调查在结果意义上丧失任何权利，其服从和配合行政调查是一种法律规定的容忍义务，真正导致相对人权益变动的是继检查作出的行政决定。因此，行政检查具有接近于事实行为的特征，可以归入权力性事实行为范畴。

对检查行为作出事实行为的定性，还可以找到比较法上的依据。日本学者认为，许多行政调查没有法律根据，是事实上的行政活动，同时具有不直接影响国民权利义务的法律效力。① 我国台湾学者认为，行政检查或行政调查属于事实行为的一种，其救济应当受有关事实行为行政救济法则的支配。②

---

① ［日］室井力：《日本现代行政法》，吴微译，中国政法大学出版社1995年版，第130页。

② 吴庚：《行政法之理论与实用》（增订八版），中国人民大学出版社2005年版，第287页。翁岳生编：《行政法》（下册），中国法制出版社2009年版，第897—898页。

（二）行政强制执行

行政强制执行是指行政相对人一方无正当理由逾期不履行行政主体为其设定的作为义务时，行政主体依法采取直接或间接强制手段迫使其履行义务或达到与履行义务相同状态的活动。

内地学界历来认为行政强制执行是一种法律行为，这主要是对法律行为的内涵理解不同造成的。按照我们对法律行为的界定，行政强制执行更宜被认为具有事实行为属性。理由是：1. 强制执行本身并未给相对人设定新的义务，实施活动只是实现先前行政决定所设定的作为义务；2. 强制执行不能脱离行政决定单独存在，离开行政决定或者法律规定，强制执行也就失去了意义。

台湾地区有学者认为，行政强制执行中，相对人一方有忍受之义务，故该执行行为本身，具有行政处分之性格（法律行为）。① 此种观点是在台湾地区旧行政诉讼法施行时期，由于针对权力性事实行为欠缺救济手段而作出的一种变通解释，即为了给相对人提供救济手段，学者有可能扩充行政处分的含义，对一些事实行为性质的行政活动也赋予法律行为的性质，由此提供司法救济。如前所述，在台湾地区新修订的"行政诉讼法"增加诉讼类型之后，针对权力性事实行为已经有了诉讼救济途径，对行政处分作出扩充解释的基础已不存在，因此，将强制执行视为法律行为的做法已无必要，行为的性质也须重新加以认识。

（三）即时强制

即时强制是指行政主体在遇有重大灾害或事故以及其他严重影响国家、社会、集体或者公民利益的紧急情况下，依法定职权直接采取的紧急处置措施。

关于即时强制的性质，相关国家和地区的学界多有争论。在德国，学界用即时执行、直接执行指称针对现实的危险状态作出立即处置的行为，如警察在巡逻时确信盗贼企图入室而直接采取阻止措施。毛雷尔指

---

① 翁岳生主编：《行政法》（下册），中国法制出版社 2009 年版，第 890 页。

出，以前的通行观点是将直接执行视为集执行方法的告诫、执行方法的确认、强制措施的采取于一身的执行性行政行为。直接执行包含——推理上或观念上——所有的这些行为，属于一个独立的（综合的）行政行为。法律救济是撤销之诉或者执行确认之诉。但是，此种观念存在一个巨大困难，即在关系人不明确的案件中，行政机关必须作出的是一个没有收件人的行政行为，该行政行为只有在事后通知收件人的情况下才能生效。如果将直接执行——出于客观的考察——视为事实行为，就不会产生这个困难。在法律救济不取决于行政行为的存在的背景下，以前通过行政行为实现司法控制的主要动机没有必要了。因此，将直接执行作为综合性行政行为看待的观点不再占据通说地位。所谓行政行为与具体强制执行措施联结的构图只是为了说明直接执行的特性，在法理上已不能将直接执行理解为行政行为。①

台湾学者吴庚认为，即时强制行为（包括人的管束、对物的扣留、使用与处分等、对家宅及处所之侵入等）属于强制措施的一种，是事实行为。② 而许宗力认为，即时强制在外观上固然与事务处理行为有些许神似，但因其行为实施本身蕴涵课予相对人忍受义务的意思，故仍有视为行政处分（法律行为）之可能。③

在内地，有观点认为，行政即时强制可以区分为权利义务的设定和实现（或执行）两个层次或步骤，果真如此，则不能将行政即时强制认定为行政事实行为，而应看作法律行为。④

我们认为，即时强制可归类于事实行为，属于一种权力性事实行为，理由是：首先，即时强制是行政主体的物理性作用，符合事实行为的一

---

① 参见［德］哈特穆特·毛雷尔：《行政法学总论》，高家伟译，法律出版社2000年版，第490—491页。

② 吴庚：《行政法之理论与实用》（增订八版），中国人民大学出版社2005年版，第286页。

③ 翁岳生主编：《行政法》（上册），中国法制出版社2009年版，第615页。

④ 参见杨小君、王周户主编：《行政强制与行政程序研究》，中国政法大学出版社2000年版，第183—185页。

般特征。无论是对人的管束，还是对物的扣留，都是行政主体在紧急情况下针对特定对象直接采取的处置措施，表现为行为主体的具体实施活动。即使具有主体的主观目的，但法律调整的重点不在于主体的主观意思表示，而在于具体动作本身，此点使即时强制区别于法律行为的表意、设权特性。

其次，采用基础处分与执行行为合一的解释方法，虽然在理论上能够自圆其说，但一来难于理解，二来该种解释对救济手段的选择而言，不具任何意义。即时强制多为立刻完成，如将之视为法律行为，将适用撤销诉讼类型。但撤销诉讼针对的是一个具有公定力与执行力的行政处理决定，对于在诉讼启动时已实施完毕的事实行为，不适宜适用撤销诉讼。

第三，比较法的根据。在德国，如前所述，关于即时强制的性质，过去通说认为是集行政处分、告诫、强制方法的确定及强制措施于一体的强制手段，属于一种行政处分（法律行为）。但一方面由于将即时强制解释为行政处分与行政处分的生效要件不符，另一方面在二战以后，德国行政裁判权的范围改采概括条款，诉讼类型增加了课以义务之诉、确认之诉和一般给付之诉，因此，早期只有具有法律行为性质的行政处分才能申请诉讼救济的情况发生改变，将即时强制解释为法律行为已无必要，现在德国学者多将即时强制解释为事实行为，主张即时强制为行政处分的学者已不多见。[①] 日本学者也认为，即时强制的特征在于无须作出履行义务的命令，不以履行义务为前提，可根据法律规定，排除对方的抵抗而行使实力以实现特定行政目的，属于一种权力的事实行为，适用特殊的救济方法。[②]

[①]　李建良：《行政上即时强制之研究》，《1998 年海峡两岸行政法学术研讨会实录》，"国立"台湾政治大学法学院 1999 年版，第 276—277 页。

[②]　[日] 室井力：《日本现代行政法》，吴微译，中国政法大学出版社 1995 年版，第 138—139 页。

第四，将即时强制解释为法律行为的基础已不存在。无论是将即时强制解释为集决定与执行于一身的法律行为，还是将即时强制拟制为法律行为，其基本的前提是诉讼类型的有限性。早期大陆法系国家只有单一的撤销诉讼，其提起条件之一为必须是针对行政处分（法律行为）。在此情况下，不将即时强制解释为行政处分（法律行为），就无法为相对人提供司法救济途径，形成权利救济真空。为此，学者及法官倾向于将即时强制解释为具有行政处分（法律行为）。不难看出，这完全是出于相对人权利保护的需要。① 但在行政诉讼制度发展、诉讼种类增加的情况下，对于行政机关的管理行为，无论是法律行为还是事实行为，只要侵犯了相对人的权益，都可以找到相应的救济渠道，由此，将即时强制解释为法律行为的基础已不存在，有必要恢复即时强制的事实行为性质。就此点而言，2014 年我国《行政诉讼法》的修订也为即时强制解释为单纯的事实行为提供了法律根据。根据修订后的《行政诉讼法》规定，人民法院在单一的撤销判决之外，还可以适用确认判决来评价行政行为的合法性，并适用给付判决政府承担一定的给付义务。由此，对于稍纵即逝的即时强制行为，完全可以不再适用法律行为的撤销之诉，而可以采用确认之诉和给付之诉来进行司法监督。

二、非权力性事实行为

非权力性事实行为是指行政主体在管理过程中作出的不以强制权力为后盾的实施活动。与权力性事实行为相比，此种事实行为不涉及强制权力的运用，其功能或者是为实施行政法律行为准备条件，或者是为了履行行政机关的公共服务职能。相比于权力性事实行为而言，现代政府

---

① 台湾学者李建良的认识反映了这一考虑。他认为，在台湾旧的行政诉讼制度未改变的前提下，由于行政诉讼的提起仍以行政处分的存在为前提要件，为维护人民权益，似宜继续将即时强制措施的法律性质解释为行政处分，以替人民开启救济之门。李建良：《行政上即时强制之研究》，《1998 年海峡两岸行政法学术研讨会实录》，"国立"台湾政治大学法学院 1999 年版，第 277 页。

实施的非权力性事实行为表现形式繁多，难以一一列举，只能大致划定一个范围。

（一）认知表示。指各种不含有意思表示之内容，不以发生法律拘束力为目的的表示行为。具体包括资讯提供行为（如台风警报、气象预报等）、警告（危险地域、有害商品）、建议（指导）等。①

（二）行政决定的执行行为。指无须借助行政强制力量而直接实现行政决定内容的各种活动。如作出奖励决定之后的发放奖金的行为，对经过核定之后的低收入者发放生活补助费的行为等。

（三）事实作业。主要表现为履行公共服务职能的行为。具体包括道路养护、桥梁维修、公共工程的建设、街道清扫、垃圾收运、空气质量监测等。这些活动的实施，无须借助强制权力。

（四）公权力之侵扰。指由于公共设施对相邻居民造成的噪音、气味等事实影响。该种事实行为主要表现为一种客观状态。

第六节　行政事实行为与依法行政

一、行政活动须受法律支配

在行政机关作出的管理行为中，直接处分和影响相对人权益的法律行为占据重要地位，是法律监督与规范的重点，也是行政法学理论研究关注的主要对象。在行政法发展早期，大陆法系各国的行政诉讼制度多以行政法律行为为审理对象，权力性事实行为往往基于对法律行为的扩大解释而被纳入审查范围，其他事实行为则因其一般与相对人权益无直接关联，既未作为法律规范重点，也不接受诉讼监督，被学者称为"法外之行为"。

随着法治观念的演进和法律制度的完善，现代法治国家普遍要求贯

---

① 参见陈敏：《行政法总论》，三民书局 2013 年版，第 620 页。

彻法治行政原则，具体到行政法领域，就是对依法行政原则的强调。根据目前对依法行政原则的理解，不仅权力行政要接受法律的约束，非权力行政也须受法律的调整，以保证依法行政原则贯彻的彻底性。在此背景之下，行政机关作出事实行为同样须服从法律之支配，不能再属于"法外之行为"。

二、行政事实行为与法律规制

（一）法律优先原则

法律优先原则要求一切行政机关的管理行为均须遵守法律的规定，不得与法律规定相抵触。行政机关作出事实行为时，无论是否产生法律效果，均须遵守法律优先原则。如行政机关实施指导的内容不得违背法律的明确规定，不得违反法律规定擅自发布有关市场信息，不得违反法律规定在夜间采取强制执行措施，等等。

（二）法律保留原则

法律保留原则要求行政机关在作出特定行政行为时，必须获得法律的授权，具有法律根据。目前一般认为，凡行政机关基于高权地位作出的行为，无论是干涉行为还是授益行为，皆须具有法律上的根据。如果行政事实行为不影响相对人的权益，可以无须法律明确授权，由行政机关自行决定，如辅导农作物种植、进行普法宣传等。但是，对于那些可能影响相对人权益的事实行为，如对违法集会者采取即时驱离措施，在特殊情况下于节假日采取行政强制执行活动等，仍要求实施机关提供法律依据。

（三）管辖权的约束

行政管理遵循权限分工原则，行政机关各自具有不同的管辖权限。管辖权包括地域管辖权、事务管辖权和级别管辖权。行政机关在作出事实行为时，要遵守行政组织法关于机关管辖权限的规定，否则即可能构成违法行政。如公安机关不得代替食品卫生监督机关发布有关有害食品的信息；税务机关不得代替气象部门发布气象预报等。

（四）程序规则的遵守

由于行政事实行为形式多样，且有些事实行为具有瞬间完成特性，所以对于事实行为多无统一程序规范。但当法律对一些事实行为已有程序规定的情况下，行政机关即须严格履行程序规则。如行政机关在调查或者进行检查时，执法人员不得少于两人，并应当向当事人或者有关人员出示证件；询问或者检查应当制作笔录；① 在采取强制执行措施前，要履行告诫程序；等等。

（五）一般法律原则

行政事实行为除遵守法律的明文规定外，还需遵从行政法的一般法律原则。随着法制的演进，行政法领域已经形成了诸多一般法律原则。这些一般法律原则虽未被一定时期的立法所吸纳，但对于行政机关的执法活动起着重要的指导作用。在一些国家，一般法律原则被视为行政法的不成文法源，并作为法院判断行政行为合法与否的依据。行政机关作出事实行为时，同样需遵守一般法律原则。其中，值得特别注意的是比例原则。

行政法上的比例原则是指行政机关在作出可能影响相对人权益的行为时，须保持选择的手段与所预实现目的之间的适当比例。广义的比例原则包括三个次要原则：1. 妥当性原则，要求选择的手段能够达到行政目的；2. 必要性原则，要求在实现行政目的的多种手段中，选择对相对人权益影响最小的手段；3. 狭义比例原则（均衡原则），要求在选择的手段与预实现的行政目的之间应加以权衡，只有选择的手段所造成的损害轻于达成目的所获致的利益时，行为才具有合法性。②

比例原则运用于行政事实行为领域，主要体现在行政机关实施权力性事实行为过程中。因权力性事实行为直接干涉相对人的人身或者财产权益，因此更应强调比例原则的适用。如行政机关在进行检查时，一般

---

① 参见我国《行政处罚法》第三十七条。
② 参见陈新民：《德国公法学基础理论》（下册），山东人民出版社 2001 年版，第 368—371 页。

不应在夜间进行，以免侵扰相对人；在采取扣留措施时，不应超出必要的范围；在使用警械时，要符合法定条件，不得滥用警械；等等。

三、行政事实行为的救济

与法律行为相同，行政事实行为同样会侵害相对人权益或给其带来不利影响，客观上需要为相对人提供救济手段。但因行政事实行为不包含行政机关的意思表示，不适用有关意思表示效力的判断规则，不存在效力有无及行为可撤销的判定问题，因此，行政事实行为的救济具有不同于法律行为救济的特点。

（一）请求权类型

相对人就行政事实行为违法、侵权向有权机关（如法院）申请救济时，因该类争议并不涉及一个具有法律效力的行政处理决定，所以，事实行为引起的只是行政机关与相对人之间公法上的权利义务之争，此种争议可被称为法律关系之争，而非行为效力之争。为此，当相对人为保护其权益而申请救济时，首先需要确定其可以主张的请求权类型。

1. 结果除去请求权

结果除去请求权是德国行政法学的基本概念，指人民在其权利受到公权力违法侵犯的情况下，请求排除该违法行为造成的事实结果，以回复到原有状态的权利。如请求发还违法扣留的物品，请求归还因拓宽道路违法占用的土地等。德国行政法学者认为，结果除去请求权原先产生于立即执行、因违法后来被撤销的行政行为，后来得到普遍承认，扩大适用于其他违法的主权性行政活动（事实行为）造成的后果。[①] 对于行政机关违法的事实行为而言，结果除去请求权是相对人享有的一项重要权利。因为很多事实行为的实施都表现为一种客观状态或经过，相对人提请救济时行为一般实施完毕，形成一种既成事实。所以，相对人寻求救济只能通过主张结果除去请求权，请求排除既有的侵害。

---

① ［德］哈特穆特·毛雷尔：《行政法学总论》，高家伟译，法律出版社2000年版，第780页。

2. 赔偿请求权

赔偿请求权是针对行政事实行为已造成的侵害后果，相对人在不能申请恢复原状或恢复原状已不可能的情况下，要求行政机关承担赔偿责任的请求权。如对行政机关工作人员违法使用警械造成人身损害的赔偿请求权，针对已灭失的违法扣押财产的赔偿请求权等。

3. 补偿请求权

补偿请求权是相对人权益因行政机关合法的事实行为遭受损失时，向行政机关主张弥补所失去利益的权利。如行政机关实施检查时，非基于自身过错造成了相对人财产的损坏，此时，相对人即可向行政机关提出补偿请求。

4. 作为或不作为请求权

作为或不作为请求权是指行政相对人可以对行政机关提出要求，请求行政机关作出或者不作出特定的事实行为。比如，针对行政机关将要发布影响相对人收入的公告行为，相对人可以请求暂时不予发布。针对公权力之侵扰，相对人有权请求行政机关采取相应措施降低该侵扰。

（二）行政诉讼救济①

在法治国家，针对行政事实行为造成的侵害，相对人应有权获得法律救济。相对人能否获得救济以及通过何种途径获得救济，在行政法发展的不同时期，呈现出不同的情况。

1. 域外行政事实行为纳入行政诉讼救济范围的历程

（1）无救济途径阶段

早期大陆法系主要国家在建立行政诉讼制度的时候，诉讼类型限于单一的行为之诉——撤销诉讼。该种诉讼的核心是由行政法院审查行政机关已做决定的合法有效性，诉讼的提起必须以行政法律行为（行政处分、行政处理等）的存在为前提，即所谓的"无处分无救济"观念。受此种制度建设与传统观念影响，事实行为因不具备法律行为的特点，即

---

① 此处对行政诉讼救济的说明内容在理论上同样适用于行政复议救济，故对后者不再单独说明。

使客观上影响到相对人权益，也不被允许提请行政诉讼救济。

（2）扩大行政处分（法律行为）涵盖范围阶段

随着行政诉讼实践的发展，适应扩大相对人权益保护的需要，大陆法系各国开始在诉讼类型没有增加、诉讼对象未改变的情况下，寻求一定程度的突破。其主要做法是采用扩大解释的策略，将一些事实行为视为行政法律行为（行政处分），允许相对人提起撤销诉讼，为受到行政事实行为影响的相对人提供司法保护。如日本二战前曾将公共工程建设行为解释为相当于行政厅的处分行为，允许其成为行政诉讼的对象。① 二战后，通过制定 1962 年《行政事件诉讼法》，又直接将带有持续性质的权力性事实行为（如扣押财物、留置当事人等）直接规定为撤销诉讼的对象——"相当于公权力行使的行为"，允许提起撤销诉讼。② 另如前所述，德国早期的司法实践也曾将即时强制行为视为拟制性行政处分，允许相对人提起撤销之诉。

（3）完整的诉讼救济阶段

1960 年之后，在保障公民诉讼权利的现代法治背景下，以德国为代表的大陆法系各主要国家在检讨旧的诉讼制度缺陷基础上，相继修改了各自的行政诉讼法律规范。其内容包括扩大法院裁判权限，增加诉讼类型等，以为相对人提供完整无漏洞的救济。以此为契机，一些原来不能受理的由事实行为引发的公法争议成为法院审理的对象。如在德国，原则上可以通过提起一般给付之诉要求国家行政作出除行政行为以外的大部分事实行为，如提供信息、对生存照顾和基础设施的给付、支付金钱、消除后果等。③ 在我国台湾地区，根据现行"行政诉讼法"的规定，相对人可以采用一般给付诉讼形式，或者请求法院判令行政机关作出一定事实行为，或者请求法院判令行政机关消除违法事实行为造成的后果。

---

① 参见［日］美浓部达吉：《行政裁判法》，邓定人译，中国政法大学出版社 2005年版，第 92 页。

② ［日］杉本良吉：《行政事件诉讼法的解说》（一），《法律时报》第 15 卷 3 号。

③ ［德］弗里德赫尔穆·胡芬：《行政诉讼法》，莫光华译，法律出版社 2003 年版，第 305—307 页。

而在相对人欲阻止行政机关作出一定事实行为时，则可以借助一般给付诉讼的特殊形态——不作为诉讼实现其目的。①

2. 我国的情况

在我国，与行政诉讼制度逐步发展相适应，行政事实行为的救济呈现不同的样貌。

（1）2000 年之前

如前所述，从学理角度讲，1990 年《行政诉讼法》第十一条第一款所规定的可诉具体行政行为之中，实际上已经包括了部分权力性事实行为，比如财物的扣押、人的留置等。只不过基于学理对具体行政行为属于法律行为的一般理解，上述权力性事实行为的性质并未获得一般性承认，学界和实务界也就笼统地将其作为法律行为看待。此种处理方式有些类似于日本 1962 年《行政事件诉讼法》制定时对权力性事实行为的处置。有所不同的是，日本立法者在将部分权力性事实行为作为撤销诉讼对象时，对上述行为的事实行为属性有明确认知，而我国立法者之所以将部分事实行为纳入行政诉讼受案范围（严格讲同样适用撤销诉讼），一方面是因为学理发展的不成熟，对行政管理行为的法律性质尚未展开深入分析；另一方面是从为相对人提供充分司法保护的良好愿望出发，力图将对相对人权益影响较大的行政执法行为明确规定在行政诉讼法之中，于其理论上的性质归属不做太多考虑。综上可以认为，最高人民法院《若干问题的解释》出台之前，对于部分纳入行政诉讼受案范围的权力性事实行为，我国一般适用撤销诉讼进行救济。

（2）2000 年至 2014 年行政诉讼法修订

2000 年之后，根据《若干问题的解释》的规定，在司法实务界，行政事实行为纳入行政诉讼受案范围的认识渐成通识，只不过其范围有一定限制，如行政指导行为尚不属于行政诉讼受案范围。纳入司法审查视野的行政事实行为主要包括两种类型：一是 1990 年《行政诉讼法》明确规定的权力性事实行为；二是后来增加的与行政赔偿诉讼相联的行政侵

①　陈敏：《行政法总论》，三民书局 2013 年版，第 627 页。

权事实行为，按照《若干问题的解释》起草者的说明，在以行政行为取代具体行政行为之后，出于诉讼经济原则，可考虑直接把构成行政侵权的事实行为（如警察打人的行为）纳入行政诉讼受案范围。①

值得指出的是，《若干问题的解释》实施之后，通过增加确认判决的方式，实际上确立了一种新的行政诉讼类型——确认之诉。该种行政诉讼类型的增加在某种意义上，使我国对行政事实行为的司法救济具有了与德国、中国台湾地区不同的特点。如前所述，德国、中国台湾地区对事实行为的司法救济主要借助一般给付之诉，而非确认之诉。按照上述国家和地区的诉讼法学理论，确认之诉是确认行政行为（行政处分、行政处理）违法或者无效以及公法上法律关系是否成立的诉讼类型，事实行为不属于确认之诉讼的审理对象。在我国，由于 1990 年《行政诉讼法》对于诉讼类型未作出明确规定，确认之诉的审理对象不很明确。考察最高人民法院《若干问题的解释》中有关确认之诉的适用条款，可以认为该类诉讼适用于事实行为违法的情况。比如对该解释第五十七条第二款的规定（被诉具体行政行为违法，但不具有可撤销内容的），学者一般认为适用于行政事实行为。② 由此，我国的确认之诉既可以确认行政法律行为的有效与否，也可以确认行政事实行为的合法与否。前者如人民法院依法确认违反法定程序作出的处罚行为无效；后者如人民法院依法确认警察作出的强制约束行为违法。在行政事实行为已实施完毕的情况下，相对人还可以通过提起违法确认之诉，由人民法院对行政事实行为的违法性作出确认，为相对人主张其他权利提供前提条件。如在叶呈胜、叶呈长、叶呈发诉仁化县人民政府房屋行政强制案中，③ 被告于 2013 年 7 月 12 日凌晨 5 时许，在未发出强行拆除通知、未予公告的情况下，即组

---

① 参见江必新：《中国行政诉讼制度之发展——行政诉讼司法解释解读》，金城出版社 2001 年版，第 31—32 页。

② 江必新：《中国行政诉讼制度之发展——行政诉讼司法解释解读》，金城出版社 2001 年版，第 92、106 页。

③ "人民法院征收拆迁十大案例"，载《人民法院报》2014 年 8 月 30 日。

织人员对原告等三人的房屋实施强制拆除。叶呈胜等三人不服，向广东省韶关市中级人民法院提起行政诉讼，请求确认仁化县政府强制拆除行为违法。针对被告实施的强制拆除行为，广东省韶关市中级人民法院审理认为：虽然叶呈胜等三人使用农村集体土地建房未经政府批准属于违法建筑，但仁化县政府在2013年7月12日凌晨对叶呈胜等三人所建的房屋进行强制拆除，程序上存在严重瑕疵，即采取强制拆除前未向叶呈胜等三人发出强制拆除通知，未向强拆房屋所在地的村民委员会、村民小组张贴公告限期自行拆除，违反了《中华人民共和国行政强制法》第三十四条、第四十四条的规定。而且，仁化县政府在夜间实施行政强制执行，不符合《中华人民共和国行政强制法》第四十三条第一款有关"行政机关不得在夜间或者法定节假日实行强制执行"的规定。据此，依照《最高人民法院关于执行〈中华人民共和国行政诉讼法〉若干问题的解释》第五十七条的规定，判决：确认仁化县政府于2013年7月12日对叶呈胜等三人房屋实施行政强制拆除的具体行政行为违法。宣判后，各方当事人均未提出上诉。

此外，1995年《国家赔偿法》出台之后，针对行政事实行为，我国还存在一种一般给付之诉，即受到事实行为侵害的相对人，可以通过提起行政赔偿诉讼（理论意义上的一般给付之诉）寻求救济。该法规定"殴打等暴力行为或者唆使他人以殴打等暴力行为""违法使用武器、警械侵害公民生命健康权的行为"都被认为属于行政事实行为，相对人可以就此提请国家赔偿，一旦形成诉讼，即属于一般给付之诉。

（3）行政诉讼法修订之后

2014年11月1日，第十二届全国人民代表大会常务委员会第十一次会议通过了《关于修改〈中华人民共和国行政诉讼法〉的决定》。立法修订之后，行政诉讼制度在受案范围、裁判方式以及行政诉讼类型等方面，均发生了很大变化。其中与行政事实行为的司法监督有关的，主要有以下几个方面。

第一，行政事实行为可以进入行政诉讼受案范围的法律障碍完全消除。按照修订后的《行政诉讼法》规定，人民法院依法受理对"行政行为"提起的行政诉讼。由此，"具体行政行为"的立法措辞被废弃。此种修改意图十分明显，即吸纳《若干问题的解释》所秉持的观点，尽量扩大司法监督的对象范围，无论受诉的行政管理行为是法律行为还是事实行为，只要被认为影响了相对人权益，即应接受司法审查。

第二，通过明确规定确认判决间接承认了对行政事实行为的违法确认之诉。新修订后的《行政诉讼法》规定，人民法院判决确认违法或者无效的，可以同时判决责令被告采取补救措施；给原告造成损失的，依法判决被告承担赔偿责任。根据该条规定，在理论上可以认为，所谓的行政行为的违法确认判决既包括行政法律行为的违法确认，也包括行政事实行为的违法确认。由于事实行为无行政主体意思表示的内容，也不具有规范意义上约束力，因此，对其无法适用撤销判决，只能适用合法或者违法确认判决。此次立法修订对违法确认判决的规定，为法院受理和审查行政事实行为提供了法律依据。

第三，明确规定给付判决间接承认了针对事实行为的行政给付之诉。按照新修订的《行政诉讼法》规定，人民法院经过审理，查明被告依法负有给付义务的，判决被告履行给付义务。此处所规定的给付义务应当包含要求行政机关履行赔偿义务（如事实行为侵权赔偿），以及作出一定事实行为或者不作出一定事实行为的内容。

从理论上讲，给付之诉有广义与狭义之分。广义的给付之诉包括请求司法机关命令行政主体作出特定法律行为的诉讼（课以义务之诉）以及要求行政主体作出法律行为以外的行为的诉讼；狭义的给付之诉是请求司法机关作出法律行为以外的给付行为（通常为财产的给付或非公权力行为的非财产性给付行为）。根据目前大陆法系各主要国家或地区的立法情况，课以义务诉讼已成为一种独立的诉讼类型。由于该诉讼类型的对象是判令行政机关作出法律行为，所以不适用于对事实行为的救济。

结合《行政诉讼法》的条文规定可以认为，修订后的立法所增加的给付之诉是狭义的给付之诉，即一般给付之诉。该种诉讼可以包括四种情况：（1）财产上给付诉讼；（2）非财产上给付诉讼；（3）预防的不作为诉讼；（4）公法上契约之给付诉讼。① 在相对人的权利受到行政事实行为的侵害时，可以利用上述几种给付之诉寻求救济。如针对行政机关超过规定标准多收的税款，相对人可以通过提起财产上给付之诉要求行政机关予以返还；对于公立运动场发出的噪音，相邻公民可通过提起消极不作为的给付诉讼，请求控制噪音污染；针对行政机关即将发布影响相对人商业信誉的公告行为，相对人可以提起预防性的不作为诉讼，请求司法机关阻止行政机关作出该事实行为②，等等。

其实，在以往的司法实务中，实际上已经存在针对行政事实行为提起一般给付之诉的案例，只是没有在理论上进行很好的总结。如在上海彭浦电器开关厂诉上海市闸北区人民政府要求确认侵占行为违法一并要求行政赔偿案中③，原告彭浦厂起诉称，依据《物权法》等相关法律规定，即使原告厂内的部分建筑物被确认为违法建筑，但原告对该部分建筑物的建筑材料享有所有权。被告的限期拆除违法建筑决定也未没收原告彩钢板等建筑材料的内容。故请求：（1）确认被告对原告执法中侵占原告彩钢板、电表等物品的行为违法；（2）判令被告返还原告彩钢板、电表等物品。法院认为：因原告未在原闸北区规划局闸规查［2009］第（011）号限期拆除违法建筑决定规定的期限内，自行拆除违法建筑，闸北区政府根据该局的申请，依法组织相关部门实施强制拆除。该强制拆迁行为是对限期拆除违法建筑决定的执行行为，并没有设定原告新的权利和义务。原告在本市彭浦路4号厂区1号、2号、3号房楼顶搭建的建筑物及在地面空间搭建的地面棚，虽已被上述限期拆除决定认定为违法建筑，但原告认为其对被拆除建筑物、构筑物的建筑材料享有权利的主

---

① 陈清秀：《行政诉讼法》，元照出版有限公司2009年版，第174页。
② 参见朱健文：《论行政诉讼中之预防性权利保护》，《月旦法学》1996年第3期。
③ 上海市第二中级人民法院［2009］沪二中行初字第28号行政判决书。

张，能够成立……原告在诉讼中提供的强制拆除现场的 DVD 光碟，可以证明执行强制拆除的人员将拆下的部分旧彩钢板运离现场的事实。这部分旧彩钢板尽管被使用多年，但在原告认为仍有使用价值的情况下，被告的执法人员将其作为建筑垃圾进行处理确有不当，被告应依法予以返还。鉴于旧彩钢板是被告在强制执行过程中从违法建筑上拆下已被使用多年的建筑材料，被告的强制拆除行为无法保证全部建筑材料整体的完好无损，且被告已将拆除的建筑材料作为建筑垃圾予以处理，客观上无法返还，故被告应对被执法人员运离执法现场，尚有使用价值部分的彩钢板等建筑材料酌情折价赔偿……据此，根据《中华人民共和国国家赔偿法》第四条第四项、《最高人民法院关于审理行政赔偿案件若干问题的规定》第二十九条的规定，判决：一、确认被告上海市闸北区人民政府在 2009 年 7 月 28 日对原告强制执行中将拆下的彩钢板等建筑材料运离的行为违法；二、被告上海市闸北区人民政府应在本判决生效之日起十五日内赔偿原告上海彭浦电器开关厂建筑材料折价款人民币 5000 元；三、对原告上海彭浦电器开关厂的其他诉讼请求，不予支持。

在该案中，原告向被告提出的返还其享有所有权的建筑材料的主张实质是一种财产给付请求。该请求是基于原告认为被告实施的强制拆除这一事实行为违法侵权而提出的。本案在诉讼性质上可归类于与行政事实行为有关的一般给付之诉。由此可以认为，在行政诉讼法正式规定给付判决乃至承认给付之诉之前，人民法院的司法实务中已经切实存在针对行政事实行为提起的一般给付之诉。相信在《行政诉讼法》修订之后，此类案件因有明确法律依据还会逐渐增多。

（三）国家赔偿

就行政事实行为侵权引起的国家赔偿责任问题，我国从 1995 年起就已经有了明确法律规定。依照 1995 年《国家赔偿法》，行政机关工作人员以殴打等暴力行为或者唆使他人以殴打等暴力行为造成公民身体伤害或者死亡的，违法使用武器、警械造成公民身体伤害或者死亡的，国家应当承担赔偿责任。理论上认为，上述侵权行为均属于行政事实行为。

并且，该法规定，在受害人向赔偿义务机关寻求赔偿无果后，其可以向人民法院提起赔偿诉讼。由此，在一般认为《行政诉讼法》只解决法律行为合法性和赔偿责任承担的基础上，1995 年之后，行政事实行为已进入行政诉讼程序。此种局面一直延续到 2010 年《国家赔偿法》修订之后。

我国目前在行政事实行为的国家赔偿责任制度建设方面，还存在以下问题。

1. 能够进入赔偿范围的行政事实行为依然有限。依照国家赔偿法规定，只有违法的权力性事实行为造成损害时，才属于国家赔偿范围，非权力事实行为是否属于赔偿范围尚无明确规定。如行政指导引发的赔偿争议未必被认可进入国家赔偿程序，又如，公共工程的建设、道路养护维修等公有公共设施致害是否纳入国家赔偿范围，尚存争议。[1]

2. 归责原则的多元化问题。从国家赔偿法有关行政侵权情形的规定可以看出，我国行政事实行为侵权适用的是违法归责原则，即国家只针对违法的行为承担赔偿责任。实际上，不同类型的行政事实行为造成损害时呈现出多种不同的特点，很难用单一的合法、违法标准加以评价。为此，在确定行政事实行为侵权责任时，需要考虑设置不同的归责原则。如针对行政强制执行过程中执法人员实施的捆绑、殴打相对人的侵害行为，可以适用违法归责原则，而在国家赔偿范围扩大后，针对信赖错误指导行为而导致权益受损的相对人，可以考虑适用过错归责原则，针对共有公共设施致害，有时需要考虑适用无过错归责原则。[2]

---

[1]　按照国家赔偿责任主要针对违法行使职权行为的立法说明，诸如桥梁、道路等公共营造物在设置、管理方面的瑕疵引起的赔偿问题，在我国适用民法规定，由负责管理的企事业单位赔偿。由此，在我国，是否将公有公共设施建设维护行为侵权纳入国家赔偿范围，需要进一步讨论。

[2]　另参见王霄艳：《论行政事实行为》，法律出版社 2009 年版，第 160 页。

（四）国家补偿

当前，我国尚未建立统一的国家补偿制度，有关行政事实行为国家补偿的内容只有零星的规定。鉴于行政事实行为即使在合法实施的情况下，也会存在侵害相对人合法权益的情况，为更好地落实国家责任，体现公共负担平等原则，需要对合法的行政事实行为造成的损害确立国家补偿责任。具体讲，需要在立法中明确国家补偿的原则、补偿的范围、补偿的程序、补偿的标准等内容。

郭修江　现任最高人民法院行政审判庭审判长、第二巡回法庭主审法官。中国政法大学行政法专业法学硕士，中国法学会行政法学研究会理事。参与《行政行为法》《依法行政读本》等多部行政法论著的撰写，合著：《行政诉讼中的法律适用——最高人民法院行政诉讼批复答复解析》等。先后在《人民司法》《行政法研究》《行政执法与行政审判》等发表论文四十余篇。

---

① 韦武斌亦参与了本章第二节的写作。（韦武斌，法学硕士，曾先后任广西壮族自治区高级人民法院办公室主任、立案一庭庭长、审判委员会委员，现任广西壮族自治区人大常委会法工委副主任）

行政裁决制度是我国行政法律制度中一种十分重要的制度。由于我国法律规定土地、林木、草原等涉及百姓重要生产资料的自然资源权属发生纠纷，须先行经过行政裁决处理，当事人对行政裁决不服，才能够提起行政诉讼。所以，行政裁决制度在某种意义上讲，又是与老百姓基本生产、生活密切相关的法律制度。从多年来我国行政复议和行政诉讼的实践来看，土地权属等行政裁决案件一直是占行政案件受案总数很大比例的案件。由此表明，加强对行政裁决法律制度的研究，不仅具有重要的理论意义，同时也具有十分重要的实践意义。

第一节　行政裁决概况

一、行政裁决的概念

行政裁决，在我国行政法理论和实践中已经是一个比较常见的概念。然而，在不同的场合、不同的论著、不同的法律规范中，行政裁决的内涵和外延并不相同，有时甚至是大相径庭。归纳起来，对行政裁决大致有 6 种不同的观点：（1）行政裁决是指行政机关依照某种特定程序（准司法程序），对特定当事人的权利义务作出具有法律效力的裁断的行为。根据这一概念，行政裁决不仅包括行政机关运用准司法程序裁决民事、行政纠纷的行为，还包括行政机关依职权对特定当事人作出行政处罚、行政处理等具体行政行为。例如：已经废止的《治安管理处罚条例》第三十三条第一款规定："对违反治安管理行为的处罚，由县、市公安局、公安分局或者相当于县一级的公安机关裁决。"这里的"裁决"就是指行政处罚。《治安管理处罚法》已经将"裁决"修改为"处罚"。（2）行政裁决是指行政机关以中立的第三人的身份对特定当事人之间发生的民事纠纷、行政争议依法作出裁决的行政行为。① 根据这种观点，行政裁决包括行政机关处理民事纠纷的裁决行为和行政机关解决行政争议的行政复议行为。（3）行政裁决仅指行政机关依照法定职权居中裁决当事人之间特定民事纠纷的行政行为。这种观点是目前行政法理论和实践界能够普遍接受的观点。② （4）行政裁决又称专门行政裁判，指依法由行政机关裁决与合同无关的民事纠纷的方式。它不同于行政仲裁，也不同于行政调解，是一种依据分散不统一的程序解决各类民事纠纷的活动。（5）行政裁决是指行政司法，即行政机关作为第三方解决民事纠纷、行政争议的活动。此种观点将行政裁决作为行政机关解决各类纠纷的泛称。③ （6）行政裁决是指人民法院在行政诉讼过程中，对行政案件作出裁定或者判决的行为。④ 这在许多网站设立的法律服务网页可以发现，搜索"行政裁决文书格式"，结果出来一大堆行政诉讼裁判文书格式。

为了便于研究问题，结合目前理论界能够普遍接受的观点，我们认为，应当给行政裁决下这样一个定义：行政裁决是指国家行政机关依据法律、法规的授权，以居间裁决者的身份，对特定范围内与裁决机关行政管理职权密切相关的民事纠纷依法作出处理的具体行政行为。这也是本章内容所要阐述的行政裁决制度的基点。根据上面这一定义，行政裁决应当包含以下几方面内容。

（一）行政裁决的主体是国家法律、法规特别授权的行政机关。行政裁决是一项行政职权。依据依法行政的基本要求，任何行政权的产生都必须要有相应的法律依据。某一特定行政机关是否享有行政裁决权，其行政裁决权的范围多大，行政裁决权的具体内容包括哪些，以及行政裁

---

① 参见姜明安：《行政法与行政诉讼》，中国卓越出版公司 1990 年版，第 300—314 页。

② 参见罗豪才主编：《中国司法审查制度》，北京大学出版社 1993 年版，第 213—214 页。

③ 参见张尚鷟编：《走出低谷的中国行政法学》，中国政法大学出版社 1991 年版，第 286 页。

④ 参见火焰山法律网（www.law8.hotoa.com.cn），法律文书—行政裁决网页。

决权行使的程序如何，等等，都应当有法律、法规的依据，符合法律的要求。法律、法规的授权应当是具体的、明确的，行政机关享有一般管理权不等于就享有相应领域的行政裁决权。例如，法律规定公安机关对社会治安问题享有管理权，如果没有已废止的《治安管理处罚条例》第三十八条的特别授权，公安机关对因违反治安管理行为所发生的民事侵权纠纷并不能当然地享有行政裁决权。《治安管理处罚法》已经取消公安机关对相关民事侵权纠纷的行政裁决权，取而代之的是行政调解权。经调解达成协议后一方不履行的，公安机关应当告知当事人可以就民事争议依法向人民法院提起民事诉讼。公安机关对相关民事侵权纠纷不再享有行政裁决权。

（二）行政裁决的范围是与行政管理职权密切相关的平等主体之间的特定民事纠纷。首先，行政裁决的对象是民事纠纷，不包括行政争议。按照传统的三权分立的观点，民事纠纷应当是司法机关——法院的主管领地，行政机关并不能够参与解决民事纠纷。然而，现代行政对效率的不断追求，逐渐突破旧有的传统框架，行政机关不仅对行政争议进行裁决，也开始对行政管理过程中的民事纠纷作出处理。我们这里讲的行政裁决仅指行政机关对民事纠纷的裁决，不包括对行政争议的裁决。其次，行政裁决并非涉足所有民事纠纷的处理，仅对与行政管理职权密切相关的民事纠纷依法享有裁决权。行政机关之所以要参与对民事纠纷的处理，其目的主要不是要分担或者分享司法权，而是要提高行政效率，维护正常的行政管理秩序。因此，行政机关所裁决的民事纠纷必须是和行政机关的行政管理职权密切相联系的那些民事争议，与行政管理职权无关的民事纠纷，不需要也没有必要让行政机关来裁决。这不仅是对行政执法的要求，更重要的也是对立法的要求。"与行政管理职权密切相关"是指行政机关所裁决的民事纠纷应当是行政机关在行使其行政职权、履行其行政职责的过程中调查、处理的相关事实与当事人争议的民事纠纷事实全部或者部分相重合，由行政机关在行使行政权的过程中一并对该民事纠纷作出处理，更有利于纠纷的及时、有效解决的情况。若民事纠纷与行政机关的行政职权毫无关系，则不易将此类纠纷授权行政机关以行政裁决的方式解决。

（三）行政裁决主体——行政机关，在行政裁决中的地位是居间裁决者。行政裁决法律关系是三方法律关系，其中，民事纠纷的双方当事人处于被裁决者的地位，拥有行政裁决权的行政机关则处于依职权对纠纷作出处理决定的裁决者地位。这与一般行政行为有明显的区别。通常行政处罚、行政强制、行政检查、行政许可等行政法律关系中，只有行政机关和行政相对人两方当事人，行政机关处于管理者的地位，依法履行法律赋予的行政管理职责，对相对人实施行政管理；而在行政裁决法律关系中则是三方关系，其中民事纠纷的双方当事人是实体权利义务的承担者，行政机关则是与该项民事纠纷的实体权利义务无直接关联的第三方，其参加此类法律关系的直接目的是居中裁决纠纷。要对双方民事纠纷作出裁决，行政机关就必须要有凌驾于民事纠纷双方当事人之上的权力，在行政裁决中，行政机关必须始终起着主导性的作用。

（四）行政裁决的程序应当充分体现公开、公正、效率的行政司法①特色。正是由于行政裁决是行政机关为主导的裁决纠纷的行政司法行为，因此，行政裁决的程序更应当体现司法的特点，而不应当将其等同于一般行政行为，行政裁决程序必须体现公开、公平、公正的原则。从行政裁决的实际效果看，行政机关裁决民事纠纷要让双方当事人服气，也必须要有公开、公平、公正的处理程序，只有在充分听取双方当事人意见的基础上，依法公正地作出裁决，才能止争息诉。因此，在行政裁决中，采取类似于司法诉讼程序的某些制度是完全必要的。

（五）行政裁决仍然属于具体行政行为范畴。行政裁决所要解决的本质问题是民事纠纷性质的问题，但是，行政裁决本身却是具体行政行为的性质。其理由主要有：首先，行政裁决是行政机关履行行政管理职权

---

① 行政司法是个学理概念，是指"国家行政机关在行政活动中以公断人的身份运用准司法程序依法处理一般行政争议和特定民事纠纷的活动"（参见应松年编：《行政行为法》，人民出版社1993年版，第658页）。当然，也有人不赞同将行政行为分为行政立法、行政执法、行政司法。

的行为。行政机关依照法律、法规的授权，履行其行政裁决的法定职责。其次，行政裁决是行政机关针对特定的民事纠纷双方当事人作出的、一次性适用、具有直接执行力的行为，符合具体行政行为的基本法律特征。最后，行政裁决结果对行政机关以及民事纠纷双方当事人的民事权益将产生实质性的影响。行政裁决一旦作出，行政机关、民事纠纷的双方当事人都必须执行，除非通过行政复议或者行政诉讼等法定途径撤销，否则，行政裁决始终具有法律效力。

正是因为行政裁决具有具体行政行为的性质，所以，经过行政裁决的民事纠纷，当事人向法院提起诉讼时，该争议的解决不再是民事诉讼，而应当是行政诉讼，原告所诉的被告也不是民事纠纷的对方当事人，而是作出行政裁决的行政机关。修改后的《行政诉讼法》第十二条第一款第四项规定：人民法院受理公民、法人或者其他组织"对行政机关作出的关于确认土地、矿藏、水流、森林、山岭、草原、荒地、滩涂、海域等自然资源的所有权或者使用权的决定不服"提起的诉讼。

二、行政裁决的特征

行政裁决是行政机关裁决民事纠纷的具体行政行为。它既不同于一般的具体行政行为，又不同于司法行为。与两者相比较，行政裁决具有以下几个特征。

（一）行政裁决性质上的准司法性。行政裁决是具体行政行为，但是出于解决纠纷的公正性要求，行政裁决从程序到结果都更多地体现司法的特征。

（二）行政裁决程序上的可调解性。与一般具体行政行为相比较，由于行政裁决的对象是民事纠纷，通常情况，行政机关可以在不违反国家法律、法规，不损害国家、集体和他人合法权益的前提下，通过调解，根据双方当事人达成的一致协议作出行政裁决。

（三）行政裁决效力上的强制性。行政裁决一旦作出并送达当事人即发生法律效力，非经行政诉讼或者其他法定途径，任何组织和个人均无权否定其法律效力，包括作出行政裁决的行政机关、民事纠纷双方当事人以及其他相关组织和人员都应当受该行政裁决的约束。

（四）行政裁决结果上的非终局性。与司法机关解决民事纠纷的法律效力相比较，行政裁决处理民事纠纷仅仅是司法裁判程序的前置程序。当事人对行政裁决不服，有权依法向人民法院提起行政诉讼。

三、行政裁决与相关制度的区别

（一）行政裁决与行政复议

行政裁决与行政复议都属于行政司法的范畴，同为行政机关裁决纠纷的法律制度，两者有许多相似之处。但是，也存在一定区别。

1. 性质不完全相同。行政复议既有行政机关解决纠纷的行政司法性质，又有行政机关内部上下级之间层级监督的性质。而行政裁决主要是一种行政司法行为，不具有行政机关内部层级监督的性质。

2. 调整对象不同。行政复议制度的调整对象是法定范围内的行政争议；行政裁决制度的调整对象是与行政管理相关的特定民事纠纷。

3. 基础法律关系不同。行政复议的基础法律关系是行政法律关系，双方当事人的法律地位是不对等的，通常存在管理与被管理的关系；行政裁决的基础法律关系是民事法律关系，民事法律关系中，双方当事人的法律地位是平等的。

4. 裁决的权力不同。行政复议机关依据《行政复议法》规定的权力对行政争议作出行政复议决定；行政裁决机关除依法定权限对纠纷作出裁决外，还可以主持双方当事人进行调解，行政裁决机关应当充分尊重双方当事人以其真实意思表示所达成的协议。

（二）行政裁决与行政调解

行政调解是国家行政机关主持，依法对特定纠纷进行的诉讼外的调解活动。[①] 与行政裁决相比较，两者有以下区别。

1. 行为性质不同。行政调解是行政机关处理纠纷的一种经常性活动

---

① 参见罗豪才主编：《中国行政法教程》，人民法院出版社 1996 年版，第 246 页。

方式，属行政机关的非职权活动；行政裁决则是行政机关依法实施的具有行政司法性质的具体行政行为。

2. 权力来源不同。行政调解作为行政机关的一种工作方法，从本质上说，不具有权力的性质，只要某种纠纷与其行政管理职权有一定程度的联系，不需要法律、法规的特别授权，该行政机关就可以对此纠纷进行调解；行政裁决本质上是一种行政职权，非经法律、法规特别授权，任何行政机关不享有行政裁决权。

3. 法律效力不同。行政调解是非权力性质的调解，其效力依赖双方当事人的自觉履行。即便双方当事人达成协议，也可以反悔。当事人反悔的，调解书不发生依靠国家公权力强制执行的法律效力；行政裁决则是行政机关依行政权作出的具有法律约束力的决定，具有国家强制执行的效力。

4. 救济途径不同。行政调解达成协议双方或者一方又反悔的，当事人可以依法向人民法院提起民事诉讼；而当事人如果对行政裁决不服，则只能依法提起行政诉讼。

（三）行政裁决与行政处罚

行政处罚是行政机关依据法律、法规、规章的授权对违反行政管理秩序依法应当给予行政处罚的公民、法人或者其他组织所实施的法律制裁。行政裁决与行政处罚的区别主要有：

1. 两者性质不同。行政处罚本质上是一种行政制裁，属于行政机关与行政管理相对人之间发生的一般具体行政行为；而行政裁决则是行政机关对发生民事纠纷的双方当事人民事权利的处理或者确认，属于行政机关居间裁决纠纷的行政司法行为。

2. 两者目的不同。行政处罚目的在于通过对违反行政管理秩序的人的法律制裁，教育和警示违法者本人及社会其他成员，维护正常的行政管理秩序；行政裁决的目的则在于便捷、快速、公正地解决民事纠纷，提高行政效率。

3. 两者的表现形式不同。行政处罚的表现形式为对违法行为人财产权的无偿剥夺、对其人身自由的限制、对其某种特定许可权利的收回或暂时取消、对其名誉、信誉的影响等；行政裁决则表现为行政机关对民事纠纷当事人实体民事权利义务的处理。

4. 两者涉及的财产处理流向不同。行政处罚涉及财产罚时，所罚没财产应当上缴国库；而行政裁决对财产的处理是在民事纠纷的双方当事人之间流动。

实践中，对行政处罚与行政裁决的区别并未引起足够的重视，有的行政机关认为不管是行政处罚还是行政裁决都是行政机关的职权，简单地以处罚决定书代替行政裁决文书。例如，某公安机关制作了一份名为"行政处罚决定书"的文件，在处理结果部分却写道："根据某某法律规定，对某某当事人罚款 5000 元（其中赔偿受害人损失 3000 元，上缴国库 2000 元）。"类似的写法在实践中并不少见。它完全忽视了行政裁决的独立地位，混淆了行政处罚与行政裁决的区别。行政处罚与行政裁决在事实认定、适用法律、证据的采信规则等方面都有很多不同，不能简单地以处罚文书代替行政裁决文书。因此，享有行政裁决权的行政机关在行使行政裁决权时，应当以其他行政行为认定事实为基础，根据行政裁决的需要和规则，单独作出独立的行政裁决法律文书。

行政法理论上，对行政裁决与行政处罚的区别也存在模糊认识。曾有行政法论著提出行政处罚可以分为五大类，除通常的人身自由罚、财产罚、行为罚、申诫罚之外，又多了一个"救济罚"。何为救济罚，按照持该观点的学者的说法，救济罚就是指法律、法规等规定的因当事人违法行为造成国家、社会或者他人财产损失，由行政机关"责令赔偿损失""责令恢复原状""责令返还原物"等内容。[①] 而这些内容恰恰是行政机关对当事人在行政违法的同时，其违法行为对他人民事权利造成损害所形成的民事纠纷作出处理的法律根据。我们认为，"救济罚"的内容恰恰符合行政裁决的法律特征，应当属于行政裁决的范畴。

在立法上，混淆行政处罚与行政裁决的情况同样是存在的。例如：

---

① 参见张树义、方彦编：《中国行政法学》，中国政法大学出版社 1989 年版，第 178—179 页。

1987 年 9 月 11 日国务院发布的《中华人民共和国价格管理条例》第三十条规定："对有前条行为之一的，物价检查机构应当根据情节按照下列规定处罚：……（二）责令将非法所得退还购买者或者用户"。显然，责令将非法所得退还购买者并非处罚行为，而是物价部门依法享有的处理民事侵权纠纷的行政管理权，应当属于行政裁决。对此，1998 年 5 月 1 日起实施的《价格法》已经予以修正。但同时，根据该法第四十一条规定，经营者因价格违法行为致使消费者或者其他经营者多付价款的，应当退还多付部分；造成损害的，应当依法承担赔偿责任。实质上是取消了物价检查机构的行政裁决权。

综上，由于行政裁决的概念和外延不清，已经造成了许多理论和实践的误解，因此，从法理上厘清行政裁决与行政处罚的区别十分必要。

（四）行政裁决与行政裁判

行政裁判是一个论述不多的学理概念。有学者认为，行政裁判是指依法在我国行政系统内设立的具有司法职能的行政裁判机构，以第三方公断人的身份，适用法律规定的准司法程序，裁决行政争议案件以及其他案件的活动。包括过去的《经济合同仲裁条例》规定的经济合同仲裁、《劳动法》规定的劳动争议仲裁，以及《商标法》规定的商标评审委员会裁决等。[1] 还有观点认为，行政裁判是指行政机关内设专门机构，同时解决特定行政争议和民事纠纷的制度。主要包括商标评审委员会评审制度和专利复审委员会的专利复审制度。[2] 根据上述对行政裁判的基本理解和认识，我们认为，行政裁判中裁决涉及当事人民事纠纷的部分应当属于行政裁决，而行政裁判机构对行政争议的处理则属于行政复议的范畴。

这里值得注意的是，许多著作或者文章都把专利复审委员会和商标评审委员会审理案件的行为作为行政裁决行为对待，这是不正确的。如果我们仔细分析一下我国《专利法》和《商标法》规定的专利复审委员

---

[1]　参见龚祥瑞编：《行政法与行政诉讼法》，法律出版社 1989 年版，第 54 页。

[2]　参见应松年编：《行政法学新论》，中国方正出版社 2004 年版，第 479—480 页。

会和商标评审委员会管辖案件的范围①，我们会发现，两个委员会所裁决的案件无一例外的都是行政争议案件，即便是部分案件中存在民事纠纷，如商标异议裁定案、申请宣告专利权无效案，其请求仍然是要求撤销商标局或者专利局的行政决定。因此，在我国目前存在的两种上述行政裁判制度中，实际上是不存在行政裁决性质的行政裁判制度的，我国商标评审委员会制度和专利复审制度，都应当属于行政复议制度的一部分。当然，商标局和专利局对商标、专利民事纠纷的处理仍属于行政裁决的范畴。

四、行政裁决的种类

根据我国现行有关法律、法规的规定，从不同的角度，可以对行政裁决作出不同的分类。

（一）根据行政裁决机关性质不同可以将行政裁决分为两种

1. 一般行政机关的行政裁决。即法律、法规将对特定民事纠纷的行政裁决权授予普通行政机关，这是行政裁决最常见的情况。例如，《土地管理法》第十六条规定："土地所有权和使用权争议，由当事人协商解决；协商不成的，由人民政府处理。单位之间的争议，由县级以上人民政府处理；个人之间、个人与单位之间的争议，由乡级人民政府或者县级以上人民政府处理。当事人对有关人民政府的处理决定不服的，可以

---

① 《商标法》第三十四条规定：对驳回申请、不予公告的商标，商标局应当书面通知商标注册申请人。商标注册申请人不服的，可以自收到通知之日起十五日内向商标评审委员会申请复审。商标评审委员会应当自收到申请之日起九个月内作出决定，并书面通知申请人。有特殊情况需要延长的，经国务院工商行政管理部门批准，可以延长三个月。当事人对商标评审委员会的决定不服的，可以自收到通知之日起三十日内向人民法院起诉。《专利法》第四十一条规定：国务院专利行政部门设立专利复审委员会。专利申请人对国务院专利行政部门驳回申请的决定不服的，可以自收到通知之日起三个月内，向专利复审委员会请求复审。专利复审委员会复审后，作出决定，并通知专利申请人。专利申请人对专利复审委员会的复审决定不服的，可以自收到通知之日起三个月内向人民法院起诉。

自接到处理决定通知之日起三十日内，向人民法院起诉。在土地所有权和使用权争议解决前，任何一方不得改变土地利用现状。"① 法律、法规将此类行政裁决权普遍地授予一类行政机关的各级组织，使得该类行政机关对相应的民事纠纷都有行政裁决权。

2. 专门行政机构的行政裁决。即法律将行政裁决权授予行政机关内设的专门机构。这种情况在英、美国家比较常见，如英国的各类行政裁判所，美国的各种独立管制机构，而在我国现行法律制度则不存在此种形式的行政裁决。

这里有一种情况是否属于专门行政机关的行政裁决值得探讨，那就是劳动争议仲裁制度。在我国《仲裁法》出台之前，劳动争议仲裁往往被视为最为典型的行政仲裁制度，属于行政司法行为的一种。② 我国《劳动法》第八十一条规定："劳动争议仲裁委员会由劳动行政部门代表、同级工会代表、用人单位方面的代表组成。劳动争议仲裁委员会主任由劳动行政部门代表担任。"《劳动争议调解仲裁法》第十七条规定："劳动争议仲裁委员会按照统筹规划、合理布局和适应实际需要的原则设立。省、自治区人民政府可以决定在市、县设立；直辖市人民政府可以决定在区、县设立。直辖市、设区的市也可以设立一个或者若干个劳动争议仲裁委员会。劳动争议仲裁委员会不按行政区划层层设立。"第十九条第一款规定："劳动争议仲裁委员会由劳动行政部门代表、工会代表和企业方面代表组成。劳动争议仲裁委员会组成人员应当是单数。"根据这些条款规定，劳动争议仲裁委员会似乎具有县、市、市辖区人民政府设立的专门行政机关的性质。另外，劳动争议仲裁不受我国《仲裁法》的调整，与一般民间仲裁相比较，仲裁不是当事人合意的选择机制，而是当事人单方能够引起仲裁程序。仲裁管辖实行法定管辖，对仲裁裁决不服还可以

---

① 对此亦有不同意见。也有人认为像人民政府处理土地权属这样的行政裁决应当属于专门行政机关的裁决。参见应松年主编：《行政法学新论》，中国方正出版社2004年版，第471页。

② 参见应松年编：《行政行为法》，人民出版社1993年版，第811—813页。

向人民法院起诉等等，这些规定与一般意义的仲裁制度有明显的区别。劳动争议仲裁有仲裁之名，无仲裁之实。因此，有人将劳动争议仲裁的性质认定为行政裁决①。如果劳动争议仲裁能够成为行政裁决的一部分，那么，它当然是专门行政机关的行政裁决了。

　　然而事情并非如此简单。根据最高人民法院 1988 年 10 月 19 日《关于审理劳动争议案件诉讼当事人问题的批复》、劳动和社会保障部 1999 年发布的《劳动和社会保障行政复议办法》以及 1998 年 8 月 31 日发布的《关于劳动争议仲裁委员会不当行政被告的通知》精神，劳动争议仲裁委员会的仲裁决定不能申请行政复议，劳动争议当事人不服仲裁裁决，不得以劳动争议仲裁委员会为被告提起行政诉讼，只能以劳动争议的原双方当事人为原、被告提起民事诉讼。这个规定实质上是否定了劳动争议仲裁的行政裁决性质。

　　我们认为，最高人民法院、劳动和社会保障部的上述规定是值得商榷的。第一，根据仲裁一词的基本含义，仲裁应当是民间性质的，而劳动争议仲裁从机构到人员都具有行政的性质。第二，仲裁机构的管理应当是民间仲裁机构的内部自治式管理；而劳动争议仲裁的所有组织机构、运作程序、日常管理等活动都是由劳动和社会保障部门负责的。第三，仲裁管辖是基于争议双方当事人对仲裁机构的信任而决定的，只有当事人相互协商一致才能确定仲裁管辖；而劳动争议仲裁的管辖只能在劳动争议企业所在地的县级劳动争议仲裁委员会提起，且无须争议双方当事人对仲裁管辖的合意。第四，仲裁的原则是一裁终局，只要仲裁机构不存在程序违法等法定情况，任何一方当事人不得再向法院寻求司法救济；而劳动争议仲裁法律本身就规定，当事人对劳动争议仲裁委员会的裁决不服可以向人民法院提起诉讼，仲裁并非终局。第五，根据《仲裁法》第七十七条规定，劳动争议仲裁不受《仲裁法》约束。劳动仲裁名为仲裁，却不受仲裁法的调整，实质上《仲裁法》这条规定的

---

① 　参见应松年编：《行政法学新论》，中国方正出版社 2004 年版，第 477—478 页。

本身就将劳动争议仲裁排除在仲裁的行列之外。第六，与行政裁决案件只能提起行政诉讼不能提起民事诉讼的道理一样，目前最高人民法院同劳动和社会保障部规定，不服劳动争议仲裁裁决只能提起民事诉讼。这存在一个法理上的障碍：当事人对劳动争议仲裁委员会的决定不服，提起民事诉讼，如果人民法院的民事判决与仲裁决定不一致，劳动争议仲裁裁决是一个生效的法律文书，未被撤销之前均应当具有执行力，同时，人民法院的生效判决当然具有执行力，允许同时存在两个相互矛盾又都具有法律效力的裁判文书存在，这在法理上是说不通的。综上几点理由，我们认为，劳动仲裁本质上应当属于行政裁决的性质，不应当属于仲裁性质。因此，建议在修改《劳动法》及《劳动争议调解仲裁法》时，改"劳动争议仲裁"的名称为"劳动争议裁决"，还劳动争议仲裁行政裁决性质的本来面目，同时规定，对劳动争议裁决不服，应当提起行政诉讼。

人事争议仲裁与劳动仲裁存在同样的问题。人事争议仲裁是指人事争议仲裁委员会对申请仲裁的人事争议案件依法进行裁决的活动。20 世纪80 年代末期开始，一些地方开始试点人事争议仲裁制度。在各地实践的基础上，人发［1997］71 号《人事争议处理暂行规定》确立了我国统一的人事仲裁制度。根据该《暂行规定》，国家行政机关与工作人员之间因录用、调动、履行聘任合同发生的争议；事业单位与工作人员之间因辞职、辞退以及履行聘任合同或聘用合同发生的争议；企业单位与管理人员和专业技术人员之间因履行聘任合同或聘用合同发生的争议；依照法律、法规、规章规定可以仲裁的人才流动争议和其他人事争议，属于人事仲裁范围。同时规定，省（自治区、直辖市）、副省级市、地（市）、县（市、区）设立人事争议仲裁委员会，分别负责处理管辖范围内的人事争议。仲裁委员会处理人事争议案件，实行仲裁庭制度。仲裁庭由三名以上（含三名）的单数仲裁员组成，仲裁委员会指定一名仲裁员担任首席仲裁员；简单的人事争议案件，仲裁委员会可以指定一名仲裁员独任处理。发生效力的调解书、裁决书当事人必须执行。当事人自收到裁决书之日起 10 日内，可以向作出裁决的仲裁委员会申请复议。仲裁委员会经审查核实，有下列情形之一的，应当另行组成仲裁庭处理：1. 有证据证明仲裁庭的组成或者仲裁的程序违反法定程序；2. 裁决所依据的证据是伪造的；3. 对方当事人隐瞒了足以影响公正裁决的证据的；4. 仲裁员在仲裁该案时有受贿索贿、徇私舞弊、枉法裁决行为的。复议期间，不影响裁决的执行。但是，《暂行规定》对当事人不服人事仲裁裁决或者复议裁决不服是否可以向人民法院起诉未作规定，更没有提起是民事诉讼还是行政诉讼的明确规定。2007 年 8 月 9 日中共中央组织部、国务院人事部、解放军总政治部联合发布国人部发〔2007〕109 号《人事争议处理规定》，废止了《暂行规定》，并明确下列人事争议适用人事仲裁：1. 实施公务员法的机关与聘任制公务员之间、参照《中华人民共和国公务员法》管理的机关（单位）与聘任工作人员之间因履行聘任合同发生的争议；2. 事业单位与工作人员之间因解除人事关系、履行聘用合同发生的争议；3. 社团组织与工作人员之间因解除人事关系、履行聘用合同发生的争议；4. 军队聘用单位与文职人员之间因履行聘用合同发生的争议；5. 依照法律、法规规定可以仲裁的其他人事争议。新《规定》同时明确，人事争议仲裁委员会处理人事争议案件实行仲裁庭制度，仲裁庭是人事争议仲裁委员会处理人事争议案件的基本形式。新《规定》对不服仲裁裁决的，明确规定当事人可以向人民法院提起诉讼。可是，当事人应该提起民事诉讼还是行政诉讼，未予明确。但是，按照法释〔2003〕13 号《最高人民法院关于人民法院审理事业单位人事争议案件若干问题的规定》，事业单位与其工作人员之间因辞职、辞退及履行聘用合同所发生的争议，适用《中华人民共和国劳动法》的规定处理；当事人对依照国家有关规定设立的人事争议仲裁机构所作的人事争议仲裁裁决不服，自收到仲裁裁决之日起十五日内向人民法院提起诉讼的，人民法院应当依法受理，一方当事人在法定期间内不起诉又不履行仲裁裁决；另一方当事人向人民法院申请执行的，人民法院应当依法执行；这里所称人事争议是指事业单位与其工作人员之间因辞职、辞退及履行聘用合同所发生的争议。因劳动部与人事部合并，为了便于工作，人力资源和社会保障部于 2009 年 1 月 1 日发布实施《劳动人事争议仲裁办案规则》，将劳动争议仲裁委员会与人事争议仲裁委员会合并，成立劳动人事争议仲裁委员会。《劳动人事争议仲裁办案规则》规定，下列案件适用本程序规定：1. 企业、个体经济组织、民办非企业单位等组织与劳动者之间，以及机关、事业单位、社会团体与其建立劳动关系的劳动者之间，因确认劳动关系，订立、履行、变更、解除和终止劳动合同，工作时间、休息休假、社会保险、福利、培训以及劳动保护，劳动报酬、工伤医疗费、经济补偿或者赔偿金等发生的争议；2. 实施公务员法的机关与聘任制公务员之间、参照公务员法管理的机关（单位）与聘任工作人员之间因履行聘任合同发生的争议；3. 事业单位与工作人员之间因除名、辞退、辞职、离职等解除人事关系以及履行聘用合同发生的争议；4. 社会团体与工作人员之间因除名、辞退、辞职、离职等解除人事关系以及履行聘用合同发生的争议；5. 军队文职人员聘用单位与文职人员之间因履行聘用合同发生的争议；6. 法律、法规规定由仲裁委员会处理的其他争议。《劳动人事争议仲裁办案规则》还规定，当事人对裁决不服向人民法院提起诉讼的，依照调解仲裁法的有关规定处理。《劳动争议调解仲裁法》规定，当事人对仲裁裁决不服的，除本法另有规定的外，可以向人民法院提起诉讼。2010 年 9 月 14 日起施行的法释［2010］12 号《最高人民法院关于审理劳动争议案件适用法律若干问题的解释（三）》根据劳动争议仲裁委员会与人事争议仲裁委员会合并成立劳动人事争议仲裁委员会的事实，明确将不服劳动人事争议仲裁委员会裁决案件归为民事案件。

我们认为，作为专门裁决机构——劳动人事争议仲裁委员会作出的裁决是具有行政权性质的裁决，属于行政裁决的范畴。当事人不服行政裁决行为，应当通过行政诉讼途径解决，而不应通过民事诉讼途径救济。作为人社部门设立的劳动人事仲裁委员会，应当克服不愿做被告的心理，勇敢地承担起对劳动人事争议裁决行为的法律责任，接受司法审查；同时作为人民法院，也应当充分尊重劳动人事仲裁委员会依法作出的仲裁裁决，通过行政诉讼程序对其行政裁决行为的合法性进行全面审查，促进裁决机关依法行政，而不是仅仅是通过民事诉讼程序，仅仅对劳动人事争议作出判决，对仲裁机构的裁决置之不理。

（二）根据行政裁决程序的启动缘由不同，可以将行政裁决分为以下三种

1. 法定职责型行政裁决。法定职责型行政裁决是法律规定行政机关在行使相关行政职权时，必须对平等主体之间的民事纠纷依法作出裁决。例如，《渔业法》第三十五条规定："进行水下爆破、勘探、施工作业，对渔业资源有严重影响的，作业单位应当事先同有关县级以上人民政府渔业行政主管部门协商，采取措施，防止或者减少对渔业资源的损害；造成渔业资源损失的，由有关县级以上人民政府责令赔偿。"

2. 当事人选择型行政裁决。当事人选择型行政裁决是指法律规定行政裁决程序的启动只能由当事人向有关行政机关提出申请，行政机关无权主动依职权裁决民事纠纷。当事人可以选择由行政机关行政裁决，也可以选择直接向人民法院提起民事诉讼。如《药品管理法》第五十六条规定："违反本法，造成药品中毒事故的，致害单位或者个人应当负损害赔偿责任。受害人可以请求县级以上卫生行政部门处理；当事人不服的，可以向人民法院起诉。受害人也可以直接向人民法院起诉。"①

3. 行政机关自主型行政裁决。行政机关自主型行政裁决是指法律规定行政机关对相关民事纠纷可以作出行政裁决，行政机关既可以依职权主动裁决民事纠纷，也可以根据当事人的申请作出行政裁决，同时，还可以让当事人直接向人民法院提起民事诉讼。如1985年《草原法》第十八条规定："草原所有权、使用权受到侵犯的，被侵权人可以请求县级以上地方人民政府农牧业部门处理。有关农牧业部门有权责令侵权人停止

---

① 这是1984年《药品管理法》的规定。2001年《药品管理法》修改，已经取消相关内容。至此，药品行政主管部门该项行政裁决权也不复存在。

侵权行为，赔偿损失。被侵权人也可以直接向人民法院起诉。"①

（三）根据行政裁决处理的民事纠纷所涉及的民事权益的性质不同，可以将行政裁决分为以下几种

1. 权属纠纷的行政裁决。指行政机关依法对平等主体之间因财产的所有权或者使用权归属纠纷居间作出的确权裁决。此类行政裁决主要适用于土地、草原、森林、水面、滩涂、矿产等自然资源纠纷。例如，1996 年修订的《矿产资源法》第四十九条规定："矿山企业之间的矿区范围的争议，由当事人协商解决，协商不成的，由有关县级以上地方人民政府根据依法核定的矿区范围处理；跨省、自治区、直辖市的矿区范围的争议，由有关省、自治区、直辖市人民政府协商解决，协商不成的，由国务院处理。"

2. 侵权赔偿的行政裁决。② 指行政机关依据法律规定对平等主体之间与行政管理职权相关的侵权损害赔偿民事纠纷作出的行政裁决。例如，1987 年 9 月 5 日第六届全国人大常委会第二十二次会议通过的《大气污染防治法》第三十六条规定："造成大气污染危害的单位，有责任排除危害，并对直接遭受损失的单位或者个人赔偿损失。赔偿责任和赔偿金额

① 2002 年修改后的《草原法》第十六条规定："草原所有权、使用权的争议，由当事人协商解决；协商不成的，由有关人民政府处理。""单位之间的争议，由县级以上人民政府处理；个人之间、个人与单位之间的争议，由乡（镇）人民政府或者县级以上人民政府处理。""当事人对有关人民政府的处理决定不服的，可以依法向人民法院起诉。""在草原权属争议解决前，任何一方不得改变草原利用现状，不得破坏草原和草原上的设施。"修改后的《草原法》的规定，实质上是将行政裁决程序规定为草原所有权、使用权争议的必经前置程序。

② 一些教材，将行政裁决分为损害赔偿行政裁决、权属纠纷行政裁决、侵权纠纷行政裁决。我们认为，损害赔偿和侵权是不能并列的两个概念，因为，侵权指的是当事人的一种民事行为，而损害赔偿是侵权行为的法律后果，将原因和结果并列，逻辑上不通。例如罗豪才主编：《中国行政法教程》，人民法院出版社 1996 年版，第 251—252 页，就有此种提法。马怀德编：《行政法与行政诉讼法》，中国法制出版社 2000 年版，第 339 页，也有同样提法。

的纠纷，可以根据当事人的请求，由环境保护部门处理；当事人对处理决定不服的，可以向人民法院起诉。当事人也可以直接向人民法院起诉。"①

3. 拆迁补偿类行政裁决。2001 年修订的《城市房屋拆迁管理条例》第十六条规定："拆迁人与被拆迁人或者拆迁人、被拆迁人与房屋承租人达不成拆迁补偿安置协议的，经当事人申请，由房屋拆迁管理部门裁决。房屋拆迁管理部门是被拆迁人的，由同级人民政府裁决。裁决应当自收到申请之日起 30 日内作出。""当事人对裁决不服的，可以自裁决书送达之日起 3 个月内向人民法院起诉。拆迁人依照本条例规定已对被拆迁人给予货币补偿或者提供拆迁安置用房、周转用房的，诉讼期间不停止拆迁的执行。"本条规定即属于补偿类的裁决。取得拆迁许可证后，拆迁人与被拆迁人就拆迁安置补偿事项不能达成一致意见的，当事人可以申请房屋拆迁管理部门就安置补偿事宜作出裁决。裁决具有法律效力，当事人不服可以向人民法院提起行政诉讼。②

---

① 2000 年 4 月 29 日第九届全国人大常委会第十五次会议通过了新的《大气污染防止法》，新法第六十二条将环境保护部门的行政裁决权修改为调解处理权。

② 2011 年 1 月 21 日颁布实施的《国有土地上房屋征收与补偿条例》已经废止了《城市房屋拆迁条例》。《国有土地上房屋征收与补偿条例》第二十六条规定："房屋征收部门与被征收人在征收补偿方案确定的签约期限内达不成补偿协议，或者被征收房屋所有权人不明确的，由房屋征收部门报请作出房屋征收决定的市、县级人民政府依照本条例的规定，按照征收补偿方案作出补偿决定，并在房屋征收范围内予以公告。""补偿决定应当公平，包括本条例第二十五条第一款规定的有关补偿协议的事项。""被征收人对补偿决定不服的，可以依法申请行政复议，也可以依法提起行政诉讼。"根据该条规定，房屋征收部门与被征收人达不成补偿协议的，由作出征收决定的市、县级人民政府作出补偿决定。应当注意的是，这里的征收补偿决定不是行政裁决，是征收人享有的行政特权，属于行政处理行为。征收补偿的义务主体就是作出征收决定的市、县级人民政府决定，不存在一个需要作出裁决的民事纠纷。

五、行政裁决制度的完善

我国目前的行政裁决制度只是偶见于为数不多的法律中的个别条款，并未形成完整意义上的法律制度。行政裁决法律制度建设远远落后于依法行政的现实需要。有以下突出问题。

（一）行政裁决的法律名称不统一。有的法律称之为"裁决"，有的称"处理"，还有的叫"调处""责令"等等。名称上的不一致，造成实践中对是否授予行政裁决权产生分歧。

（二）行政裁决授权过于简单。法律对行政机关的行政裁决授权往往只有一句话，对授权的范围、权限、行使的方式等仅仅只有非常原则的规定，实践中的操作性极差。

（三）行政裁决程序制度几乎等于空白。几种行政裁决启动程序并存，行政裁决法律规定的随意性过大，缺少科学的论证。

（四）在近年的立法实践中，由于部门立法的体制原因，过去许多法律、法规规定行政机关有对与行政管理密切相关的民事纠纷裁决权的，在法律、法规修改过程中，行政机关怕当被告，不愿当被告的心理作用，修改后的法律、法规都取消了行政裁决的授权，改为行政调解，调解不成，当事人直接向人民法院提起民事诉讼。这种做法是不符合当今世界各国强化行政机关裁决民事纠纷职权的发展趋势的。

（五）行政裁决制度理论研究滞后。绝大多数文章或者教材内容千篇一律，缺少实际的调查研究和深入细致的理论研讨。

如何完善行政裁决制度？我们认为，在行政裁决制度的设计上，可以从以下几个方面努力。

1. 增强行政裁判权主体的独立性。行政裁决是解决民事纠纷的法律制度，要让当事人感觉到公正，行政裁决机构就必须要有独立的、不受各种势力干扰作出裁决的地位。我国可以借鉴英、美等国行政裁判所、独立管制机构的经验①，设立各种不同专业或者行业的独立行政裁判机

---

① 关于英、美等国行政裁判所和独立管制机构的介绍，参见本章第二节的内容。

构。独立行政裁判机构的职能不是进行行政执法，其全部的功能在于裁决纠纷。行政裁判机构的裁判官员应当比普通行政执法人员有更高的专业和法律知识要求，有更高的福利和待遇。裁决机构应当采取合议制形式作出行政裁判决定。

2. 将行政复议制度纳入行政裁决范畴。行政复议和行政裁决都是行政机关解决纠纷的制度，完全可以将这两种制度统一起来。行政复议制度的核心不是行政机关内部的层级监督，而是当事人寻求法律救济的一条简便途径。现行行政复议法过于追求行政复议的行政监督性质，致使行政复议在许多情况下流于形式，很难真正起到保护公民、法人和其他组织合法权益的目的。而将行政复议和行政裁决合并，建立行政裁判所，突出行政裁判所的独立地位和裁判程序的司法性质，会对行政裁决和行政复议制度的发展，全面、公正地解决各种社会矛盾，起到十分重要的作用。

3. 将行政裁决与行政执法行为的职能分离。行政执法目的在于管理与服务，更多地体现在对行政效率的要求上；行政裁决则是解决纠纷，对公平、公正的要求更高。因此，两者本身的性质就决定了它们应当分别由不同的机构和人员来行使。在行政执法中由同一机构和人员行使行政裁决权，执法人员会更多地考虑行政执法问题，而对裁决纠纷仅仅当作一种附属职能，不可能对其投入更多的时间和精力。这样实际是不利于发挥行政裁决定分止争，减轻人民法院审判压力的作用。

4. 建立行政司法程序，规范行政裁决行为。为体现行政裁决解决纠纷的公开、公平、公正性，行政裁决机构必须采用类似于司法行为的行政司法程序，尽可能让争议双方当事人在平等的基础上充分表达意见，裁决机构在听取双方意见的基础上作出客观、公正的裁决。

5. 对所有行政裁决不服的，都应当允许当事人向人民法院提起行政诉讼。这是由法治国家的基本内容所决定的，也是我国加入 WTO，履行对世贸组织成员国承诺的基本要求。人民法院是我国社会公正的最后防线，行政裁决公正与否要经得起司法审查的最终考验。

第二节 国外与行政裁决相关制度介绍

权力扩张是当代行政的趋势。虽然自孟德斯鸠创立"三权分立"学说以后，西方法学家大都认为立法权、行政权、司法权是三种性质截然不同的权力，三种权力也只有互相分立，"以权制权"，才能防止专横，保证公民的权利和自由不受侵犯；在国家制度的构建上，西方国家也确立了立法、行政、司法三种权力分立、权力互相制约的体制。但是，随着社会的发展，行政机关管理社会事务范围的不断扩大，行政机关不但行使传统的行政权，也部分地行使规则的制定权和争端的裁决权。英国的行政裁判所和美国的独立控制机构等行政机构根据法律规定，不仅有权解决行政机关与私人之间发生的争议，也有权裁断部分私人之间发生的争议。行政机关行使的这种争端裁决权，在国外被称为准司法权或者行政裁判权。在西方国家中，行政裁判权扩大的趋势正在加强。为了促进我国行政裁决制度的发展与完善，现将与我国行政裁决制度相近的英国行政裁判所制度、美国独立控制机构制度和日本当事人争讼制度作一简单介绍。

一、英国的行政裁判所

英国争端裁决体制的一个显著特征是，除了有普通法院外，还有众多的行政裁判所。这些行政裁判所根据议会制定的法律设立，其权力和职责亦由法律规定。它既解决行政上的争端，也裁决公民相互之间某些和社会政策有密切联系的争端。

行政裁判所主要是 20 世纪的产物。因为英国传统的法治观念认为，法律问题的裁决，即查明事实和使用特定法律规则或原则，是专属于法院的权力，一切裁判权均应由普通法院行使。最先突破这种法治原则的是 1660 年的一个法律，它授予关税和消费税委员会司法权力，目的是为了有效地征集税收。以后又授予土地税委员会司法权力。在税收以外，最早的行政裁判所是1846年的铁路委员会和1873年的铁路和运河委员会。但在19世纪，由于行政职能单一，所管理事务不多，因此行政裁判所在当时只是例外现象。进入20世纪以后，随着英国社会立法的大量出现，政府对社会经济生活的干预加强，由政府直接处理的涉及民权、民生的事务日益增多，在行政管理领域引发了大量需要及时处理和解决的矛盾和纠纷，仅靠普通法院来解决这些纠纷，已很难满足维护社会安定和保护人权的需要。在这种形势下，根据议会法律设立的各种行政裁判所数目不断增多。特别是二战以后，英国致力于建设福利国家，全面推行社会安全计划，社会立法得到进一步的强化，而社会舆论对普通法院的保守倾向持批判的态度。因此政府执行社会立法所发生的争端尽量不由普通法院管辖，而是大量设立行政裁判所来受理这些案件，从而行政裁判所发展迅猛，几乎每一个行政管理领域都建立了自己的行政裁判所。由于裁判所的设立毫无计划，裁判员缺乏训练，程序没有规定，裁判所的裁决往往不能上诉，因而迅速引起社会的不满。1955年弗兰克斯委员会开始调查行政裁判所的公开问题，并于1957年提出报告，对行政裁判所的改进提出建议。这些建议大部分为英国政府所采纳并于1958年由英国议会通过了《裁判所与调查法》（1971年修订），对行政裁判所的组成、调查规则以及对行政裁判的司法审查作了全面系统的规定，成为行政裁判所发展史上的一个重要里程碑。此后行政裁判所普遍得到改进，行政裁判所的权力也普遍得到承认。与此相适应，成立了行政裁判所委员会，作为监督和指导行政裁判所工作的经常性机构。

在普通法院具有崇高威信的英国，行政裁判所之所以能够迅速发展，并发挥重要作用，是因为与普通法院相比，它具有优越性：一是行政裁判所具有专门知识。当代许多立法中所发生的争端需要专门知识才能处理。解决这些争端需要法律头脑，也需要理解立法政策和具备行政经验。行政裁判所根据需要成立，具有行政上必要的专门知识，专业化的裁判所能够更为熟练和迅速地处理各种专门案件，而普通法院的法官往往不能胜任。二是程序简便。行政裁判所不受普通法院诉讼程序的约束，可以根据不同性质的诉讼制定不同的程序规则。它可以采取方便的证据规则，例如不禁止采纳传闻证据。由于程序比较简便，可以避免法院程序中不切实际的弊病。三是具有灵活性。行政裁判所不受普通法院遵守先例原则的限制，在适用法律方面比普通法院具有更大的灵活性。四是办案时间迅速且费用低廉。行政裁判所由于程序简便灵活，办案比普通法院快，当事人所花费用低廉。五是符合社会立法的需要。英国普通法院法官受传统思想束缚，个人主义根深蒂固，很多法官对近代社会立法难以理解和执行。因此，英国关于社会立法所发生的争端大都由行政裁判所执行。社会立法所涉及的范围广，包括全体公民的全部生活在内。实施社会立法所发生的争端超过其他法律。一方面，这些争端影响公民的日常生活，不仅需要迅速解决，而且很多享受社会福利的人无力负担普通法院昂贵的诉讼费用；另一方面，普通法院的结构无力受理这些诉讼。所以说，行政裁判所的设立符合社会立法的需要。①

英国的行政裁判所没有统一的体系，它们都是根据法律明文规定，为了某一特殊目的或者执行某一特定法律而设立的。有的行政裁判所仅受理行政机关和公民之间的争议，有的则只受理与社会政策有密切联系的公民之间的争端，因而既有旨在解决根据社会保障立法提出的权利争议的地方裁判所，以及解决有关雇主与雇员之间的并且往往也涉及国家的许多权利争议的劳资裁判所等，也有一些处理税收、财产权、移民、精神健康和小学生的学校分配等问题的裁判所。进行各种权利争议的裁决，很大部分都属于这些裁判所管辖，而绝不仅限于对公共机构的纷争。② 英国行政裁判所种类繁多，数目庞大。目前受《裁判所与调查法》支配的行政裁判所有五十多种，数目达两千多个。从裁判专业上，行政裁判所大致可分为四类：1. 财产权和税收方面的裁判所；2. 工业和工业关系方面的裁判所；3. 社会福利方面的裁判所；4. 外国人入境方面的裁

---

① 参见王名扬：《英国行政法》，中国政法大学出版社 1987 年版，第 137 页。
② 参见［英］威廉·韦德：《行政法》，徐炳等译，中国大百科全书出版社 1997 年版，第 617 页。

判所。①

对于行政裁判所的性质，在英国有不同的看法。行政界认为行政裁判所是行政机构，应受行政系统控制；法学界认为行政裁判所是司法机构，应按司法审判形式组织。但英国实际上采取了折中的模式，其活动必须兼顾行政上的需要和符合公平的要求，以平衡公共利益和公民个人的利益。在行政裁判所的组织上，虽然因各裁判所业务性质的不同，其组成成员有很大的差异，但经常采取所谓均衡的方式，使裁判所的成员能够代表并平衡各方的利益。通常一个裁判所中有一个具有法律知识的独立的主席和两个分别代表不同的利益（例如雇主和劳工，房主和租户的利益等）成员，以保障各方当事人在裁判所中都有能够了解他的利益代表成员。裁判所的成员一般具有独立性，不受和他有关的部长影响。有的裁判所的主席由大法官任命；有的由部长任命，但必须从大法官同意的事先预定的名单中挑选。裁判所的其他成员或者由部长任命，或者由裁判所主席任命；名单中的人大都代表各方的利益，或者是各方面的专家。根据 1971 年修订的《裁判所与调查法》的规定，没有大法官的同意，部长不能解除该法附表所列裁判所成员的职务。

由于各种裁判所受理的案件差别很大，因此英国没有一部适用于一切行政裁判所的程序法典。但是部长为受《裁判所与调查法》支配的行政裁判所制定规则时，必须咨询裁判所委员会的意见。委员会借此把某些重要的原则贯彻到一切程序规则中。

行政裁判所审理案件时，采取两造对抗程序而不是纠问式的程序，裁判所听取双方当事人的意见作出决定，自己不牵涉争论，不偏袒任何一方。当事人有权知道对方的论点。除特殊情况采取书面审理外，原则上实行公开审理，除极少数裁判所外，当事人有权使用律师作为代理人。行政裁判所不受法院证据规则的约束。在大部分裁判所中，证人不必宣誓，裁判所可以进行调查，一般在当事人参加情况下进行。全部证据必须向当事人展示，裁判所听取当事人的意见。有的裁判所有权传唤证人，

① 参见王名扬：《英国行政法》，中国政法大学出版社 1987 年版，第 142 页。

命令提供证据。当裁判所没有这种权力时，当事人可以请求高等法院发出传票传唤证人。

裁判所的裁决依多数人的意见通过，不必全体一致。行政裁判所根据具体情况作出判决，虽然不必遵守先例，但应当遵循合理的、一贯的原则，考虑过去的决定。1971 年通过的《裁判所与调查法》规定在当事人请求时，除非涉及国家机密、个人隐私、职业声誉、商业秘密或者法律另有规定，行政裁判所必须对它的裁决说明理由。当事人如对行政裁判所的裁决有异议，根据《裁判所与调查法》的规定，通常可以提起上诉，法院也可以对其上诉进行司法审查。上诉是对下级机构的决定不服向上级机构或者其他机构提出，请求改变原决定的行为。在英国，上诉不是当然的权利，只在法律有规定时按法律规定的条件才存在。英国法律对不服行政裁判所的裁决没有规定统一的上诉格式。有的规定对法律问题可以上诉，有的规定对事实问题可以上诉，有的规定对法律问题和事实问题都可以上诉，有的则没有规定上诉的权利。受理上诉的机构也多种多样，主要有：(1)向另一裁判所上诉；(2)向部长上诉；(3)向法院上诉。行政裁判所的裁决，法院可以进行司法审查。法院对行政裁判所的裁决进行司法审查不需要成文法的规定，而是根据普通法的越权原则（theultradoctrine）进行。在英国，构成越权的理由有：违反自然公正原则；程序上的越权；实质的越权。如果行政裁判所的活动超出法定范围，或者违反自然公正原则，或者无理作出裁决，法院可以宣告其无效或予以撤销。

二、美国的行政裁决制度

美国行政机关裁断私人之间的民事争议，属于行政裁决制度的一部分。但美国的裁决与我们称行政裁决不同。根据美国《联邦行政程序法》（APA）的规定，所谓裁决是指行政机关作出能够影响当事人的权利和义务的一切具体决定的行为。它既包括行政机关对行政争议和民事争议的裁决，也包括行政机关对相对人作出具体的处理决定，适用的范围很宽。这里仅从行政机关对争议进行裁决的角度对美国的行政裁决制度进行介绍。

　　美国是典型的三权分立的国家。根据联邦宪法的规定，立法权属于国会，行政权属于总统，司法权属于最高法院以及根据国会立法设立的下级法院。但是当代，由于社会的发展，社会生活纷繁复杂，行政任务日益繁重，行政职能不断扩张，行政活动已经涉及社会生活的各个领域。在管理过程中出现的大量复杂的纠纷需要及时解决。对所发生的一些争端的解决，不仅需要法律知识，而且需要行政事项的专门知识，法官缺乏行政方面的专门知识，法官也缺乏解决行政问题所需要的开拓和进取精神。行政争议增多，法院没有时间解决全部行政争端，而且行政争端需要迅速解决，法院的程序规则不能适应行政上的需要。[①] 为了适应社会的需要，有效地执行国会的政策，国会将一些争端的裁决权授予行政机关（委任司法权）。

　　例如行政机关根据法律的授权，裁决涉及外国人的案件、解决工人和雇主之间由于职业原因所引起的赔偿争端等等。不仅如此，一些法律还授予行政机关有权决定采取补救措施。例如，州际商业委员会不仅可以决定运费是否公平，承运人是否负有责任，而且可以决定采取何种补救措施，以及赔偿金额数目；又如国家劳动关系委员会不仅可以裁决雇主和受雇者之间的争端，而且可以命令停止非法的侵害行为，恢复解雇员工的职位，或赔偿受害人的损失等。[②] 对委任司法权的法律，从 20 世纪初以来，联邦法院几乎没有否认。州法院相关判决也是接近联邦法院的判例观点。

　　对于法院承认行政机关能够行使委任司法权，当然可以认为是适应社会发展需要的务实的做法。但是，这种做法在理论上是否违背分权原则，美国业界没有一致的认识。美国当代主要的观点认为，分权原则是一个政治原则，适用于最上层立法、行政、司法三个机关，下级行政机关，不由宪法设立，不受分权原则的限制，可以同时行使立法、行政、

----

① 参见王名扬：《美国行政法》，中国法制出版社 1995 年版，第 310—311 页。
② 参见王名扬：《美国行政法》，中国法制出版社 1995 年版，第 315—316 页。

司法三种权力。当然，下级行政机关的权力不能破坏最上层三机关之间的权力平衡，否则就是破坏分权原则，违反宪法规定。但是，对于国会在什么范围内能够委托权力而不破坏最上层三机关之间的权力平衡问题，法律并没有作出规定，主要依据法院对分权原则的解释。从20世纪初以来，联邦法院几乎完全没有否认委任司法权的判例。美国法院曾经使用过两个标准来说明司法权力委任能够符合宪法：一个是公权利理论，这是美国传统的司法权力委任理论。法院认为以公共利益为内容进行的活动，属于公权利，对公权利的争端可由法院受理，国会也可以制定法律授予非司法机关受理这类争端。而关于私权利的争端则完全由法院受理；另一个标准是司法审查标准。这一标准是在1932年最高法院在克罗威尔诉本森案件的判决中提出的。20世纪初，美国很多州先后制定工人赔偿法，规定工人和雇主之间由于职业原因所引起的赔偿争端，由行政机关处理。行政机关有权审理这类案件，决定赔偿金额。工人赔偿的争端发生在两个私人之间，是私权的争端，不涉及公权利问题。案件申诉人主张工人赔偿法授予行政机关司法权力，违背宪法分权原则。法院承认工人赔偿法规定的权利属于私权利，但法院认为《宪法》第3条只规定司法权属于法院，不要求为了保持司法权的基本特性，一切私权利案件必须由法院审理。《宪法》不妨碍国会规定用行政方法审理私权利案件。经验证明，为了处理成千上万的私权利案件，行政方法是非常重要的。只要行政机关的裁决受法院司法审查的监督，《宪法》第3条规定的司法权的本质就已经保全。根据这个判决，司法权力的委任是否符合《宪法》的分权原则。只要没有排除司法审查，就不违背分权原则。尽管克罗威尔案件判例的适用后来受到一些干扰，最高法院也没有确定统一标准，但美国多数法院和法官承认克罗威尔案件判例原则。不论美国过去的情况如何，在当前，国会几乎能够授权行政机关受理一切民事争议，而不违反《宪法》的分权原则。①

在联邦，根据法律规定行使争端裁决权的行政机关主要是独立控制

---

① 参见王名扬：《美国行政法》，中国法制出版社1995年版，第309—314页。

机构，当然联邦政府的各部根据法律授权也可以裁决有关的争议。独立控制机构的存在是联邦政府行政体系中一个独特的现象。联邦政府中除部是主要的行政机关外，还存在大量的其他类型的行政机关。它们或者存在于部外，或者虽然存在于部内，在活动上具有很大的独立性质，受部长的控制较少。它们为独立的行政机构。独立机构大都是为了控制某一方面的经济活动或社会活动，需要执行公平的政策而设置的，不受政治的影响，所以法律给予它们一定的独立地位。联邦政府中独立的行政机构分为三类：一是部内的独立机构，二是隶属于总统的独立机构，三是独立的控制委员会。独立的控制委员会不隶属于总统所领导的行政部门，具有独立的性质。这类机构主要有：州际商业委员会、联邦贸易委员会、证券交易委员会、国家劳动关系委员会、联邦电信委员会、联邦储备系统、联邦海事委员会。批评这类机构的人，称它们为联邦政府中无头的第四部门，即立法、行政、司法以外的部门。

联邦政府中执行控制职能的行政机构，都有不同程度的独立性。它们的组织和权力虽然不完全相同，但它们有共同的特点：（1）它们具有决定权；（2）它们能够制定标准或指导路线，对受控制的对象给予利益，或科加制裁；（3）它们活动的对象主要是国内的企业；（4）它们的负责人由总统任命；（5）它们活动的程序通常受联邦行政程序法的支配。① 由于这些机构享有部分的立法、司法和行政三种权力，所以被称为拥有"第四种权力"（合称"管理权"即以 Administrative 一词来表示与 Ex-ec-utive 相区别）。这些机构的工作方式和普通法院几乎没有区别。这点和英国裁判所有某些相同之处。它们比英国的裁判所更司法化，更具备司法机关的特征。②

联邦政府第一个具有重要地位的独立控制机构是 1887 年成立的州际商业委员会。但从那时起到 20 世纪 30 年代，独立控制委员会的发展速度并不快。从 20 世纪 30 年代起，随着美国出现严重的经济危机，政府对经

---

① 参见王名扬：《美国行政法》，中国法制出版社 1995 年版，第 173 页。

② 参见龚祥瑞：《比较宪法与行政法》，法律出版社 1985 年版，第 459—461 页。

济的控制加强，独立的控制机构开始大规模发展。20 世纪 60 年代以后，独立控制机构进入一个新的发展阶段。

这个时期成立的控制机构，其对象已经从经济领域转向社会领域。这些机构的主要目标为保护消费者，提高职业安全，提高生活质量。同时，这个时期成立的社会控制机构，不是全部采取独立委员会制。如环保局是属于总统领导的控制机构，职业安全和卫生局是设在劳动部内的社会控制机构。

独立控制机构的权力由法律规定。由于控制任务的需要，法律规定独立控制委员会同时行使立法权、行政权和司法权。行使这些权力，如果法律没有特别规定，应遵循《联邦行政程序法》的规定。独立控制委员会对其管辖的对象是否违反法律，不仅有追诉的权力，而且有裁决的权力。例如，州际商业委员会对铁路公司的某项收费是否公平，是否违反规定的标准进行裁决。这种权力具有司法的性质，本来属于法院管辖范围。由于委员会所管辖事务具有高度的技术性和专业性，一般法官缺乏这种能力。国会立法把这类法律争端委托给执行该法律的机关处理，学术上称这种权力为行政司法权或准司法权。准司法权的实质是司法权，只是行使的机关不同。行使准司法权是设立独立控制委员会的一个重要原因。①

在美国，除了独立控制机构外，享有争端裁决权的行政机关，现在已扩大到一般行政部门，联邦政府各部根据国会法律的规定也行使准司法权力，能够裁决不服本机关决定的个人和本机关之间的纠纷，或者裁决私人争端。如卫生部控制着食品和医药管理，司法部控制着移民管理，邮政部控制着违章邮政的处理，因而有权处理这方面不由法院审理的纠纷。行政部门裁决法律争端的任务，一般由行政法官担任。例如，隶属于卫生公众服务部的社会保障局，行政法官的数目和裁决案件的数量，超过任何政府机关，包括独立控制委员会在内。

行政裁决按其适用程序的不同，分为非正式程序裁决（informal adju-

---

① 参见王名扬：《美国行政法》，中国法制出版社 1995 年版，第 175—178 页。

dication）和正式程序裁决（formal adjudication）两类。非正式程序裁决是指行政机关具体决定时，在程序上有较大的自由，不适用审判型的正式听证程序，随行政机关的任务和时间的性质而采取不同的程序。正式程序裁决是指行政机关通过审判型的听证程序，对具体事件作出决定。

《联邦行政程序法》对行政裁决的机构和按照正式程序裁决的原则、标准和要求作了全面系统的规定。在正式程序裁决中，当事人一方对他方所提证据，有进行口头辩论、互相质问的权利，行政机关只能根据听证的记录作出决定。正式程序裁决中最主要的环节是举行正式听证，双方当事人互相质问以澄清正面和反面的证据，以及根据听证记录作出决定。联邦行政程序法所要求的听证，通常由行政法官主持，但也有例外。根据美国《联邦行政程序法》第 556 条（b）款的规定，只要其他法律明文规定由其他人员主持听证时，就无须借助行政法官。行政法官以外的听证官员，只要不违背正当法律程序条款和其他有关的特别法的规定，都是合法的。除了正式程序的裁决以外，其他的行政裁决都是非正式程序的裁决。行政裁决在法律没有规定任何程序，而且宪法中的正当法律程序条款也不要求采取正式的听证程序时，使用非正式程序。此外，法律虽然规定了一定的程序，但不要求行政机关根据听证记录作决定时，也是非正式程序。非正式程序的适用范围非常广泛，包括从完全没有任何程序的口头谈话，到几乎接近审判型的听证在内，由此所作出的决定都是非正式程序裁决。非正式程序裁决的使用范围非常广泛，行政机关的大量裁决都是采用非正式程序，法律特别要求根据听证记录作决定的情况不多。即使在法律规定采用正式听证作裁决时，也不排除用非正式程序代替正式程序，因为美国《联邦行政程序法》第 554 条（c）款规定，在举行审判型的正式听证以前，在案件性质、时间和公共利益允许的范围内，必须给予双方当事人一个机会，提出和考虑事实、论点、进行协商，提出妥协方案以解决争端。只在当事人不同意以协商解决争端时，才进行正式程序裁决。

非正式程序裁决并非指没有任何程序限制的裁决，必须遵守个别法律规定的程序；遵守美国《联邦行政程序法》中有关通知义务、说明理由义务的规定并不得违反《宪法》中的正当法律程序条款，即行政机关的裁决对当事人的生命、自由和财产产生不利影响时，必须听取当事人的意见，给予当事人为自己利益辩护的机会。正当的听证是正当法律程序的核心内容，是宪法对行政程序所规定的最低要求，行政机关的一切决定，包括非正式程序的裁决在内，如果对个人的生命自由和财产产生不利的影响，在法律没有规定其他程序时，法院可以根据宪法审查行政裁决的程序是否符合正当法律程序。

三、日本的当事人争讼

行政机关依申请，通过特定的程序裁决争议的过程，在日本通常被称为行政争讼（或者称行政过程中的行政争讼）。① 行政争讼一般有两类：一类是行政不服审查，即对当事人不服"行政厅的处分及其他行使公权力的行为"的审查（《行政不服审查法》第一条第二款），类似于我国的行政复议。它适用《行政不服审查法》的规定。另一类是对对等当事人之间发生的争议所进行的裁决，即当事人争讼。当事人争讼是一项颇具日本特色的争议裁决制度。它是在对等当事人之间发生争议时，由法律关系的其中一方以另一方作为相对人，向有关行政机关提出申请，由行政机关依准诉讼程序，审理、判断当事人的主张是否妥当，并据此解决有关争议。这一制度有时也被称为"裁决的申请"。属于当事人争讼的情况主要有：

（一）对行政上的法律关系是否存在或者是否成立进行的确认。如对市町村境界的争议进行的裁定、对地方公共团体课税权归属的决定。

（二）在一些情况下，法律规定当事人之间的法律关系应当根据当事人的协议而形成，在当事人不能达成该协议时，基于当事人一方的申请，由有权限的行政机关来形成该法律关系。例如，收用委员会根据《土地

---

① 参见［日］盐野宏：《行政法》，杨建顺译，法律出版社1994年版，第253页；［日］室井力编：《日本现代行政法》，吴微译，中国政法大学出版社1995年版，第188页。

收用法》的规定作出的收用裁决（第四十七条以下），通商产业局长根据《矿业法》的规定进行的矿区增减决定（第四十七条、第九十条），邮政大臣根据《有线电视广播法》的规定作出的电视再播送的裁定（第十三条）等。

（三）行政机关根据法律规定，对私人之间产生的纠纷进行的裁决。例如，根据《公害纷争处理法》第四十二条的规定，因有关公害的受害问题而产生关于损害赔偿的纠纷时，公害等调整委员会对损害的原因和责任进行裁定。①

当事人争讼中许多争议实质上是私人之间的争议，属于法院受理的范围。而且事实上，私人间产生的纠纷，在日本原则上也是由法院进行处理。但是，日本社会是具有较高的行政依存性的社会，行政活动渗透到日本社会的各个方面。行政机关在事实上经常作为私人纠纷的调整者，通过调整性行政指导（即作为解决私人纠纷的手段而使用的行政指导）介入私人的纠纷，例如对建筑业主和附近居民的建筑纠纷进行调整。在纠纷解决的机制上，由于现代社会纷繁复杂，各种矛盾和纠纷不断增多，需要建立一个程序简便、方式灵活、裁断迅速的纠纷解决体系，以提高效率，适应现代社会的要求，同时，一些纠纷的解决也需要专门的知识进行专门的判断。法院所固有特性决定了它无法总能胜任作为任何纠纷裁决者这一角色。相比之下，行政机关比司法机关更加适应这些要求。因此，制定法有时规定行政机关作为私人纠纷的裁断机关，并设置了和解的中介、斡旋、调节、仲裁等制度。②

当事人争讼是一种十分特别的不服申诉，没有统一适用的法律。根据日本《行政不服审查法》第四条第一款第五项的规定，"确认或者形成当事人之间的法律关系的处分，根据法令的规定，关于该处分的诉讼中

---

① 参见［日］盐野宏：《行政法》，杨建顺译，法律出版社 1994 年版，第 291 页。

② 参见［日］盐野宏：《行政法》，杨建顺译，法律出版社 1994 年版，第 291—292页。

应以该法律关系的当事人之一为被告的"，不适用《行政不服审查法》。①当事人争讼的申请人、裁决机关、申请期限、审理和裁决程序等，由各个单行的制定法予以规定。

有时，制定法规定行政机关在裁决纠纷时，适用特别的程序。行政机关适用特别程序裁决纠纷，属于日本学界所称的行政审判的范畴。所谓行政审判，一般是指由从通常的行政机关系统独立出来的行政委员会或者类似的行政机关，通过类似于裁判的程序，即准司法程序来作出一定的决定的制度。它类似于美国的行政裁决，实际上也是从美国制度中引进的。但在日本并没有制定关于行政审判的通则性法典，而是由单行的制定法予以规定，因而程序也极不统一。行政审判根据与纠纷的关系可以分为两种：一是为了解决实质性纠纷而采取的程序；二是在不存在具体纠纷的情况下，有时对行政机关作出的首次性决定（例如吊销执照等）而采取的行政审判程序。在前一种类型中，不仅包括对行政决定不服的审查，也包括对私人间的纠纷的裁决。例如，劳动委员会进行不当劳动行为的救济命令程序，以及公害等调整委员会基于《公害纷争处理法》进行的裁定程序等。在行政审判中，解决纠纷的机关独立于其他行政机关行使职权。如《公害等调整委员会设置法》第五条对公害等调整委员会职权行使的独立性设置了明文规定；在程序上，适用准司法性程序。例如实行公开口头审理，作为审判之基础的证据必须经过当事人质证，行政审判程序的一部分由行政委员会以外的"审判官"或者称"审理官"② 来进行。③

行政争讼当事人对行政机关的裁决有异议而向法院提起诉讼的，属于《行政案件诉讼法》规定的当事人诉讼。《行政案件诉讼法》第四条将当事人诉讼分为两种：一种是形式当事人诉讼，即"关于确认或者形成当事人法律关系的处分或者裁决的诉讼，且根据法令规定以其法律关系

---

① 参见［日］盐野宏：《行政法》，杨建顺译，法律出版社1994年版，第288页。

② 相当于美国的"行政法官"（administrativelaw judge）。

③ 参见［日］盐野宏：《行政法》，杨建顺译，法律出版社1994年版，第281—287页。

当事人的一方为被告的诉讼"；另一种是实质当事人诉讼，即"关于公法上的法律关系的诉讼"（如公法上的地位和身份的确认或者金钱支付请求诉讼、市镇村边境线确认的诉讼等）。形式当事人诉讼的特殊之处在于：它是有关确认或形成当事人之间法律关系的处分或裁决的不服诉讼，但却以法律关系的另一方为被告，争议的对象也是裁决所确定的内容，这一类型的诉讼是由具体的制定法明文规定的。对此，《土地收用法》第一百三十三条、《电气事业法》第三十四条第一款及第二款、《农地法》第八十五条之三、《文化遗产保护法》第四十一条第三款及第四款、《传染病预防法》第十九条之二第四、五项等许多具体的制定法都有规定，其中大部分规定是有关损失补偿的。在形式当事人诉讼中，当事人可以直接提起给付或确认的诉讼，而与行政厅的处分或裁决的效力本身没有关系。①

第三节　行政裁决程序

一、行政裁决程序概说

行政裁决程序是指行政机关依法对特定民事纠纷作出行政裁决的步骤、顺序、方法、时限的总和。我国现行法律、法规对行政裁决程序规定甚少。但是，行政裁决作为一种准司法行为②，其程序的正当性具有更为重要的意义。因此，研究和探讨行政裁决程序制度对加强和完善我国行政裁决制度十分必要。

目前我国行政裁决程序的规定，多散见于授予行政机关行政裁决权的单行法律、法规的个别条文中，规定也十分原则，对行政裁决程序作

---

① 参见［日］室井力编：《日本现代行政法》，吴微译，中国政法大学出版社1995年版，第233—234页。

② 参见龚祥瑞编：《行政法与行政诉讼法》，法律出版社1989年版，第54—59页。该作者主张，应建立行政裁判制度，使现有的行政裁决制度更加体现司法的特性。

出专门规定的法律文件非常少。原国家土地管理局 1995 年 12 月 18 日发布的《土地权属争议处理暂行办法》是行政机关处理土地权属民事争议时所遵循的比较完整的一部行政裁决程序规定。

为了规范行政裁决程序，我们认为应当在将来制定的行政程序法中对行政裁决程序作出专门规定，这些规定应当体现以下几个原则精神。

（一）查明事实的原则。行政裁决是要解决当事人之间的民事纠纷，解决纠纷的前提是必须首先查明事实。只有在事实清楚、是非明确的情况下，行政裁决机关才可能作出合理、合法的行政裁决。查明事实并不是要求查明发生民事纠纷的全部事实，而是指查明与纠纷处理规则直接相联的法律事实。例如，政府在处理土地权属争议时，不是要查清当事人发生纠纷的全部事实，而是应当根据确定土地权属的有关实体法的具体规定，查明争议地的历史使用情况，从而根据法律规定确定土地权属。

（二）当事人举证原则。行政机关对民事纠纷作出行政裁决，必须坚持以证据为认定事实基础的原则，离开证据认定事实只能是行政机关裁决人员主观臆断，结果必然造成行政裁决中的专横武断。那么，以证据为基础，证据何来？由于行政裁决是先有当事人之间的民事纠纷，后有行政机关的裁决行为，且当事人之间的民事纠纷是一种平等主体之间的纠纷，行政机关要想做到不偏不倚、公正无私，就应当让双方当事人首先举证。再者，行政机关并不是纠纷一方当事人，让最了解情况的纠纷当事人自己提供证据，也符合便捷举证的原则。最后，民事纠纷处理的原则就是"谁主张，谁举证"，双方当事人各执一词，各自拿出最有力的证据证明自己的主张，也有利于平息纠纷。因此，通常情况下，行政机关在行政裁决行为中不应当像在作出其他行政行为中那样积极主动地调查取证，而应当首先要求双方当事人举证。

当然，行政裁决中，行政机关毕竟是在行使行政职权的过程中解决民事纠纷，行政权的行使方式与司法权的行使方式有很大区别，强调行政机关在裁决过程中尽量依赖当事人的举证认定事实，并不否定行政机关主动调查取证。因行政机关未积极履行调查取证义务，造成行政裁决事实不清证据不足的，同样构成人民法院判决撤销被诉行政裁决的法定事由。在民事侵权行为与行政违法行为竞合的案件当中，由于查清违法行为人的违法事实本身就是行政机关的法定职责，而查明相关违法事实的证据，正好又是确定当事人民事侵权事实的证据，这些证据行政机关必须依职权主动调取。

（三）双方质辩原则。行政裁决的原因是民事纠纷，行政裁决机关在行政裁决中是居中裁决者。绝不能让裁决者直接参加到当事人之间的辩论中去，这是保证裁决公正的一项基本原则。裁决者不参与辩论，只能让当事人双方进行辩论。因此，在英国的行政裁决制度中就有这么一种要求"问题的关键在于，裁判所实行的程序应当是两造对抗而不是纠问式的。"① 在我国，土地权属和侵权纠纷行政裁决案件之所以在行政机关裁决之后诉讼率较高，除了这些案件对当事人的利益影响比较大之外，很重要的一个因素就是在裁决过程中，行政机关没有把行政裁决区别于其他行政行为，强调当事人之间的质辩，完全是行政机关依职权作出行政裁决。当事人之间没有充分辩论，甚至没有进行辩论，行政裁决机关就裁决一方理由正确，另一方理由不正确，或者拿出一套自己的理由来，当事人当然不容易接受这个裁决了。

要求行政裁判过程中必须给予双方当事人质辩的机会，并不是非要行政机关像法院开庭一样，组织正式的听证程序，反反复复地让当事人发表意见，行政裁决中的质辩完全可以采取简便易行的方式进行，比如，把有关单位和人员召集在一起开个座谈会、归纳双方争议焦点让双方当事人作书面答辩等。

（四）说明理由原则。说明理由应当是所有行政程序必须遵守的原则。在行政裁决制度中，说明理由有更重要的作用和价值。行政裁决是行政机关对当事人之间民事纠纷的裁决，其决定作出前，必须要向双方当事人阐明其作出决定的理由，以理服人，裁决才能让双方当事人信服；其次，行政裁决中的说明理由不仅仅是行政机关对其裁决结果说明理由，

---

① 参见［英］威廉·韦德：《行政法》，徐炳等译，中国大百科全书出版社1997年版，第654页。

还应当对当事人双方争议焦点问题的基本观点采纳与否作出说明、对当事人双方提供的证据采信与否作出说明、对处理纠纷的法律适用问题作出说明，只有对案件处理作出全面说明，纠纷处理结果才有可能被双方当事人接受和认可。最后，说明理由不仅要体现在作出行政裁决之后的法律文书中，更重要的是要在作出决定之前。行政裁决机关在查明事实的基础上，拿出一个初步的处理意见后，应当征询双方当事人意见，在这个时候，向当事人说明理由，并听取各方当事人的意见，之后根据当事人的意见再对初步处理意见作出修正。

然而，在我国行政裁决的实践中，不仅没有说明理由的程序，相反，却有一种错误的观念在作怪：行政裁决决定送达当事人之前，这个决定的内容是秘密，谁向当事人透露，谁就是泄露秘密。由于有这么一种思想存在，别说是说明理由，就是简单向双方当事人征询一下意见都是违反纪律的表现。当然，这里需要强调的是，说明理由必须是向双方当事人说明，单方说明理由轻者是不公正的表现，重者的确是违反工作纪律的情形之一。

（五）公正公开原则。在行政裁决中，由于行政裁决的行政司法性质，与其他行政行为相比较，行政裁决则更多强调公正。行政裁决程序的公正性主要表现在：第一，行政裁决机构和人员应当与所裁决的民事纠纷无任何利害关系，也就是要体现英国"自然公正原则"中"不能做自己案件法官"的基本要求。第二，行政裁决程序应当充分体现裁决机关的中立地位。只有裁决者在中立的立场上，才有可能保证行政裁决的公正。第三，裁决程序应当保障双方当事人在行政裁决过程中的平等地位。行政裁决机关应当在裁决过程中给予双方当事人平等的发表意见的机会、提供证据的机会、听取裁决机关意见的机会进行质辩的机会等。

行政裁决程序的公开原则是保障程序公正的条件。保证行政裁决阳光下作业，才有可能防止行政裁决机关或者人员的偏听偏信。公开的措施应当包括：第一，当事人提交的所有材料应当毫无保留地送达对方当事人；第二，行政裁决机关收集的所有证据材料应当同时向双方当事人展示或者送达；第三，禁止行政裁决机关和人员与任何一方当事人秘密接触，否则，将构成当事人申请回避的理由；第四，与当事人相关联的行政裁决机关的工作程序应当事先告知双方当事人；第五，除非涉及个人隐私和国家秘密，行政裁决的各项活动应当允许向社会公开，接受社会监督。

以上根据行政裁决的特点，阐述了行政裁决程序的原则要求，接下来将分别介绍行政裁决程序的各个步骤。

二、行政裁决案件的申请和立案

行政裁决案件的申请和立案是行政裁决程序开始的第一个步骤。由于法律、法规在授予行政机关行政裁决权时，有的规定需要当事人向行政机关提出申请，有的则是行政机关应当依职权直接立案处理，因此，在行政裁决案件的申请和立案程序上也存在这样两种不同的情况。

1. 依当事人申请的行政裁决案件的立案。根据相关法律的规定，通常权属纠纷的行政裁决案件应当由当事人一方或者双方向行政裁决机关提出裁决申请。当事人向行政机关提出行政裁决申请的，行政裁决机关应当在法定的期限内[①]对当事人的申请是否符合申请行政裁决的法定条件进行审查，并作出是否立案的决定。

申请行政裁决应当有一定的条件限制。第一，行政裁决申请人只能是要求裁决的民事纠纷的当事人，与该民事纠纷无关的其他人无权申请行政裁决；第二，要有明确的民事纠纷双方当事人；第三，接受申请的机关应当有对该类民事纠纷依法享有行政裁决权；第四，接受申请的机关对要求裁决的该项民事纠纷拥有管辖权，或者是依法受有权作出裁决的机关委托具体处理该类纠纷的机关；第五，应当提出具体的权利请求事项及理由，并提供存在该项民事纠纷的初步证明材料；第六，应当以

---

① 例如，《土地权属争议处理暂行办法》第十六条规定："土地管理部门接到当事人的处理申请后，应当在十五日内决定是否受理"。当然，由于对行政裁决程序作出具体规定的法律规范十分稀少，大量类型的行政裁决案件申请审查期限目前仍然是无法可依的状态。

书面形式提出申请，书面申请确有困难的，也可以口头申请，由行政裁决机关工作人员将其申请记录在卷，并由申请人签字或者按手印；第七，授权的法律、法规规定的其他条件，如果是被授权机关为了逃避行政裁决责任，在授权法之外自行附加申请条件的，该附加条件无效。①

行政裁决机关对当事人裁决申请的审查应当只是对形式要件进行审查，只要申请符合法定的形式要件，行政机关就应当受理。行政机关不得以法律规定当事人可以选择行政裁决，也可以直接向法院提起民事诉讼为由，拒绝受理行政裁决申请。不论是法律规定当事人可以向行政机关申请行政裁决也可以直接向法院起诉的案件，还是法律规定当事人只能申请行政机关作行政裁决的案件，只要当事人选择了向行政机关申请行政裁决，受理并作出裁决就都是该行政机关的法定职责。如果行政机关不立案受理，当事人可以以该行政机关不履行法定职责为由，向人民法院提起要求该行政机关履行法定职责的行政诉讼。

2. 行政机关依职权行政裁决案件的立案。根据相关法律、法规规定，通常情况，侵权纠纷的行政裁决案件不需要当事人的申请，而是由行政机关在查处违法行为的同时，一并对该违法行为对受害人造成的损失予以赔偿。在此情况下，由行政机关依职权对需要裁决的案件直接立案，并通知双方当事人。通常情况下，行政机关应当在对相关违法案件立案的同时，对行政裁决案件也一并予以立案，这样就有利于当事人和行政机关及时收集行政裁决案件所需的各种证据。当然，有些情况下，行政机关在查处违法行为时，还没有发现需要行政裁决的民事纠纷的存在，这时，应当从行政机关发现相关民事纠纷存在时决定对行政裁决案件予

---

① 也有人提出"申请人必须在法定的期限内提出，超过申请裁决权即自动丧失"也是申请的条件。（参见马怀德编：《行政法与行政诉讼法》，中国法制出版社2000年版，第341页）首先，我们以为，民事诉讼中时效问题并不是起诉条件，行政裁决的是民事纠纷，应当与民事诉讼保持一致；其次，时效问题往往是一个非常复杂的事实问题，仅仅通过立案时的审查很难加以确定；最后，通过实体审查，有利于行政机关在行政裁决过程中作出更加公正、客观的决定，从而化解民事纠纷，维护社会稳定。因此，我们主张不要将时效问题作为行政裁决申请的条件。

以立案。但行政违法案件的立案时间与行政裁决行为的立案时间之间不应当有太大的时间差距，原则上间隔不应当超过 30 日，最迟也应当在相关行政处理行为作出之前对行政裁决要予立案，否则，既体现不出两者之间的相关性，也不利于提高行政效率。

行政裁决案件的立案是行政机关的一个法律行为，不论是依申请的行政裁决，还是依职权的行政裁决，行政机关必须以书面形式对立案问题记录在卷。一般情况下，行政机关应当制作立案登记审批表格，由案件承办人员填写表格，提出是否立案的初审意见。由于行政机关实行首长负责制，正式立案应当由行政首长签名或者盖章。同时，为了保障民事纠纷当事人的权利，行政机关立案后，应当及时通知双方当事人。立案通知可以是书面的，也可以是口头的。口头的立案通知应当由行政机关工作人员记录在卷，并由当事人签字或按手印；不予立案通知必须以书面形式送达当事人，该通知还应当告知当事人复议和诉讼的权利，以及复议和诉讼的期限。①

三、行政裁决案件的审查

我们将行政裁决案件的第二个步骤称为"审查"而没有将其称为"调查"②，主要原因在于行政裁决不同于一般的行政处理行为，行政裁决是行政机关对民事纠纷作出决断的行为，行政裁决首先应当要求争议双方当事人对各自的主张提供证据，裁决机关对当事人提供的证据进行审查，而不是直接由行政机关去调查取证。因此，将该项步骤称为"审查"更为适宜。当然，"审查"也区别于人民法院对案件的"审理"。行政机关不能像人民法院一样，仅仅是坐堂问案，为了保证作出的裁决合

---

① 例如，《土地权属争议处理暂行办法》第十六条明确规定："决定不受理的，应当在决定不受理之日起十日内书面通知申请人，并说明理由。当事人对不予受理的决定不服的，可以依照《行政复议条例》或者《中华人民共和国行政诉讼法》申请行政复议或者提起行政诉讼。"

② 参见马怀德编：《行政法与行政诉讼法》，中国法制出版社 2000 年版，第 41 页。该教材将行政裁决程序的第二个步骤称为"回避与调查"。

法、合理，必要时仍应当积极地调查取证。

行政裁决的审查程序应当包含以下几方面的内容。

（一）回避制度。行政裁决案件立案之后，行政机关首长应当立即确定行政裁决案件的审查人，即，案件承办人。为保证行政裁决的公正性，与案件有利害关系的人不得参与案件的审查，有关人员应当自行回避。《土地权属争议处理暂行办法》第十七条规定："土地管理部门决定受理后，应当及时指定承办人员。承办人员与案件处理有利害关系的，应当申请回避；当事人认为承办人员与案件处理有利害关系的，有权请求该承办人员回避。承办人员是否回避，由受理案件的土地管理部门决定。"该条内容是有关法律规范对行政裁决回避制度比较详细的规定。但是，这种规定仍然不够全面。首先，对回避权告知未作明确的规定。我国公民的法律意识比较低，行政机关不告知案件承办人以及当事人有回避的权利，很多情况下，案件当事人是不知道或者不会行使回避申请权的；从另一个方面说，行政机关将要对当事人的申请作出处理，告知当事人他的基本程序权利也应当是行政机关的一种义务。其次，回避的条件未作具体明确规定。通常这几种情况下，承办人或单位应当回避：（1）与案件的处理结果有法律上的利害关系；（2）为案件一方当事人的亲属；（3）与当事人或者其代理人有其他特殊关系，可能影响案件公正处理的；（4）案件处理过程中，有证据证明承办人曾经接受一方当事人的吃请或者其他好处，另一方当事人提出回避申请的；（5）其他可能影响案件公正处理的情况。回避，实际上是保证程序公正的一种象征，除非能够证明当事人是在无理取闹。如果一方当事人提出了一般公众可以接受的正当理由要求承办人员回避的，承办人员就应当回避。这样可以防止当事人与行政裁决机关的对立情绪，有利于问题的解决。

（二）证据制度。由于行政裁决是对平等主体之间的民事纠纷进行审理并作出裁决，因此在行政裁决过程中，自始至终都应当贯彻"谁主张谁举证"的原则。当事人举证应当作为行政裁决中行政机关获取证据最主要的途径。当事人举证要有一定的要求：首先，当事人应当向行政机关提供其所掌握的全部有利于自己的证据。其次，提交证据的时间应当最迟在行政机关作出初审意见征询当事人意见之时。第三，当事人对自己无法取得的证据，应当向行政机关提供证据线索，由行政机关依职权调取。最后，当事人向行政机关提交证据应当提交与原件或者原物核对无误的复印件或者物证照片等，以提高证据的证明效力。行政机关应当提供机会让纠纷双方当事人对对方提供的证据充分进行质证和辩论，在听取双方当事人意见的基础上采信证据，认定事实。提交证据在行政裁决案件的审查中应当是当事人的一项法定义务，如果当事人举证不能，将要承担裁决结果对己不利的法律后果。将举证作为一种法定义务，我国法律规范中已经有所规定，例如《土地权属争议处理暂行办法》第二十条规定："土地权属争议双方当事人对各自提出的事实和理由负有举证责任，应当及时向土地管理部门提供有关证据。"

行政裁决中，在证据认定上应当采取"优势证据原则"。因为，与行政处罚、刑罚等制裁行为不同，制裁行为国家机关没有完全排他的充分证据证明当事人实施了应当受到制裁的违法行为时，不得对当事人实施制裁；而民事案件的处理必须要对双方争议问题有一个了结。民事纠纷，裁决机关不能以各方当事人理由均不充分为由拒绝作出裁决，否则，纠纷依然存在，矛盾仍旧继续甚至激化，不利于社会稳定。这样，在各方证据都不够充分，裁决机关又必须对纠纷作出处理时，唯一合理的办法就是看双方所举证据，哪一方的证据更有道理，根据更具证明力的原则裁断双方纠纷。"优势证据原则"是司法机关处理民事纠纷时所采取的证明标准。这一标准同样应当适用于行政机关解决民事纠纷的行政裁决制度。

行政裁决中，行政机关应当将主要精力用于审查当事人提交的证据的合法性、真实性、关联性。但是，并不排除行政机关依职权或者依申请积极主动调查取证。行政机关参与民事纠纷的处理，主要目的是平息纠纷，维护正常的社会管理秩序。因此，行政机关裁决民事纠纷不单纯是处理纠纷，还具有一定的行政管理功能。为了行政管理活动的需要，行政机关在裁决纠纷中除审查双方当事人提供的证据外，在这些情况下还应当收集调查证据：（1）为了维护国家、社会公共利益、他人利益的需要；（2）为了查明行为人违法行为的需要；（3）当事人无法获取，提供线索要求行政机关调查取证的；（4）行政机关在案件审查过程中发现的其他证据线索，要求当事人提供当事人无法提供的；（5）其他行政机关认为应当主动调查取证的情况。

（三）案件审查制度。案件审查首先是"审"。行政机关审查案件绝不能简单地实行书面审查作出裁决。对民事纠纷的裁决不同于行政机关对当事人申请许可证、登记行为的审查，行政机关必须采取一定的形式，直接听取争议双方当事人的意见。听取意见的形式可以根据案件的性质和对当事人权利影响的大小决定。对重大案件，如土地权属、重大民事侵权纠纷等案件应当适度引进听证程序。对此类案件，行政机关应当事先告知当事人听证权，凡是当事人申请听证的，行政机关必须召开听证会。当事人提交的以及行政机关自行收集的所有证据材料必须经过听证会上的公开质证、辩论才能作为认定案件事实的可定案证据。对其他非重大案件，行政机关也可以采取分别听取双方意见，召开座谈会等形式进行审查。

案件审查中的"查"，主要是指行政机关在处理行政裁决案件中必须要进行调查。调查的内容包括：调取应当由行政机关调取的相关证据；进行现场实地勘察；对一些专业技术性较强的问题，组织必要的专家论证会，或者委托相关专业人士提供专家意见；进行必要的技术鉴定；对当事人提供的有关证据进行复核或者对当事人获取证据的合法性进行必要的调查等等。行政裁决涉及双方当事人利益，行政机关在调查过程中必须严格保守中立的立场。调查时，必须有两名以上工作人员参加；不得先入为主，只调查对一方有利的证据，应当对案件相关事实进行全面的调查；在勘查现场等实地调查活动中必须要让双方当事人到场；所有调查活动应当及时记录在卷，并由相关当事人和调查人员签名。

（四）辩论和听取意见制度。在一般行政行为中，只有管理者和被管理者两方，管理者在调查结束后，必须单方提出处理意见，而被管理者也只能对管理者的意见提出辩解，不存在另一个可以辩论的对立方，管理者能够听到的也只是被管理者的不同意见而已；但是，行政裁决案件则不同，它是三方关系，行政机关完全可以以中立的第三方超然的姿态来主持双方当事人进行辩论，让不同意见的双方充分发表各自的意见，行政机关通过听取双方意见之后再得出自己的判断，作出裁决。所以，在行政裁决案件中，这个步骤是"辩论和听取意见"，而不是"辩解和听取意见"。

辩论应当是行政裁决的必经程序，行政机关处理任何一起行政裁决案件都必须组织双方当事人进行辩论。辩论的形式可以是公开的、面对面的形式，也可以是书面形式。辩论的过程中，行政机关应当让双方充分说明自己的观点，通常情况不得打断当事人的发言，除非当事人的话题与案件完全无关或者对对方进行人身攻击。行政机关工作人员更不能在辩论前或者辩论过程中发表自己的意见，或者对当事人的发言进行诱导。在审查和辩论结束后，承办人应当根据案件实际情况依法拿出处理意见，并将处理意见上报行政首长。经行政首长初步同意后，承办人要将处理意见告知双方当事人，并向双方当事人说明处理理由，让双方当事人对处理意见提出意见。承办人在听取双方当事人意见的基础上，修正处理意见，报行政首长审批。

四、行政裁决案件的调解和裁决

行政机关对民事纠纷作出处理，最终体现为对纠纷作出的实体裁决。因此，调解和裁决步骤可以说是行政裁决制度在实践中运作的标志性成果，是行政裁决最为关键的一个步骤。该步骤应当注意以下几个问题。

（一）调解制度。行政裁决解决民事纠纷应当进行调解，这是行政裁决的一道必经程序。调解过程中，必须贯彻"当事人意思自治原则"，在查清事实、分清是非的基础上，行政裁决机关应当尊重当事人对自己民事权利的处分。调解不成的，行政机关应当及时作出裁决。

（二）裁决依据。行政裁决机关应当依据法律、法规及规章对纠纷作出裁决。行政裁决过程中，由于所裁决纠纷系与行政管理职权密切相关，因此，应当贯彻行政法优先适用的原则，在无行政法可以适用或者行政法适用后法律依据仍不充分的，可以适用有关民事法律规范。例如，对于土地确权问题，《国家土地管理法》、国务院土地管理部门的规章、省、自治区、直辖市地方性法规和规章对此都有专门的规定，行政机关在处理土地权属纠纷案件中，首先应当适用这些行政法律规范的专门规定，行政法律规范没有规定或者规定不完善时，才可以适用《民法通则》等一般民事法律规范。在法律适用上，行政机关的裁决书不仅要适用行政机关取得行政裁决权的授权法依据，还要引用对当事人实体权利义务作出裁决的具体解决纠纷的法律依据。引用法律条文应当准确全面。

（三）裁决方式。行政裁决机关的裁决应当严格依照授权法规定的方式进行。通常有两种裁决方式：一是作出确权决定；二是责令恢复原状或者赔偿损失。应当注意的是，行政机关应当全面了解争议实质，对提请裁决的争议作出公正、可行的了断。海南省高级人民法院曾审理过这样一起行政案件：甲、乙两家是邻居，几十年来，两家关系密切。两家向南都开有正门，为了上街方便，乙在靠近甲家这一边又开了个侧门，从甲家的北边穿过，由于两家关系好，长期相安无事。1998年，双方因其他事情发生矛盾、不和，甲家便将其房屋北边的通道堵死。为此双方发生土地权属争议，要求镇政府处理。原本两家争议的土地面积只有8.6平方米，政府在处理时却将这8.6平方米分成了两个部分，一部分是行走的通道，一部分是甲家房北与通道之间的空地，而且裁决时仅对通道作出处理，空地部分悬而未决，造成两家几经复议、诉讼，纠纷多年得不到有效解决。这仅仅是行政裁决不彻底的情况之一，实践中还有其他表现。

（四）裁决的形式。行政裁决必须以书面形式作出。通常情况下，行政处罚决定与行政裁决决定应当分别制作文书，案情简单、当事人分歧意见不大的案件，可以合并在一个法律文书当中，但是行政裁决所要求的基本内容必须在文书中得以体现，绝不能只有裁决结果，没有裁决的事实、双方争议的要点、行政机关作出裁决的理由、法律依据等内容。

行政裁决书实际上与人民法院的判决书具有同等的效力，因此，在文书的制作上也应当向法院的判决书靠拢。《土地权属争议处理暂行办法》第二十八条的规定就有这样的要求："处理决定应当包括以下内容：（一）当事人的姓名或者名称、法定代表人的姓名、职务、地址；（二）处理的认定事实、理由和要求；（三）处理认定的事实和适用的法律、法规等依据；（四）处理结果；（五）不服处理决定申请行政复议和向人民法院起诉的期限。"这条规定基本涵盖了一份行政裁决书所要求的基本内容，值得其他类型的行政裁决机关借鉴。

五、行政裁决的执行

行政裁决是一项具体行政行为，因此，该决定一经作出就发生法律效力，行政机关、案件当事人、其他人员都应当受该决定的约束。行政裁决执行可以分为两种情况，一是由当事人自觉履行；二是行政裁决的强制执行。《行政强制法》第十三条规定："行政强制执行由法律设定。法律没有规定行政机关强制执行的，作出行政决定的行政机关应当申请人民法院强制执行。"据此，行政裁决强制执行又可以分成两种情况，一是行政机关依法享有强制执行权的，由行政机关依法自行强制执行；二是行政机关无强制执行权的，在当事人既不履行又不复议和诉讼的情况下，行政机关或者另一方当事人有权依法向人民法院申请强制执行。

第四节　行政裁决的司法审查

一、行政裁决诉讼的性质

（一）行政裁决的性质

行政裁决是行政机关居间裁决民事纠纷的行为。从行为主体看，行政裁决应当是行政行为，但是，从其裁决纠纷的实质内容看，行政裁决又类似于法院裁判案件的司法行为。正是因为行政裁决行为的这种两面性，导致理论界和实践者对行政裁决性质的不同意见。一种意见认为，行政裁决实际上是行政机关以第三人身份"居间公断"平等主体之间的民事纠纷，这种"公断"不影响当事人向法院提起民事诉讼，行政裁决不是行政行为，而类似于对劳动争议和经济合同纠纷的仲裁。另一种意见认为，行政裁决的性质是具体行政行为。其理由是：（1）行政裁决的主体是行政机关或者法律、法规授权的组织。（2）行政裁决的目的是，管理公共事务其实质是按照行政机关的单方意志对纠纷予以强制性解决。（3）由于行政裁决的内容涉及当事人的权益，又是行政机关以单方意志作出，所以，它对当事人的权益能够产生影响，会引起当事人之间民事法律关系的变化。①

首先，行政裁决应当属于行政行为。按照我国行政法学界关于行政行为的通说观点，行政行为是指国家行政机关和法律法规授权的组织依法实施行政管理，直接或者间接产生法律效果的行为。行政行为包括几个要素：（1）主体要素。行政行为的实施主体是行政机关或者法律、法规、规章授权的组织。（2）职能要素。行政行为是行使行政职权，实施

---

① 参见张步洪、王万华编：《行政诉讼法律解释与判例评述》，中国法制出版社2000年版，第111页。

行政管理的行为。（3）法律要素。① 行政行为是法律行为，是行政机关依法作出、能够产生法律效果的行为。那么，行政裁决行为符合上述行政行为的概念特征吗？——对应分析，我们不难发现，无论是主体要素、职能要素还是法律要素，行政裁决无一不符合，因此，将行政裁决行为纳入行政行为的范畴是毫无问题的。反对的观点则认为，行政裁决行为的实质是国家机关裁决纠纷的司法行为，这一观点是站不住脚的。因为，就是三权分立的西方国家也不得不承认，行政机关实施立法、司法行为是一种普遍的趋势，不能因为行政机关实施了裁决纠纷的司法行为，该项行为的性质就变成了司法行为。行政机关裁决纠纷仅仅是行政机关借用了司法行为的部分行为方式，其实质仍然是行政行为，同其实施的其他行政行为一样，除非法律有特别规定，必须接受司法的审查。

其次，行政裁决不仅是行政行为，还是可诉的行政行为。什么是《行政诉讼法》规定的可诉的行政行为？按照目前我国司法界权威的观点，所谓可诉行政行为是指行政机关或者法律法规规章授权的组织与行使行政管理职权有关的，对行政管理相对人的权利义务发生实际影响的依法可以被提起行政诉讼的行政行为。② 根据该定义，行政裁决行为完全符合《行政诉讼法》规定的可诉行政行为的基本特征。

综上，我们认为，行政裁决是行政行为，是《行政诉讼法》规定的可诉的行政行为。

（二）不服行政裁决引起的诉讼的性质

行政裁决解决的是平等主体当事人之间的民事纠纷。民事纠纷原本属于人民法院民事审判的范畴。如果当事人的民事纠纷未经行政机关行政裁决，直接到人民法院起诉，起诉诉讼的性质当然是民事诉讼。但是，一旦民事纠纷经过行政机关的行政裁决，当事人对行政裁决的结果不满意，再诉讼到人民法院，其诉讼性质如何确定，各方意见就不一致了。

---

① 参见应松年编：《行政法学新论》，中国方正出版社 2004 年版，第 180—183 页。
② 参见江必新：《中国行政诉讼制度之发展——行政诉讼司法解释解读》，金城出版社 2001 年版，第 147 页。

1987 年 7 月 31 日，最高人民法院《关于人民法院审理案件如何适用〈土地管理法〉第十三条〈森林法〉第十四条规定的批复》规定："《土地管理法》第十三条、《森林法》第十四条规定当事人之间发生的土地、林木、林地所有权和使用权争议由县级以上人民政府处理，当事人对人民政府处理不服的，可以向人民法院起诉。此类案件虽经人民政府作过处理，但其性质仍属民事权益纠纷，人民法院审理此类案件仍应以原争议双方为诉讼当事人。"根据该批复精神，曾一度将所有的行政裁决案件均作为民事案件受理。

1991 年 5 月 29 日最高人民法院《关于贯彻执行〈中华人民共和国行政诉讼法〉若干问题的意见（试行）》第七条改变了上述批复的意见，规定："公民、法人或者其他组织对人民政府或者其主管部门有关土地、矿产、森林等资源的所有权或者使用权归属的处理决定不服，依法向人民法院起诉的，人民法院应当作为行政案件受理。"

根据该条规定，自此以后，人民法院对该类案件改作行政诉讼案件受理。

但是，1999 年 4 月 29 日第九届全国人大常委会第九次会议通过的《中华人民共和国行政复议法》又一次引起对此问题认识上的混乱。该法第八条第二款规定："不服行政机关对民事纠纷作出的调解或者其他处理，依法申请仲裁或者向人民法院提起诉讼。"该条将行政机关对民事纠纷所作的其他处理排除在行政复议的范围之外，这里的"其他处理"从条文的字面解释当然应当包括行政裁决。既然行政裁决不能申请行政复议，当然也就不应当纳入行政诉讼的受案范围。[①]

为什么会产生这种分歧意见？根本问题是行政机关至今仍然有不愿做被告的思想。正是因为如此，《行政复议法》作出了当事人对行政机关

---

① 也有观点认为，尽管行政复议法将行政裁决排除在行政复议的范围之外，但是，并不能因此否定行政裁决属于行政诉讼的范围，行政复议的受案范围和行政诉讼的受案范围本身就存在重叠和交叉。（参见江必新：《中国行政诉讼制度之发展——行政诉讼司法界解释解读》，金城出版社 2001 年版，第 51 页）

就民事纠纷所作的处理不得申请行政复议的规定，国务院于1991年9月22日发布的《道路交通事故处理办法》将行政机关对交通事故民事纠纷的裁决权变更为调解权，取消公安机关行政裁决法定职能。诸如此类，通过立法规避当被告，放弃行政裁决权的情况不胜枚举。① 就理论上而言，人们对行政裁决性质的认识仍然存在分歧，少数人继续坚持行政裁决行为不属于行政行为范畴的观点也是形成司法实践及有关法律、司法解释关于行政裁决案件性质不同做法的重要原因。

2000年3月10日起施行的最高人民法院《关于执行〈中华人民共和国行政诉讼法〉若干问题的解释》第一条，采取了一般规定受理具体列举排除的方法规定行政诉讼的受案范围，即：原则上凡是第一条第一款

① 再如，修改后的《商标法》将原《商标法》第三十九条："有本法第三十八条所列侵犯注册商标专用权行为之一的，被侵权人可以向县级以上工商行政管理部门要求处理，有关工商行政管理部门有权责令侵权人立即停止侵权行为，赔偿被侵权人的损失，赔偿额为侵权人在侵权期间因侵权所获得的利润或者被侵权人在被侵权期间因被侵权所受到的损失。侵犯注册商标专用权，未构成犯罪的，工商行政管理部门可以处以罚款。当事人对工商行政管理部门责令停止侵权行为、罚款的处理决定不服的，可以在收到通知十五天内，向人民法院起诉；期满不起诉又不履行的，由有关工商行政管理部门申请人民法院强制执行。"修改为第五十三条，规定"有本法第五十二条所列侵犯注册商标专用权行为之一，引起纠纷的，由当事人协商解决；不愿协商或者协商不成的，商标注册人或者利害关系人可以向人民法院起诉，也可以请求工商行政管理部门处理。工商行政管理部门处理时，认定侵权行为成立的，责令立即停止侵权行为，没收、销毁侵权商品和专门用于制造侵权商品、伪造注册商标标识的工具，并可处以罚款。当事人对处理决定不服的，可以自收到处理通知之日起15日内依照《中华人民共和国行政诉讼法》向人民法院起诉；侵权人期满不起诉又不履行的，工商行政管理部门可以申请人民法院强制执行。进行处理的工商行政管理部门根据当事人的请求，可以就侵犯商标专用权的赔偿数额进行调解；调解不成的，当事人可以依照《中华人民共和国民事诉讼法》向人民法院起诉。"这一修改的实质是取消了工商行政管理部门对商标侵权民事纠纷的行政裁决权。这种修改是不符合目前国际上各国纷纷由行政机关参与民事纠纷的处理，减轻法院审判压力，提高纠纷处理效率的大趋势的。另外，2000年4月29日新修改的《大气污染防治法》第六十二条对1987年9月5日通过的《大气污染防治法》第三十六条也有类似的修改。

规定的公民、法人或者其他组织，对具有国家行政管理职权的机关和组织及其工作人员的行政行为不服，均属于行政诉讼的受案范围，但是，如果有第二款第（六）项规定情形之一的，则不属于行政诉讼的受案范围。根据该条第二款规定，行政裁决行为未被排除行政诉讼的受案范围。这一规定进一步明确了行政裁决案件属于行政诉讼性质的基本观点，从而在法律规范上防止了由于《行政复议法》第八条规定给实务界带来的负面影响的进一步发展。目前，司法实践的普遍做法已经又一次回到了将行政裁决案件作为行政诉讼案件受理的正确轨道。

最高人民法院对《行政复议法》第三十条第一款规定的解释，则从政府对自然资源权属纠纷作出的行政裁决可以申请行政复议、提起行政诉讼的角度，进一步明确了行政裁决的可诉性。法释〔2003〕5 号《最高人民法院关于适用〈行政复议法〉第三十条第一款有关问题的批复》规定："根据《行政复议法》第三十条第一款的规定，公民、法人或者其他组织认为行政机关确认土地、矿藏、水流、森林、山岭、草原、荒地、滩涂、海域等自然资源的所有权或者使用权的具体行政行为，侵犯其已经依法取得的自然资源所有权或者使用权的，经行政复议后，才可以向人民法院提起行政诉讼，但法律另有规定的除外；对涉及自然资源所有权或者使用权的行政处罚、行政强制措施等其他具体行政行为提起行政诉讼的，不适用《行政复议法》第三十条第一款的规定。"

〔2005〕行他字第 4 号《最高人民法院行政审判庭关于行政机关颁发自然资源所有权或者使用权证的行为是否属于确认行政行为问题的答复》进一步作出解释："最高人民法院法释〔2003〕5 号批复中的'确认'，是指当事人对自然资源的权属发生争议后，行政机关对争议的自然资源的所有权或者使用权所作的确权决定。有关土地等自然资源所有权或者使用权的初始登记，属于行政许可性质，不应包括在行政确认范畴之内。据此，行政机关颁发自然资源所有权或者使用权证书的行为不属于复议前置的情形。"这两个批复答复意见，明确了政府针对自然资源权属争议所作的行政裁决属于《行政复议法》第三十条第一款规定的应当复议前置的可诉行政行为。

修改后的《行政诉讼法》第十二条第一款第（四）项规定：公民、法人或者其他组织"对行政机关作出的关于确认土地、矿藏、水流、森林、山岭、草原、荒地、滩涂、海域等自然资源的所有权或者使用权的决定不服的"提起行政诉讼的，人民法院应当予以受理。这里的"确认自然资源的所有权或者使用权的决定"，就是指确权行政裁决。第六十一条则进一步明确，"在涉及行政许可、登记、征收、征用和行政机关对民事争议所作的裁决的行政诉讼中，当事人申请一并解决相关民事争议的，人民法院可以一并审理。"民事、行政交叉行政裁决案件人民法院可以一并解决民事争议，行政裁决当然属于可诉的行政行为。

二、行政裁决接受司法审查的必要性和可行性

为什么要将不服行政裁决案件的性质确定为行政诉讼案件？主要有以下几方面的理由。

（一）行政裁决的具体行政行为性质决定不服行政裁决的诉讼案件应当属于行政诉讼。行政裁决的基础法律关系是民事关系，但是，这个民事关系由于行政机关的参与并对民事纠纷作出裁量，使得民事关系之上又覆盖了一层行政法律关系。因此，在行政裁决案件中，同时存在民事和行政两种法律关系。其中，行政法律关系以民事关系为基础；民事关系以行政法律关系为手段，行政法律关系存在的目的是解决民事关系中的纠纷。一旦行政法律关系确立，由于行政行为固有的先定效力，实际上已经将原本处于不确定状态的民事关系加以确定，非经法定途径，任何个人或者组织不得对根据该行政裁决行为已经确定的民事法律关系进行变更。如果在行政裁决之后允许当事人再向法院提起民事诉讼，就会产生这样一种矛盾：一旦人民法院的民事判决与行政裁决决定内容不一致，对同一纠纷现实地存在两个不同的生效的法律文书。一方面，一方当事人可以拿着已经生效的行政裁决书申请人民法院强制执行；另一方面，另一方当事人可以拿着人民法院生效判决要求法院强制执行。这将使人民法院处于一种非常尴尬的境地。为避免出现这种尴尬局面，只有将行政裁决案件纳入行政诉讼的范围，通过行政诉讼一并解决行政和民

事两个法律关系的纠纷，或者先解决行政法律关系中存在的争议，为下一步民事关系中纠纷问题的解决扫清道路。

（二）人民法院关于三大诉讼职能的具体分工决定了行政裁决案件只能通过行政诉讼途径解决。根据《行政诉讼法》的规定，只有行政审判有权审查具体行政行为的合法性，民事审判无权审查。如果允许不服行政裁决案件当事人提起民事诉讼，其实质是通过一个民事判决否定行政裁决，民事审判行使了司法审查权。这与人民法院审判职能的内部分工规定是矛盾的。因此，要否定行政裁决对民事纠纷作出的处理决定，重新对民事纠纷作出处理，必须通过行政诉讼，先对行政裁决的合法性进行审查，否定行政裁决，之后才能对民事纠纷重新作出处理。

（三）从诉讼经济的角度考虑，也应当将不服行政裁决的诉讼案件作为行政诉讼案件予以受理。纠纷的解决依赖于一定事实基础，只有查清相关事实，才能对纠纷作出正确的裁判。经过行政裁决的民事纠纷，在行政裁决过程中，双方当事人已经进行了举证、质证，行政机关也进行了认证，在有些情况下行政机关可能还进行了调查取证。如果允许当事人不服行政裁决而提起民事诉讼，行政机关将不会在诉讼中出现，行政机关在行政裁决过程中所作的工作完全成了无用功。相比之下，将其纳入行政诉讼，则可以节约诉讼成本，提高审判效率，避免重复劳动，起到减轻法院工作量、降低诉讼经费开支的作用。

（四）将不服行政裁决案件纳入行政诉讼，有助于维护国家的法治统一。① 国家法治统一是一国社会长治久安的根本保证。法出多门，政令不一，必将引起社会矛盾，使老百姓对国家管理失去信心。当事人对行政裁决不服提起民事诉讼，可能会造成两份同时生效的法律文书存在，人为地制造法治不统一，其实际是放弃对行政裁决行为的司法审查权，使行政裁决处于一国法律监督体系之外，违背司法终审的基本法治原则。

---

① 参见罗豪才主编：《中国司法审查制度》，北京大学出版社1993年版，第222页。

三、行政裁决司法审查的内容

不服行政裁决的案件作为行政诉讼案件受理后，人民法院应当如何进行审查？审查行政裁决行为与审查其他具体行政行为有何区别？这些问题都有必要在实践的基础上加以总结。尽管我们将行政裁决行为的性质界定为可诉的具体行政行为，但是，行政裁决行为与一般具体行政行为仍有区别。

（一）关于行政裁决主体的审查

不是所有行政机关都享有行政裁决权，同时，也不是只有行政机关才享有行政裁决权。行政机关或者其他组织是否享有行政裁决权完全取决于法律、法规的授权。人民法院在审查行政裁决主体是否合法时，应当注意以下几个问题。

1. 行使行政裁决权的行政机关或者其他组织享有的行政裁决权的法律层级问题。这里涉及授权法的问题。

首先，关于行政裁决这种职权应当由哪一层级的法律规范来设定的问题。一种观点认为，行政裁决权属于《中华人民共和国立法法》第八条第（八）项："民事基本制度"范畴，属于只能由法律规定的重大事项。此外，裁决平等主体之间的民事纠纷原本属于人民法院的审判职能，将审判职能划归行政机关行使，若允许行政机关自行设定，必将引起国家职能分工的混乱。因此，法规、规章不得为行政机关或者其他组织设定行政裁决权。只有在法律为某类行政机关或者其他组织设定了行政裁决权之后，法规、规章才能够对该项行政裁决权作出具体规定。另一种观点认为，行政裁决不属于立法法所规定的"民事基本制度"的范畴，所谓"民事基本制度"应当是指有关民事权利义务和民事诉讼活动的基本制度。行政裁决作为非终局的解决民事纠纷的一条途径，应当属于"民事基本制度"以外的其他事项。同时，授权行政机关或者其他组织裁决民事纠纷，仅仅是增加了这些单位的行政义务，并不能因此给被授权单位带来利益。再则，行政裁决最终要接受人民法院的司法审查，不会因此造成国家职能分工的混乱。因此，从鼓励行政机关和其他组织参与民事纠纷处理，为人民法院减轻负担，为化解社会矛盾增加更多途径的角度考虑，允许法规甚至规章为行政机关或者其他组织设定行政裁决权并无不当。我们以为，第二种意见是正确可行的。

其次，关于被授权组织的法定限制问题。根据1989年《行政诉讼法》第二十五条第四款规定，只有法律、法规授权的组织所作的行政行为，该组织才享有被告的诉讼主体资格。据此，1989年《行政诉讼法》只承认法律、法规对非行政机关的其他组织的授权是有效的。但是，《行政复议法》第十五条第一款第（二）项对授权法作出了扩大规定，根据该项立法精神，规章对政府工作部门依法设立的派出机构的授权也是合法有效的。此外，最高人民法院《关于执行〈中华人民共和国行政诉讼法〉若干问题的解释》第二十条、第二十一条对授权对象的范围又作了比《行政复议法》更宽泛的解释，不仅规章对行政机关依法设立的派出机构的授权是有效的，而且，规章对行政机关内设机构的授权也是有效的。这里我们不去评价《行政复议法》以及最高人民法院的司法解释对授权法的层级降低到规章层级是否合法、合理的问题。实践中，人民法院在审查行政裁决的授权时，要根据最高法院司法解释的规定，享有行政裁决权的组织其权利来源至少要有规章层级的法律规范作出明确授权。如果是对行政机关内设机构和派出机构以外的其他组织的授权，规章授权无效，只有法律、法规授权才是合法有效的。但是，2015年5月1日修改后的《行政诉讼法》第二条第二款规定，"前款所称行政行为，包括法律、法规、规章授权的组织作出的行政行为。"即，新法承认规章对其他组织的授权，这里的"组织"包括行政机关内设机构、派出机构，也包括行政机关之外的其他合法组织。当然，原则上法律、法规、规章授权行政机关之外的其他组织行使行政职权，通常应当授权给具有公共事业管理职能的事业单位，不应当授权给经营性企事业单位。

2. 关于行政裁决权授权规范的表述问题。我国行政法律规范有关行政裁决名称规定十分混乱。有规定"责令赔偿损失"的，有规定"裁决赔偿损失"的，也有规定"责令恢复……"的等等。以上这些规定还能够从字面上理解出该法律条文授权行政机关或者其他组织对一定范围的民事纠纷的裁决权。现实中比较麻烦的是，相当一部分法律规范在授权行政裁决权时仅规定"……作出处理"。如何理解"处理"的内涵和外延？我们认为，"处理就是授予了行政裁决权"，不能把"处理"理解成"调解"。例如，1998 年 8 月 29 日第九届全国人大常委会第四次会议通过的《中华人民共和国土地管理法》第十六条规定："土地所有权和使用权争议，由当事人协商解决；协商不成的，由人民政府处理。"关于该条规定的"处理"，实践中从未有人提出它不是人民政府对土地权属纠纷享有行政裁决权的授权法依据。然而，在其他地方出现"处理"时，有的行政机关为逃避行政裁决法定职责，就将其理解为仅是"调解"，这是不合理的。当然，法律、法规授权行政机关或者其他组织行政裁决权，仅仅规定有权"处理"是否合适应该另当别论。我们认为，为了规范行政裁决行为，授权法在授权时应当将行政裁决权的具体处理权限和处理方法、手段予以明确，应当由法律、法规或者规章具体明确"处理"的外延。

（二）关于行政裁决事实的审查

行政裁决案件包括两方面的事实，一是当事人双方有关民事纠纷的事实，二是行政机关作出行政裁决的事实。人民法院在审查行政裁决案件时，两方面的事实都要进行审查。事实审查过程中，应当注意以下几个问题。

1. 行政裁决案件的事实审查应当坚持案卷主义审查原则。[①] 人民法院审查行政裁决行为的合法性，是建立在行政裁决机关已经对当事人之间的民事纠纷作出裁决的基础上的，所以审理过程中，首先应当根据行政诉讼法的规定，要求被告提供其在作出行政裁决过程中所依据的全部事实和证据材料。人民法院在审查行政裁决案卷的基础上，对行政裁决行为的合法性作出初步判断。在此基础上，进一步审查当事人就民事纠纷的不同意见和理由，对民事纠纷处理是否合法、合理进行审查。切忌

[①] 　由于行政裁决类似人民法院的民事一审，所以，也有人将其称为"具有类似民事二审的特点"。（参见罗豪才主编：《中国司法审查制度》，北京大学出版社 1993 年版，第 237 页）

案件一拿到手里，就对当事人之间的民事纠纷展开调查，进而得出自己对该民事纠纷的处理意见，对照行政裁决机关的处理结果，如果该结果与自己的处理意见一致，就认为行政裁决行为合法，否则判断行政裁决行为违法，应当撤销。以这样的思维过程审理行政裁决案件，是不符合《行政诉讼法》对人民法院审查行政行为合法性的基本要求的，违背了《行政诉讼法》关于被告对作出的行政行为负举证责任的基本原则。

2. 诉讼过程中，原告和第三人原则上只能提交在行政裁决过程中已经向裁决机关提交的证据。既然法律、法规或者规章已经授权行政机关或者其他组织对相关民事纠纷作出裁决，行政裁决程序已经启动，当事人就必须对裁决机关予以足够的尊重。如果允许当事人在行政裁决过程中故意不向裁决机关提供证据，藐视裁决机关，等到诉讼时，当事人才向法院提交证据，而法院又可以依据新提交的证据推翻裁决机关的行政裁决决定，这样对裁决机关是不公平的。而且，容易导致老百姓对行政裁决制度失去信心。当然，如果当事人有正当理由提出行政程序中未提交的证据的，人民法院仍然应当采纳。这里的正当理由应当是非因当事人主观因素所能决定的客观情况，这种客观情况足以使当事人在行政裁决过程中无法向行政裁决机关提交该证据。在此情况下，人民法院能否根据当事人提交的新证据撤销原行政裁决？一种意见认为不能撤销，应当维持行政裁决，告知当事人可持新的证据再提起民事诉讼解决原纠纷，理由是行政裁决机关在作出裁决时的行为并不违法。① 我们认为，这种理由是不能成立的。首先，由于新的证据的出现，原行政裁决错误已经是一个客观事实；其次，不撤销原行政裁决，让当事人再进行民事诉讼会出现对同一纠纷分存在两个有效的且处理结果不同的法律文书的矛盾；最后，坚持不能撤销实质是混淆了撤销可能产生的两种不同法律后果。一个是行政行为被撤销失去法律效力的后果，还有一个是在行政裁决机关行政执法过程中有过错的情况下所应当承担的内部法律责任。撤销行

---

① 参见罗豪才主编：《中国司法审查制度》，北京大学出版社 1993 年版，第 231—232 页。

政裁决并不意味着行政裁决机关必须承担内部法律责任。因此，在有新证据的情况下，人民法院应当撤销原行政裁决。

3. 行政裁决诉讼案件应当尽量查清争议事实，作出有利于民事纠纷解决的事实认定。在一般行政行为引起的行政诉讼案件中，人民法院只要查明行政行为在认定事实、适用法律、遵守法定程序等某方面违法就可以撤销具体行政行为。但是，在行政裁决案件中，由于撤销具体行政行为不仅仅是对行政裁决机关行为的一种否定，同时也关系到第三人合法权益的保护问题，因此，不能简单地查明行政裁决行为某一方面有问题，其他事实就不再审查。为了纠纷的彻底解决，人民法院在事实认定上应当尽可能地为民事争议的彻底解决创造条件、奠定基础，有证据能够认定的事实尽量予以认定。

（三）关于行政裁决法定程序的审查

行政裁决制度作为一种法律制度其程序法的规定十分有限，但是作为一种居间裁决纠纷的制度，其本身又要求行政裁决应当比一般行政行为有更加公正和严格的程序。这里就产生了矛盾，《行政诉讼法》规定只有在行政行为违反法定程序的情况下才能构成撤销具体行政行为的理由，许多行政裁决行为根本没有法定程序，这样是不是就不存在违反法定程序的情况了？我们认为，不是这样。正如许多学者指出的那样，法定程序应当包含正当程序的基本要求，例如，在行政裁决中没有听取双方当事人的意见，没有给予当事人质辩的机会，应当回避的行政执法人员没有回避等等，只要有这些违反正当程序要求的情况之一，就可以认定行政裁决违反法定程序。

对行政裁决程序法律、法规规定非常少。可是，行政规章和规章以下的规范性文件对行政裁决程序却有一些具体的规定。这些规定能否视为法定程序？我们认为，如果行政机关为了规范行政裁决行为，通过规章或者规章以下的规范性文件为自己设定了程序义务，应当认定这些程序属于法定程序，行政机关违反这些程序规定，也可以依照《行政诉讼法》的规定予以撤销。因为，行政机关既然已经为自己设定了程序义务，这个规范性文件就必须得到执行。当然，如果这个文件有与法律、法规规定相抵触的，抵触部分应当无效，不得适用。

在行政裁决案件的审查中，还应当区分程序瑕疵和违反法定程序两种不同情况。行政裁决案件并不像其他行政诉讼案件那样，仅仅涉及行政机关和管理相对人两方，它还与民事纠纷的另一方当事人的权利密切相关。如果在审查行政裁决行为的过程中发现行政裁决存在程序上的瑕疵，而其实体处理并不存在原则性问题，则不应当简单地撤销行政裁决。因为，这样会严重损害第三人的合法权益。正确的做法应当是在裁判文书的说理部分阐明行政裁决程序上的瑕疵，但是，裁判结果维持原行政裁决。何谓"程序瑕疵"？何谓"违反法定程序"？应当以两个标准来确定，一是正当程序原则的基本要求，凡是违反这些基本要求的，都属于违反法定程序；二是对相对人实体权利义务的影响程度，如果因为程序上的违法严重影响了当事人的实体权利义务的，也应当认定为违反法定程序。反之，则可以认定为程序上的瑕疵。

（四）关于行政裁决法律依据的审查

行政裁决存在民事和行政两种法律关系，在审查行政裁决案件的过程中必然涉及行政法律规范和民事法律规范的选择适用问题。裁决机关在行政裁决过程中其程序问题当然要适用行政法律规范，人民法院应当以这些行政法律规范来审查其行为是否符合法定程序，这一点应当是无争议的。但是，对当事人民事纠纷的处理应当适用行政法律规范还是适用民事法律规范呢？我们认为，首先应当适用行政法律规范，在行政法律规范无明确规定的情况下，可以适用一般民事法律规范。其理由有：第一，许多由行政机关裁决的民事纠纷并不同于一般民事纠纷，往往具有特殊性。例如，土地确权纠纷，其对象是国有或者集体土地的所有权和使用权。法律、法规、规章对土地权属的确定有一套专门的规定，不同于一般民事权利的规定。第二，根据特别法优于一般法的原则，对民事纠纷的处理民事法律规范是通用规则，而行政法规范对某些民事纠纷处理的特别规定属特别法范畴，两者发生冲突，优先选择特别法才是正确的。第三，民事纠纷本身就属于民事法律规范调整，适用民事法律规范解决民事纠纷天经地义，因此，在行政法律规范没有特别规定的情况下，适用民事法律规范是行政裁决必然的选择。

行政裁决法律依据的审查还应当注意区分适用法律错误和法律文件表达错误。同样因为行政裁决涉及第三人合法权益，在认定行政裁决适用法律错误时，不能仅仅凭借对行政裁决决定书的审查作出判断。某些情况下，由于行政裁决机关工作人员的疏忽，可能会出现法律文书上没有引用法律条文，或者引用法律条文错误、引用法律条文不完整等情况。这种情况下，只要行政裁决机关在法定期限内，向人民法院提交了作出行政裁决时所依据的相关法律文件的，就不应当认定该行政裁决属于适用法律错误，而应当认定为该行政裁决文书存在程序上的瑕疵，可以要求行政裁决机关补正。

四、行政裁决司法审查的裁判

《行政诉讼法》规定，人民法院对被诉具体行政行为审查后可以作出这样几种判决：经审查具体行政行为合法的，判决维持；具体行政行为违法的，判决撤销，撤销仍不足以消除相对人行为违法性的，判决撤销的同时还可以判决行政机关重新作出具体行政行为；对不履行法定职责案件，可以判决被告在一定期限内履行法定职责；对显失公正的行政处罚，可以判决变更行政处罚。最高人民法院根据司法实践的需要，在《关于执行〈中华人民共和国行政诉讼法〉若干问题的解释》中，又增加了驳回诉讼请求和确认被诉具体行政行为违法或者无效的判决。看起来人民法院对行政案件的裁判形式已经不少，但是，所有这些判决形式对行政裁决案件而言还是不够的。正是由于判决形式的局限，大量行政裁决案件进入人民法院行政诉讼程序后，总是官了民不了，形成大批行政诉讼"半截子工程"。① 根据行政裁决案件审判实践，我们认为，对行政裁决案件应当增加以下几种裁判形式。

---

① 参见马怀德：《行政诉讼不能搞"半截子工程"》，最高人民检察院检察日报主办
正义网，"法律学人马怀德论文随笔"。

（一）调解结案

《行政诉讼法》第六十条规定："人民法院审理行政案件，不适用调解。……"该条的理论根据是：行政机关享有的行政权是法律赋予行政机关的一种职权，它既是行政机关的权力，又是行政机关的义务，行政机关对这种法定的权力没有自由处分的权力，而调解是基于当事人对自己权利能够自由处分。既然行政机关不能自由处分自己的行政职权，当然也就不存在调解的前提，所以，审理行政案件不适用调解。暂且不论行政机关对行政权是否存在自由裁量的余地，就行政裁决案件而言，行政裁决完全不同于其他类型的行政案件，在行政裁决案件中增加调解结案的裁判方式是完全可行的。第一，民事纠纷双方当事人对自己的民事权利当然享有自由处分的权利，民事纠纷调解的基础是存在的；第二，在行政裁决过程中，尊重当事人双方协商一致的调解意见是行政裁决的一项基本程序制度，除非当事人的调解协议违反法律、法规，侵害国家、集体或者他人合法权益，否则，裁决机关必须服从当事人的调解协议，行政机关根据当事人的协议放弃行政裁决权，这也是行政裁决机关处分行政裁决权的一种表现形式；第三，诉讼过程中尽管存在被诉行政裁决的事实，但是，只要当事人双方能够就民事纠纷达成一致协议，行政裁决机关完全可以通过放弃行政裁决执行权等方式与民事纠纷双方当事人形成一致协议。

应当注意的是，我们建议的是增加调解结案的裁判方式，而不是在行政裁决诉讼案件中加入调解程序，通过调解结案，有利于彻底解决当事人之间的纠纷，稳定社会关系。调解结案的具体程序可以这样设计：在庭审之前和庭审过程中的当事人最后陈述之前，人民法院应当征询民事纠纷双方当事人的意见，是否愿意就民事纠纷达成和解协议。若民事纠纷双方当事人就民事纠纷达成一致协议，则征询被告意见，除非被告能够提出当事人双方的调解协议违反法律、法规，侵害国家、集体或者他人合法权益，否则，被告不得对调解协议提出异议。人民法院根据调解协议制作调解书，调解书送达之前，当事人可以反悔，当事人反悔的，人民法院应当依法作出裁判。调解书应当明确宣布：由于民事纠纷双方当事人达成一致协议，行政裁决不再执行；双方当事人应当在指定期限内按照双方调解协议履行义务，到期不履行，另一方当事人可以申请人民法院强制执行。调解书一经送达即发生法律效力，当事人无权对调解书提起上诉。

修改后的《行政诉讼法》第六十条第一款规定："人民法院审理行政案件，不适用调解。但是，行政赔偿、补偿以及行政机关行使法律、法规规定的自由裁量权的案件可以调解。"行政裁决案件中，行政机关可以主持民事纠纷双方当事人达成调解协议化解民事争议，基于当事人对其民事权利具有处分权的基本事实，行政裁决案件应当属于该条规定的"行政机关行使法律、法规规定的自由裁量权的案件"。因此，我们认为，修改后的《行政诉讼法》已经将行政裁决纳入了行政诉讼调解范围。人民法院主持各方当事人达成一致协议的，可以依法制作行政调解书，调解结案。

（二）一并审理判决

最高人民法院《关于执行〈中华人民共和国行政诉讼法〉若干问题的解释》第六十一条规定："被告对平等主体之间民事争议所作的裁决违法，民事争议当事人要求人民法院一并解决相关民事争议的，人民法院可以一并审理。"该条实际上是对行政附带民事诉讼的具体规定。① 其目的是想通过行政附带民事诉讼的形式彻底解决纠纷，减少累诉。修改后的《行政诉讼法》第六十一条第一款也明确规定，在审理涉及行政机关对民事争议所作裁决的行政诉讼中，当事人申请一并解决相关民事争议的，人民法院可以一并审理。也就是说，如果当事人对行政裁决提起行政诉讼，又对基础民事争议提起民事诉讼，请求人民法院一并审理的，人民法院应当对行政裁决行政诉讼案件和民事争议民事诉讼案件一并审理并作出判决，实质化解行政和民事纠纷。

---

① 江必新认为，解释第六十一条的规定回避了附带诉讼的概念，而只是说一并解决，二者本质上没有区别。（参见江必新：《中国行政诉讼制度之发展——行政诉讼司法解释解读》，金城出版社 2001 年版，第 106 页）

（三）变更判决

如前所述，一并审理判决的前提条件是当事人申请一并解决民事争议。也就是说，一并审理判决的前提是同时存在行政诉讼和民事诉讼两个诉，一并审理判决是两个诉的合并审理和判决。但是，行政裁决案件中，基于"谁主张谁举证"的民事诉讼举证原则，和预交民事诉讼费用的不利地位，民事争议双方当事人往往均不愿意作为原告一并对民事争议提起民事诉讼。通常情况下，行政诉讼原告往往是以民事争议处理不公为由要求撤销行政裁决行为，并不对民事争议一并提起民事诉讼。在此情形下，人民法院应当如何处理当事人之间的民事争议，实践中做法不统一。大量法院判决是按照合法性审查原则，审查行政裁决行为的合法性。如果认为被诉行政裁决不合法，仅仅是判决撤销，让行政机关重作；少数法院在判决撤销行政裁决行为的同时，对当事人民事争议同时作出变更判决。究其原因，主要是因为法官对变更判决方式的功能认识不足，片面强调对被诉具体行政行为合法性的审查，忽视行政诉讼解决纠纷作用的发挥。我们认为，在当事人未对民事纠纷另行一并起诉的情形下，行政裁决诉讼中并不存在两个并列的不同性质的诉讼。①

赋予人民法院对行政裁决案件的司法变更权是可行的。第一，行政裁决所处理的民事纠纷原本就是司法管辖的领域，人民法院对民事纠纷享有完全的司法裁判权，这是无可争议的法律原则。因此，并不能因为行政机关对民事纠纷作出了裁决，反过来人民法院对该案件进行审理时，对该纠纷的裁决权就成了行政专属权，人民法院对民事纠纷作变更处理就是侵犯了行政权，代替了行政权的行使，混淆了行政权与司法权的界限，这在道理上是站不住脚的。第二，赋予人民法院对行政裁决案件的司法变更权有利于彻底解决纠纷。目前大量行政裁决案件一遍又一遍进入诉讼，纠纷始终得不到彻底解决的关键是人民法院对民事纠纷不能直接作出判决。诉讼中，发现行政裁决违法，人民法院只能撤销裁决，要

---

① 参见江怀玉：《浅论对行政裁决的司法变更权》，中华全国律师总会主办中国律师网理论研究。

求行政机关重新作出裁决。而行政机关重新作出的裁决不管正确与否，始终不会是终局的裁决，不利的一方当事人又可以对其提起诉讼。直到人民法院终审判决最终维持了行政裁决，这个纠纷才算是最终画上了一个句号，这还不能把人民法院自身的审判程序监督算进去。而变更判决则在撤销违法行政裁决的同时，对民事纠纷作出处理，了结了纠纷，同时也使得争议的解决很快有个终局的裁判结论。第三，就技术上和专业上而言，不存在非要由行政裁决机关裁决的民事纠纷。解决民事纠纷原本法官就是这方面的专家。第四，采用变更判决可以克服行政附带民事诉讼操作上难题。行政裁决的结果本身就是对民事纠纷的处理意见，如果行政裁决违法，人民法院直接对该处理意见作出变更，既解决了行政行为合法与否的本质问题，也解决了民事纠纷，一举两得。

变更判决的具体操作方法是，在查明行政裁决事实和民事争议事实的基础上，指出行政裁决对民事纠纷处理的违法不当之处，直接判决变更行政裁决的处理结果，明确表达人民法院对民事纠纷的具体处理意见。值得强调的是，人民法院不仅对违法的行政裁决享有变更判决权，对显失公正的行政裁决同样享有变更权。当然，作出变更判决必须要充分说明理由。

遗憾的是，修改后的《行政诉讼法》第七十七条第一款仅规定："行政处罚明显不当，或者其他行政行为涉及对款额的确定、认定确有错误的，人民法院可以判决变更。"未明确将行政裁决案件全部纳入变更判决的范围。我们认为，除了涉及款额的行政裁决可以适用变更判决外，对于涉及所有权、使用权权利归属等其他行政裁决案件，也可以通过上述理论解释的途径，以判例或者司法解释方式，逐步纳入变更判决范围。

宋功德 中共中央办公厅法规局副局长，教授、法学博士，党的十八届四中全会文件起草组成员、国务院职能转变评估专家组成员，中国法学会理事、中国行政执法研究会副会长、中国软法研究会副会长、北大软法研究中心执行主任。主持完成10余项国家和省部级课题，出版《行政法哲学》《建设法治政府的理论基础与制度安排》《软法亦法》《行政法的均衡之约》《党规之治》等法学专著15部，在《中国社会科学》《中国法学》《人民日报》《新华文摘》等重要报刊上发表文章120余篇。论文和著作曾获第一届中国法学优秀成果奖论文类一等奖、第二届中国法学优秀成果奖著作类一等奖等奖项，2011年获第六届"全国十大杰出青年法学家"提名奖。

较之源远流长的行政规制、行政处罚等传统行政行为而言，最近几十年才普遍兴起的行政指导仍然稚气未脱①。较之行政指导在公共管理与公共服务中的生动实践与重要作用而言，行政指导的法律规制严重滞后、捉襟见肘，行政指导的理论研究单薄、保守。这种情形，无论是在堪称行政指导"母国"的日本，还是在广泛运用行政指导来推动社会转型与经济转轨的中国，都大致相似；至于其他国家，情况也大同小异②。

在日本，虽然行政法学界对行政指导的系统研究至少可溯及山内一夫所著《行政指导》（弘文堂，1977 年）的问世，并因最近 30 多年的持续关注而著述颇丰，③ 但这并不意味着学界对于行政指导已有周全而精致

---

① 首先需要交代的是，笔者在本章中所探讨的作为一种行政行为的行政指导，严格区别于行政主体所为的类似于纯粹的信息提供与知识援助意义上的信息引导。许多学者之所以最终选择了将行政指导定性为一种非权力性事实行为，在相当程度上可归因于将行政指导当作一个什么都能装的"筐"，没有将行政指导严格界定为一种包含有诱导利益的行政行为，没打算厘清行政指导与一般的信息引导之间的边界，因此难免会将二者混为一谈。

② 关于美国、德国、英国与法国的行政指导实践。（参见郭润生、宋功德：《论行政指导》，中国政法大学出版社 1999 年版，第 167 页）关于日本、韩国、澳大利亚、美国、德国、法国等国的行政指导法律规范的列举。（参见莫于川：《行政指导论纲：非权力行政方式及其法治问题研究》，重庆大学出版社 1999 年版，第 198 页）

③ 日本学界这些年相继出版了一系列的行政指导专著，例如《行政指导的理论与实际》（山内一夫，行政株式会社 1984 年版）、《行政指导研究》（千叶勇夫，法律文化社 1987 年版）、《行政指导》（关哲夫，行政株式会社 1991 年版）、《行政指导——政府机关与产业界之间》（新藤宗幸，岩波书店 1992 年版）。此外，日本的许多著名行政法学者也悄悄告别田中二郎博士（于 1956—1966 年在其主编的六卷本的《行政法讲座》未曾顾及行政指导）不太重视行政指导理论研究的学术传统，不约而同地在其所著（编）的行政法学专著或者教科书中专门探讨行政指导问题，譬如［日］南博方的《日本行政法》（杨建顺、周作彩译，中国人民大学出版社 1988 年版，第 67 页）、［日］和田英夫的《现代行政法》（倪健民、潘世圣译，中国广播电视出版社 1993 年版，第 218 页）、［日］室井力主编的《日本现代行政法》（吴微译，中国政法大学出版社 1995 年版，第 150 页）、［日］盐野宏的《行政法》（杨建顺译，法律出版社 1999 年版，第 142 页）。

的研究，甚至就行政指导法律定性这一基本问题的阐释也往往难以自圆其说，自然不能令人信服。相形之下，中国行政法学界对于行政指导的关注起步更晚、研究程度尚属初步。虽然中国行政法学界正式将行政指导纳入研究视野加以专门研究，始于罗豪才教授所编的《行政法论》（光明日报出版社 1988 年版）；其后，杨海坤教授在其所著的《中国行政法基本理论》（南京大学出版社 1992 年版）、应松年教授在其所主编的《行政行为法》（人民出版社 1993 年版）中都较早地专门探讨行政指导。但是，囿于界定行政指导法律属性这个关键难题迟迟未能得以解决，从而拖延了行政指导首次进入行政法学教科书体系的时间①，这种尴尬固然到了 1996 年不复存在②，从而宣告了行政指导正式进入中国行政法学的知识体系与学科体系，但如何恰当地界定行政指导的法律属性这一难题，事实上至今悬而未决。虽然自 1996 年之后，行政指导不仅在各种行政法学教科书中多半能以不同名义拥有一席之地③，而且行政指导问题逐渐引起行政法学界的广泛关注，并形成了一大批论文与数本专著④。但是，一则，行政指导的面孔在各种行政法教科书中的千篇一律，并不等于学界在行政指导问题上已经达成广泛共识，恰恰相反，不同的学者甚至在行政指导的法律属性究竟是非强制性行政行为还是非权力性事实行为这一最根本问题上仍然各执一词，至于行政指导的构成要件、功能、法律依据、法律监督与权利救济等一系列细节问题，更是见仁见智。二则，"炒

---

① 典型的例子是，在罗豪才主编、应松年副主编的《行政法学》（中国政法大学出版社 1989 年版）中虽然设专章讨论行政合同，却并未问津行政指导。

② 罗豪才教授在其主编的《行政法学》（北京大学出版社 1996 年版）开行政法教科书中设专章介绍行政指导之先河。

③ 例如，姜明安教授以"行政主体实施的其他行为"的名义将行政指导纳入其所主编的《行政法与行政诉讼法》（北京大学出版社 1999 年版，第 247 页以下），胡建森教授则以"行政相关行为"的名义将行政指导纳入所著的《行政法学》（法律出版社 1998 年版，第 411 页）。行政指导进入行政法学教科书，多少有些"犹抱琵琶半遮面"的味道。

④ 根据中国知网统计，截至 2014 年底，公开发表的标题中含有"行政指导"的论文 900 多篇。http://www.qhqk.zbt.cp/kns55/brief/result.aspx，2015 年 1 月 3 日访问。

冷饭"式的重复研究在现有行政指导研究中屡见不鲜，这并不是因为行政指导的理论研究已经深入、细致得到了无以复加的地步，相反，多数理论研究浅尝辄止，绝大多数研究无谓重复。这些既不周全、更不细致的行政指导理论研究，尚不足以全面描述、解释、评价行政指导的法律实践，更不用说胜任推动行政指导摆脱合法性危机、回归法治这个重大理论使命了。

随着行政指导实践的快速发展，行政指导规范不足、功效不确定、对相对人合法权益产生严重威胁等一系列"行政指导问题"逐渐浮出水面，行政指导与行政法治之间的张力日益明显，这就迫切要求行政法学界认真对待行政指导，深刻反思理论与实践，加强行政法学者之间、学界与实务界之间的对话与沟通，尽快就行政指导的法律属性、构成要件、基本功能与法治化等基本问题达成共识，以便推动"行政指导问题"的解决。诚然，理论研究并非万能，但是客观的理论研究有可能成为一面镜子，能够真实地反映出行政指导实践中普遍存在的问题；富有洞察力的理论研究有可能成为一把钥匙，有助于解开束缚行政指导正常发展的观念与制度绳索；而陷于传统行政法学范式之中不能自拔的理论只有可能成为一副枷锁，将行政指导牢牢地锁定于行政法治的边缘。

第一节　行政指导的法律定性

早在 20 多年前，应松年教授就曾深有感触地说：由于"行政指导是一种新的行为方式，围绕其产生的问题都是传统的行政法学所未遇到的新问题。解决这一新问题，单凭传统的理论是不够的，必须寻求新的方法和新解释。"[①] 理论创新难免会产生理论争议。在关于行政指导不胜枚举的理论争议中，针对行政指导法律属性界定的分歧最为明显，其意义最为重大，其影响也最为深远。之所以如此，是因为界定行政指导的法

---

① 应松年编：《行政行为法》，人民出版社 1993 年版，第 582 页。

律属性的意义，基本上等同于构建一个行政指导理论体系与制度体系的平台。就此而言，如何恰当地界定行政指导的法律属性，就成了行政指导理论研究的一个无法绕过的逻辑起点。

围绕着行政指导法律属性界定这个核心，本节依次探讨三个问题：两个方向的理论选择、代表性的定性理论、行政指导应属于非强制性行政行为。

一、两个方向的理论选择

长期以来，行政指导实践与理论研究的关系，我们可以用"先干后说""多干少说"甚至"只干不说"来描述。理论研究之所以姗姗来迟且步履维艰，最根本的原因就是行政指导表现出与行政规制等传统行政行为迥然不同的特征。如何恰当地界定行政指导的法律属性以便为行政指导理论研究提供理论前提，委实令学界左右为难。虽然最近有越来越多的学者开始努力专注于这一难题的解决，但由于学界存在着将行政指导分别定性为"非强制性行政行为"与"非权力性事实行为"两种不同方向的理论选择，这种努力自然只能事倍功半、收效甚微。

（一）行政指导定性问题的提出

众所周知，"在以构筑完全和民法相并列的公法学体系为目标的传统行政法学中，并不存在对应着行政指导的学术性框架结构"。① 之所以如此，是因为行政指导严格区别于行政规制、行政处罚等传统行政行为的最主要特征就是其非强制性，这就使得行政指导无法进入基本上与强制性的、具有命令—服从色彩的传统行政行为方式相匹配的行政法理论体系。传统行政法学理论体系与行政指导之间的不兼容性，就给行政指导的理论研究带来了前提性难题，如果行政指导法律定性这一理论前提问题得不到妥善解决，那么理论界不仅仅无法招架来自行政指导实践的责问，事实上也无法开展有意义的研究，因为无法找到理论研究的逻辑起点。因此，如何将长期以来一直游离于传统行政法学研究视野（基本

---

① ［日］盐野宏：《行政法》，杨建顺译，法律出版社 1999 年版，第 142 页。

上也游离于行政法治视野）之外的行政指导名正言顺地纳入行政法学的研究框架，就成了行政指导理论研究的一个前提性难题。这个前提性难题必须得到妥当解决，否则行政指导的理论研究不仅会牵强附会，还有可能误入歧途。

但是，如何界定行政指导的法律属性却是一道令理论界头痛的、在传统行政法学范式中似乎无解的难题，是一道超乎行政指导之外、直接触及行政法理论体系根基的难题。与其说它是一个如何将行政指导纳入传统行政法理论体系的问题，还不如说它是一个传统行政法理论体系为接纳行政指导等非强制性行为而改造自身的问题。之所以如此，是因为行政指导乃行政主体依照行政权所为，因此界定行政指导的法律属性自然很有可能触及行政的性质、行政权性质与行政行为性质的重新界定。不言而喻，行政、行政权、行政行为是整个行政法知识体系的重心与基石，重新界定其法律属性，极有可能动摇整个行政法理论体系。正因为如此，行政指导就给理论界带来了一个两难选择：要么维持传统行政法理论的正统性，对行政指导视而不见，拒行政指导于理论研究视野之外；要么修订传统行政法理论，通过增加理论解释空间来扩张其包容性，既能确保行政法理论一如既往地解释行政规制等传统行政行为，又能将行政指导顺理成章地纳入视野。

相形之下，前一种选择虽然不会伤害正统的行政法理论，但不仅行政法理论的声誉因难免要受到严重脱离实践的指责而受到伤害，而且我们所憧憬和捍卫的行政法治也有可能为长期游离于法律规制之外的行政指导所伤害。正因为如此，无论是年轻的中国行政法学，还是相对比较成熟的德国、日本行政法学，都不约而同地选择了后一种痛苦选择，以不同方式、程度不等地对传统行政法理论加以改造，甚至重构。

（二）两种截然不同的理论选择

虽然各国行政法学理论界所要解决的问题基本相同，但在路径选择上却差之甚远，甚至迥然不同。概而言之，主要通过两种方式来增加行政法理论的解释空间，以便将行政指导正常地纳入理论研究视野。

　　第一种是扩张行政的外延，通过将传统行政法理论中行政与权力之间的必然联系改写为或然性联系，从而将传统的铁板一块的行政一分为二为权力性行政与非权力性行政。其中，非权力性行政包括行政指导。如此一来，行政指导就被顺利地纳入行政法的理论研究视野。这种做法在日本学界相当流行，算得上主流理论。

　　第二种是扩张权力（尤其是行政权）的内涵，通过将传统行政法理论中权力与强制性之间的必然联系改写为或然性联系，从而将行政行为一分为二为强制性行政行为与非强制性行政行为。其中，非强制性行政行为包括行政指导。如此一来，行政指导就名正言顺地进入行政法的理论研究视野。①

　　1. 将行政指导的法律属性界定为"非权力性事实行为"

　　将行政指导的法律属性界定为非权力性事实行为，先后经历了两个逻辑层次：首先要将行政指导视作一种非权力行政方式，从而将其与行政规制等权力行政方式区别开来；然后要将行政指导定位为非权力行政方式中的事实行为，以便严格区别于非权力行政方式中类似于公法契约的法律行为。以下分别加以简要讨论。

　　其一，日本学者从行政作用法的角度②，将行政一分为二为权力行政与非权力行政。这种做法在很大程度上体现出日本行政法学界近年来试

---

①　除这两种主要的法律定性之外，还有一种经常被提起，那就是将行政指导定性为"非正式行政行为"。此种理论源于德国行政法，我国台湾学者林明锵曾将其转译为"未型式化之行政行为"。（参见［德］哈特穆特·毛雷尔：《行政法学总论》，高家伟译，法律出版社 2000 年版，第 398 页；林明锵：《论型式化之行政行为与未型式化之行政行为》，收录于《当代公法理论：翁岳生教授六秩诞辰祝寿论文集》，台湾月旦出版公司 1993 年版，第 359—361 页）

②　之所以要强调从行政作用法的角度，主要旨在区别于行政组织法的权力关系。后者是指在国家或公共团体内部，以及上级行政机关对下级行政机关所行使的用以监督的训令、认可、撤销、停止的命令权。（［日］室井力主编：《日本现代行政法》，吴微译，中国政法大学出版社 1995 年版，第 34 页）

图打破以公共权力为中心的传统行政法体系的主导地位的努力①，以便重建一种有助于回应现代社会行政方式多样化的现代行政法体系。例如，在日本学者神长勋看来，行政活动可以诉诸各种各样的方式；行政活动可以分成权力行政与非权力行政。其中，权力行政意指国家或公共团体对相对人使用权力手段，亦即在法律上居于优势地位施行行政活动；而非权力行政则是指国家或公共团体对相对人使用非权力手段，也就是在法律上处于对等地位施行行政活动②。循着这样的逻辑前进一步，即可将现代公法关系一分为二：权力关系与非权力关系。③

其二，在将行政区分为权力行政与非权力行政的基础上，再将行政指导归入非权力行政的事实行为类型之一。例如，日本学者成田赖明认为非权力行政的形成方式可分成两种类型：一是法律行为类，诸如形式上的行政行为、公法契约、行政上的私法等；二是事实行为类，诸如计划、斡旋、仲裁、行政指导。④

由此可见，在日本，行政指导之所以能从传统行政法学的视野之外进入现代行政法学理论体系之中，主要归功于理论界发明了"非权力行政"这套符号体系，这就使得被贴上"非权力行政"标签的行政指导自

---

① 在室井力教授看来，"行政作用法也主要是以权力行政作用为中心而构成，对非权力行政作用的陈述，几乎是附带性的。"［日］室井力主编：《日本现代行政法》，吴微译，中国政法大学出版社1995年版，第34页。

② ［日］室井力主编：《日本现代行政法》，吴微译，中国政法大学出版社1995年版，第34页。

③ 正是非权力性行政的广泛兴起，将传统公法关系的一元格局改造为权力性公法关系与非权力性公法关系对峙的二元格局。诚如和田英夫所言：现代社会中的公法关系以两种方式出现：一种是权力性公法关系，诸如强行征用土地，警察执行职能等，它是一种权力支配关系，其学说源头是德国公法上的支配关系学说；另一种是非权力性公法关系，诸如经营国家邮政事业，府县的公营住宅管理，经营公共汽车事业，它是一种管理关系，其学说源头是法国的利益说。［日］和田英夫：《现代行政法》，倪健民、潘世圣译，中国广播电视出版社1993年版，第53—54页。

④ ［日］和田英夫：《现代行政法》，第12—13页。

然就可以头顶这张通行证方便地出入行政法学理论体系。① 在这种被改造的行政知识体系当中，行政指导虽然不可能彻底褪尽其边缘化色彩，无法与所谓的权力行政相提并论，但无论如何，它已经拥有一席之地、再也不用流离失所了。

2. 将行政指导的法律属性界定为"非强制性行政行为"

在逻辑上，将行政指导定位为一种非强制性行政行为②也要经历两个层次：首先意指行政指导并非什么事实行为，而是有法律意义的行政行为；然后意指行政指导并非因为其非强制性就不是权力性行为，只不过它是一种非强制性的权力行为。

的确，如果以行政规制、行政处罚、行政强制等传统行政行为做背景，那么行政指导就因其与众不同的非强制性而明显与传统的行政法理论体系格格不入，因此，如果希望非强制性的行政指导能够与强制性的行政规制共同以"行政行为"的身份"和平共处"，那么就必然要求重新解释"行政权"与"行政行为"的含义，拓展行政法理论体系的包容性，以便为行政指导这种非强制性行政行为与行政规制这种强制性行政行为提供一个共同的理论平台。进言之，如果要将行政指导视作一种权力行政，视作一种行政行为，那么就得解决这样一个逻辑前提：将传统行政

① 我之所以强调行政指导可以方便地"出入"行政法学理论体系，意指通过这种方式将行政指导纳入行政法学理论体系不可能彻底：虽然行政指导的确因此有可能被纳入研究视野，但行政指导仍能凭借各种借口游离于新的"正统"的行政法学理论之外，例如，行政指导难以严格受制于行政法治原则。

② 究竟什么是"非强制性行政行为"？目前学界的回答方式大致有三种：一是采用归纳法，认为行政指导、行政合同、行政奖励等不具有强制性的行政行为即属此列。二是采用演绎法，认为非强制行政行为是"由一定的行政主体依其职责权限主动发出的，不以强制行政相对人服从、接受为特征的行政行为"。三是采用描述法，认为非强制性行政行为的概念及构成要素至少包括行政主体、目的性、裁量性、法律依据（容许性）、非强制性、利益诱导性和权力性7个方面。参见崔卓兰、蔡立东：《非强制性行政行为现代行政法学的新范畴》，《行政法论丛》第4卷，法律出版社2001年版，第133页；牛凯：《非强制行政行为论纲》，博士论文，北京大学2002年，第22页。

法上行政权与强制性以及行政权与强制性之间的必然联系，重新解释为一种或然性联系；强制性仅是行政权与行政的一面而并非其全部，权力与行政不仅仅会表现强制性的一面，还具有非强制性的另一面；只不过行政权与行政的非强制性一面为传统行政法所长期遮蔽，在现代行政法上由于行政指导、行政奖励、行政合同等非强制性行政行为方式的涌现而逐渐水落石出。

这种方向的理论选择，即便不是中国行政法学的原创，也至少是在中国行政法学开花结果的。在很大程度上，它是中国行政法学最近 20 多年来高度关注行政法理论基础研究的重要产物之一，更准确地说，主要是平衡理论研究发展的结果。平衡论者为了满足构建行政法的权力/权利格局结构性均衡的理论诉求，自始至终都将行政规制、行政处罚等强制性行政行为，与行政指导、行政合同等非强制性行政行为视作一对基本范畴，[1] 试图通过某种交叉性的权利/权力配置，来矫正传统行政法因行政主体与行政权处于主导性、居于优势地位和相对人与公民权利处于辅助性、居于劣势地位而造成的行政权/相对人权利结构的失衡，并将其作为现代行政行为方式多样化趋势的一个经典例证。[2] 中国行政法学之所以作出这种理论选择，主要取决于中国实际。鉴于中国所奉行的是一种政府主导型市场经济模式，尤其现阶段尚处于社会转型与经济转轨时期，因此行政指导在相当程度上被理想化为弱化行政权的强制性色彩、转变政府职能的一个重要载体，这就不仅不能容忍行政指导游离于中国行政法学的视野之外，甚至也不允许行政指导徘徊于中国行政法理论体

---

[1]　参见罗豪才、甘雯：《行政法的"平衡"及"平衡论"范畴》，《中国法学》1996 年第 4 期；罗豪才、崔卓兰：《论行政权、行政相对人权利及其相互关系》，《中国法学》1998 年第 3 期；罗豪才、宋功德：《现代行政法的制约与激励机制》，《中国法学》2000 年第 3 期；罗豪才、宋功德：《行政法的失衡与平衡》，《中国法学》2001 年第 2 期；罗豪才、宋功德：《行政法的治理逻辑》，《中国法学》2011 年第 1 期。

[2]　罗豪才：《现代行政法制的发展趋势》，《国家行政学院学报》2001 年第 5 期。

系的边缘，行政指导必须被当作一个重点理论问题加以认真对待。①

回顾中国行政法学最近这些年在这一问题上的持续努力，虽然多数理论研究仍然侧重于提出理论假设，在论证，尤其是实证性研究方面还存在着明显的不足，但一些原创性研究已为行政指导理论研究的前提问题，甚至重构行政法理论体系的逻辑前提问题的解决提供了初步的分析框架。我们看到，越来越多的学者倾向于或者转向于将行政指导当作一种非强制性行政行为纳入行政法的知识体系之中，行政法学理论体系的门户也因此被打开，中国行政法学正在由自足与封闭逐渐地转向兼收并蓄与开放。②

现在看来，无论是将行政指导的法律属性界定为"非权力性事实行为"，还是将其定性为"非强制性行政行为"，或许其初衷都只是考虑如何将行政指导纳入行政法理论体系之中，但事实上都导致了行政法理论体系的改造乃至重构，其影响显然已远远超出行政指导之外。出现这种局面，的确有点"无心插柳柳成荫"的意外。

需要进一步说明的是，虽然这两个方向的理论选择都在事实上动摇了强制性行政行为在行政法理论体系中独步天下的逻辑前提，拉近了行政法理论与行政管理实践的距离，但并不能将其简单地归结为研究偏好上的差异，无论是就推动行政指导摆脱合法性危机而言，还是就推动行

---

① 罗豪才教授早在 1993 年的一篇论文中就曾敏感地意识到行政指导之于反思、重构行政法理论体系所具有的"抛砖引玉"意义："权力色彩较弱的行政手段的采用，既对传统的行政法理论提出了挑战，也为新的行政法理论的创立提供了例证。"（参见罗豪才、袁曙宏、李文栋：《现代行政法的理论基础——论行政机关与相对一方的权利义务平衡》，《中国法学》1993 年第 1 期）

② 谈到非强制性行政行为的理论研究，不能不提及崔卓兰教授。多年来，崔卓兰教授通过一系列相关研究，为了解决确证以行政指导为代表的非强制性行政行为应成为现代行政法学一个新范畴的正当性与可行性这个问题，进行了有意义的尝试。（参见崔卓兰、蔡立东：《非强制性行政行为——现代行政法学的新范畴》，《行政法论丛》第 4 卷，法律出版社 2001 年版，第 127 页；崔卓兰、孙红梅：《非强制行政行为初探》，《行政与法》1998 年第 3 期）

政法理论体系创新所做的贡献而言，二者都绝对不能同日而语。其中，将行政指导定性为"非权力性事实行为"的理论选择并未触动传统行政法中行政与行政权被强制服从的本性，因此只能另辟蹊径地提出非权力性行政这一新范畴，曲径通幽地将行政指导导入行政法学的研究视野。与之形成鲜明对照的是，将行政指导定性为"非强制性行政行为"的理论选择则直接触动传统行政法理论体系的重心，通过重新演绎行政与行政权的内涵来否定其与强制性之间存在着必然联系从而将行政指导名正言顺地纳入行政法理论体系之中。相形之下，虽然扩张行政的外延较扩展行政权的内涵而言，对正统行政法理论的冲击要温和得多，但前者之于拓展行政法理论解释空间的贡献显然也是后者所望尘莫及的。事实上，如果我们顺着前一种理论选择的方向前进，那么就可以完全不必顾及传统行政法对强制性行政行为加以规制的逻辑限制，在经过扩展的行政法理论框架中重新开发出一套适合于非强制性行政指导的机制设计与制度安排逻辑来规范行政指导。但是，如果顺着后一种理论选择的方向前进，我们会发现重新设计一套有别于行政规制的、专门用以规范行政指导的制度体系几乎是不现实的，因为行政指导并不存在独立于行政规制的逻辑前提，无论是行政指导还是行政规制，它们都要服从行政与行政权必然是强制的这一共同的基本前提，这就决定了行政指导只能与行政规制共有一套机制设计与制度安排的逻辑前提，更准确地说，是行政指导套用行政规制的制度安排逻辑。如此一来，虽然行政指导也有可能被硬性纳入行政法治框架，但这不仅意味着放弃了将行政指导定性为"非权力性事实行为"的理论立场，而且意味着要支付抹杀行政指导那有别于行政规制的个性化特征、抑制行政规制所无法替代的独特功能的惨重代价。

二、代表性定性理论

在由"非权力性事实行为"与"非强制性行政行为"作为两极所构成的一个关于行政指导法律定性的谱系当中，存在着若干多种或更靠近前一种，或更靠近后一种的不同的理论主张。这个谱系主要包括一些代表性的理论观点：事实行为、非权力行为、非权力性事实行为、非权力性行政执法行为、非强制性行为、非强制性行政管理手段、非强制性行政行为。此外，还有一种意在回避行政指导法律定性的理论描述，即笼统地称行政指导为行政作用或行政管理方式。

（一）将行政指导定性为行政作用（行政管理方式）

这是对行政指导法律属性最为宽泛、也是最为模糊的描述。它既非明示行政究竟是权力行政还是非权力行政，也未明确行政指导究竟是有法律意义的行政行为还是没有法律意义的事实行为。它代表着学界早期对行政指导所作的直观的、表面化的、边缘化的理解。之所以如此，是因为在日本行政法上，广义的行政作用包括行政厅的一切行为，诸如事实行为、统治行为、（法规命令的制定的）立法行为、行政处分、准法律行为、行政法的管理行为（公法上的契约、协定）、私法行为等①。此种行政指导定性理论观点早期在学界比较流行。例如：日本学者南博方认为，行政指导是现代行政所采有的多种行为形式中，被称为建议、指导、指示、希望、劝告、鼓励、恳请、协力、警告等等一系列行为。……是行政机关为实现一定的行政目的，而谋求相对人同意的行政作用。②

日本学者原田尚彦也认为，行政指导是指行政机关为达到行政目的，采用被称为建议、指导的非权力性手段鼓励国民、诱导国民作出行政厅所希望的行为的行政作用之总称。③

中国内地也有部分行政法学者持与之类似的观点。例如王连昌教授认为，行政指导是指国家行政机关为了实现一定行政管理目的，针对社会上具体的公民、法人或其他民间组织，主动采取不直接产生法律效果、

① 参见［日］和田英夫：《现代行政法》，倪健民、潘世圣译，中国广播电视出版社1993年版，第183页。

② 参见［日］南博方：《行政法》I，有斐阁1976年版，第216页。

③ 参见［日］原田尚彦：《行政法要论》，学阳书店1984年版，第163页。另参见翁岳生编：《行政法》，翰芦图书出版有限公司1998年版，第760页。

不具有法律约束力和国家强制力的行为，取得相对人的同意，并协助去实施。①

（二）将行政指导定性为非权力行为

对行政指导作这种定性，重在强调行政指导是一种区别于权力行为的"非权力行为"。至于行政指导究竟是行政行为还是事实行为，似乎无意追问。例如：日本学者和田英夫认为，行政指导是这样一种作用，即不管有无立法根据，行政机关对特定的个人，公法、私法上的法人和团体，要求对于一方的同意协作，采用非权力的、任意的手段进行工作，以实现行政机关的意图，诸如警告、劝告、提供知识、信息等。②

日本学界的这种观点，对中国行政法学界产生了相当程度的影响，有不少学者复制了这种理论观点，给行政指导贴上"非权力"的标签。例如，莫于川教授就毫不含糊地将"非权力行政方式及其法治问题研究"作为其著作《行政指导论纲》（重庆大学出版社 1999 年版）的副题。在该书中，莫教授认为：行政指导就是行政机关在其职责范围内为实现一定行政目的而对相对人采取的符合法律精神、原则、规则或政策的指导、劝告、建议等非权力行为。③

（三）将行政指导定性为事实行为

此种关于行政指导法律属性的界定，重在揭示行政指导并非有法律意义的行政行为，而是一种不具有法律意义的"事实行为"，并未深究其权力性或非权力性。例如：日本学者盐野宏认为，行政指导是指行政主体为了实现一定的公共行政之目的，期待行政客体的一定行为（作为、不作为）而实施的，其本身没有拘束力，但可对行政客体直接起作用的

---

① 王连昌、莫于川：《社会主义市场经济需要加强行政指导》，《行政法学研究》1994 年第 1 期。

② ［日］和田英夫：《现代行政法》，倪健民、潘世圣译，中国广播电视出版社 1993 年版，第 218 页。

③ 莫于川：《行政指导论纲：非权力行政方式及其法治问题研究》，重庆大学出版社 1999 年版，第 27 页。

行政的一种行为形式。它是一种事实行为。①

日本学界的这种理论对我国台湾地区行政法学产生了深刻的影响。例如陈新民认为，所谓行政指导系行政机关在其职权或所掌事务范围内，为实现一定之行政目的，以辅导、协助、劝告、建议或其他不具法律上强制力之方法，促请特定人为一定作为或不作为之行为；行政指导是一种事实行为，不具有法律拘束力。②

中国内地也有少数行政法学者持类似观点。例如，章剑生教授认为：行政指导是行政主体基于国家的法律、政策的规定而作出的，旨在引导行政相对人自愿采取一定的作为或者不作为，以实现行政管理目的的一种非职权行为。③

（四）将行政指导定性为非权力性事实行为

前文曾提及日本学者成田赖明教授持此观点。这种关于行政指导法律属性的界定，不仅指出行政指导是一种非权力性行为从而严格区别于权力行政，而且表明行政指导是一种事实行为从而严格区别于有法律意义的行政行为。有不少中外学者持此观点。例如：日本学者村上博认为，行政指导是指行政机关为实现一定的行政目的，通过向相对人做工作，期待实施行政机关意图的行为（作为或不作为）的行为形式。因此，它是非权力性事实行为④。

---

① 参见［日］盐野宏：《行政法》，杨建顺译，法律出版社1999年版，第142、146页。

② 陈新民：《行政法学总论》，三民书局1997年版，第319页。需要指出的是，陈新民教授关于行政指导的法律定性不太严谨。就在此书的同一页，陈教授又写道："行政指导顾名思义是行政机关的一种指导性的行政行为。"

③ 姜明安编：《行政法与行政诉讼法》，北京大学出版社1999年版，第247页。

④ ［日］室井力编：《日本现代行政法》，吴微译，中国政法大学出版社1995年版，第150页。需要注意的，按照前后逻辑一致的要求，尤其是本书第153、155页等处多次明确指出行政指导是一种非权力性事实行为，因此笔者怀疑本书第151页将行政指导译作"权力性事实行为"，或是译误，或是原著笔误所致。

这种观点对我国台湾地区行政法学界产生广泛影响，① 不少台湾行政学者持此观点。例如罗传贤认为，行政指导是指行政机关在其所掌管的职务范围内，为达成特定行政目的，以指示、劝告、警告、要求、奖励、建议、促请注意、协调、指导等非权力的任意手段，诱导相对人自动地协力或在其同意下达成行政机关某种愿望之事实作用。② 再如陈春生在概括行政指导的特征时指出：行政指导为一种事实行为，其并非课与相对人以义务，因此并未以后续之强制执行为后盾来行使；行政之前提系非权力性之行为。③

日本行政法学界对行政指导的这种法律定性理论，主要经由台湾转而对我国内地早期的行政指导研究产生了相当程度的影响。例如有学者认为，行政指导是指行政机关为实现所期望的行政状态，谋求相对人响应而依照法律政策采取的非权力行政执法活动，行政指导不仅是非权力行政活动，而且是事实行为而不是法律行为。④

（五）将行政指导定性为非强制性行为

这种定性主要旨在揭示行政指导具有典型的区别于行政规制的非强制性特性，并未问津行政指导究竟是行政行为、事实行为还是其他什么行为。持这种观点的学者较多。例如：日本学者系田省吾认为，行政指导在表面上是指劝告、指导、指示、希望、建议、训告、协商、期望等非强制性措施，而且并不具有限制国民的权利，或课国民以义务的、法律的强制力，它是行政机构在法律所赋予的权限和所管事务的范围内，

① 许多台湾学者将行政指导的非权力性与事实性，视作行政指导的主要特质所在。参见翁岳生：《行政法》，翰芦图书出版有限公司1998年版，第760页。

② 罗传贤：《行政程序法基础理论》，五南图书出版公司1993年版，第326页。

③ 参见翁岳生：《行政法》，翰芦图书出版有限公司1998年版，第760页。

④ 参见应松年编：《行政行为法》，人民出版社1993年版，第571页。需要提及的是，本书在将行政指导定位为一种行政执法行为的同时，又将其视作非法律行为的事实行为，这两者之间似乎有些矛盾；此外，本书在第576页又将行政指导分为宏观性与微观性的行政指导，宏观性的（例如行政立法）似乎不能算作严格意义上的"行政执法"活动。

为得到行政相对人的合作并实现一定的行政目的而进行劝诱或诱导，使其采取或不采取某种行为。①

这种观点在我国台湾行政法学界颇为流行。例如林纪东认为，行政指导乃行政机关就其所掌之事务，对于特定之个人、公私法人或团体，以非强制之手段，取得相对人之同意与协力，以达到行政目的之行为。② 再如，林江山也认为，行政指导亦称行政辅导，通常指作为政府的行政机关，在其职权责任范围内，或结合其承担的具体任务，采用提出希望、建议、劝告、告诫、敦促等方式，谋求行政相对人的响应乃至主动配合，以最终实现其所期望的行政目的或状态之行为。③

我国内地也有部分学者持此观点。例如，胡建淼教授认为，所谓行政指导是指国家行政机关在其所管辖事务的范围内，对于特定的行政相对人，运用非强制性手段，获得相对人的同意或协助，指导行政相对人采取或不采取某种行为，以实现一定行政目的的行为。④ 再如，方世荣教授认为，行政指导是指行政机关根据行政管理的实际需要，在法律、法规规定的权限范围内以引导、鼓励等方式，取得相对人同意或协力，而共同有效地实现行政目标的非强制性行政管理手段。⑤

（六）将行政指导定性为非强制性行政行为

这种对行政指导法律属性的界定，与将行政指导定性为"非权力性事实行为"针锋相对。它不仅指出行政指导是一种权力性行为，而不是非权力性行为；而且表明了行政指导是一种虽无强制性、但却具有法律意义的行政行为，而非事实行为。持此观点的学者多为我国内地行政

① ［日］系田省吾：《反垄断与行政指导》，《法学家》1974 年第 7 期。
② 林纪东：《行政法》，三民书局 1988 年版，第 434 页。
③ 林江山：《行政法新编》，五南图书出版公司 1973 年版，第 407 页。
④ 胡建淼：《行政法学》，法律出版社 1998 年版，第 412 页。虽然胡建淼教授在定义行政指导时并未论及行政指导是否是一种行政行为，但紧接着在本书的第 413 页描述行政指导特征时却又似乎有些模棱两可地写道："行政指导是一种准行政行为。确切地说，是一种事实行为。"
⑤ 方世荣：《论具体行政行为》，武汉大学出版社 1996 年版，第 203 页。

法学者。例如罗豪才教授等早于 1993 年就曾指出：行政指导是一种非以行政强制为特征的行政行为，目的在于希望相对人自觉服从行政意志。①

郭润生、宋功德教授曾将行政指导定义为：行政主体在其法定职权范围内，为实现特定行政目的，遵循法律位阶原则，制定诱导性法律规则、政策；或者依据法律原则、规则与政策，针对特定相对人采用具体的示范、建议、劝告、警告、鼓励、指示等非强制性方式，并施以利益诱导，促使相对人为或不为某种行为之非强制性行政行为。②

杨海坤、黄学贤教授也认为，行政指导是行政机关（包括其他合法主体）为实现一定的行政目的，依法在其职权范围内，以建议、劝告、引导、指示、鼓励等非强制手段，使相对人接受其意思表示并付诸实践（包括作为和不作为）的新型行政行为。③

此外，在包万超教授关于行政指导概念的定义中，行政指导的"权力性"也得到特别强调：行政指导是行政机关通过制定诱导性法规、政策、计划、纲要等规范性文件以及采用具体的示范、建议、劝告、鼓励、提倡、限制等非强制性方式并付之以利益诱导促使相对人自愿作出或不作出某种行为以实现行政目标的一类权力性行政行为。④

虽然行政法学界还有其他一些对行政指导法律属性的不同理解，但那些未被列举的理论观点与以上 6 种代表性观点之间只存在着细节上的差异，基本上都可以在由"非权力性事实行为"与"非强制性行政行为"所构成的法律定性谱系中找到对应的位置。通过这种对行政指导定性理论主张的类型化处理，我们就不难发现不同的学者以相当不同的方式解读行政指导的法律属性；进言之，也就不难理解为什么深化行政指导理

---

① 罗豪才、袁曙宏、李文栋：《现代行政法的理论基础——论行政机关与相对一方的权利义务平衡》，《中国法学》1993 年第 1 期。

② 郭润生、宋功德：《论行政指导》，中国政法大学出版社 1999 年版，第 59 页。

③ 杨海坤、黄学贤：《行政指导比较研究新探》，《中国法学》1999 年第 3 期。

④ 包万超：《转型发展中的中国行政指导研究》，《行政法论丛》第 1 卷，法律出版社 1998 年版，第 288 页。

论研究的要求虽然迫切但却进展缓慢。究竟如何界定行政指导的法律属性才是恰当的？这个难题以及因此引起的理论争议，一直是深化行政指导理论研究的焦点，它多年来一直作为行政指导理论研究的核心难题困扰着行政法学界。而学界长期以来在解决这个基本理论问题上所持的不同立场以及因此所造成的观点分歧，严重地制约着行政指导理论研究以及理论与实践对话平台的正常构建。这就不仅妨碍着各种理论研究之间进行正常的批评与沟通，多数理论研究陷入自说自话、各自为战的尴尬境地①；而且直接导致行政指导的理论与实践之间距离的拉近。作为结果，各国行政程序法在规定行政指导属性时无法掩饰其左右为难与犹疑不定，② 从而拖延了行政指导合法性危机的全面解除。

三、行政指导应属于非强制性行政行为

行政法理论当且仅当在与其他理论的竞争中获胜时，它才会得到广泛认可。一种行政法理论是否具有竞争力，以及能否在与其他理论的竞争中最终获胜，不仅取决于其理论前提是否成立，从理论前提到结论之间的推理过程是否符合逻辑，更取决于这种理论是否有助于全面描述、准确解释、恰当评价特定的行政法制度现象，是否有助于推进行政法治目标的实现。随着行政指导实践的发展，随着行政指导理论研究的日渐深入，随着学界立足实践、面向实践，基于对传统行政法的深刻反思而

---

① 行政指导法律属性的"不确定性"，不仅表现为不同学者之间的各执一词，甚至反映为同一学者在不同时期的犹豫与反复。例如，胡建淼教授在其提交给中国行政法学研究会 1996 年年会的论文《世界上有关国家和地区行政程序法的比较研究》中，认为"行政指导……不是行政处分，属非正式行政行为。"但两年之后，在其所著的《行政法学》（法律出版社 1998 年版，第 412 页）中，却又认为"行政是一种准行政行为。确切地说，是一种事实行为。"

② 例如，日本行政程序法将行政指导规定为一种"不属于处分的行为"，而韩国行政程序法则模糊地将行政指导规定是一种"行政作用"。而我国台湾地区 1990 年的"行政程序法"草案却将行政指导定位为一种"事实行为"，1998 年草案认为是"为实现行政行为不具有法律强制力"的所谓"促请行为"。

形成的行政法的新理念与新范畴，那种将行政指导定性为非权力性事实行为的理论主张，在与将行政指导定性为非强制性行政行为的理论主张之间的激烈竞争中，日益显得力不从心。这种理论不仅在解读行政指导实践时捉襟见肘，而且在推动行政指导实践的法治化方面更是有南辕北辙之虞。这就不仅使得后期大部分有意义的行政指导理论研究毫不犹豫地选择将行政指导定性为非强制性行政行为的研究立场，而且还有力推动了为数甚多的研究者放弃早期的研究立场，转而加入将行政指导定性为非强制性行政行为的理论阵营。但相反的例子却凤毛麟角。如此一来，虽然有些理论研究仍然固执地坚持其研究立场，而且还有为数不少的重复性研究仍然人云亦云地、先验性地将行政指导定性为非权力性事实行为，但是将行政指导定性为非强制性行政行为已是大势所趋，行政指导理论研究的共识正在快速形成之中。

通常而言，一种理论主张作为一个命题，在逻辑上可以被分解为两部分：理论前提+逻辑推理。一种理论主张成立与否，不仅取决于理论前提成立与否，还取决于其推理过程是否符合逻辑；当且仅当理论前提成立、推理过程符合逻辑时，该理论主张才是正确的。据此，将行政指导定性为非强制性行政行为的理论主张，之所以能够在与将行政指导定性为非权力性事实行为理论主张的激烈竞争中居于优势，不仅在于前者成功地挑战了后者的前提条件，而且在于前者表现出更切合现实的理论意义、具有更强的理论解释力。

（一）对非权力行政的理论前提的挑战

将行政指导定性为非权力行政，其理论前提是：行政权必然是强制的（而行政指导是非强制性的，因此只能是一种非权力行政）。这个理论前提难道绝对成立吗？未必。作为一种执行权，行政权必然具有强制性并非一个不可挑战的命题。在整个宪制体系中，行政权至少在四种意义上与其他权力/权利发生关系：行政权之间、在国家法范围中分别与立法权、司法权发生关系，与公民权利发生关系；与非正式制度中的社会权利发生关系。

首先，如果认为行政权必然是强制的，那么在逻辑上不仅很难解释为什么同样行使行政权的下级行政机关不得不服从上级行政机关，而且也不可能解释为什么有些上下级行政机关之间具有业务指导而非领导关系，以及为什么分别行使不同类型的行政权的政府组织部门之间并不存在谁服从谁的问题。亦即，在行政权体系内部，行政权并非绝对具有强制性。

其次，无论在哪种模式的分权与制衡机制中，行政权无论是相对于立法权，还是相对于司法权而言，恐怕都不可能断称行政权对此二者具有绝对的强制性，即便在行政权非常强大的美国式的分权机制中也是如此。相反，在国家权力系统中，由于议会至上与/或"无法律即无行政"以及司法审查的普遍存在，使得立法权与司法权相对于行政权而言，经常表现出更多的优越性。

再次，就行政权与公民权利关系而言，行政权的存在主要旨在维护并增进社会公益；行政权是否具有强制性，以及具有什么程度的强制性，取决于公益目标的实际需要。由于公益与私益在很大程度上是此消彼长的，而私益主体有可能在寻求私益最大化的利益驱动下损公肥私，这就需要行政权拥有强制性来加以预防与惩治，以便确保社会公益。但是，一则并不存在抽象意义上的、超越于公民之上的社会公益，社会公益是对私益的一种整合，并通过各种途径、在各个时期回报私益；二则公、私益之间的关系也并非绝对的非此即彼，公私益之间还存在着通过合作实现双赢的可能。这就意味着，行政权相对于公民权利而言具有强制性的正当性，有助于最大化公益。正因为如此，如果在某些领域内行政权以非强制性的方式也能实现同样的行政目的，甚至能更好地维护、增进社会公益，那么以强制性的方式来行使行政权便不再具有正当性。尤其在现代民主政治的框架之下，我们更加期望行政寓管理于服务之中，而非相反。也就是说，在行政权与公民权利这对基本范畴中，行政权究竟采用强制性方式还是非强制性方式，主要取决于行政目的的需要——目的决定方式，而非相反。质言之，"强制只是行使权力的其中一种手段，否则，我们在逻辑上是在支持专制。"①

---

① 包万超：《转型发展中的中国行政指导研究》，《行政法论丛》第 1 卷，法律出版社 1998 年版，第 288 页。

最后，当行政权与非正式制度中的社会权利发生关系时，虽然在某些场合下也会表现出一定程度的强制性，但在更多的情形下只能依法保持克制，即使对社会自治范围内的社会权利指手画脚都会招致非议，更不用说采用强制措施了，否则行政虽然增加了规制范围，却要失去更多的正当性基础与更多的社会支持。

由此可见，那种将行政或行政权直接等同于强制，宣称行政权总是具有绝对的强制性，认为行政主体所采取的唯一模式就是"命令—服从"，这种理论主张其实是在有意无意地支持"全能行政"与"行政至上"。这种有悖现代公共行政改革潮流的理论主张，既与法治目标背道而驰，也与授予行政权的初衷南辕北辙[1]。笔者认为，现代社会的宪制框架严格区别于封建专制的一个重要标志就是：行政权与强制性之间只存在一种或然性联系，而非必然性联系。这就意味着，如果我们承认是在现代宪制框架之下探讨行政指导，那么就不可能同意将行政指导定性为非权力行政的理论主张，因为行政权并非总是绝对强制的。

（二）对事实行为的理论前提的挑战

将行政指导定性为不具有直接的法律效果的事实行为的理论前提是：行政行为必然会对相对人产生直接的法律效果（由于行政指导对相对人不产生直接法律效果，因此只能是一种事实行为）。这个理论前提难道绝对成立吗？

有些学者之所以将行政指导纳入事实行为而非行政行为范畴，是因为行政指导似乎与事实行为这一范畴比较接近。所谓"事实行为，谓不发生法律效果，或虽发生法律效果，然而效果之发生，乃系于外界之事实状态，并非由于行政权心理作用之行为"[2]。或者"事实行为是指行政

---

[1]　诚如维尔所言："权力行使是实现西方制度理论家的社会价值的关键；他们所关心的是这样一个问题，即要保证政府的权力行使受到控制，以便政府的权力行使不致摧毁政府权力有意促进的价值。"（［英］M.J.C.维尔：《宪政与分权》，苏力译，三联书店1997年版，第3页）

[2]　林纪东：《行政法》，三民书局（修订第三版），第290页。

机关所实施的本身不直接或间接引起相对人权利、义务的得、丧、变更等法律后果的行为"①。笔者认为,虽然行政指导不具有强制性,但行政指导旨在实现特定行政目的应是无可争议的,就此而言,行政指导明显区别于不具有法律目的事实行为。至于行政指导是否具有与行政目的相关的法律效果,则需要专门加以深入探讨。回答这个问题,可以转化为对"行政行为必然会对相对人产生直接的法律效果"这一理论前提的证伪。

应该承认,的确有很多的行政行为会对相对人产生直接的法律效果。例如,行政主体所作出的一个行政处罚决定在正常情况下会产生直接的法律效果,这不仅表现为行政处罚决定在法律上宣告了被处罚人在精神上或人身上或行为上或财产上因此要受到某种法律处分,还意味着如果被处罚人不自动履行生效的行政处罚决定,则会招致强制执行。但是在逻辑上,我们既不能因为部分行政行为具有直接的法律效果就以偏概全地推导出所有的行政行为都能产生直接的法律效果,更不能因为行政主体所作出的某种行为对相对人不产生直接的法律效果就推导出这种行为是事实行为。之所以如此,至少存在着以下几个方面的理由。

1. 行政指导并非由于对相对人产生的法律效果不确定就没有法律效果,因为法律效果有单方与双方之分

由于行政指导是非强制性的,在法理上不能要求相对人强制服从,这就很容易导致行政指导不产生法律效果的误判。这种误判犯的是以偏概全的逻辑错误。事实上,一则由于行政指导虽然是非强制性的,但行政主体如果为了实现某种行政目的,往往既可以通过行政指导这种非强制性方式,也可以依法诉诸行政处罚、行政征收等强制性方式,视具体情形自我控制(尤其是通过行政立法),比较方便地在强制性与非强制性之间来回切换,刚柔相济。二则由于行政指导通常是一种利益诱导,行政主体总要通过设置一定的诱导利益来作为促成相对人兑现行政主体所

---

① 张尚鷟编:《走出低谷的中国行政法学》,中国政法大学出版社1991年版,第139页。

期望的为或不为某种行为的交换条件。因此行政指导事实上都会程度不等地对相对人产生某种法律效果。更为重要的是，退一步说，即使行政指导并未对相对人产生某种法律效果，我们也不能因此宣称行政指导没有法律效果。之所以如此，是因为一个诚信政府一旦作出行政指导，这种行政指导即使并不具有当然的执行力（但相对人一旦接受，就产生了执行力），但依然具有公定力、确定力与拘束力，依照禁反言原则以及信赖保护原则的要求，就不能随意更改。也就是说，行政指导对于相对人而言，虽然其法律效果不太确定，但事实上仍然具有一定程度的法律效果；而行政指导之于行政主体而言，其法律效果与行政处罚等强制性行政行为似乎并无什么本质区别。如果行政指导主体出尔反尔，或者相对人因指导失误而招致权益受损，那么应该能够依照信赖保护原则获得救济。

2. 行政指导并非由于不产生直接的法律效果就不是一种行政行为，因为法律效果有直接与间接之分

行政主体作出一个行政决定，往往并不限于对相对人产生直接的法律效果，还有可能对与之相关的其他个人与/或组织产生间接的法律效果，例如行政处罚、行政征收等强制性行政行为皆是如此。我们并不能因为没有对相对人产生直接的法律效果就认为它不是一种行政行为。一项治安行政处罚，对于作为相对人的加害方而言自然要产生直接的法律效果，与此同时，行政处罚公正与否也会对并非作为本案相对人的受害方产生间接的法律效果，我们恐怕很难说由于受害方并非行政处罚行为的相对人，并未承受不公正行政处罚决定的间接影响，就可以认为这个行政处罚决定不是一种行政行为。事实恰好相反，这种与行政行为有着"法律上利害关系"的受害者仍然可以依法提起行政诉讼。

3. 行政效果并不因为不一定产生具体、明确的法律效果就不是一种行政行为，因为法律效果有抽象与具体之分

在行政法制实践中，的确有很多行政行为的法律效果非常具体、明确，例如行政主体是否同意行政许可申请人的许可请求，对于申请人而言会产生直接的、具体的法律效果。但如果我们因此推而广之，认为所

有的行政行为都会产生明确、具体的法律效果，甚至走得更远，认为如果行政主体所作出的行为不产生直接的法律效果就不是行政行为，就有可能得出荒谬的结论。我们知道，行政行为有抽象与具体之分，通常而言，具体行政行为有可能产生具体的、明确的法律效果，而抽象行政行为则未必如此。只有在特定的行政法律关系中，抽象行政行为的抽象的、对象不特定的法律效果才会具体化。如果认为抽象行政行为不会产生具体的、明确的法律效果从而将其排除行政行为之外，这显然不可能。之所以要强调这一点，是因为很多的行政立法以及其他的规范性文件都表现为"行政纲要"的方式，而行政纲要是一种典型的行政指导；虽然它并不能产生直接的法律效果，但我们恐怕不会同意将其排除抽象行政行为的范畴。此外，将行政指导排除行政行为范围还有一个重要依据：行政指导不能对相对人产生直接的法律效果。这个判断可以置换成这样一个命题：行政主体只有作出对相对人产生直接的法律效果的行为才是行政行为。这难道是个真命题？未必。因为行政行为有内外之分，内部行政行为区别于外部行政行为的一个重要特征就是其法律效果并不涉及其他个人与组织，我们难道因此否认内部行政行为是一种行政行为？如果果真如此，那么恐怕之于现代民主政治与行政法治而言，甚至要比特别权力关系走得还远。

综上可知，作为判断行政指导是一种事实行为的理论前提，认为行政行为必然会对相对人产生直接的法律效果这种观点并不总是成立。这就意味着：认为行政指导并非行政行为，而是一种事实行为的判断是不成立的。

（三）行政指导的定性要反映现实、回应行政法治的需要

实践是检验理论的唯一标准。一种行政法理论是否有意义，最终并非取决于是否存在着逻辑问题，而是取决于能否全面地反映实践，能否经得住实践的检验。诺贝尔经济学奖获得者、倡导建立一种实证的政治经济学的美国著名经济学家弗里德曼曾说过："检验一种假说的唯一适当方法是将该假说的预测与经验相比较。如果该假说的预测与经验相抵牾，或者说与其他假说相比，更为频繁地或更为经常地与经验相抵牾，该假说就被拒绝；如果预测不与经验相抵牾，该假说就被接受；如果它能够很多次避免与经验相抵牾，该假说的可信度就大大提高。"① 据此，行政指导的观点、学说与理论，无论其看起来多么精致，也无论其在细节上如何渲染，如果经受不起来自经验的挑战，那么它就不可能被长期地、广泛地接受。之所以如此，是因为行政指导理论不仅是一个纯粹的逻辑追问问题，在某种意义上更是一个经验检验与事实印证问题。因此，如果行政指导理论不能令人满意地对行政指导现象加以描述、解释与评价，那么其理论价值就是值得怀疑的。

虽然通过将行政指导定性为非权力事实行为从而将行政指导纳入行政法学研究视野之中，这的确是一种有意义的理论尝试，也在一定程度上反映出行政指导理论研究中的问题意识。但是，这种理论选择甚至在解释行政指导实践时也有可能得出荒谬的结论，更遑论能够对推动行政指导实践的改善作出令人鼓舞的贡献。例如，制定行政纲要是一种非常重要也非常典型的行政指导，是具有特定层次的行政主体依法制定的，它在行政法学上属于一种抽象行政行为，但如果将行政指导定位为一种非权力性事实行为，那么制定行政纲要这种非常明显的权力性行政行为，就难免要被贴上非权力性事实行为的标签。显然，将行政指导定性为非强制性行政行为就不会出现这种怪事。

笔者认为，相对而言，将行政指导定性为一种非强制性行政行为，至少在以下几个方面有助于增强行政指导理论的描述、解释与评价能力。

1. 有助于确保行政指导理论意义与实践意义之间的匹配

和田英夫曾说过：行政指导在经济行政中饰演重要角色，符合政府的服务功能，甚至可以说，在某种程度上，行政指导是一种必然的方式。② 有目共睹的是，日本发达的行政指导制度成为日本战后经济发展的

---

① 转引自蔡昉：《怎样构造经济理论？》，《读书》2003 年第 2 期。

② 参见［日］和田英夫：《现代行政法》，倪健民、潘世圣译，中国广播电视出版社1993 年版，第 14、218 页。

一把金钥匙①。不过，日本行政指导之于低成本、高效益地实现行政目的的意义并非一个特例，行政指导也并非仅限于经济行政领域。事实上，行政指导在各国都程度不等地在各个行政领域内得到广泛应用，与行政规制、行政处罚等强制性行政行为共同致力于行政目标的全面实现。而且，由于现代政府都共同面临着这样一个难题，即在现代社会关系的日趋复杂从而需要政府适度介入以便理顺这些关系的同时，放松规制、重建市场价值的呼声却越来越高，这就迫使各国政府在将很大一部分行政管理职能转让给行业组织的同时，为了避免市场失灵与合约失灵，越来越多地在各个领域内运用行政指导这种弱行政方式来确保行政目标的实现。正是在这个意义上，有学者认为：行政指导成了现代政府施政的中心②。

行政指导在行政实践中与日俱增的实践意义，无疑要求行政指导的理论研究与法律定性与其匹配。但是，如果我们接受了将行政指导定性为一种非权力性事实行为的理论主张，也就意味着我们接受了对行政指导理论研究的边缘化，以及将行政指导视作有别于行政行为的另类的法律定性宣告。之所以如此，是因为行政法理论研究毫无疑问要以行政权、行政行为作为研究核心，无论如何，非权力性事实行为都不可能从行政法理论的边缘名正言顺地进入理论研究的中心，否则只能导致既有的以行政权、行政行为作为研究对象的整个行政法学概念体系与框架结构的彻底崩溃。但是，如果我们接受了将行政指导定性为非权力性事实行为的理论歧视，听任行政指导仍然作为一种非权力性事实行为徘徊于行政法学理论研究的边缘，那么此与传统行政法将行政指导挡在研究视野之外并无实质区别。如此一来，如果我们普遍接受将行政指导定性为非权力性行政行为的理论主张，那就意味着我们要作这样一个两难选择：或者放弃（至少是部分拆除）现有的整个关于行政权与行政行为的行政法

---

① 胡建淼：《行政法学》，法律出版社 1998 年版，第 412 页。

② 罗豪才、袁曙宏、李文栋：《现代行政法的理论基础——论行政机关与相对一方的权利义务平衡》，《中国法学》1993 年第 1 期。

理论框架，围绕着非权力性事实行为重建一个行政法理论体系；或者维护现有的正统、传统的行政法理论体系不变，视而不见游离于行政法理论边缘的、在行政法理论体系中被贴上"另类"标签的行政指导，与在行政法实践中大放异彩的行政指导形成刺眼的反差。我想我们不会去选择前者，因为行政指导固然重要，但绝不可能成为实现行政目标的唯一目标；行政指导不仅不可能完全替代行政规制、行政征收，甚至也不可能完全替代行政契约。我们也不应该接受后者，因为那样会导致行政法学界无法回应来自行政指导实践的严峻挑战。

之所以在理论上存在着这种两难选择，那是因为假定我们只能对行政指导作非权力性事实行为的法律定性；我们之所以实际上并未真的面临着这种两难选择，那是因为我们已经接受、或准备接受与之迥然不同的对行政指导的定性理论：行政指导是一种非强制性行政行为。只要将行政指导定性为一种非强制性行政行为，这个两难选择也就不复存在了。因为无论是强制性行政行为还是非强制性行政行为，它们都是行政主体运用行政权所作出的行政行为，因此将行政指导纳入研究视野、重视行政指导研究，甚至将行政指导当作理论研究的中心之一，虽然会出现一定程度的行政法理论反思与重构，但这种反思与重构旨在保留传统行政法理论对于强制性行政行为的理论解释的前提下，拓展其理论空间，以便将行政指导纳入新的行政法理论体系之中。这就意味着行政指导从理论边缘走向理论中心并不存在不可逾越的理论障碍，不会导致整个现有行政法概念体系与基本框架的松动。而且，一旦我们在现有的行政法理论体系中构造出强制性行政与非强制性行政这一对基本范畴，那么也就不可能出现对行政指导的理论歧视问题。近期中国行政法学界对于非强制性行政行为研究的普遍兴起即是一个明证：行政指导在理论层面上有可能与行政规制平起平坐；而且，鉴于目前行政指导理论研究的滞后与幼稚，因此极有可能形成行政指导理论研究的热点。如此一来，也就自然缓解了理论层面行政指导的边缘化与实践层面的行政指导的中心化之间的张力，有助于赋予行政指导与其实践意义相匹配的理论意义。

2. 有助于"行政指导问题"的发现与解决

对于行政规制、行政征收、行政处罚等强制性行政行为而言，因其可能要对公民权利产生非常明显的影响，因此无论在行政法理论研究中，还是在行政法的制度安排中，都一直被倍加关注，这就在很大程度上降低了强制性行政行为发生问题的概率，即使出现了问题，也很容易被发觉。相形之下，虽然行政指导在行政管理实践中得到广泛的应用，但由于行政指导长期以来一直徘徊在行政法理论研究与制度安排的边缘地带，这就难免会导致行政指导问题的普遍出现。而且，由于问题出现之后又得不到正常的理论与制度关注，这又难免会积少成多。由于行政指导问题的普遍存在与加重，不仅会折抵行政指导的功效，甚至有可能导致行政法治的空洞化，因此如何发现并解决行政指导问题，就成了行政指导理论研究与制度安排的重要使命。

但是，究竟什么是行政指导问题？解决这些问题的对策又是什么？却并非如同想象的那样存在着标准答案，问题及其对策都不是先验的，基本上是一个见仁见智的经验问题。之所以如此，是因为判断行政指导实践是否存在问题、存在什么样的问题、如何解决这些问题，在很大程度上取决于我们以什么样的标准去评价行政指导实践。由于既不存在一个为制度所确认的法定标准，也尚未形成一个得到理论界一致认可（至少是没有充足理由反对）的理论标准，而至多只存在着一些用来评价行政指导的模糊底线例如不得违背行政法治原则。事实上，不同的学者与实践者在理论上都存在着自定标准评价行政指导的可能性。如此一来，持严格标准的评价者，就会发现行政指导实践存在的问题更多、更严重；而持宽泛标准的评价者，其所发现的行政指导问题就会少得多，也不重要得多。就此而言，对行政指导的评价标准，不仅仅是发现行政指导问题的试金石，同时还是解决行政指导问题的金钥匙。这就意味着恰当地设定行政指导的评价标准，就成了一个直接地、深刻地影响行政指导功能的关键问题。如何为行政指导设立客观的评价标准，这个问题可以转化为如何恰当地对行政指导法律属性加以界定。如果将行政指导定性为一种非权力性事实行为，这就意味着只能宽泛地以"非权力性事实行为"

的标准来评价行政实践的是非得失，而不能以权力性的行政行为的标准来检视行政指导实践，发现问题并提供解决行政指导问题的对策，否则就会犯文不对题的逻辑错误。类似的，如果将行政指导定性为一种非强制性行政行为，则只能以严格的行政行为的标准来评价行政指导实践，而不能降低评价标准，以非权力性的事实行为来发现并试图解决行政指导问题，否则也会导致逻辑混乱。不难看出，将行政指导定性为非强制性行政行为较定性为非权力性事实行为而言，更有助于令人信服地发现并解决行政指导问题。之所以如此，至少存在一些理由：首先，将行政指导定性为非强制性行政行为，有助于发现诸多为非权力性事实行为标准所遗漏的行政指导问题。相对于事实行为而言，行政行为的标准更加严格、缜密。无论是非权力性行为，还是事实行为，在某种意义上都可以算得上一个行政法治语境与概念体系之外的一种东西，我们显然不适宜套用合法与否的标准，甚至采用确定性与否的标准来检测、评价被视作一种事实行为的行政指导是否恰当，是否存在什么合法性与法治化问题，否则就有张冠李戴之虞，就会牵强附会。这在相当程度上解释了为什么当我们借用传统的行政法知识探讨行政指导问题、评价行政指导的得失时，不得不闪烁其词、欲说还休。我们甚至可以认为，以非权力性事实行为的评价标准来批评行政指导实践，不仅无助于行政指导的理性化，反而为行政指导游离于行政法治之外提供了一个借口，从而在事实上又助长了行政指导对于行政法治的背叛。与之不同的是，如果采用行政行为标准，由于我们已经拥有相当充足的用以衡量行政行为合法性与否的理论知识、制度知识与经验知识，用这些知识来拓展行政指导的研究视野、照亮行政指导实践，我们就会发现多得多的行政指导实践问题。例如，我们可以按照相对比较统一的标准来依次对行政指导的主体合法性、权限合法性、程序合法性与内容合法性加以逐一检验，从而清理出作为一种行政行为的行政指导究竟在哪些方面、在什么程度上与行政法治原则不相符，有可能比较彻底地将行政指导问题统统"揪出来示众"。

其次，将行政指导定性为非强制性行政行为，更有助于行政指导问题的彻底解决。之所以如此，是因为就主要关注行政权、行政行为的行政法制度安排与理论研究而言，过去、现在与将来，其所敏感的问题、所积累的知识、所忧所思，显然都集中在权力性、行政行为之上，而不可能聚焦于非权力性、事实行为之上。在这种主题的支配下，我们不大可能也无必要去发展出一套用以解决事实问题的知识体系。应该承认，无论在理论上、制度上还是经验上，事实行为对于行政法治而言，都是一个盲点；对于整个行政法而言，都是一种知识性缺陷，是另外一套我们不太熟悉也不必非常熟悉的知识体系。正因为如此，即使用非权力性事实行为的宽泛标准能够发现一些所谓的行政指导问题，但这些问题在现有的知识体系中是否能得到有效的解决却悬而未决。与之形成对照的是，经过长期的知识积累，我们已经发展出一整套的高度开放的、用以评判与解决行政行为合法性问题的知识体系。一旦我们将行政指导贴上行政行为的标签，由于我们具备现成的有效解决行政指导这种行政行为的理论研究路径、制度安排的思路以及启动经验的思维，因此无论对于行政指导实践中出现什么问题，恐怕都不难开出相应的药方；解决这些问题在总体上并不构成对行政法学者智识的结构性挑战。也就是说，只要我们将行政指导定性为一种行政行为，那么大多数的行政指导问题都会迎刃而解；剩下的一小部分问题也可以利用现有的知识积累来推动问题的解决。据此，尽管虽然将行政指导定性为非强制性行政行为较定性为非权力性事实行为而言，会发现更多、更严重的行政指导问题，但由于解决这些问题的难度系数的直线下降，行政指导问题反倒更容易得到有效解决。

诚然，将行政指导纳入行政法知识体系，借用现有的行政法知识体系来发现并解决行政指导这种非强制性行政行为所存在的问题，显然并不意味着要通过现有的行政法知识体系来"同化"行政指导，以规范行政规制等强制性行政行为的逻辑来"格式化"行政指导。我们通过将行政指导定性为非强制性行政行为而纳入行政法的知识体系，之所以会有助于切合实际地发现并解决行政指导问题，还有另外一个重要原因：这种定位有可能恰当地将行政指导与行政规制等强制性行政行为区别开来，以防不切实际地用强制性行政行为这一更加严格的标准来近乎挑剔地评价行政指导。正是在这个意义上，由于既有的主要针对传统意义上的强制性行政行为的行政法知识，不足以用来直接梳理行政指导实践，发现并解决行政指导等非强制性行政行为问题，因此"非强制性行政行为"必须被当作一个在行政法知识体系中逐渐崛起的新范畴而加以认真对待。

由此可见，将行政指导定性为非强制性行政行为，并据此设立批评行政指导实践的评价标准，宽严适中、切合实际。一方面，既不会如同采用非权力性事实行为标准那样失之过宽，从而有助于避免诸多行政指导问题，甚至是导致行政法治空洞化的重大问题成为漏网之鱼成为得不到行政法理论研究、制度安排与实践经验应有关照的"知识死角"。另一方面，也不会如同强制性行政行为评价标准那样失之过严，从而有助于避免将非强制性的行政指导与强制性的行政规制混为一谈或者以行政指导的标准来要求行政规制，规制主体因法律控制标准的降低而滥用行政规制；或者以行政规制的标准来要求行政指导，指导主体因法律控制标准的高不可攀而放弃指导。

综上可知，将行政指导定性为非强制性行政行为，对于评价行政指导以及推进行政指导实践的理性化具有根本性意义。虽然日本学界的一些学者通过拓展行政的外延来形成权力行政与非权力行政二元对峙格局，进而扩张了公法关系的内涵，以便将原本游离于行政法学研究视野之外的行政指导纳入理论研究视野，的确有其意义。但是，我们之所以没有不假思索地认可、跟随这种行政指导理论方向选择，主要不是如同莫于川教授所谓的那样"究其原因盖在于有的学者未能完全理解所谓'非权力行政'之实际含义。"① 相反，正是由于认识到这种治标不治本的理论选择最终只能将行政指导的理论研究引入一条死胡同，因为在非权力性事实行为的语境下，很多不利于行政指导功能全面实现的实践问题连同解决这些问题的答案一道被遮蔽了，所以我们至多只能对行政指导提出一个诸如"不能与行政法治相悖"之类的模糊、空泛、抽象的要求，这

① 莫于川：《行政指导论纲：非权力行政方式及其法治问题研究》，重庆大学出版社1999 年版，第 36 页。

就很容易导致行政指导的理论研究与法治化处于一种名不正、言不顺的
尴尬境地。有鉴于此，我们被迫尝试作出一种更加艰难也更为根本的理
论选择：重新诠释权力内涵，变权力与强制性之间的必然性联系为或然
性联系。将行政指导定性为非强制性行政行为，此于推进行政指导规范
化、法治化而言，的确实现了惊人的一跃。之所以如此，是因为在非强
制性行政行为的语境中，大量的行政指导问题以及解决这些问题的答案
都被我们从行政指导实践的草丛中一一揪了出来，我们对于行政指导的
要求不再是含混不清的不能导致法治空洞化之类空洞无物的底线要求，
而是要（以有别于行政规制等强制性行政行为的方式）适用行政法治原
则来"格式化"行政指导，以确保其以与行政法治相符的方式最大限度
地发挥推进行政目标实现的独特功能。如此一来，不仅推倒了长期以来
横亘于行政指导与行政法治之间的厚重墙壁，而且还在二者之间开凿了
一个直通道，导引着行政指导从与行政法治长期隔绝的黑暗中一步一步
地走出来。

第二节　行政指导的构成要件

鉴于如何定性行政指导乃是讨论行政指导的逻辑起点，因此上一节
首先对这一问题进行了探讨，但这种讨论思路事实上绕过了一个更为基
础的问题：究竟什么是行政指导？或者说，行政指导的构成要件究竟有
哪些？这个问题不仅其重要性仅次于行政指导的法律定性，其理论见解
的混乱程度也仅次于行政指导的法律定性。笔者认为，讨论行政指导的
构成并非一个纯粹的理论问题，它的实践价值至少有三点：一是有助于
推动并巩固行政指导作为一种发挥独特功能的独立的行政行为，在整个
行政行为体系中占有一席之地；二是有助于指导立法主体去恰如其分地
创立行政指导的行为模式，以便推进行政指导的规范化与理性化；三是
当且仅当行政指导其构成要件全部具备时才能成立，这有助于确立司法
审查行政指导的时机。

本节主要旨在解决两个问题：一是要廓清行政指导与行政合同、行政奖励等其他非强制性行政行为，以及与行政规制、行政征收等强制性行政行为之间的异同，以表明行政指导能够作为一种独立的行政行为存在，而非附属于某种行政行为，只是其他行政行为的一种"前奏"或者过程之中的一个环节。二是要交代一个完整意义上的行政指导所应具备的最基本的法律结构与逻辑结构，以表明当且仅当哪些构成要件全部具备时，行政指导才得以确立。

概而言之，在中外行政法学者对行政指导概念所作的定义中，以下这些因素频率不等地被纳入定义之中：行为目的、行为依据、行为主体、行为方式、诱导利益①、相对人接受等。其中，行为目的、行为主体、行为方式这三种因素应作为行政指导的必备要素，虽然学界尚存一些细节上的分歧，但具备基本的共识；但对于是否将诱导利益当作必备要件、是否将相对人接受不作为必备要件，以及行为依据是否作为必备要件，却尚未达成基本共识，分歧明显。笔者基于对日本、我国台湾与内地行政法学界对行政指导概念所作的代表性定义的逐项分析，在依次探讨这些因素之后最终形成自己关于行政指导构成的理论见解。

一、行为目的

行政行为是否对应着特定的行为目的、目的是否正当，这是评价行政行为是否存在以及合法与否的基本标准。如果行政指导能够作为一种独立的行政行为存在，那么它就必然要有特定的行为目的与其匹配。具备特定的行为目的，这既是行政指导区别于行政机关所实施的事实行为或者其他非行政行为的一个重要标志，也是行政指导构成的第一要件。

---

① 关于纯粹提供信息是否属于行政指导的探讨，参见翁岳生编：《行政法》，翰芦图书出版有限公司1998年版，第760页。

（一）代表性理论主张

在理论界所给出的行政指导概念中，几乎都不约而同地主张行政指导应有行为目的性。不过，究竟行政指导的行为目的是什么？不同的学者所作的回答却不尽一致。

1. 日本行政指导理论中的"行为目的"

系田省吾：行政机关为得到行政对象的合作并实现一定的行政目的，使其采取或不采取某种行为。①

原田尚彦：行政机关为达到行政目的，诱导国民作出行政厅所希望的行为。②

南博方：行政机关为实现一定的行政目的而谋求相对人同意。③

村上博：行政机关为实现一定的行政目的，期待实施行政机关意图的行为（作为或不作为）。④

和田英夫：行政指导旨在实现行政机关的意图。⑤

根岸哲：行政机关为谋求相对人的合作并对其做工作，以此实现行政机关意图的行为。⑥

盐野宏：行政主体为了实现一定的公共行政之目的，期待行政客体的一定行为（作为、不作为）。⑦

2. 我国台湾地区行政指导理论中的"行为目的"

林纪东：行政机关以非强制之手段以达到行政目的。⑧

---

① ［日］系田省吾：《反垄断与行政指导》，《法学家》1974 年第 7 期。

② ［日］原田尚彦：《行政法要论》，学阳书店 1984 年版，第 163 页。

③ 参见 ［日］南博方：《行政法》Ⅰ，有斐阁 1976 年版，第 216 页。

④ ［日］室井力编：《日本现代行政法》，吴微译，中国政法大学出版社 1995 年版，第 150 页。

⑤ ［日］和田英夫：《现代行政法》，倪健民、潘世圣译，中国广播电视出版社 1993 年版，第 218 页。

⑥ ［日］根岸哲：《日本的产业政策与行政指导》，《法学译丛》1992 年第 1 期。

⑦ ［日］盐野宏：《行政法》，杨建顺译，法律出版社 1999 年版，第 142、146 页。

⑧ 林纪东：《行政法》，三民书局 1988 年版，第 434 页。

罗传贤：行政机关为达成特定行政目的，诱导相对人自动地协力或在其同意下达成行政机关某种愿望。①

林江山：行政机关为谋求行政相对人的响应乃至主动配合，以最终实现其所期望的行政目的或状态。②

陈新民：行政机关为实现一定之行政目的，促请特定人为一定作为或不作为。③

陈春生：行政机关旨在达成具体行政目的，以达成特定目的为方向。④

3. 我国内地行政指导理论中的"行为目的"

罗豪才：行政指导目的在于希望相对人自觉服从行政意志。⑤

应松年：行政机关为实现所期望的行政状态，谋求相对人响应。⑥

杨海坤、黄学贤：行政机关（包括其他合法主体）为实现一定的行政目的，使相对人接受其意思表示并付诸实践（包括作为和不作为）。⑦

王连昌等：国家行政机关为了实现一定行政管理目的，取得相对人的同意，并协助去实施。⑧

郭润生、宋功德：行政主体为实现特定行政目的，促使相对人为或不为某种行为。⑨

胡建淼：指导行政相对人采取或不采取某种行为，以实现一定行政目的。⑩

---

① 罗传贤：《行政程序法基础理论》，五南图书出版公司1993年版，第326页。

② 林江山：《行政法新编》，五南图书出版公司1973年版，第407页。

③ 陈新民：《行政法学总论》，三民书局1997年版，第319页。

④ 翁岳生：《行政法》，翰芦图书出版有限公司1998年版，第760页。

⑤ 罗豪才、袁曙宏、李文栋：《现代行政法的理论基础——论行政机关与相对一方的权利义务平衡》，《中国法学》1993年第1期。

⑥ 应松年编：《行政行为法》，人民出版社1993年版，第187页。

⑦ 杨海坤、黄学贤：《行政指导比较研究新探》，《中国法学》1999年第3期。

⑧ 王连昌、莫于川：《社会主义市场经济需要加强行政指导》，《行政法学研究》1994年第1期。

⑨ 郭润生、宋功德：《论行政指导》，中国政法大学出版社1999年版，第59页。

⑩ 胡建淼：《行政法学》，法律出版社1998年版，第412页。

方世荣：行政机关根据行政管理的实际需要，得相对人同意或协力共同有效地实现行政目标。①

湛中乐：行政主体为适应复杂多变的经济和社会生活的需要，在行政相对人的同意或协助下，以实现一定的行政目的。②

莫于川：行政机关为适应复杂多样化的经济和社会管理需要，谋求相对人同意或协力，以有效实现一定行政目的。③

包万超：行政机关付之以利益诱导促使相对人自愿作出或不作出某种行为以实现行政目标。④

概而言之，上述行政指导理论中的"行为目的"具有两个共同点：一是这些行政指导理论都将行政指导的目的性作为行政指导的必要构成；二是各自所描述的行政指导的行为目的大同小异，基本上都归结为实现特定的行政目标。

（二）行政指导的行为目的应是什么

特别需要指出的是，理论界就行政指导的"行政目的"方面达成的基本共识，对于全面否定将行政指导定性为非权力性事实行为的理论见解，具有釜底抽薪的意义。之所以如此，是因为只要承认行政指导具有特定的行政目的，这事实上也就否认了行政指导并非一种不具有行政目的的事实行为，从而事实上将行政指导纳入行政行为范畴之中，这恐怕是那些主张行政指导应是非权力性事实行为的学者所犯下的致命性理论失误之一。

不过，仅仅宽泛地赋予行政指导以行政目的性要求，抽象地、模糊地将行政指导目的归结为行政目标，而并不深究对应于行政指导的行政

---

① 方世荣：《论具体行政行为》，武汉大学出版社1996年版，第203页。

② 罗豪才主编：《行政法学》，北京大学出版社1996年版，第275页。

③ 莫于川：《行政指导论纲：非权力行政方式及其法治问题研究》，重庆大学出版社1999年版，第27页。

④ 包万超：《转型发展中的中国行政指导研究》，《行政法论丛》第1卷，法律出版社1998年版，第288页。

目的（更准确地说，应是行为目的）究竟应是什么，对于深入研究行政指导而言远远不够。在笔者看来，只有通过追问行政指导的行为目的才会清楚：为什么有些行政目标只能借助行政指导来实现，为什么有些目标通常不采用行政指导的方式，而有些行政目标就绝对不可能诉诸行政指导？

1. 行政指导的行为目的难道仅仅局限于行政目标

中外行政指导理论几乎都异口同声地将行政指导的目的界定为"行政目标"。在我看来，这个答案并非不需要加以解释与限定。首先，究竟什么是行政目标？看似明确，其实含混不清。一项行政行为的实施，有可能涉及诸多相互联系的目标的实现：行政主体的机构目标，行政相对人的目标，行政管理目标，社会治理目标，政治、经济、社会目标等等。这就意味着如何从这些目标体系中清晰地界定出所谓的行政目标，可能是一个难题。其次，作为一种非强制性行政行为，由于行政指导不能采用类似于行政规制的强制性行政手段来径直实现行政目标，而不得不谋求相对人的配合，因此如果将行政指导的行为目的完全归结为行政目标、而将相对人的目标绝对排斥在外，那么相对人凭什么要积极配合行政目标的实现？在这个意义上，如果我们从不同的角度看待行政指导，那么对其目的的理解并不相同：从立法者的角度看，授权行政主体实施行政指导旨在实现的是一种社会治理目标，而非仅限于行政目标。从行政主体的角度看，主要旨在实现行政目标而非相对人目标。从相对人的角度看，主要旨在实现相对人的目标而非行政目标。正因为如此，笔者认为在定位行政指导的行为目的时，虽然要凸显行政目标，但还得兼顾相对人目标，否则行政指导的行政目标就很难不是空中楼阁。

2. 行政指导的行为目的难道仅仅局限于"相对人为或不为"的实体性目标

行政指导理论有的笼统地将行政指导的目的表述为要求相对人服从行政意志；有的则比较具体地将其表述为要求相对人为或不为某种行为。这些理论主张都有一个共同点，即都或明或暗地将行政指导的行为目的锁定为实体性目标：相对人为或不为某种行为。这就出现了两个问题：首先，难道行政指导的目标仅限于实体性目标？其实未必。这或多或少地折射出行政法学界重实体轻程序的知识传统。在笔者看来，行政指导目标并不限于建议相对人为或不为某种行为，还要包括以什么样的方式与步骤去为某种行为。也就是说，行政指导的目标并非仅仅局限于实体性目标，还要包括程序性目标；甚至在特定情况下，行政指导的行为目标可能仅限于程序性目标。其次，仅就实体性目标而言，难道仅仅局限于要求相对人为或不为某种行为？并非如此。实践中有很多行政指导的行为目的并不在于要求相对人为或不为某种行为，而是建议相对人应设立什么样的标准来实施某种行为。例如在最近出台的《高考体检指导性意见》中，教育部在将体检标准设立权下放给高校的同时，并未建议高校设立或不设立高考体检标准，而重在建议高校应设立合理的体检标准。

3. 行政指导的行为目的究竟是法定的还是任意性的

这个问题虽然很难在行政指导理论中找出清晰的答案，但这些理论都程度不等地流露出将行政指导行为目的确定为任意性的倾向。之所以会出现这种普遍倾向，笔者认为主要有两个原因：一是大多数理论观点有意无意地将行政指导视作一种针对特定人或特定事的具体行为，而并未显示出行政指导也可能是一种抽象行政行为的思考，因此似乎与"法定"无关。二是很多理论观点将行政指导限定为在行政职权范围之内由行政主体自主决定是否采用、自由裁量如何指导，这自然就意味着行政指导目标只能是任意性的。但在笔者看来，行政指导的目标既可能是法定的，也可以任意性的。其中，法定的目标主要针对行政纲要等抽象行政指导，而任意性目标主要针对具体行政指导；但这并不排除有些具体的行政指导的行为目的也可能是法定的。而且，行政指导行为目的"任意性"必须受制于"法定"范围，并非任由行政指导随意而定。之所以要尽可能地区分行政指导的行为目标究竟是法定性的还是任意性的，主要旨在防止行政主体消极怠工、不履行法定的行政指导职责。此外，也有助于防止行政主体假借行政指导滥用职权，或在不负责任地乱指导造成相对人权益受损之后推脱职责。

4. 行政指导的行为目的是否与众不同

对于这个问题，虽然前引理论观点基本上都无意深究，但在笔者看来却必须认真作答。因为行政指导之所以采用非强制性的方式从而严格区别于强制性行政行为，在很大程度上可归结为对应于行政指导的行为目的不同于其他行政行为。笔者认为，行政指导的行为目的的独特性至少表现为以下几个方面：一是这些行为目的可能因放松规制、重建市场机制、尊重社会自治等原因不宜诉诸行政规制等强制性行政行为。二是这些行为目的虽然可以诉诸强制性行政行为来实现，但相对而言，通过行政指导来实现更为经济，不仅成本更低，而且更能体现行政民主。三是这些行为目标的实现对于行政主体与受指导的相对人而言，通常具有"双赢"的特点，相对人有足够的动力去自愿协助行政主体。四是这些行为目的实现与否不至于对整个社会治理产生重大影响；退一步说，即使产生一些不利影响，最终也可以通过强制性行政行为加以矫正与补救。

以上四点可被归纳为：作为行政指导构成的一个必备要件，行政指导的行为目的不限于行政目标，还要兼顾相对人目标；不限于实体性目标，还要包括程序性目标；并非完全属于任意性目标，在很多情形下有可能是一种法定目标。① 行政指导的行为目标之所以会与众不同，是因为不能、不宜、或不必诉诸其他非强制性与/或强制性行政行为。

二、行为依据

行政行为只能依法而为，这是行政法治原则的一项最基本要求。在一个推崇行政法治、或者将行政法治视作追求目标的社会，无论行政指导被定义为怎样的一种新型行政行为，也无论行政指导所产生的法律效果与强制性行政行为所产生的法律效果存在着怎样的差异，如果行政指导总是可以无需任何法律依据、游离于法律规制之外，那么不仅其合法

---

① 顺便指出的是，在行政管理实践中经常存在着行政主体先诱导相对人违法、尔后实施行政处罚的现象，这是一种违法行政指导。相关讨论，参见翁岳生：《行政法》，翰芦图书出版有限公司 1998 年版，第 762 页。

性与正当性要受到挑战，而且还会导致比滥用行政自由裁量权更加严重的后果，因为即便是行政自由裁量权还要受到一定程度的法律规制①。

（一）关于行政指导法律依据的理论见解

中外行政法学界对于行政指导是否需要法律依据，以及应满足什么样的法律依据要求，见仁见智，部分学者甚至明确主张不必追问行政指导有无法律依据，这就在事实上拖延了行政指导的规范化与理性化的进程。

1. 认为行政指导无所谓有无法律依据，行政机关可以任意为之

对于这种极端的理论主张，"曲高和寡"，绝大多数学者都未明确表示坚持或者认可这种观点。不过，也有少数学者持此观点。例如和田英夫就直言不讳地主张：行政指导是这样一种行政作用，即不管有无立法根据，行政机关对特定的个人，公法、私法上的法人和团体，要求对于一方的同意协作，采用非权力的、任意的手段进行工作，以实现行政机关的意图，诸如警告、劝告、提供知识、信息等。②

2. 认为行政指导的行为依据不限于具体规则，也可能是法律原则或者政策

此种观点原则上承认行政指导需要制度依据，但并不严格局限于法律依据。至于制度的范围，既可以是通过规则来设定具体的行为模式，也可以是通过法律保留原则、法律优先原则、信赖保护原则、比例原则、平等对待原则等作为兜底条款，还可以是将行政指导作为实施特定行政政策的具体手段。这种理论主张比较贴近行政指导现实。有很多学者持此观点。例如莫于川教授认为：行政指导是行政机关在其职责范围内，为适应复杂多样化的经济和社会管理需要，基于国家的法律精神、原则、

---

① 鉴于行政指导的行为依据问题直接涉及行政指导的规范化与法治化问题，乃是行政指导理论研究的重中之重，笔者将在第四、五节加以专门探讨。笔者在此仅限于略加描述、评论现有理论观点。

② ［日］和田英夫：《现代行政法》，倪健民、潘世圣译，中国广播电视出版社1993年版，第218页。

规则或政策，适时灵活地采取指导、劝告、建议等非权力强制性方法，谋求相对人同意或协力，以有效实现一定行政目的之主动行为。①

3. 认为行政指导必须要有组织法依据，至于行为法依据可有可无

姑且不论这种观点是否较前一种观点更能令人信服，但它至少提供了一种有意义的分析视角，即并非一概而论行政指导的法律依据，而是将其分解为组织法与行为法两个层次，尔后分别加以讨论。此种观点经常被模糊地表述为"在行政机关的职权与职责范围内"或"在行政机关管辖范围内"等。持此观点的学者较多。例如林纪东认为：行政指导乃行政机关就其所掌之事务，对于特定之个人、公私法人或团体，以非强制之手段，取得相对人之同意与协力，以达到行政目的之行为。②

再如杨海坤、黄学贤认为：行政指导是行政机关（包括其他合法主体）为实现一定的行政目的，依法在其职权范围内，以建议、劝告、引导、指示、鼓励等非强制手段，使相对人接受其意思表示并付诸实践（包括作为和不作为）的新型行政行为。③

4. 认为行政指导必须要有组织法与行为法依据，但行为法依据可视行政指导种类的不同而区别对待

这种观点无论较第二种观点还是第三种观点而言，都前进了一步，乃是基于对这两种观点批判分析产生的。这种观点虽然毫不含糊地肯定了行政指导需要组织法依据，但似乎并未提供一个斩钉截铁的关于行政指导究竟需要什么样的行为法依据的答案，有些具体问题具体分析的味道。例如郭润生、宋功德曾认为：任何行政指导都必须有组织法上的明确授权，至于行为法依据不必强求一致。其中，抑制性行政指导通常应该有行为法上的依据，如果无法可依，必须遵循法律原则、符合法律精神；助成性与协调性行政指导，只要不侵害第三人的合法权益，则不强

---

① 莫于川：《行政指导论纲：非权力行政方式及其法治问题研究》，重庆大学出版社 1999 年版，第 27 页。

② 林纪东：《行政法》，三民书局（修订第三版），第 434 页。

③ 杨海坤、黄学贤：《行政指导比较研究新探》，《中国法学》1999 年第 3 期。

求其规则依据，可以依据政策、法律原则与法律精神而为。①

综上可知，虽然大多数学者都主张行政指导应具备令人信服的行为依据，亦即主张将合法有效的行为依据当作行政指导一个构成要件，但在行政指导究竟是否需要明确的行为法依据这一关键问题上却看法不一，不少学者持无所谓的态度。这种观点必须要得到修正，否则无异于为行政指导长期游离于法律规制之外提供一种借口。虽然是否接受行政指导意见最终应由相对人自主决定，但不能因此推导出是否实施行政指导就得任由行政主体自主决定。行政主体是否实施行政指导以及以什么样的方式实施什么样的行政指导，必须要有明确的行为法依据。之所以如此，至少有以下四个主要原因。

（二）关于行政指导法律依据的现实原因

一是因为行政指导在现代行政管理实践中扮演着越来越重要的角色，如果将行政指导交由行政主体任意处置，依法行政就有可能被行政指导所架空。

二是因为无论什么行政指导，尤其是抑制性与助成性行政指导，不仅直接关系着受指导方，而且还直接或间接地关系着与之相关的其他个人与组织，涉及行政资源以及与之相关的社会资源的配置、社会利益的分配问题，如果将行政指导完全交由行政主体任意处置，那么就难免会出现行政权的滥用与行政设租—寻租问题，不利于社会资源的最优配置与社会利益的公正分配。

三是因为行政指导主要是一种利益诱导，行政主体必须对诱导利益享有法定处置权，否则就不能实施行政指导。认为行政指导的行为依据可有可无，在逻辑上支持行政主体处分其无权处分的诱导利益。

四是当且仅当行政行为法对行政指导加以必要的、适当的法律规制时，行政指导的各种潜在功能才有可能变成现实，行政指导的行为依据健全是通过行政指导实现特定行政目标（更准确地说，是行政目标与相

---

① 郭润生、宋功德：《论行政指导》，中国政法大学出版社1999年版，第134—135页。

对人目标）的充分、必要条件。

三、行为主体

行政指导的行为主体，是指那些有权作出行政指导决定与/或实施行政指导决定的组织，它通常应是行政主体。比较容易与行政指导行为主体相混淆的一个概念是行政指导法律关系的主体。后者不仅包括行政指导主体，还包括作为指导对象的个人与组织。

（一）关于行政指导行为主体的理论界定

虽然学界几乎没谁去反对将行为主体作为行政指导构成的一个必备要件，但行政指导的行为主体究竟是什么？不同学者的回答却并不相同。

1. 认为行政指导的行为主体是"行政机关"

大多数行政法学者都持此观点。由行政机关作出行政指导，这似乎天经地义；由行政机关作出行政指导、行政指导只能由行政机关作出，这似乎也毋庸置疑。

许多日本学者都持此观点，例如系田省吾认为：行政指导是行政机构在法律所赋予的权限和所管事务的范围内，为得到行政对象的合作并实现一定的行政目的而进行劝诱或诱导，使其采取或不采取某种行为。[1] 再如南博方也认为：行政指导是行政机关为实现一定的行政目的而谋求相对人同意的行政作用。[2]

我国台湾地区的许多行政著名行政法学者也持此观点。例如林纪东认为：行政指导乃行政机关就其所掌之事务，对于特定之个人、公私法人或团体，以非强制之手段，取得相对人之同意与协力，以达到行政目的之行为。[3] 再如林江山认为：行政指导通常指作为政府的行政机关所实施的谋求行政相对人的响应乃至主动配合，以最终实现其所期望的行政

① ［日］系田省吾：《反垄断与行政指导》，《法学家》1974 年第 7 期。

② ［日］南博方：《行政法》I，杨建顺、周作彩译，中国人民大学出版社 1988 年版，第 216 页。

③ 林纪东：《行政法》，三民书局（修订第三版），第 434 页。

目的或状态之行为。①

将行政指导主体界定为行政机关，这在早期的中国行政法学研究中几乎同出一辙，因为行政主体等概念在那时尚未得到广泛认可与接受，人们往往"习惯性"地将行政指导主体视作行政机关。例如应松年教授认为：行政指导是指行政机关为实现所期望的行政状态，谋求相对人响应而依照法律政策所采取的非权力行政执法活动。② 再如莫于川教授认为：行政指导是行政机关在其职责范围内，谋求相对人同意或协力，以有效实现一定行政目的之主动行为。③

理论界将行政指导的行为主体界定为行政机关，直接影响着行政指导的制度安排。例如《日本行政程序法》第二条规定：行政指导是指行政机关在其职权或其所管辖事务的范围内，为实现一定的行政目的，要求特定人为一定作为或不作为的指导、劝告、建议以及其他的不属于处分的行为。再如《韩国行政程序法》第一条规定：行政指导是指行政机关为实现一定的行政目的，在所管事务范围内为使特定人做或不做一定行为而进行的指导、劝告及指教等行政作用。

2. 认为行政指导的行为主体是"行政主体"

不言而喻，如同其他的行政行为一样，行政指导既可以是法律、法规、规章授权的其他组织所为，也可以是享有公共职能的行业协会、准政府组织所为，因此行政机关不可能是行政指导的唯一主体。将行政指导主体定义为行政机关如果不是一种不自觉的错误，至少不太严谨。在中外一些行政指导理论尤其是近期的行政指导研究文献中，有不少学者将行政指导主体定义为"行政主体"。例如盐野宏认为：行政指导是指行政主体为了实现一定的公共行政之目的，期待行政客体的一定行为（作为、不作为）而实施的，其本身没有拘束力，但可对行政客体直接起作

① 林江山：《行政法新编》，五南图书出版公司1973年版，第407页。

② 应松年编：《行政行为法》，人民出版社1993年版，第187页。

③ 莫于川：《行政指导论纲：非权力行政方式及其法治问题研究》，重庆大学出版社1999年版，第27页。

用的一种行为形式。① 再如郭润生、宋功德认为：行政指导是指行政主体
在其法定职权范围内施以利益诱导，促使相对人为或不为某种行为之非
强制性行政行为。②

3. 认为行政指导的行为主体包括行政机关（或行政主体）和相对人

行政指导区别于行政规制等强制性行政行为的一个重要特点就是其
非强制性，需要依赖相对人的协助来实现特定的行政目标；如果所有的
相对人都不接受，那么这项行政指导就只能停留在纸面之上，不会产生
任何实效。据此，有些学者便倾向于认为行政指导的相对人也如同行政
契约中的相对人一样，也是行政指导的行为主体。这就意味着，只有当
相对人明确表示接受行政主体的指导性意见时，行政指导这种法律行为
才告成立（而非产生实效）。持此观点的多半为中国行政法学者。例如：

王连昌：行政指导是指国家行政机关主动采取不直接产生法律效果、
不具有法律约束力和国家强制力的行为，取得相对人的同意，并协助去
实施。③

胡建淼：所谓行政指导，是指国家行政机关运用非强制性手段，获
得相对人的同意或协助，指导行政相对人采取或不采取某种行为，以实
现一定行政目的的行为。④

方世荣：行政指导是指行政机关取得相对人同意或协力，而共同有
效地实现行政目标的非强制性行政管理手段。⑤

湛中乐：行政指导是指行政主体在行政相对人的同意或协助下所实
施的一种行为。⑥

---

① ［日］盐野宏：《行政法》，杨建顺译，法律出版社 1999 年版，第 142、146 页。
② 郭润生、宋功德：《论行政指导》，中国政法大学出版社 1999 年版，第 59 页。
③ 王连昌、莫于川：《社会主义市场经济需要加强行政指导》，《行政法学研究》
　　1994 年第 1 期。
④ 胡建淼：《行政法学》，法律出版社 1998 年版，第 412 页。
⑤ 方世荣：《论具体行政行为》，武汉大学出版社 1996 年版，第 203 页。
⑥ 罗豪才主编：《行政法学》，北京大学出版社 1996 年版，第 275 页。

（二）行政指导主体应是行政主体

在正式论证行政指导主体应是行政主体之前，有一个问题需要提前说明。学界对于行政指导行为主体的理论认识，大体上经历了两方面的转变：一是随着行政主体概念的日渐流行，已有越来越多的学者用行政主体的概念来代替行政机关；二是随着行政行为理论的日渐丰富与完善，行政行为的成立与生效之间的差异变得比较明显，这就导致越来越多的学者逐渐地将行政指导对象排除行为主体范围之外。我们不妨对比杨海坤教授关于行政指导概念的相隔 7 年的两次定义来例证这一点。

定义 1：行政指导就是国家行政机关在其所管辖事务范围内，对于特定的人、企业、社会团体等，运用非强制性手段，获得相对人的同意或协助，以实现一定行政目的的行为。①

定义 2：行政指导是行政机关（包括其他合法主体）为实现一定的行政目的，依法在其职权范围内，以建议、劝告、引导、指示、鼓励等非强制手段，使相对人接受其意思表示并付诸实践（包括作为和不作为）的新型行政行为。②

综观学界这些年来关于行政指导行为主体的理论描述，笔者有以下几点需要澄清与补充。

1. 应将行政指导的主体由行政机关扩大至"行政主体"

在传统行政法中，行政权的运作方式主要是强制性的，且基本上由国家行政和地方行政所垄断。但进入现代社会以后，行政行为同时在两个维度发生转变：如同非强制性行政的兴起宣告了行政行为方式的多元化一样，国家行政之外的公共行政的兴起标志着行政主体的多元化。日益多元化的行政主体与多元化的行政行为方式，共同铸就了现代行政法的多元化生动格局。较行政规制等其他强制性行政行为而言，由于行政指导是一种非强制性的、旨在谋求相对人协助的温和行政，几乎没有强制性的行政权色彩，对行政指导的限制相对而言可以更加宽松，因此，

---

① 杨海坤：《中国行政法基本理论》，南京大学出版社 1992 年版，第 355 页。

② 杨海坤、黄学贤：《行政指导比较研究新探》，《中国法学》1999 年第 3 期。

为了实现特定的社会治理目标，不仅仅行政机关，而且其他法律、法规、规章授权的组织，甚至那些依照国家法或者自治规章享有公共管理职能的准政府组织，① 也都可以依法采取建议、告诫等各种方式来促成相对人为或不为某种行为。

由此可见，用行政主体的概念来替代行政机关，这并非一种放弃使用"过时"概念的习惯、接受使用"时髦"概念的习惯问题，而是体现出一种将行政指导行为主体的范围由行政机关扩大至其他具有公共管理职能的组织的努力。作为这种努力的结果，不仅所有具有公共管理职能的主体都能实施行政指导，而且这些行政指导行为也要如同行政机关的指导行为一样被纳入行政法的规范与调整范围之中，从而有助于确保这些组织更加慎重、更加规范地实施行政指导，也更便于对行政指导的监督与救济。

2. 非行政主体所实施的指导性意见不是行政指导

虽然在实践中存在着各种各样的建议与指导，但其中的绝大多数指导由于并非行政主体所实施主体而不属于行政指导范畴。例如，物业公司对业主使用公共设施所进行的指导，居民委员会或村民委员会基于自治权对依法居民或村民所提出的建议与意见，法院对行政机关以及其他组织所发出的司法建议，上级法院对于下级法院所作的审判业务指导，各级党委向人大与政府所提出的立法建议或者其他指导性意见，共青团、妇联等社会团体所提出的有关社会倡议，等等，由于这些指导的主体并非行政主体，因此不属于行政指导。不过，政府与党委或者其他组织联合发布社会指导纲要，或者作出某种具体的指导性意见，应该算作行政指导。

但有一点需要注意，虽然行政指导的行为主体只能是表现为组织形态的行政主体，但是公务员（尤其是行政首长）或其他具有特定公共管

① 关于准政府组织、行业组织的代表性的行政法研究，参见沈岿等：《准政府组织研究》，清华大学出版社 2003 年版；黎军：《行业组织的行政法研究》，北京大学出版社 2002 年版。

理职能的工作人员，在行使职权的过程中对相对人所作出的建议等，应该视作其所属组织所实施的行政指导，如果因"瞎指导"而致相对人合法权益受损的，不能将其归结为个人行为而免于司法审查或者国家赔偿。

3. 行政指导主体不限于具体指导性意见的实施者

有部分学者将行政指导限定为只能针对特定的人实施的一种行为。例如，林纪东认为，行政指导乃行政机关就其所掌之事务，对于特定之个人、公私法人或团体，以非强制之手段，取得相对人之同意与协力，以达到行政目的之行为。再如，王连昌教授认为，行政指导是指国家行政机关为了实现一定行政管理目的，针对社会上具体的公民、法人或其他民间组织，主动采取不直接产生法律效果、不具有法律约束力和国家强制力的行为，取得相对人的同意，并协助去实施。这种理论主张在行政指导的制度安排上有体现，例如《日本行政程序法》第二条也明确规定：行政指导是指行政机关在其职权或其所管辖事务的范围内，为实现一定的行政目的，要求特定人为一定作为或不作为的指导、劝告、建议以及其他的不属于处分的行为。① 依据这种观点，行政指导只能是具体的、微观的，而不可能是抽象的、宏观的。进言之，行政指导主体只有可能是具体的指导性意见的实施者，而不应包括抽象的指导性行政规范的制定者；或者说，否认行政指导可以表现为抽象的指导性行为规范。

其实不然。众所周知，日本通产省所制定的产业政策是针对特定产业（而非特定企业或个人）的一种宏观性、抽象性的行为，但它却是一种典型意义的行政指导。通常而言，依照行政指导所针对的相对人是否特定，可以将其区分宏观行政指导与个别行政指导，② 或者抽象行政指导

---

① 林纪东：《行政法》，三民书局（修订第三版），第 434 页；王连昌、莫于川：《社会主义市场经济需要加强行政指导》，《行政法学研究》1994 年第 1 期。

② 应松年编：《行政行为法》，人民出版社 1993 年版，第 576 页。

与具体行政指导。① 如果行政指导是针对特定相对人作出的，例如某乡长建议某养殖户改养猪为养鸡，并承诺提供贷款支持，帮助联系鸡的市场销路，这种行政指导就是一种具体行政指导，行政指导的决策者与实施者是合一的，都是该乡政府。如果行政指导是针对不特定多数人作出、以行政纲要等形式出现的，例如《外商投资产业指导目录》，那么由于行政指导的决策者与实施者通常是分离的，因此行政指导的行为主体就既要包括决策者，还要包括实施者。

4. 行政指导主体不应包括行政指导对象

行政指导的对象，因行政指导的抽象与具体、内部与外部的不同而不同。在前文所罗列的理论观点中，有部分观点认为行政指导要"取得相对人接受并协助实施"，这就意味着将"相对人接受并协助实施"视作行政指导成立的一个必要条件只有当相对人接受并协助实施时，行政指导才能成立；反之，如果相对人没有明确表示接受并且协助实施，那么行政指导就不会成立，只能算作行政机关一厢情愿的意思表示而已。进言之，行政指导的行为主体应有两个：一是作出行政指导意思表示的行政主体，二是明确表示接受行政指导的相对人。只有当双方的意思表示一致时，行政指导才告成立。

这类观点值得商榷。在笔者看来，不应混淆行政指导的成立、生效与发生实效这三者之间的差异。无论是抽象行政指导还是具体行政指导，只要一经作出即告成立；除附期限、附条件外，一经对外公布即告生效。至于能否为相对人所接受，这是决定行政指导是否产生实效、而非决定行政指导成立与否的一个要件。正是在这一点上，行政指导只能是一种单方行政行为，类似于行政规制，而并非双方行为，从而严格区别于基于双方合意才能成立的行政契约。也正因为如此，行政指导的行为主体只能是行政主体，不应包括指导对象。

---

① 郭润生、宋功德：《论行政指导》，中国政法大学出版社 1999 年版，第 63—65 页。

四、行为方式

行政指导区别于行政规制等强制性行政行为的一个最为明显的特征，就是它只能诉诸非强制性行为方式。所谓非强制性行为方式，简而言之，就是行政主体不能通过使用强制或者威胁使用强制的方式来迫使相对人接受其意思表示，为或不为某种行为，以便不折不扣地协助行政主体实现特定的行政目标。在将非强制性的行为方式当作行政指导的必备要件这个问题上，行政法学界几乎无甚争议；但行政指导是否暗含强制，却各持己见。

（一）行政法学界的代表性观点

按照从抽象到具体的排序，可以大致将行政法学界关于行政指导行为方式的描述归为三种。

1. 并未直接表明行政指导的行为方式强制与否，但暗含着非强制之意。例如，村上博认为：行政指导是指行政机关为实现一定的行政目的，通过向相对人做工作，期待实施行政机关意图的行为（作为或不作为）的行为形式。①

2. 只声明行政指导的行为方式是非强制性的，并不深究非强制性的具体方式。例如，杨海坤教授认为：行政指导就是国家行政机关运用非强制性手段，获得相对人的同意或协助，以实现一定行政目的的行为。②

3. 不仅声明行政指导的行为方式是非强制性的，而且详细罗列非强制性行为的具体方式。例如，郭润生与宋功德认为：行政指导是指行政主体针对特定相对人采用具体的示范、建议、劝告、警告、鼓励、指示等非强制性方式，并施以利益诱导，促使相对人为或不为某种行为之非强制性行政行为。③

---

① ［日］室井力编：《日本现代行政法》，吴微译，中国政法大学出版社1995年版，第150页。

② 杨海坤：《中国行政法基本理论》，南京大学出版社1992年版，第355页。

③ 郭润生、宋功德：《论行政指导》，中国政法大学出版社1999年版，第59页。

4. 行政指导只能采取非强制性方式，这在行政程序立法中基本达成共识。例如，《日本行政程序法》第三十二条规定：行政指导实施者必须注意不得超越行政机关的任务或者所管事务范围和行政指导内容只有在相对人的协助下才得以实现；行政指导实施者不得以相对人不服从为由，作出不利益措施。再如，《韩国行政程序法》第四十八条规定：行政指导应采取为达成其目的所必要且最少限度方法为之，但不得违反受指导者之意思，不当地强行要求。行政机关不得以受指导者不执行行政指导为由，采取不利之措施。

（二）行政指导实践中常用的非强制性行为方式

虽然行政主体只能采用非强制性的行为方式来表达其指导意图，但这并非意味着非强制性就是铁板一块，不同的非强制性行为方式的"强度"并不一致，大致地存在着一个由强到弱的谱系。非强制性行为方式强度的高低，不仅表明了行政主体期望相对人合作以便实现特定行政目标的意图的强弱，而且在某种意义上也暗示着受指导方自主决定、自由选择接受与否的余地的大小。按照非强制性行为方式强度的由高到低，可大致地将其归为四类。

1. 警告、限制

警告和限制，在非强制性行政行为方式谱系中最靠前，强度最高，它们与强制性的惩罚和禁止之间往往只有一步之遥，如果行政相对人不听从行政主体的警告与限制的指导性意见，就有可能遭遇行政指导所实施的其他强制性行为。在行政指导实践中有许多警告与限制的例子。例如《湖南省审计监督条例》（2003年）第三十四条规定："被审计单位违反审计法律、法规的规定，拒绝、拖延提供有关资料或者拒绝、阻碍检查的，由审计机关责令改正，通报批评，给予警告；拒不改正的，对单位处三千元以上五万元以下的罚款；对负有直接责任的主管人员和其他直接责任人员处二千元以上二万元以下的罚款，并建议有关部门和单位依法给予行政处分。"再如，《指导外商投资方向规定》（国务院，2002年）第四条第一款规定："外商投资项目分为鼓励、允许、限制和禁止四类。"第六条规定："属于下列情形之一的，列为限制类外商投资项目：（一）技术水平落后的；（二）不利于节约资源和改善生态环境的；（三）从事国家规定实行保护性开采的特定矿种勘探、开采的；（四）属于国家逐步开放的产业的；（五）法律、行政法规规定的其他情形。"

2. 告诫、劝告

此类非强制性方式主要用于抑制性行政指导，行政主体通常以这种方式来向相对人传送希望其不作为的信息；如果相对人不接受，就有可能受到以其他名义作出的不利处分。① 例如《路政管理规定》（交通部，2003年）第四十二条第一款规定："依法实施路政强行措施，应当遵守下列程序：（一）制作并送达路政强制措施告诫书，告知当事人作出拆除非法标志或者设施决定的事实、理由及依据，拆除非法标志或者设施的期限，不拆除非法标志或者设施的法律后果，并告知当事人依法享有的权利；（二）听取当事人陈述和申辩；（三）复核当事人提出的事实、理由和依据；（四）经督促告诫，当事人逾期不拆除非法标志或者设施的，制作并送达路政强制措施决定书；（五）实施路政强制措施；（六）制作路政强制措施笔录。"再如《济南市职业技能鉴定管理条例》（1998年）第二十七条规定："鉴定对象有违纪行为的，由考评人员视情节轻重，分别给予劝告、警告、中止考核、宣布成绩无效的处理，并将处理结果填写在考场记录上。"

3. 建议、指示、引导

较告诫与劝告而言，此类非强制性行为方式侧重于传达行政主体希望相对人为某种行为的信息。例如，《反倾销价格承诺暂行规则》（外经贸部，2002年）第四条规定："应诉出口商、生产商可向外经贸部提出价格承诺；外经贸部也可向应诉出口商、生产商提出价格承诺的建议。"第五条规定："外经贸部不得强迫有关出口商、生产商作出价格承诺。出口商、生产商不作出价格承诺或者不接受价格承诺建议，不得对其倾销及

---

① 日本此类行政指导极多。例如，日本公正交易委员会认为有违反《垄断禁止法》（1947年法律第54号）之规定行为时，可依据该法第四十八条的规定对该违法行为进行纠正劝告。

倾销幅度的确定产生不利影响。"再如,《无照经营查处取缔办法》(国务院,2003年)第八条规定:"工商行政管理部门依法查处无照经营行为,实行查处与引导相结合、处罚与教育相结合,对于下岗失业人员或者经营条件、经营范围、经营项目符合法律、法规规定的,应当督促、引导其依法办理相应手续,合法经营。"

4. 鼓励、提倡

在行政指导实践中,此类型非强制性行为方式强度最弱,如果相对人不接受行政指导,一般不会带来什么不利的行政后果;如果接受行政指导,则有可能得到比较丰厚的诱导利益。例如,《农业技术推广法》第十条第二款规定:"国家鼓励和支持供销合作社、其他企业事业单位、社会团体以及社会各界的科技人员,到农村开展农业技术推广服务活动。"再如,《草原法》第三十五条规定:"国家提倡在农区、半农半牧区和有条件的牧区实行牲畜圈养。草原承包经营者应当按照饲养牲畜的种类和数量,调剂、储备饲草饲料,采用青贮和饲草饲料加工等新技术,逐步改变依赖天然草地放牧的生产方式。在草原禁牧、休牧、轮牧区,国家对实行舍饲圈养的给予粮食和资金补助,具体办法由国务院或者国务院授权的有关部门规定。"

(三) 法律意义上的非强制性与事实意义上的强制性

由于很多行政实体法和行政程序法常常明确规定:行政指导的行为方式只能诉诸非强制性方式,如果相对人不接受,不得对其进行不利处分。亦即不能将行政指导变为变相强制。行政程序法上的一个例子是《日本行政程序法》。该法第三十二条规定:行政机关为行政指导时,仅能基于相对人完全的自愿协力,不得以相对人不遵守行政指导为由,对之为不利之处置。第三十三条规定:请求撤回申请或变更内容的行政指导,对于申请人已表明不遵从行政指导之意思,不得再继续为行政指导,以妨害该申请人权利之行使。第三十四条规定:有许可等权限或基于许可权限而可为行政处分的行政机关,在非行使该类权限或无此权限行使的意思时,所为之行政指导,不得故意明示依此等权限,迫使相对人接受该行政指导。实体法上的一个例子是我国的《反倾销价格承诺暂行规则》(外经贸部,2002年)。该规章第五条规定:"外经贸部不得强迫有关出口商、生产商作出价格承诺。出口商、生产商不作出价格承诺或者不接受价格承诺建议,不得对其倾销及倾销幅度的确定产生不利影响。"

虽然行政指导并不具有法律意义的强制性,但在行政管理实践中,行政指导却经常表现出非常明显的"事实上"的强制性。关于这一点,美国学者C.约翰逊在分析日本行政指导时曾说过:虽然日本行政指导和依据一般法律所下的命令的不同之处在于,行政指导不具有法律上的强制性,但由于行政指导是建立在政府与企业界的关系(这种关系自30年代以来就已建立)之上的,即民间对官员的敬重;各文官机构宣称它们是为了国家利益而行事,因此几乎和政府的正式法令毫无区别。"指导纲要"就是一个例子,对于政府所拟计划并公布的政策,民众有"尊重"并"诚意配合"的责任(尽管不服从的惩罚条例从未明确提出)。一般说来,以国家利益为名义提出的一些行政指导,很少能允许任何异议的。① 倘若相对人不接受行政指导,则可能招致某种麻烦。例如,日本《限制噪音法》规定,行政机构可对发出噪音的设施拥有者提出对其设施进行改造的劝告,如果其不服从劝告将命令其改造,如果再不服从命令将给予惩罚。② 行政指导之所以表现出一定程度的事实上的强制性,主要归因于行政主体可以依靠其所掌握的巨大权限,完全可以在行政指导事项或者其他毫不相关的事项上,对拒绝服从行政指导的相对人加以变相的报复。在有些场合,行政主体甚至还可以利用各种手段来惩罚报复那些不听从行政指导者,③ 或者同时利用同种方法迫使相对人服从行政指导。

由此可见,行政主体根据向服从行政指导的相对人提供一定的诱导

---

① 参见〔美〕C.约翰逊:《通产省与日本奇迹》,中共中央党校出版社1992年版。

② 参见〔日〕新藤宗幸:《行政指导——政府机关与产业界之间》,岩波书店1992年版,第67页。

③ 住友金属事件就是一个典型例证:1965年住友金属公司拒绝听从通产省有关减少产量以维持钢铁价格的劝告,尽管住友金属公司的出口状况好,但还是受到通产省援用《进口贸易管理令》限制其进口煤炭的警告,结果住友金属公司不得不表示服从通产省的行政指导。

利益，或者凭借公共权力背景，行政指导对相对人或多或少地表现出某种事实上的强制力，尽管其并非法律上的①。日本有的学者甚至据此认为：行政机关实施行政指导时，所谓服从与否听任相对人自愿，只是一种表面规则而已，实际上强制相对人就范。②

五、诱导利益

行政主体通过行政指导这种非强制性行政行为来实现特定的行政目标，如果这种行政目标不是无足轻重的，必须具有足够的、相对人接受并协助实施的行为预期，那么行政指导主体就不得不专注于解决相对人接受行政指导的动力问题：相对人要么因接受行政指导而有利可图，要么因不服从指导性意见而面临不利。只有如此，行政指导才不会变成行政主体一厢情愿的空洞说教或政策宣言。什么是这种"动力"？笔者认为它就是行政指导的诱导利益。

所谓行政指导的诱导利益，不能被狭义地理解为相对人因接受行政指导而获益，例如如果公民响应国家计划生育号召，那么父母与子女都能享受到某种物质奖励与精神奖励。也有可能系指相对人因不接受行政指导而损益，例如不接受行政主体的告诫或警告，就有可能受到某种不利处分。③ 在行政指导实践中，充作诱导利益的也不限于减免税费、提供政策性优惠贷款等，还要包括精神奖惩、财产得失、行为能力、人身权利等各种内容。尤其是行为能力，由于行政指导者与审批者经常是同一主体，相对往往只有接受指导者才有可能获得某种许可，而拒绝接受指导者则有可能由于各种理由而得不到许可，这在外商投资企业审批中非常明显。不过，这些由行政主体提供或者承诺提供的诱导利益，应该是

---

① ［日］室井力编：《日本现代行政法》，吴微译，中国政法大学出版社1995年版，第152页。

② ［日］根岸哲：《日本的产业政策与行政指导》，《法学译丛》1992年第1期。

③ 例如陈春生认为，如果法律授权行政机关为劝告、指导、指示，同时对不服从者得公告不服从之事实或停止给付时，如此之措施仍为行政指导。（翁岳生编：《行政法》，翰芦图书出版有限公司1998年版，第760页）

行政指导主体有权依法处分的利益，否则将会损及行政指导的合法性。例如，地方政府通常不能通过违法提供减免税收或承诺保护不正当竞争的方式来促进招商引资。

(一) 学术界的看法与实务界的做法

学术界在是否将诱导利益视作行政指导的构成要件这一问题上，看法不一。这种分歧部分地反映为那些不附带任何诱导利益的、纯粹的信息提供与知识援助能否算作行政指导这个问题上。有些学者并不认为行政指导必然具有某种诱导利益，例如和田英夫认为，行政指导是这样一种行政作用，即不管有无立法根据，行政机关对特定的个人，公法、私法上的法人和团体，要求对于一方的同意协作，采用非权力的、任意的手段进行工作，以实现行政机关的意图，诸如警告、劝告、提供知识、信息等。① 也有一些学者持相反的态度。例如，陈春生认为，行政指导乃（行政机关）为达成具体行政目的之一手段，即非权力行为中以达特定目的为方向之作用，如果只是政策宣示，如政治宣导、提供资讯等无具体之目的时，其行为并非行政指导。② 还有一些学者明确主张行政指导应有诱导利益，例如郭润生、宋功德认为：行政指导是以设置利益诱导为存在前提的，如果行政主体只是单纯地表达其行政意愿，并无诱导利益，算不上具有严格法律意义的行政指导，诱导利益是行政指导的一个构成要件。③

行政指导实践中的做法也不尽一致。有的指导行为跟随着对应的诱导利益④，例如《草原法》第四十八条规定："国家支持依法实行退耕还草和禁牧、休牧。具体办法由国务院或者省、自治区、直辖市人民政府制定。对在国务院批准规划范围内实施退耕还草的农牧民，按照国家规

---

① ［日］和田英夫：《现代行政法》，倪健民、潘世圣译，中国广播电视出版社 1993 年版，第 218 页。

② 翁岳生编：《行政法》，翰芦图书出版有限公司 1998 年版，第 760 页。

③ 郭润生、宋功德：《论行政指导》，中国政法大学出版社 1999 年版，第 56 页。

④ 一个集中体现行政指导利益诱导特点的立法例子是《中关村科技园区条例》(2000)，该条例所规定的每一个指导性意见几乎都紧跟着某种政策优惠或者利益承诺。

定给予粮食、现金、草种费补助……"再如,《指导外商投资方向规定》第九条规定:鼓励类外商投资项目,除依照有关法律、行政法规的规定享受优惠待遇外,从事投资额大、回收期长的能源、交通、城市基础设施(煤炭、石油、天然气、电力、铁路、公路、港口、机场、城市道路、污水处理、垃圾处理等)建设、经营的,经批准,可以扩大与其相关的经营范围。但在实践中,不仅存在着大量的并未具体规定诱导利益的行政指导,例如《互联网等信息网络传播视听节目管理办法》(国家广电总局,2004年)第五条虽然规定:"国家鼓励地(市)级以上广播电台、电视台通过国际互联网传播视听节目。"但究竟怎么鼓励却不得而知。而且还存在着数目更加繁多的纯粹的信息引导,例如发布天气预报、公布旅游信息,并未希望或者要求公众接受其信息引导,更谈不上接受信息引导会获得什么诱导利益。

(二)区分行政指导与纯粹信息引导的分水岭

笔者认为,严格的、具有法律意义的行政指导,应当具有相应的诱导利益,这是因为行政指导之所以区别于纯粹的信息引导,一个典型标志就是其包含着诱导利益。众所周知,现代公共行政改革的一个重要方向就是从管理型政府向服务型政府转变,政府不仅要借助传统的强制性行政方式维护正常的行政法律秩序,还要尽其所能地发挥信息优势,为社会公众提供各种信息、引导公众决策,以便促进公众行为决策的理性化。政府进行信息引导的一个重要优势就是有助于形成信息搜集与引导的规模效益,有助于节减整个社会的交易成本。但是,并非所有的信息引导都是行政指导。政府的信息引导涉及各个领域,不同的信息引导之间差异明显,有的信息引导例如发布天气预报缺乏明确具体的行政目的,纯粹出于服务与便民的需要,不应算作行政行为,的确只能属于"非权力性事实行为"。如果将所有的信息引导都视作行政指导,那么不仅其与行政指导应当具有特定的行政目的、依法而为、符合法定的行政行为模式的要求不一致,而且会导致整个的行政指导规范化的不可欲,必然要耽搁那些直接影响相对人合法权益的"真正"的行政指导的法治化进程,还会因此严重地束缚公共行政的手脚,妨碍现代政府从管理型向服务型的正常转变。就此而言，在政府所作的大量的日常性的信息引导中，具有法律意义的行政指导可能只是冰山的一角。

至于如何界分不具有行政法意义的信息引导与具有行政法意义的行政指导，① 存在着一系列的标准，诸如是否具有特定的行为模式，是否具有特定的行政目的，是否希望相对人接受指导并协助行政主体实施，是否有可能影响相对人的合法权益等等。不过，由于行政指导最为典型的特征之一即是利益诱导而非空洞的说教，因此行政指导区别于纯粹的信息引导的一个重要标志就是它必须要有与指导目的相匹配的诱导利益。正因为如此，笔者认为有无诱导利益，是区分行政指导与纯粹的信息引导的一道分水岭。

（三）诱导利益决定着行政指导的实效

与纯粹信息引导不同的是，行政主体实施行政指导不仅仅需要相对人了解相关信息，而且更希望相对人能接受指导性意见，并据此作出有利于行政指导目标实施的行为决定。不过，行政指导虽然一经作出即具有法律效果，但其法律实效的有无与高低，却基本上取决于相对人是否接受或在多大程度上接受行政指导意见。至于相对人对于行政指导的态度，在很大程度上取决于有无诱导利益、是否提供了充足的诱导利益。

对于行政主体而言，由于行政指导不具有强制性，是否接受指导意见取决于指导对象自主决定，但既然已耗费了相当的行政资源作出某种指导决策，就不应完全听任相对人的自由选择，从而导致行政指导目标的实现处于高度不确定状态。有鉴于此，就需要行政主体在进行行政指导时提供与之匹配的诱导利益，以便确保相对人服从行政指导的概率较高，并因此确保行政指导具有较高的法律实效。对于行政指导对象而言，在决定是否接受行政指导之前，必然要进行利益衡量，充分权衡接受行

---

① 这里之所以要严格强调行政指导的"行政法意义"，而不仅仅是宽泛的"法律意义"，是因为即便类似于电视节目预告表之类的信息也有可能引起法律争议。相关讨论，参见梁慧星：《电视节目预告表的法律保护与利益衡量》，《民商法论丛》第1卷，法律出版社1994年版，第333页。

政指导的机会成本，行政主体所提供的诱导利益可以做一个最为重要的筹码。由此可见，行政主体推行行政指导与相对人接受行政指导的过程，基本上就是一个"交易"的过程，诱导利益就是指导方与受指导方围绕是否接受行政指导，并共同致力于行政意图实现的一个交易筹码。正因为如此，如果行政指导并未提供或者只是象征性地提供诱导利益，那么相对人就很难有动力去接受行政指导，并协助行政主体去实现行政目标。由此可见，诱导利益不仅仅是行政指导的一个构成要件，而且还是直接影响行政指导实效的关键因素。

（四）诱导利益并不等同于信赖保护利益

信赖保护利益，这个概念是学界在探讨行政指导权利救济时经常使用的一个概念，意指相对人因信赖政府的意思表示而作出某种行为选择时所产生的应受法律保护的利益。诱导利益，作为行政指导构成要件之一，与信赖保护利益并不完全是一回事，不可将二者混为一谈。大致说来，二者的关系主要表现为以下三种形态。

一是诱导利益与信赖保护利益的基本重合。如果相对人接受行政指导并积极配合行政主体实现特定的行政目标，但行政主体并未提供其所承诺的诱导利益，那么即使相对人并未因为接受行政指导而导致其直接可得利益受损，也可以要求行政主体支付其所承诺的诱导利益。

二是诱导利益只是信赖保护利益的一部分。如果相对人接受了行政指导，但不仅并未获得行政主体所承诺的诱导利益，而且由于接受错误的行政指导反而直接导致其经营决策的失误，那么此种情况下的信赖保护利益就不仅包括诱导利益，而且还包括直接可得的预期利益。

三是诱导利益与信赖保护利益无关。如果相对人接受了行政指导，且已获得诱导利益，但相对人因接受错误的行政指导而导致经营决策的失误，那么此种情形下的信赖保护利益与诱导利益无关，它主要是指相对人所损失的直接可得的预期利益。除此之外，还有一种情形，即相对人虽然接受了行政指导，但行政主体并未承诺提供诱导利益，相对人由于接受错误的行政指导而直接导致其经营决策失误，此时的信赖保护利益限指相对人损失的直接可得的预期利益。

本节依次探讨了作为行政指导构成要件的五种必备要素：行为目的、行为依据、行为主体、行为方式与诱导利益。诚然，如果有更多的其他因素加入其中，那么也许更有助于彰显行政指导区别于行政契约等非强制性行政行为以及行政规制等强制性行政行为的典型特征。但如果缺失这五个因素中的任何一个，那么这种"行政指导"就不再成为具有完整法律意义的、独立存在的、作为一种行政行为的行政指导。

第三节　行政指导的功能

行政指导这种新型行政行为方式，并非立法智慧的产物，而是行政管理实践的创造，温和的、非强制性的行政指导的普遍兴起，标志着政府模式从传统的规制型政府向现代的服务型政府的转变。相对于行政规制等强制性行政行为而言，高度灵活与简便的行政指导充满着弹性，由于能够游丝般地渗入诸多其他受制于严格行为模式的行政行为所不能或不便进入的行政领域，展示出其他行政行为所望尘莫及的独特的功能，故而备受青睐。

本节将从四个方面展示行政指导的独特功能：行政指导集抑制、助成与协调功能于一身，行政指导具有通过积极行政弥补立法空白的功能，行政指导具有节约行政成本节减交易费用的功能，行政指导具有推动行政法律关系民主化与理性化的功能。

一、抑制、助成与协调

行政指导实践表明，行政指导能在不同的场合，为了实现不同的行政目标表现出不同的实际功效：或者温和地抑制相对人去选择行政主体所不期望的行为方式，或者助成相对人选择行政主体所期望的行为方式，或者居中疏导、协调不同主体之间的利害冲突。

（一）行政指导具有抑制功能

如果行政主体不希望相对人为某种行为，但又缺乏明确的禁止性法律依据而不便直接强令禁止相对人为某种行为时，行政主体就有可能采用告诫、警告、限制等抑制性行政指导，妨碍相对人作出相关行为选择，以便实现特定的行政目的。在日本，行政指导的抑制功能在预防、抑制噪音对居住环境产生的不利影响、不良药品贩卖自律、青少年辅导、抑制物价暴涨以及违法建筑的改善等各个方面都有出色表现。

为使得行政指导具备抑制功能，行政主体经常采用增加相对人为特定行为选择的成本，或降低其行为选择成功概率等利益诱导办法。例如，为了贯彻《指导外商投资方向规定》与《外商投资产业指导目录》等相关规定，《外商投资创业投资企业管理规定》（外经贸部等，2003年）分别对鼓励类或允许类、限制类、服务贸易逐步开放类等不同的投资方向规定了高低不等的进入门槛：对于创投企业投资于任何鼓励类和允许类的所投资的企业，依据该规定第四十条的规定，只需向所投资企业当地授权的外经贸部门备案；而对于创投企业投资于限制类的所投资企业，依据该规定第四十一条的规定，则需向所投资企业所在地省级外经贸主管部门提出申请，并提供创投企业关于投资资金充足的声明、创投企业的批准证书和营业执照（复印件）、创投企业（与所投资企业其他投资者）签订的所投资企业合同与章程等材料，由省级外经贸主管部门接到上述申请之日起45日内作出同意或不同意的书面批复。至于创投企业投资属于服务贸易领域逐步开放的外商投资项目，依照该规定第四十二条的规定，则按国家有关规定审批。不言而喻，这种区别对待显然有助于实现抑制外商投资于限制类产业。

（二）行政指导具有助成功能

所谓助成功能，是指行政主体往往通过正面的利益诱导来促成相对人作出符合行政目的的行为选择。譬如各国为了推进中小企业的现代化，以便实现社会平衡协调发展的目标，经常采取扶助中小企业政策，此类行政指导通常会附随补助金、奖励金之交付或提供融资等诱导利益。[①] 再

---

① ［日］室井力编：《日本现代行政法》，吴微译，中国政法大学出版社1995年版，第156页。

如，中国为了把旅游业这个国民经济新的增长点进一步培育好，使其在拉动内需、刺激消费、促进经济结构调整和扩大对外开放中发挥更大的作用，国务院在其转发的《关于进一步发展假日旅游的若干意见》（国家旅游局等，2000年）中明确规定：为了尽可能满足旅游者出行的需要，在"黄金周"到来之前，铁道、交通、民航等部门要调配充足运力，制订好运输方案，并准备部分机动运力以应急需；为进一步提高服务质量，方便旅游者购票，要积极开展对旅游企业和旅游者预售往返票业务，并按照国际惯例给予适当优惠。

（三）行政指导具有协调功能

当相对人之间发生争执、自行协商不成时，行政主体经常采用协调性行政指导的方式来加以调停，以便定分止争。① 例如，我国于2002年确立的建设系统协调劳动关系的"三方会议制度"，就充分展示出行政指导所具有的协调性功能。在全国建设系统所推行的协调劳动关系三方会议制度，是由建设行政部门代表政府一方、建设工会代表职工一方、建筑业协会等建设系统行业协会代表企业一方，就建设系统有关调整劳动关系的问题进行相互沟通、平等协商、共谋对策、合作共事的协商机制。在三方会议制度中，职工群众能以平等的法律地位与政府、企业共同协商，研究确定劳动关系的重大问题。

二、通过积极行政弥补立法空白

面临着日益复杂的、多元化的社会关系，现代政府在行政管理的现实与法治理想之间，往往左右为难。行政指导的重要功能之一就在于通过政府的积极行政来弥补立法空白，从而成为沟通现代政府联系行政管理任务与行政法治目标的一道桥梁。一方面，随着现代化进程的加速进

---

① 需要注意的是，调整性行政指导与行政调解并不相同。二者的相似之处在于都由行政主体居间调停，不同之处在于前者是行政主体依职权主动而为之，对争议双方或一方进行劝告，而行政调解是依争议双方申请而对双方都进行劝告，并在分清是非的基础上制作调解书。另外二者在权力性、可诉性等方面皆有差别。

行，社会关系变得越来越充满不确定性，使得"小政府"就是"好政府"的观点发生动摇。为了确保社会的有序化，公共行政不得不四面出击。任何瞻前顾后、消极无为、滞后于现代化进程的行政管理都很难不受到公众指责，尤其是在国际竞争日趋激烈的今天，公众普遍地希望政府能积极行政，以便在助成本国企业拓展国外市场的同时，还能巧妙地将外国具有比较优势的企业挡在关境之外。另一方面，行政法治原则要求政府只能依法行政，尤其在实施有可能侵犯相对人合法权益的强制性行政行为时，只能跟随在法律身后，亦步亦趋，任何缺乏明确法律依据的强制性行政行为，都不具有法律正当性。但由于立法不仅往往因滞后于行政管理实践而出现大量的立法空白，而且拙劣的立法疏漏还造成诸多的法律漏洞，因此行政执法依据既不充分也不细致。如此一来，公共行政就面临着要么无视行政管理的现实需要而消极行政，要么以违法行政的方式回应行政管理的迫切需要这种二难选择。这个难题，在传统行政法框架内是无解的。不过，非强制性行政指导的产生与发展，为这一难题的解决提供了一种全新的思路。一则由于行政指导主要诉诸告诫、建议、鼓励等非强制性行为方式来实现行政目标，是否接受指导性意见在法律上完全取决于相对人的自主选择，因此通常并不存在直接侵犯相对人合法权益的问题。二则由于行政主体无论是实施抽象行政指导还是具体行政指导，都旨在实现特定的行政目标，这些"特定"的行政目标，多半属于因缺乏法律依据而无法诉诸行政规制等强制性行政行为，行政主体以行政指导的方式积极行政，通过利益诱导来促成这些行政目标的实现。如此一来，就缓解了法未明文规定，但实践迫切需要之间的张力，在积极行政中弥补立法空白。

行政指导通过积极行政方式弥补立法空白通常表现为三种形态：一是在法律未作规定的情况下，行政主体通过制定产业结构调整政策、产业组织政策等抽象行政指导措施，推进产业结构的调整与优化升级。这方面的行政指导以日本战后通产省的产业政策最具有代表性，我国近些年来所制定的若干外商投资产业指导目录、指导外商投资方向规定等产业指导政策，也具有一定的代表性。

二是在法律只作"行政主管部门应当加以监督引导"等抽象规定的情况下，行政主体通过制定可操作性的指导性规范性文件来落实法律规定，或者针对特定的相对人实施具体的行政指导来实现行政管理目标。

三是在法律未作任何规定的情况下，行政主体在其职责范围内，通过制定各种指导性文件，或者实施各种具体的行政指导行为来实现行政管理目标。目前各地普遍推行的招商引资指导措施多半属于这一种。

三、节约行政成本节减交易费用

众所周知，一种行政目标的实现总要对应于一定数量的行政成本，不同的行政行为方式所对应的成本—收益比率并不相同。一方面，我们不得不通过支付大量行政成本的方式来支撑一个公共行政体系，以便大规模地提供维护行政管理秩序、维护公民合法权益这种公共物品。这种行政管理或行政服务能产生规模经济效益，有助于节减大量的社会成本。另一方面，由于行政成本是一种典型的非生产性成本，不能直接带来生产性收入，因此如果行政成本在社会总成本中所占比例过大，就会直接制约经济发展速度。如果我们只有通过支付更多的行政成本的方式才能节减相对较少的社会成本，那么这种公共管理就不具有正当性；如果我们在实现某一社会目标时选择了要耗费更高行政成本的行为方式，那么这种公共行政管理方式选择就是非理性的。就此而言，我们不仅要理性地确定公共行政管理的边界，而且还要理性地选择公共行政管理的方式。

较行政规制等强制性行政行为而言，行政指导的成本显然要低得多。这不仅表现为行政规制决策过程中所耗费的信息搜集、整理费用要高于行政指导决策费用，更表现为行政规制决策的强制实施与全面监督成本，要远远高于行政指导。尤其值得一提的是，行政规制过程有可能引发高额的利益主体寻租费用，这种费用在行政指导过程中即使有，也要少得多。因此可见，一项行政目标如果通过行政规制与行政指导都能够实现，那就不应该选择行政规制，而应选择行政成本更低的行政指导。① 也就是说，行政指导之所以能在行政管理实践中被普遍运用，甚至在不少场合替代了行政规制，一个重要原因即是行政指导能够节减大量的行政成本。可以预见，随着行政指导范围的扩展与使用频率的增高，诸多行政管理领域内行政规制的高成本、低效益问题将会日益暴露出来。这显然有助于进一步推动放松规制、重建市场价值的公共行政改革，进一步推动政府职能的转变与行政机构的精简。

行政指导之所以能在特定领域内取代行政规制等强制性行政行为，还不仅仅取决于行政成本的高低，更取决于行政指导能以较少的行政成本节减较多的社会成本，主要表现为交易费用节减。新制度经济学认为，制度的核心功能就在于节减交易费用，② 公共行政更是如此。虽然任何行政行为都能够通过支付一定的行政成本来预防、惩治以市场交易为核心的社会交往领域的交易费用总量——一种源于交易主体之间因信息不对称而产生的机会主义选择与反机会主义选择所支付的非生产性费用，但较行政规制等强制性行政行为而言，行政指导在某些领域内表现出明显的节减交易费用的优势。之所以如此，是因为交易费用主要归因于交易主体的信息不对称，而行政指导的一个重要功能就是由政府来提供可信度较高的信息服务来加以信息引导。当市场交易主体之间的信息不对称因此得以弱化时，自然也就只需要支付较低的交易费用获得较高理性程度的决策。

四、推动行政法律关系的民主化与理性化

传统行政法中的行政行为主要是强制性行政行为，这就决定了传统

---

① 当然，这并不意味着行政指导可以完全替代行政规制。很多规制目标是行政指导所无法实现的；或者即使能实现也得不偿失，因为有可能要耗费比行政规制更高的协调成本。亦即，行政规制与行政指导都只在各自特定的范围内有助于节约行政成本。

② 参见宋功德：《论经济行政法的制度结构——交易费用的视角》，北京大学出版社2003年版。

的行政法律关系也就主要是基于一种"命令—服从"而形成的双方法律地位不平等的法律关系。在这种行政法律关系中，存在一系列严格的二元对立，诸如命令与服从之间的对立、行政主体与相对人之间的对立、行政权与公民权之间的对立、公共利益与私人利益之间的对立等等，行政主体在行政法律关系中居于优势，相对人居于劣势，双方法律地位不平等。行政法律关系的不平等，虽然也具有确保行政目标的实现、行政效率较高等优点，但其致命缺陷至少有两个：一是行政法律关系缺乏足够的民主性。行政主体与相对人之间法律地位不平等，意味着缺乏必要的对话与沟通平台，这就使得行政管理很容易蜕变为强权行政与唯命是从的行政专制。二是行政法律关系的理性程度不够。

命令—服从关系的一个假定前提就是全能政府与低能公众。在假定政府是无限理性的、绝对占用充分决策信息的同时，假定无知的公众只能消极服从政府决策，而不应作出与之不符的行为选择。这种不等的行政法律关系与经济市场化、政治民主化显然格格不入，缺乏民主性的行政法律关系不具有正当性，而缺乏理性的行政法律关系则不具有现代性。

行政指导的异军突起，带来了传统行政法律关系的松动。它不仅在相当程度上代表着现代行政法律关系对于传统行政法律关系的背叛，而且有力地推动着现代行政法律关系的民主化与理性化。之所以如此，不仅归功于因行政指导而形成的行政指导法律关系具有高度开放性与平等性，更归功于行政指导法律关系对行政规制等行政法律关系所产生的示范效应。

（一）对相对人的开放性

行政指导对相对人的开放性，主要包括两层含义：一是抽象行政指导甚至包括很多具体行政指导，其所针对的相对人是多半潜在的、开放的、不确定的至少不会像行政规制等强制性行政行为那样明确、具体，亦即，行政指导法律关系对于相对人具有高度开放性，从而严格区别于传统行政法律关系的封闭性。二是所有的行政指导都只是为那些潜在的、有可能自愿接受指导性意见并因此享受到诱导利益的相对人提供一个与行政主体合作的平台。对于相对人而言，既可以置之不理从而永远不会成为特定行政指导法律关系的主体，也可以自主加入从而成为行政指导法律关系的主体，还可以自由退出从而不再成为行政法律关系的主体。也就是说，行政指导法律关系对相对人的行为选择保护高度开放，充分尊重其意思自治，双方的法律地位基本趋于平等，这就与行政规制法律关系对于主体进退的严格约束以及主体之间的"尊卑"分明形成鲜明对照。

（二）对知识或信息的开放性

行政法律关系的理性程度，直接取决于行政法律关系形成过程中的信息占有是否充分。与行政规制等传统型行政法律关系明显不同的是，行政指导法律关系的形成分为两个步骤：一是行政主体依据其所占有的信息作出特定的行政指导决策，这个决策过程主要基于行政主体自身所搜集的信息以及开放决策过程所吸纳的相对人的信息，反映了行政主体在搜集、占有信息方面的优势。二是行政指导向社会公布后，与之相关的行政相对人依照其所占有的相关信息来权衡接受行政指导的得失，理性决定是否接受行政指导。这就意味着开放型的行政指导法律关系有助于充分吸收与之相关的、各种分散的决策信息，有助于发挥行政主体与相对人双方的信息比较优势，从而有助于最大限度地体认二者的知识优势。

（三）推动行政主体与相对人法律地位的平等

与行政规制等传统行政法律关系迥然不同的是，行政指导法律关系的形成基于行政主体与受指导方双方合意，而非依靠行政主体强制相对人接受指导措施。就行政指导法律关系的变更与终止而言，鉴于行政主体受信赖保护原则的约束，其所产生的影响可能要弱于意思自治的相对人。无论在实体上还是在程序上，我们都看不出行政主体较相对人而言具有明显的优势，双方法律地位基本平等，体现出一种平等交易：相对人接受行政主体所提供的诱导利益所支付的成本是协助行政主体实现特定的行政目标，而行政主体支付诱导利益的收获则是得到相对人的协助来推进行政目标的实现。从这三点可以看出，行政指导的非强制性与行政指导法律关系的开放性与平等性，有针对性地缓解了传统行政法律关系因单方决策与封闭性所带来的民主性与理性不足问题，有助于推进现代行政法律关系的理性化与民主化。需要注意的是，作为一种行政行为方式，虽然行政指导是独立的，但它在行政法中却不是孤立的。它要与各种各样的强制性与非强制性行政行为发生普遍联系，这就决定了行政指导法律关系之于推进整个行政法律关系的理性化与民主化的贡献，绝非限于其自身的开放性与平等性那一部分，还要对改善其他类型的行政法律关系产生示范效应与潜移默化的影响。相对而言，后一种影响可能更加重要，它将有力促成一种体现信任、沟通、合作、平等与互动的现代行政法律关系与行政法文化的悄然崛起。综上所述，集抑制、助成、协调多种功能于一身的行政指导，不仅有助于通过积极行政来弥补立法空白，能够以较低行政成本有效节减交费费用；而且还有助于推动政府与市场、国家与社会关系的理性化，推动超越"全能政府"与"夜警政府"之外的现代能动行政的形成，推动良性互动的行政法律关系的形成，推动现代行政法的人文精神趋于信任、沟通、合作。

第四节　行政指导的合法性危机

令人费解的是，行政指导虽然功能颇多，但却一直口碑不佳。对行政指导的指责，无论在理论界还是在实践界，比比皆是。之所以如此，主要在于为数甚多的行政指导长期游离于行政法视野之外，缺乏必要的法律规制的行政指导不仅其功能要大打折扣，而且相对人的合法权益也难免会因此受到侵犯。① 有些学者甚至据此断称：依法行政似乎已为依行

---

① 人们很容易认为行政规制比行政指导更容易侵犯相对人的合法权益。其实未必。之所以如此，是因为行政规制通常成为行政法关注的核心，甚至连每一细节都不放过。在严格的法律规制下，行政规制恣意侵犯相对人合法权益的概率不会太高。相形之下，由于为数甚多的行政指导较少受到法律关注，也就很可能导致滥用行政指导侵犯相对人合法权益的概率居高不下。

政指导行政所取代，导致法治空洞化①，从而引起法治危机。这种说法固然有些言过其实，但也并非危言耸听。

本节主要探讨行政指导实践中所存在的四个普遍性问题：行政指导的行为依据普遍不足，行政指导内容含混不清，行政指导决策程序不够透明，对行政指导的监督救济乏力。

一、行政指导的行为依据普遍不足

无法律即无行政。在行政法治的框架下，对行政行为的最基本要求之一就是行政权限来源正当、合法，且依法行使。但是，由于各种原因，行政指导作为一种行为，不仅经常缺乏明确、具体的行为法依据，甚至组织法依据也不齐全，这就难免招致非议。需要交代的是，当我们指责行政指导缺乏行为依据时，是就其"普遍"性而言的，而非苛求行政指导的制度安排能够将所有的行政指导问题统统解决。因为，任何制度都不可能将所有问题一网打尽，尤其不能以对一些非常特殊的个案的束手无策而否定一项制度安排的普遍意义。通常而言，判断行政指导制度安排得失的标准是解决行政指导问题的概率：当它有效地解决了行政指导的普遍问题时，这种制度安排就是成功的；相反，如果这项制度使得行政指导的普遍问题悬而未决，那么这项制度安排就是失败的。行政指导制度安排之所以受到指责，正是因为行政指导缺乏行为依据是作为一种"普遍现象"存在的。

（一）各国行政指导长期普遍缺乏行为依据

有目共睹的是，虽然中国的各级、各类行政机关在日常的行政管理中，经常刚柔相济、交叉运用行政规制与行政指导来实现各种行政目标，但与之形成对照的是，中国的行政指导却普遍缺乏行为依据，这应该是不争的事实。不仅绝大多数的具体行政指导主要出于行政管理便利的需要、由行政主体自主决定而为，甚至数目众多的抽象行政指导也缺乏明

---

① ［日］室井力编：《日本现代行政法》，吴微译，中国政法大学出版社1995年版，第54页。

确的组织法授权与行为法依据。而且，这种现象并非中国独有，即使在行政指导制度相对发达的日本，行政指导行为依据也存在着长期普遍不足的问题。诚如日本学者村上博所言："法律几乎对所有行政指导未规定要件和内容，由行政机关自由裁量。""这样就出现了'依法行政'的原理被'依行政指导行政'所取代的现象。"①

（二）由规则设定行政指导行为模式的普遍不足

行政行为之所以通常具有比较确定的预期，关键在于行政法事先为其设定了特定的行为模式，行政行为模式的核心是行政法律关系主体双方的权利与义务。虽然行政指导的行为模式可以通过多种方式设立，譬如法律规则、法律原则甚至行政政策，但毫无疑问，相对于原则与政策而言，因为由规则所设立的行为模式中的主体权利、义务关系显然要更加明晰、确定，因此行政指导的行为模式应该主要通过规则而非原则与政策来设立。但实践中的做法却恰好是颠倒的，行政指导的行为模式更多的是通过行政政策设定的，或者宽泛地受制于行政法原则，由规则所设立的行政指导行为模式如果不是绝无仅有，至少是非常罕见，普遍不足。如此一来，就自然难免会造成行政指导行为模式的变动不居，并进而导致行政指导主体与相对人之间权利、义务关系的模糊不清。

（三）各个领域的行政指导行为依据普遍不足

人们往往指责政府在经济行政管理中滥用行为依据不足的行政指导，损害市场主体的经济自由与自由竞争。这似乎意味着行政指导只存在于经济行政管理领域，或者只有经济领域的行政指导存在着行为依据不足的问题。其实不然，尽管行政指导在解决"市场失灵"与"政府失灵"方面贡献不俗，在自由放任的市场机制与全能政府的无限规制之间开辟出"第三条道路"，但不仅行政指导并非经济行政管理领域所独有，而且行政指导的行为依据不足问题也并非只存在于经济行政管理领域。作为

---

① ［日］室井力编：《日本现代行政法》，吴微译，中国政法大学出版社1995年版，第156页。

现代公共行政管理的一种重要手段，行政指导事实上几乎涉猎公共行政管理的所有领域。哪里存在着行政规制，哪里就有可能出现行政指导，行政指导在经济管理与社会管理等各个领域都发挥作用。就目前而言，哪里存在着行政指导，哪里也就存在着行政指导行为依据普遍不足的问题。

当行政指导缺乏行为依据成为一种普遍现象时，行政指导没有规矩自然难成方圆，行政指导因此越位、错位、不到位①也就不足为怪了。行政指导的法律规制不足，不仅严重地制约着行政指导应用功能的正常发挥，而且也构成了一种对相对人合法权益不确定性的威胁。之所以会造成行政指导行为依据的普遍不足，虽然我们可以笼统地归结为立法滞后，但却不应完全归过于立法。立法长期以来因三缄其口、等待观望导致行政指导实践的放任自流，在某种意义上也实属不得已而为之。在笔者看来，这首先要归过于行政指导理论研究的落后。现有非常初步的理论研究现状尚不足以为行政指导的法律规制提供充分的理论支持，尤其是那些将行政指导混同于纯粹的信息引导、并进而将其定性为一种非权力性事实行为的理论主张，不仅无助于推动行政指导的法律规制，反而削弱了立法的正当性与可能性。因为，立法既不必努力企图实现非权力性事实行为的法治化，也不可能创制出一种包治百病的规范来将各种各样的行政指导问题与纯粹信息引导问题一网打尽。就此而言，理论界应该将行政指导与纯粹的信息引导区别开来，并令人信服地将其归入行政行为范畴。一旦立法规制行政指导具备了这样的理论前提，那么全面告别行政指导行为依据不足的普遍现象也自然就为时不远了。

---

① 之所以会出现行政指导的不到位，原因至少有三：一是行政主体将相对人接受行政指导与否的自主性混同于是否实施行政指导的自主性；二是行政主体将是否实施行政指导以及如何实施行政指导理解为绝对的行政自由裁量权；三是行政法缺乏必要的预防与制裁不履行法定指导职责的责任条款。

二、行政指导内容的含混不清

内容确定与否，是衡量行政指导理性程度的一个重要标准。虽然较行政规制等强制性行政行为的内容及其确定性而言，行政指导的内容不可能做到绝对明确、具体，行政指导法律关系的形成也因有赖于相对人的自愿接受而不可能绝对确定。不过，这并不意味着行政指导内容就可以因此充满随意性与不确定性。相反，为了确保通过行政指导能够实现特定的行政目标，不仅行政主体在行政指导中的意思表示要尽可能地准确、清晰，而且行政指导一经作出就要对行政主体产生法律拘束力，不允许行政主体随意变更。但是，在行政指导的具体实践中，由于目前的相关法律与政策对行政主体在什么条件下可以或必须实施行政指导、对什么对象实施行政指导、以什么方式实施行政指导、施以什么样的诱导利益等一系列基本问题缺乏起码的规定，这就难免会导致行政指导内容的含混不清甚至违法，造成行政指导法律关系主体双方的权利、义务的不明确。这主要表现在以下几个方面。

一是行政主体的意思表示不清晰，要求相对人协助实现的行政意图不明确，其所承诺的诱导利益也含糊其词，往往导致相对人无从决定是否协助相对人实施行政意图。

二是将行政指导混同于一般的信息引导与政治说教，或者缺乏必要的诱导利益，或者缺乏诱导利益的兑现机制。这是一种对行政指导的滥用，经常会造成不负责任的乱指导。

三是行政主体或者要求相对人协助实施与法律、政策相背的行政意图，例如行政主体违背 WTO 规则，推行歧视性待遇，采用不正当的手段限制外资企业的进入；再如行政主体破坏自由竞争，违反 WTO 规则对本国企业给予不合法的财政补贴。或者违法承诺提供其无权处分的诱导利益，例如为了招商引资，行政主体违法承诺其无权处分的优惠贷款或税费减免。

四是行政主体在行政指导中采用威胁使用行政处罚、行政强制等变相强制方式，强迫相对人接受其"指导"意见。这是一种对行政指导的"挪用"与"盗用"，行政主体往往用它来规避法律。

　　行政指导内容之所以会含混不清，虽然一定程度上可归因于行政主体对行政指导的误解，但并不排除行政主体有意为之的可能。随着法律监督与行政救济制度的日益完善，行政执法的风险也变得越来越大，行政主体为了规避执法风险，就经常故意模糊行政指导的内容，企图通过行政指导内容的模糊性与不确定性来给自己预留一个左右逢源、任意解释的空间，以便躲避承担违法指导或者行政误导的法律责任，以防在法律监督与权利救济中处于被动。尤其是在国际贸易中，作为一种策略选择，政府经常运用内容模糊的行政指导以助本国企业参与国际竞争一臂之力。例如，日本政府在战后为了能在激烈的国际竞争中获胜，就曾有组织地、广泛地推行产业政策来大力扶持、保护本国的新兴产业与成长产业，制造各种关税与非关税壁垒来抬高外国产品与服务进入日本市场的门槛。对此，美国等竞争对手虽然颇有微词，但却由于行政指导内容的不确定性而难以据理力争。

三、行政指导决策程序的不透明

　　行政指导经常受到指责的一个重要原因就是行政指导决策程序与实施程序的不公开、不公正。就实施环节而言，虽然行政指导尤其是具体行政指导往往存在着缺乏必要的书面形式要件、对社会公布的范围缺乏广泛性、经常拖延兑现诱导利益等程序问题，但是行政指导程序的主要问题却出在行政指导的决策环节。行政主体往往借口行政指导是一种非强制性行政行为而关起门来决策、暗箱操作，从而导致行政指导决策的不切实际以及行政指导实效如同植树一般"栽得多，活得少"。

（一）行政指导决策开放程度不够难免会造成行政指导的理性不足

　　行政指导决策主要是一种信息决策，行政主体能否占有足够多的决策信息包括确定何种行政目标、承诺什么样的诱导利益、受指导方接受行政指导的概率、行政指导的绩效评估等，都直接影响着行政指导决策的理性程度。通常而言，行政主体获得这些决策信息的方式主要有两种：一是自己搜集、整理、归类，二是由利害相关人为了影响行政指导决策而主动提供。由于行政管理过程中存在着普遍的信息不对称性，市场信息是高度分散的，行政指导的决策又严重依赖相对人的配合来实施，而非常关键的决策信息往往为相对人所占有。因此，行政主体为了获得充分的决策信息就只能开放决策过程，全面接受存在着利益竞争的不同相对人所提供的各种相关信息。否则，即使行政主体支付大量的行政成本，也难以确保行政指导决策的科学性。此外，行政指导决策过程的足够开放，不仅有助于确保行政指导决策的理性，还有助于通过广泛的相对人参与来提高相关信息之间的互相印证，从而推动行政主体与相对人之间以及相对人之间的信息交流与沟通，弱化彼此间的信息不对称，有助于提高相对人对于行政指导的理解与接受程度，进而有助于提高行政指导的实效。正因为如此，如果行政指导决策过程的开放性不足，那就必然要造成行政指导决策的高成本、低理性、低实效，有碍行政资源以及与之相关的社会资源的最优配置。

（二）行政指导决策的透明度不够难免造成行政指导的公正性不足

行政指导决策过程的开放程度与公正程度休戚相关。作为一种行政行为，虽然行政指导是非强制的，但由于行政指导主要是一种利益诱导，它不仅直接涉及作为诱导利益的现有社会利益的分配与再分配，而且关乎各种潜在的、实现预期利益的竞争机会的分配；行政指导决策有可能对各利害相关方产生现实的或潜在的、直接的或间接的、有利的或不利的影响，因此，如果行政指导决策过程不够开放，那么就很难保证与之相关的社会利益的公正分配。

概而言之，开放程度不够的行政指导决策主要在两个层次上造成行政指导的公正性不足。

一是公益与私益之间的分配不公。作为一种利益载体，任何一项行政指导决策都不可能纯粹为了公益或者纯粹为了私益，而是一种公、私益的混合物。其中，行政目标更多代表着公益，而诱导利益则主要体现为私益。由于行政指导决策过程越封闭，受指导方参与就越不足，受指导方表达利益诉求的机会就会越小，受指导方的利益诉求对行政指导决策的影响就会越小，受指导方在公、私益分配中被不公正对待的可能性就会越大，行政指导的公正性因此难免就会越低。

二是私益之间的分配不公。一项行政指导决策，不仅关系着受指导方的利益，而且关乎与受指导方存在着竞争或合作关系的、其他更多的也更加广泛的相对人权益的增损①，因此在行政指导决策过程中，与之相关的、存在着利益竞争的相对人能否充分参与行政指导决策过程，充分表达其利益诉求并有效地影响行政指导决策，就直接影响着行政指导能否平等地对待相对人、能否公正处理相对人之间的利害冲突关系。实践中的行政指导决策多半是封闭的，即使开放也仅限于受指导方，至于与之存在利害关系的其他相对人则往往被排斥在决策过程之外，因此第三人的合法权益很难不被侵犯。行政指导的决策程序，尤其是制定产业政策、实施纲要等各种形式的抽象行政指导，其公正性与理性程度基本上与其决策过程的开放性具有直接的关联性。行政指导决策过程的开放性不够，不仅直接导致行政指导的理性不够与公正性不足，更为重要的是，暗箱操作还诱生行政寻租与行政腐败，很容易导致行政权的异化与行政指导目标的变异或落空。这种例子在日本与韩国屡见不鲜，② 它甚至在相当程度上诱致了金融危机的爆发。

四、对行政指导的监督救济乏力

就各国目前现有的行政指导很不完善的法律规制而言，多半不仅疏于为行政指导设立一个完整的行为模式，而且也疏于明确规定行政指导

---

① 例如，一项产业政策的出台，不仅直接关系着该产业内的所有企业，也不仅关系着与之存在着竞争与合作关系的其他产业，还直接关乎消费者权益，甚至由于可能存在着转移支付问题，从而影响着范围更大的纳税人的权益。

② 在日本，政界、官界与财界三者经常互相勾结、互相利用，大搞"金钱政治""权钱交易"，政府设租、寻租现象严重，贪污、渎职、索贿层出不穷，因行政指导而导致的政治腐败是当今日本政治经济"系统生锈""制度疲劳"的集中体现。在韩国，政府在"振兴民族工业"的旗帜下，大量运用倾斜性政策推行行政指导，进行产业扶植，虽然促进了产业升级，企业规模也空前扩大，并形成了诸如现代、诺基亚、三星、大宇等一批超级企业，但与此同时也培植了以卢泰愚、全斗焕为代表的数十位部级以上的腐败高官。

权运作的前提条件与法律后果。当行政指导缺乏必要的法律救济和切实有效的权利救济时，它就很容易蜕变成遮蔽行政权滥用的幌子。

（一）对行政指导权运作的监督不力

众所周知，法律监督的必要前提是法律规制的完善，如果行政指导的法律规制就是残缺不全的，那也就不可能梦想对行政指导的法律监督能够切实有效。

在实践中，程度不等地缺乏以下这些行政指导的制度安排：什么种类与级别的行政主体可以实施哪些形式的行政指导，当且仅当什么样的前提条件得到满足时行政主体可实施行政指导，行政主体实施行政指导时可以承诺提供什么样的诱导利益，行政主体决策与实施行政指导时应遵循哪些基本程序，行政主体指导法律关系如何产生、变更、终止，违法指导或行政误导应该承担什么样的法律责任，积极有效的行政指导应得到什么样的回报，行政指导的绩效如何评估，等等。由于这些基本的制度安排不完善，行政主体在行政管理实践中就很容易根据自身管理的便利，自由裁量是否推行行政指导、自主安排行政指导的实体内容、自由决定行政指导的决策程序与实施程序。这种近乎无规无矩、基本上由行政主体自由裁量的行政指导权，导致上级行政机关以及其他法定监督主体在对行政指导权的合理、合法运作加以监督时，往往心有余而力不足。行政指导法律监督的边缘化，带来严重的法律问题。一方面，助长了行政主体对于行政指导权的滥用，行政主体可以打着行政指导的幌子肆意侵犯相对人的合法权益却不必担心会受到法律追究；另一方面，导致行政指导实效高度不确定，相对人由于接受行政指导的风险成本极高而左顾右盼。之所以会出现对行政指导法律监督不力的问题，除缺乏必要的法律依据以外，至少还有两个原因：一是法律监督主体误以为行政指导是一种非强制性行政行为，不会直接损及相对人的合法权益，从而漠然视之，听凭行政主体自由裁量。二是由于行政指导往往是行政主体根据行政管理的实际需要灵活推行的，个中原委只有行政主体清楚，而监督主体由于监督信息不对称，即使支付大量的监督成本也难以实现面面俱到的法律监督。

（二）对行政相对人的权利救济不力

诚然，对行政指导的法律监督与对相对人的权利救济通常是一块硬币的两面。不过，二者仍然存在着细微的差别，即法律监督主要针对行政指导权的运作过程，而权利救济则主要针对行政指导权滥用的结果。因此，虽然行政指导运作过程由于种种原因而游离于法律监督的视野之外，但如果相对人因接受行政指导而致合法权益受损时可以得到充分有效的救济，那么这也会构成一种对行政主体滥用行政指导权过程的潜在威胁。

但是，事实却恰恰相反。就目前而言，无论是在作为行政指导母国的日本，还是在明确将行政指导排除于行政诉讼受案之外的中国,[1]当行政相对人的合法权益因行政指导而受损时，无论是第三人还是接受行政指导的相对人，无论是由于不履行法定的行政指导职责还是由于错误甚至违法的行政指导，无论是由于抽象行政指导还是具体行政指导，无论是行政指导的正面侵犯还是行政主体拒绝履行诱导利益承诺，都程度不等地存在着状告无门、相对权利得不到救济的普遍问题。这不仅表现为相对人受损的合法权益很难得到合理的国家赔偿，甚至这种权利救济诉求几乎不可能正常地进入行政诉讼与行政复议渠道。行政指导权利救济问题，虽然也存在着类似于日本的那种曲径通幽的、微弱的权利救济,[2]但就其总体而言，基本上是一片空白。

行政指导权利救济的乏力，不仅仅导致诸多的受指导者受损的合法权益因得不到应有救济而显失公正，而且还大大地动摇了相对人对于行政指导的信任感与接受行政指导的安全感，削弱了相对人自愿接受行政指导、协助行政主体实现行政目标的动力，最终将使得行政指导的独特功能大打折扣。之所以会出现权利救济不力的问题，表面上可归咎于立法

---

[1]　《最高人民法院关于执行〈中华人民共和国行政诉讼法〉若干问题的解释》第一条明确地将"不具有强制力的行政指导行为"排除在行政诉讼受案范围之外。

[2]　［日］室井力编：《日本现代行政法》，吴微译，中国政法大学出版社1995年版，第158页以下。

滞后，但究其根本却可归因于解决行政指导法律定性这个关键问题方面的众说纷纭，直接影响着立法界与司法界在行政指导权利救济立场上的模棱两可。尤其是那种将行政指导的法律属性曲解为非权力性的事实行为的理论，甚至成为一种桎梏，有碍于将行政指导纳入传统的、主要旨在为因（强制性）行政行为而致权益受损提供权利救济的行政救济法范畴。

关于行政指导目前所存在的普遍问题，恐怕还不止以上这些。不过，仅仅这四个严重问题就足以将行政指导推向合法性危机的边缘，构成对行政法治原则的严峻挑战。无论如何，行政指导都必须服从行政法治。但是，行政指导如果要成功地摆脱合法性危机，就不得不同时解决两个问题：一方面，要确保这套法律规制有助于行政指导全面发挥其灵活、便捷的独特功能，有助于推动行政主体的积极行政，能够防止行政指导因僵化的法律规制而致其功能窒息。另一方面，要确保这套法律规制赋予行政指导以理性与公正的禀赋，有助于提高行政指导的行为预期，能够防止行政指导因恣意妄为而损及相对人的合法权益。而要同时解决这两个问题，恐怕不可能从传统的行政法框架内找到答案。

第五节　行政指导的法治化

在哈耶克看来，如果把所有的技术性概念都拿掉，法治就意味着所有的政府行为都要受到制定好的、事前宣布的规则约束。这些规则使人们能够有相当把握地预见在特定情况下权威当局会使用其强制力，并且能够以这个预见为基础来规划人们的个人事务。[①] 据此，行政指导的法治化，其实质也就是通过恰当的、适合于行政指导的法律规制来确保行政指导实效的可预期性，以及确保与之相关的相对人的合法权益受到法律保障。

本节主要从三个方面讨论行政指导的法治化问题：行政指导应遵循

---

① 转引自周天玮：《法治理想国——苏格拉底与孟子的虚拟对话》，商务印书馆1999年版，第80页。

行政法治原则，行政指导程序的法定化，完善行政指导权利救济制度。

一、行政指导应遵循行政法治原则

通过规则来塑造非常确定的行政指导行为模式虽然非常重要，但其贡献注定是有限的。这就凸显了法律原则之于规范行政指导、推进行政指导法治化的重要意义①。在众多的行政法原则中，法律保留原则、法律优先原则、平等对待原则、比例原则与信赖保护原则对于规范行政指导而言，尤其重要。

（一）行政指导不应违背法律保留原则

前已述及，各国学界与实务界对于行政指导是否需要明确的法律依据这一核心问题的回答，见仁见智。例如，日本行政法学界关于行政指导是否服从法律保留原则，至少有三种代表性观点：一是"否定说"，认为行政指导无需法律依据，基本上可以不受法律保留原则的拘束。盐野宏即持此观点②。二是"侵害保留"，认为行政指导并不绝对严格地受制于法律保留原则，侵害性行政指导要有法律依据，而授益性行政指导则不必如此。和田英夫持此观点③。三是"全部保留说"，认为所有的行政行为都要有法律依据，行政指导亦不例外。村上义弘持此观点。与之形成对照的是，日本实务界就其总体而言，更加倾向于"侵害保留"立场④。

---

① 日本最高法院在昭和五十九年（1984 年）2 月 24 日、昭和五十五年（1980 年）7 月 10 日、昭和五十六年（1981 年）1 月 27 日所作的判决中，认为在缺乏明确法律依据的情形下，法院可以适用平等对待原则、比例原则、信赖保护原则等行政法原则提供行政指导的权利救济。

② ［日］盐野宏：《行政法》，杨建顺译，法律出版社 1999 年版，第 146 页。

③ ［日］和田英夫：《现代行政法》，倪健民、潘世圣译，中国广播电视出版社 1993 年版，第 219 页。

④ 例如日本最高法院在昭和五十九年（1984 年）2 月 24 日的判决（《刑集》第 38 卷第 4 号，第 1287 页）中表示：即使有关法律即《石油业法》上"没有直接根据的价格的行政指导，当存在需要该指导的情况时，只要为处理该情况而采取社会通常观念上是适当的方法进行的，并且实质上与'确保一般消费者的利益，同时促进国民经济的民主而健全的发展'这一《垄断禁止法》的终极目的不相抵触的话，就没有理由判其违法。"（转引自［日］盐野宏：《行政法》，杨建顺译，法律出版社 1999 年版，第 147—148 页）

关于行政指导与法律保留原则的关系，笔者倾向于不必强求行政指导绝对服从法律保留原则，只要求行政指导不得违背法律保留原则。之所以如此，一个重要原因即是不去绝对要求行政指导的行为依据只能是议会立法，行政立法以及合法的行政政策，通常也可以成为行政指导的行为依据。具体而言，首先，所有的行政指导必须要有组织法上的法律依据。其次，抑制性行政指导应该有行为法上的明确法律依据，助成性与调整性行政指导则不必有明确的法律依据，可以依据行政立法与合法的行政政策而为，但必须确保第三人的合法权益不因此受损。最后，所有的行政主体都只能依法承诺其有权处分的诱导利益。

（二）行政指导应绝对服从法律优先原则

对于行政指导应毫无例外地遵循法律优先原则，理论界并不存在明显的分歧。之所以如此，是因为在行政指导实践中，法律往往只笼统地规定行政主体可以或应当对相对人加以引导、指导，而并未更进一步，设定明确具体的行政指导行为模式，从而使得绝大部分的行政指导行为模式并非依据议会立法作出，而是源于行政法规、地方性法规、规章、规范性文件以及行政政策。正因为如此，就必须强调行政指导应绝对服从法律优先原则，不得违背法律位阶，以免议会立法被行政指导所架空。需要明确的是，行政指导应绝对服从法律优先原则，是就行政指导总体而言的。亦即无论行政指导的目的、主体、权限，还是行政指导的诱导利益、决策方式、行为方式，都必须绝对服从法律优先原则，否则就是非法的。

（三）行政指导应严格遵循平等对待原则

平等对待原则，是理论界较少存在争议、实务界也普遍接受的一项约束行政指导的行政法原则。行政指导看似并未直接改变社会资源的配置格局与社会利益的分配格局，但由于行政指导主要是一种利益诱导，因此就不可避免地要影响不同利益主体之间的竞争与合作关系，从而程度不等地影响着社会资源的配置与社会利益的分配与再分配。市场经济是一种平等经济，市场竞争主要体现为一种机会平等的竞争。作为协调政府调控与市场机制二者关系的一种重要行政手段，行政指导只有严格遵循平等对待原则，才能给予相关的市场主体以平等竞争的机会，有利于在推进社会资源最优配置的同时促成社会利益的公正分配。

不过，我们要求行政指导应严格遵循平等对待原则，并非苛求任何行政指导对任何人都会产生同等的影响。事实上，每一项行政指导对于不同范围的主体所产生的影响不可能完全相同。例如，扶植幼稚产业的产业政策在总体上有利于该产业内的所有企业，却或多或少要对其他产业内的企业产生不利影响。就此而言，我们要求行政指导应严格遵循平等对待原则，只是要求行政主体平等对待所有与行政指导存在法律上利害关系的相对人。这首先意味着行政指导决策过程中，所有的利害关系人都能平等地参与决策，都能平等地表达利益诉求，其意见在决策时都要被平等对待；不能厚此薄彼，更不能顾此失彼。其次意味着行政指导措施的公布范围应足够广泛，不能歧视性地采用只有可能为少数人所知悉的公布方式与公布范围，导致更多的利害相关人在事实上丧失平等竞争的机会。最后意味着平等对待所有愿意接受行政指导、协助行政主体实现行政目标的相对人，并平等地兑现诱导利益承诺，不得歧视。

（四）行政指导应严格受制于比例原则

比例原则，旨在要求行政行为的行政目的与行政手段之间的合乎比例，即妥当性、必要性与均衡性①，诚如德国公法学者弗莱纳所通俗易懂地形容的那样，"警察不可用大炮打麻雀"。鉴于法律往往对行政指导缺乏明确具体的规定，行政主体是否实施行政指导、如何实施行政指导，经常取决于行政主体的自由裁量，因此借助比例原则来确保行政指导的妥当性与合理性，就显得非常有现实意义。值得一提的是，行政指导应严格受制于比例原则，已为韩国等一些国家的行政程序法所明确规定，②

---

① 相关讨论参见陈新民：《德国公法学基础理论》，山东人民出版社 2001 年版，第 368 页。

② 《韩国行政程序法》第四十八条规定：行政指导应采取为达成其目的所必要且最少限度之方法为之，但不得违反受指导者之意思，不当地强为要求。

从而不再只是一种理论主张。

概而言之，比例原则要求行政指导法律关系中的行政职权与职责、相对人的权利与义务应协调一致，既不能将行政指导混同于不具有行政目的，也不去问津其行为后果的纯粹信息引导，也不能将行政指导当作一种变相的强制性行政行为。具体而言，一是要求行政指导相对于行政规制等强制性行政行为而言，应更适合于特定行政目标的实现，这种"适合"，或者意味着以较少的行政成本与社会成本获得同样的绩效，或者意味着支付同样的成本能取得更好的绩效。二是要求行政目标与诱导利益互相匹配，诱导利益不至于过小，以至于不能促成相对人产生足够的动力来接受诱导利益并协助行政目标的实现；诱导利益也不能过大，以至于行政指导成为一种变相的设租与寻租。三是要求行政指导的具体方式与行政目标相称，究竟是采用抽象行政指导还是具体行政指导，是采用抑制性行政指导、助成性行政指导还是协调性行政指导，是采用警告、告诫等较为强硬的指导方式还是采用引导、建议、示范等较为温和的指导方式，都要视特定的行政目标而定。四是要求行政主体在进行行政指导决策程序与实施程序选择时，以及在决定行政指导的实体内容时，要符合行政指导的自身特点，要与行政指导目标的实现相适应。五是要求行政指导的法律监督与权利救济，应与行政指导的非强制性以及对相对人行为选择与合法权益所产生的实际影响协调一致，既不能将其排除于正常的法律监督救济之外，也不能套用传统的针对强制性行政行为的法律监督与救济模式。

（五）行政指导应服从信赖保护原则

信赖保护不仅是一个法学概念，还是一个为法律所确认的法律概念。例如，《韩国行政程序法》第四条就明确规定了信赖保护原则。现代政府在从管理型向服务型转变的过程中，信赖保护原则对于现代行政法的意义日益彰显。作为一种利益诱导，受指导方之所以自愿地接受非强制性行政指导，主要在于行政主体基于信息优势、资源优势与利益优势所发布的行政指导体现着某种行政权威，人们出于对政府的信任与对权威的服从才去接受行政指导，并因此改变其固有的行为选择。如果行政指导意见通常是不可信的，或者行政指导反复无常，那么公众就不会去接受行政指导并协助行政主体实现行政目标。正是在这个意义上，笔者认为信赖保护原则之于行政指导而言，具有其他强制性行政行为所没有的特别意义。可以这么说，信赖保护原则赋予行政指导以生命力。

行政指导服从信赖保护原则，其条件主要有三：一是行政指导的真实存在，二是相对人有证据证明其因接受行政指导而致行为选择受影响，三是公众对于政府的信赖应被保护。行政指导服从信赖保护原则，也主要体现在三个方面：一是行政主体应禁止翻供，这是信赖保护原则的基础，① 行政主体不能在相对人接受行政指导并改变了本身的行为选择之后，否认其作过行政指导，或者否认作过诱导利益承诺。二是一旦受指导方接受了行政指导，那么行政主体就应该按照承诺全面兑现诱导利益，而不能拖延履行或者拒绝履行职责。三是如果相对人因接受行政主体错误的、不合时宜的或违法的行政指导而致利益受损的，相对人有权要求行政主体赔偿其损失，以保护其"信赖利益"。

二、行政指导程序的法定化

王名扬先生曾一针见血地指出："行政机关的权力越大，它在行使权力的时候就越应该公平。一个巨大的权力如被专横地行使，那就成为一个不能忍受的暴力。程序的规则所以重要，正是由于在实体法上不能不给予行政机关巨大权力的缘故。"② 当行政规制等传统的强制性行政行为由于日积月累的实体规则与程序规则层层束缚而少有可能专横行使时，行政主体长期游离于法律之外通过实施行政指导来专横地行使行政权的问题，就变得日益突出。但是，囿于行政法不可能对行政指导的实体性内容加以细密规制，否则就会严重妨碍行政指导功能的正常发挥，这就决定了如何设计一套适合行政指导的行政程序制度，通过推进行政指导程序的法定化来解决行政指导的合法性危机、预防行政指导的恣意妄为，

---

① 参见宋功德：《行政法哲学》，法律出版社 2000 年版，第 486 页。
② 王名扬：《英国行政法》，中国政法大学出版社 1987 年版，第 152 页。

自然就成为一个重要的突破口。

由于任何一项行政指导都要经历决策与实施两个阶段，而且这两个阶段的行政程序也明显不同，因此以下对行政指导的决策程序与实施程序分别加以探讨。

（一）确立行政指导决策程序制度

由于不同的行政指导的决策程序制度对于公正与效率的偏好并不相同，这就有可能导致不同类型的行政指导之间既存在着整体决策程序制度，又存在着特定决策环节繁简要求之间的不尽一致。例如，以行政纲要为载体的抽象行政指导，由于有可能对相对人的行为选择产生普遍的影响，因此决策程序就更为正规、严格；而体现为警告、告诫、示范等方式的具体行政指导，由于行政指导的效率问题更加突出从而要求决策程序更加简便易行。就此而言，行政指导的决策程序制度安排需区分不同类型的行政指导，不能一概而论。不过，无论什么类型的行政指导，如果要确保其公正、合理，那么以下这些基本的决策程序制度应是不可或缺的。

1. 确立行政指导决策信息公开制度

当行政主体为了实现特定的行政目标而有可能采取重大行政指导决策时，应该提前通过政府网站或其他相关网站、政府公报、新闻媒体或者其他法定方式公布行政指导意向，广而告之，公开行政指导信息，便于社会广泛参与讨论，并在此基础上形成决策方案。这种公开决策的做法目前在一些地方立法、行业立法与行政管理实践中，正在逐渐地制度化、规范化。

2. 确立专家论证与咨询制度

虽然行政主体享有行政指导的决策权，但这并不意味着行政主体就能垄断整个决策过程。事实上，由于行政指导决策过程中存在着信息不对称，因此开放决策过程，聘请利益立场中立的法律专家、行政专家以及相关领域的专家参与论证、提供决策咨询意见，对于提高行政指导决策的理性化、科学化与合法化非常必要。目前，在行政指导决策过程中推行专家论证咨询制度，已为越来越多的法律所确认①，日益发展为一种常规性的政府决策机制，并逐步形成一套规范专家遴选、待遇、论证要求、咨询责任等基本问题的程序制度。

3. 普遍确立听证制度

由于行政指导尤其类似于产业政策等重大行政指导，往往会相当程度地改变市场主体的合作竞争格局、改变社会资源配置格局、改变社会利益的分配格局，从而有可能对相对广泛的相对人产生利害影响。因此，如果相对人不能方便地、充分地参与决策过程，那就不仅有可能为寻租与行政腐败提供机会，而且还有可能造成行政指导决策的失误，从而损及行政指导的公正、理性与合法性。正因为如此，重大行政指导决策的听证制度就显得特别重要。当然，听证制度可以表现为各种形式，除却由各种利益群体直接参与决策过程、表达其利益诉求之外，审议会制度、联席会议制度等等也是经常使用的有效方式。例如，日本产业政策制定过程中普遍推行"审议会"制度，我国的《90年代国家产业政策纲要》（1994）也规定了类似的审议会制度，而《质量振兴纲要》（1997）则明确规定了采取联席会议制度。

4. 确立说明理由制度

行政指导决策的说明理由程序制度，主要有两层含义：一是指行政主体在行政指导决策时应"依卷宗决定"，只能在充分考虑听证笔录的基础上作出行政指导决定。如果特定利益群体的利益诉求在行政指导决策中未能得到应有反映，那么行政主体应以恰当的方式主动告知理由，至少要应相对人要求说明理由。二是要求行政主体对其所决定的行政指导承担"举证责任"，详细提供选择特定行政指导决定方案的事实依据与规范依据。确立说明理由制度，不仅可以防止行政指导决策听证的流于形式，而且有助于避免"拍脑袋"行政指导决策的盲目性与非理性。

---

① 例如《科学技术进步法》（1993年）第七条第二款规定：制定科学技术发展规划和重大政策，确定科学技术的重大项目，与科学技术密切相关的重大项目，应当充分听取科学技术工作者的意见，实行科学决策的原则。

5. 确立绩效预测与评估制度

无论什么科学决策，都不可能缺少绩效预测与评估制度。较行政规制等强制性行政行为而言，由于行政指导是非强制性的，其所包含的行政目标能否实现，基本上取决于受指导方自主决定是否愿意接受行政指导，行政指导的绩效不太确定，因此，对行政指导绩效加以科学预测、评估对于确保行政指导决策过程的理性与公正而言，就变得非常重要。通常而言，行政指导预测与绩效评估主要包括三个方面的内容：一是预测行政目标实现的概率，或者是受指导方接受行政指导的概率。二是预测与评估行政主体实施行政指导所支付的行政成本以及获得的行政收益。三是对行政指导的实施对于利害相关人产生的有利的或不利的影响进行预测与评估。

确立以上这些决策程序制度，对于确保行政指导决策的理性、公正与合法而言，虽然必不可少，但却并不充分。除确立这些制度之外，还必须在行政指导决策程序制度体系中规定一个兜底条款：违背法定决策程序的行政指导无效。只有这样，才能确保行政指导决策程序制度的全面实施，并进而确保行政指导决策的公正、理性与合法。

（二）完善行政指导实施程序制度

无论是抽象行政指导还是具体行政指导，在经过决策阶段之后都要付诸实施，因此如何有效规范行政指导的实施程序，对于各国行政程序法而言，都是一个不容忽视的问题。① 对照日本、韩国的行政程序法与我国台湾地区的行政程序法草案的相关规定以及其他相关的程序规定，并结合各国行政指导实践，笔者认为，行政指导的实施程序制度主要用以规定书面形式、告知、行为方式、相对人申明异议、兑现诱导利益等基

---

① 以美国代表的一些国家因其行政程序法制定较早等诸多原因，未能将行政指导的实施程序纳入行政程序法典，但日本、韩国的行政程序法以及我国台湾地区的行政程序法草案中就行政指导程序问题都作了专门规定。如何将行政指导的实施程序纳入行政程序法典之中，也是中国行政法学界近期在探讨行政程序法典化时无法回避的一个问题。

本内容。

1. 行政指导应有书面载体且以书面实施为原则

行政指导究竟是以不要式为原则还是以要式为原则，或者任由行政主体自由裁量，不同的程序法所作规定并不相同。例如，《日本行政程序法》第三十五条第二款规定：行政指导以言词方式为之者，如相对人请求交付记载前项规定之书面时，为该行政指导者，除行政上有特别可能外，应交付之。第三款规定：前款规定，不适用于下列行政指导：（一）要求相对人当场完成其行为的行政指导；（二）要求与以书面方式（含前款书面文件）通知有关相对人的事项为同内容的行政指导。《韩国行政程序法》第四十九条规定：以言词方式进行行政指导时，如受指导者要求交付记载第一项之事项之书面资料，行政指导者除有职务履行之特别阻碍外，应交付之。对于抽象行政指导而言，要求其具备书面形式要件自不待言。我国台湾地区"行政程序法草案"第135条规定：行政指导除法令另有规定外，得以书面、言词或其他方式为之。但行政指导之内容有下列情形之一者，应以书面为之，并交付相对人：一是建议或劝告相对人变更申请内容或撤回申请者。二是建议或劝告相对人容忍法令规定以外之负担者。三是为预防或解决私人间纠纷所为之协调者。四是法令规定对拒绝接受行政指导之相对人得公布其姓名或名称、事实或得课予不利益处分者。

对于行政指导是否必须具有书面形式以及是否以书面形式实施，学界的看法也不一致。有学者认为行政指导应以不要式为原则，否则不符合行政指导应急性、简便性以及隐秘性的特点。但笔者认为，行政指导应以要式为原则。作为前提，我们要严格区分行政指导的载体形式与实施形式，笔者认为任何行政指导决定都应有一个书面载体，否则行政指导目标、诱导利益就很难明确，一旦发生争议也很难查证。至于行政指导的实施方式，除却情况特殊，通常应以书面方式为主，尤其针对重大事项的行政指导，只能采用向相对人交付书面决定的方式。

虽然日本、韩国行政程序法以及我国台湾地区的行政程序法草案并未明确规定行政指导以要式为原则，但在笔者看来事实上却奉行要式原则。之所以如此，一是因为这些规定暗示行政指导应该有一个书面载体，否则即使相对人申请，行政主体也无法向其"交付书面资料"。二是因为这些规定意味着行政主体虽然可以选择口头实施行政指导方式，但一旦出现了相对人要求或者其他法定情形，那么就只能采用书面形式，亦即书面形式相对于口头形式而言，明显具有优越性。至于行政指导实施的书面要件究竟应反映哪些内容，我国台湾地区的"行政程序法草案"所作的书面行政指导格式的规定作过有意义的尝试，该草案第一百三十六条规定：一、书面行政指导，应记载下列事项：1. 行政指导之相对人。2. 行政指导之内容。3. 行政指导之理由。4. 实施机关。5. 实施时间及地点。二、行政机关以书面实施行政指导时，应将其经过制作成记录并妥善保管。

2. 行政指导的告知或公布制度

告知或公布，不仅仅是行政主体实施行政指导的一个必经环节，因为当且仅当行政主体以某种方式告知或公布行政指导之后，相对人才能获得行政指导信息并自主决定是否接受；而且还体现了行政指导对于平等对待原则的贯彻，因为当且仅当行政主体以恰当的方式广泛地告知或公布行政指导之后，与之相关的相对人才有可能机会均等地自主决定是否接受行政指导。

行政指导的告知或公布制度，在日本、韩国的行政程序法中都被明确规定。《日本行政程序法》第三十五条规定：行政指导实施者必须向其相对人说明有关行政指导的宗旨、内容和负责人。第三十六条规定：为实现同一行政目的，以符合一定条件的复数人实施行政指导时，行政机关应事先根据有关情况，规定出有关行政指导的共同内容，并且，只要行政上无特别障碍，必须予以公布。《韩国行政程序法》步其后尘，该法第四十九条规定：为行政指导者应向受指导者说明该行政指导之宗旨、内容及身份。第五十一条规定：为达成相同之行政目的而对多数受指导者为行政指导时，如无特别事由，应公布成为行政指导共同内容之事项。为了避免行政指导的告知或公布制度流于形式，行政程序法应明确规定行政指导告知或公布的方式、范围与期限。

3. 规定行政指导只能以非强制性方式实施的制度

由于行政指导的行为方式不胜枚举，诸如警告、告诫、劝告、引导、建议、示范等，因此大可不必在行政程序法中徒劳无益地列举这些根本无法穷尽的行为方式。不过，无论如何，由于行政指导只能诉诸非强制性行为方式，为了避免行政指导蜕变为变相的强制，隐蔽地侵犯相对人的合法权益，因此就有必要在行政程序法中明确规定行政指导只能以非强制性方式行使，不能因为受指导方不接受行政指导而对其加以不利处分。

在一些国家最近所制定的行政程序法中，行政指导只能以非强制性方式行使，已得到明确规定。例如，《日本行政程序法》第二条规定：行政指导是指行政机关在其职权或其所管事务的范围内，为实现一定的行政目的，要求特定人为一定作为或不作为的指导、劝告、建议以及其他的不属于处分的行为。第三十二条规定：一、行政指导时，行政指导实施者必须注意不得超越行政机关的任务或者所管事务范围和行政指导内容只有在相对人的协助下才得以实现；二、行政指导实施者不得以相对人不服从为由，作出不利益措施。

相类似的，《韩国行政程序法》第一条规定：行政指导是指行政机关为实现一定的行政目的，在所管事务范围内为使特定人做或不做一定行为而进行的指导、劝告及指教等行政作用。第四十八条规定：行政指导应采取为达成其目的所必要且最少限度之方法为之，但不得违反受指导者之意思，不当地强为要求。行政机关不得以受指导者不执行行政指导为由，采取不利益之措施。

4. 规定相对人声明异议的制度

行政指导尽管是非强制性的，但一则由于其经常具有事实上的强制性，对相对人的行为选择产生或多或少的影响；二则由于行政指导是一种利益诱导，会程度不等地影响社会资源的配置与社会利益的分配，因此不仅有可能损及受指导方的合法权益，而且还有可能对第三人的利益产生不利影响。就此而言，行政指导实施程序应设定一种用来规定受指导方或者第三人对行政指导的内容、或者行使方式不满的声明异议制度。

就现有的行政指导程序立法而言，关于相对人声明异议程序的规定普遍不足。例如，在我国《外商投资产业指导目录》与《指导外商投资方向规定》这两个代表性的行政指导法律文本中，都未曾涉及异议声明问题。而且，尽管《韩国行政程序法》第五十条规定：行政指导的受指导者，就该行政指导之方式、内容等，可向行政机关提出意见。我国台湾地区的《行政程序法草案》也对行政指导的相对人的声明异议作出了更为详尽的规定，但遗憾的是，二者都将异议声明的主体限定为受指导者或行政指导相对人，至于与行政指导存在着法律上利害关系的第三人，却被排除在外。这种制度安排显然不妥。一个典型的反例是 WTO 框架下的反补贴问题，针对出口国政府或公共机构实施行政指导给予出口商的财政资助而提起反补贴申请的，主要是作为补贴第三人的国内产业代表。就此而言，行政指导实施程序法应该同时赋予受指导方以及与行政指导存在着法律上利害关系的第三人以声明异议权利，并明确规定声明异议的一整套程序机制。

5. 规定诱导利益的兑现制度

这是一项非常关键但却经常被忽视的程序制度，即使专门规范行政指导的日本、韩国行政程序也未曾涉足。作为一种纯粹的利益诱导，如果一项行政指导没有相称的诱导利益与其匹配，或者行政主体所承诺的诱导利益的兑现高度不确定，那么受指导者要么没有足够的动力接受行政指导并协助行政主体实现特定的行政目标；要么虽协助行政主体却因得不到诱导利益而致合法权益受损。由此可见，诱导利益兑现程序的法定化就显得特别重要。

就目前的行政程序制度安排而言，多半限于泛泛规定接受指导者应获得某种诱导利益，但行政主体究竟可以承诺什么样的诱导利益，受指导方接受行政指导后诱导利益是依受指导方申请获得还是行政主体应主动提供，行政主体拒绝兑现诱导利益承诺应如何救济，受指导方获得诱导利益之后未按要求协助行政主体又如何处置等一系列基本问题，在行政程序法中都缺乏明确具体的规定。这就很容易导致行政指导实施的扯皮问题，造成行政指导实效以及相对人信赖利益的不确定性。

三、完善行政指导权利救济制度

在整个行政指导制度体系中，短缺的行政指导权利救济制度犹如一块最短的桶板，直接决定着行政指导整体绩效"水平"。如果行政指导权利救济问题得不到有效解决，那么其他的制度安排如果不是徒劳无益，至少是事倍功半。但是，无论相对于行政指导的其他制度安排，还是相对于针对行政规制的法律监督与权利救济而言，既有的行政指导的法律监督与权利救济都显得极其薄弱。正是由于行政指导权利救济制度格局存在着严重缺陷时，不仅受指导方与第三人的合法权益基本上没保障，而且行政指导的绩效也难免大打折扣。

（一）行政指导权利救济的争议与现状

在行政指导权利救济能否被纳入行政救济法的范畴，如果必须提供权利救济那么又能提供什么样的权利救济这些基本问题上，学界莫衷一是，司法界的态度也模棱两可。大致而言，在基本上否定将行政指导纳入行政诉讼范围的同时，肯定应依据信赖保护原则等为受指导方提供损害赔偿。

1. 基本上否定将行政指导纳入行政诉讼范围

在日本，持此观点的基本立场是：由于行政指导是事实行为，不具有直接的法律效果，这就决定了指导者与受指导者之间产生纠纷的解决机制不同于行政行为。即使行政指导违法，原则上也不承认私人为请求其撤销而提起撤销诉讼，因为行政指导不属于《行政案件诉讼法》第三条所规定的行政厅的处分。不过，之所以称这种立场是"基本"否定将行政指导纳入行政诉讼范围，是因为存在着这样一种例外，即如果指导者因受指导者不服从指导而公开发表其结果，除了可以提起公布不服从事实的撤销诉讼之外，还可以考虑对先行的行政指导提起撤销诉讼。① 有不少相关的司法判决也持此立场。例如，日本最高法院曾作出判决，认为都道府县根据《社会保险医疗担当者监督纲要》对保险医疗提出的警

---

① ［日］盐野宏：《行政法》，杨建顺译，法律出版社1999年版，第148—149页。

告不产生直接的法律效力，因而不等于行政厅的处分。

但是，日本行政法学界近年来有部分学者主张应当承认行政指导具有行政处分的性质，故而可以纳入行政诉讼的范围。其理由是，以否定形式上的法律效果为由而否定行政指导具有一般概括性的撤销诉讼对象的性质，有可能导致法治行政的名存实亡。此外，还有观点认为，如果有必要撤销行政指导本身，在无其他合适手段的情况下，应当允许利用撤销诉讼的制度。①

与日本大多数学者倾向于将行政指导排除出行政诉讼之外形成对照的是，中国行政法学界所持理论立场明显不同。概而言之，只有少数学者明确持肯定态度，认为应将行政指导纳入行政诉讼的受案范围，例如郭润生与宋功德认为：由于行政指导正成为或必将成为现代政府施政的中心手段之一，因此行政指导也必将成为司法权制约行政权的重要组成之一。② 更少的学者明确持否定态度，例如胡建淼教授认为：从世界各国的行政法律制度上看，大多数国家没有把行政指导纳入行政复议和行政诉讼轨道之内，也没有把它纳入行政赔偿范围之内。这是一种合理的通则。在中国，行政指导同样不适用行政复议、行政诉讼和国家赔偿救济。③ 大多数学者认为应当具体问题具体分析，例如应松年教授认为：对行政指导的救济一般通过承认错误、赔礼道歉、责令履行、补偿损失等方式来进行，至于能否提起行政复议或行政诉讼则要具体分析。④ 与理论界越来越倾向于将行政指导纳入行政诉讼范围形成鲜明对照的是，法院的立场却与之相左，明确地将行政指导拒之于行政诉讼之外，这集中体现为《最高人民法院关于执行〈中华人民共和国行政诉讼法〉若干问题的解释》第一条的规定，"非强制性的行政指导"不属于行政诉讼的受案范围。

---

① ［日］室井力编：《日本现代行政法》，吴微译，中国政法大学出版社1995年版，第159页。

② 郭润生、宋功德：《论行政指导》，中国政法大学出版社1999年版，第166页。

③ 胡建淼：《行政法学》，法律出版社1998年版，第418—419页。

④ 应松年编：《行政行为法》，人民出版社1993年版，第581—582页。

2. 基本上赞成将行政指导纳入国家赔偿的体系

在日本，虽然有些学者对日本《国家赔偿法》第一条"公权力行使"的"公权力"作狭义解释：行政指导不具有强制力和法的拘束力，是任意性的，因此受指导方由行政指导造成的损害是基于自己任意选择的过错而产生的，作为国家赔偿请求诉讼的对象，有许多难题尚等解决，① 故而倾向于认为行政指导不能构成国家赔偿请求诉讼对象。不过，大部分学者都倾向于应该将行政指导纳入国家赔偿视野。这是一种迂回之术。诚如盐野宏所言，解决与行政指导相关联的纠纷的通常方法，不是直接攻击行政指导，而是采取请求填补采用行政指导这种行为形式的行政过程的私人损害，或者排除不利状态的方法。②

认为行政指导应进入国家赔偿范围的日本行政法学者，主要从两个角度来论证其理论主张：一是对"公权力"范围作"广义解释说"，认为行政指导也包括非权力行政作用，故肯定行政指导的对象性。③ 二是持逐案判断说，认为判断国家赔偿法是否适用于行政指导，要看相对人有无任意性。应从每个具体案例和行政指导的形式、内容作用和行使的实际状况来判断行政指导的对象性。④ 其结果，除单纯的商谈、建议形式的指导和技术性建议外，一般来说，在相对人存在自由选择的情况下，行政指导从其行为形式上看，有可能具有国家赔偿法上的"公权力性质"。即使从行使行政指导的实际状况上看，也承认相对人不得不服从行政指导这一客观事实，因信赖行政指导而付诸实践被认为是理所当然的。因此，

---

① 参见［日］室井力编：《日本现代行政法》，吴微译，中国政法大学出版社 1995 年版，第 158—159 页；陈春生：《行政法之学理与体系——行政行为形式论》，台湾三民书局 1996 年版，第 230 页。

② ［日］盐野宏：《行政法》，杨建顺译，法律出版社 1999 年版，第 149 页。

③ 京都地方法院 1972 年 7 月 14 日判决，《判例时报》第 691 号第 57 页；东京地方法院 1981 年 2 月 27 日判决，《判例时报》第 443 号第 91 页。

④ 东京地方法院 1976 年 8 月 23 日判决，《判例时报》第 826 号第 20 页。

现实中由其行为而产生损害的场合，应承认二者具有因果关系。①

(二) 行政指导权利救济疏漏的主要原因

导致行政指导权利救济不足的原因是多方面的，诸如司法克制与尊重行政权威、司法能力有限、行政指导产生较晚但成长太快、行政指导对相对人权利影响无足轻重故而无需救济等等。但笔者认为，造成行政指导权利疏漏的关键原因在于对行政指导定性的模糊②、对行政指导构成要件的见解不一。概而言之，至少存在着以下几种在行政指导与权利救济之间制造隔膜、与对行政指导的法律定性有关的误解与曲解。

一是误将行政指导混同于一般的信息引导，因此认为如果为受指导方与/或第三人提供权利救济，那么不仅有可能导致行政救济法的无限膨胀，而且还有可能因行政救济的泛化而殃及行政救济，尤其是司法审查权威，从而造成行政救济功能的弱化。二是误将行政指导视作行政规制等强制性行政行为或者行政契约等非强制性行政行为的一个"前奏"，否认其具备完整的行为模式，并非一种独立的行政行为，只是作为其他行政行为的一个组成部分存在。唯此，行政指导通常不会给受指导方与/或第三人的合法权益造成实质性损害。退一步说，即使造成损害，由于相对人完全可以通过挑战行政规制或行政契约的合理性/合法性来获得权利救济，因此没有必要将行政指导的权利救济单独纳入行政救济法的范畴。三是虽然承认行政指导是一种具有完整行为模式的独立行为，但误将行政指导定性为非权力性事实行为。由于现行的行政救济法主要针对权力性的、强制性的行政行为，这就造成行政指导难以逾越"权力性""强制性"与"法律性"这三道门槛正常进入现有的行政救济法范畴。即使提

---

① [日] 室井力编：《日本现代行政法》，吴微译，中国政法大学出版社1995年版，第158—159页。

② 在日本，对于权力性公法关系，只要没有特别反对的意见，无论其有无明文规定都适用于公法原理，成为行政救济上的抗告诉讼问题；而对于非权力性公法关系则应适用于私法原理，将其归类为民事诉讼案件。（[日] 和田英夫：《现代行政法》，倪健民、潘世圣译，中国广播电视出版社1993年版，第54页）

供损害赔偿救济，也只能假借信赖保护原则以事实行为的身份、拐弯抹角地溜进赔偿救济的范围。四是虽然承认行政指导是一种行政行为，但误认为行政指导是非强制性的，是否接受指导性意见并协助行政主体实现特定的行政目标，从法律角度看完全取决于受指导方自主决定，相对人应在充分衡量接受行政指导的风险概率之后决定接受与否。因此，如果相对人因服从行政指导而致利益受损，只能归过于自身决策失误，应由其自身承担风险责任，而不必将其纳入行政救济法的范畴。

以上几种对于行政指导及其权利救济的误解与曲解，笔者已在前文从不同角度给予了批驳，故不复述。可以这么说，如果我们忽略行政指导的必要构成要件而将其混同纯粹的信息引导，或者我们视而不见行政指导行为的完整性与独立性，或者我们误将行政指导定性为非权力性事实行为，或者我们不公正地、不负责任地将接受行政指导的风险责任完全归于相对人，那就很有可能将行政指导送上了一条不归路。理论上的纠缠不清，不仅是一种作茧自缚，而且也很容易给行政指导的权利救济问题的解决设置一道道的障碍。即使勉强将其纳入行政救济法，也往往不能自圆其说，容易挂一漏万。

但是，如果我们将行政指导定性为非强制性行政行为，那么横在行政指导与权利救济之间的鸿沟就不复存在；至于救济的细节问题，也会迎刃而解。

（三）行政指导权利救济应被纳入行政救济法范畴

与行政指导为行政主体在各个领域广泛运用极不相称的是，对行政指导的权利救济却长期裹足不前。行政指导权利救济的疏漏，至少要产生三种消极影响：一是对于特定的受指导方或者第三人而言，其权益受损却得不到应有救济；完全由相对人承担行政误导或者违法指导的风险，显然有悖公正与公平。二是对于行政指导主体而言，即使误导、违法指导甚至变相强制，也大可不必去担心行政指导的合法性与合理性会受到相对人的挑战，这在逻辑上必然助长随意指导、违法指导或者假借行政指导之名行强制之实（从而规避行政执法风险）成风，危及行政法治。三是由于行政指导法律关系中行政主体的无风险与相对人的高风险之间的不对称性，必然会同时削弱行政主体谨慎指导与相对人服从指导的动力，一旦相对人接受行政指导变为一种偶然而非必然，那么行政指导的存在还有什么意义？正因为如此，行政救济法必须回应行政指导实践的现实需要，及时地将行政指导纳入行政复议、行政诉讼与国家赔偿的视野。

1. 受指导方或与第三人应当享有行政复议的申请权

众所周知，虽然作为一种层级监督，现有行政复议主要旨在监督强制性行政行为的合理性与合法性，但随着行政权强制色彩的日益弱化与非强制性行政行为的普遍兴起，上级行政机关就面临着如何解决拓展层级监督视野、充分发挥行政复议的固有优势，以便增强对行政指导等非强制性行政行为合理性与合法性加以有效监督这个棘手问题。

笔者认为，即使在我国现行的《行政复议法》框架下，既有可能、更有必要将行政指导纳入行政复议的受案范围。虽然《行政复议法》第六条在规定受案范围时并未明确列举行政指导，但行政指导也不在第八条所列举的排除范围之列，因此完全可以依据第六条所规定的"认为行政机关的其他具体行政行为侵犯其合法权益的"将具体行政指导纳入行政复议受案范围。至于抽象行政指导，受指导方与/或第三人也可以依据《行政复议法》第七条的规定依法提起复议请求。

2. 受指导方或第三人应当有权提起行政诉讼

虽然各国目前在司法审查行政指导这个问题上，尚处于"大胆假设、小心求证"的初步阶段，针对是否赋予相对人提请法院审查行政指导的合法性仍然犹疑不决。但是，鉴于与行政指导在现代行政管理中扮演越来越重要的角色相伴而行的是，违法的、错误的行政指导对相对人的合法权益所造成的不利影响也日益严重，因此普遍存在着将行政指导纳入行政诉讼受案范围的发展趋势。尤其在我国现阶段，行政指导在社会转型与经济转轨中发挥了不可替代的功能，这就使得尽早地将行政指导纳入行政诉讼受案范围的问题显得更加突出。

我国《行政诉讼法》虽然在规定行政诉讼受案范围时并未在第十二条中明确列举行政指导，但也并未在第十三条中明确地将行政指导排除在外，相对人完全可以依据第十二条第一款第（十二）项的规定以及第二款的规定，对具体行政指导提起行政诉讼。至于行政纲要等抽象行政指导，也会因中国加入 WTO 而逐步得以解决。不过，令人遗憾的是，这样一种预留的、将行政指导纳入司法审查范围的通道，却由于《最高人民法院关于执行〈中华人民共和国行政诉讼法〉若干问题的解释》第一条明确地将"不具有强制力的行政指导行为"排除在行政诉讼受案范围之外而被堵死了。司法解释的这个规定多少有些莫名其妙，不仅无助于行政指导问题的解决，反而引发了更多的其他问题，不仅使得行政管理实践中大量违法的、错误的行政指导可以逍遥法外，造成合法权益受损的受指导方或第三人状告无门，而且事实上诱致行政主体改用行政指导的方式来滥用职权、规避法律。就此而言，为了有效监督行政指导，保障行政指导的正常发展，维护相对人的合法权益，应当尽快修改司法解释甚至修改行政诉讼法，以便将行政指导纳入行政诉讼受案范围，为那些因接受违法的或错误的行政指导而致利益受损、或者因不服从行政指导而受到违法的不利处分的相对人提供权利救济。

3. 受指导方或第三人应当有权获得国家赔偿

相对于将行政指导纳入行政复议与行政诉讼的受案范围而言，行政指导进入国家赔偿（补偿）范围的门槛要低得多，因为国家赔偿不限于行政行为，也可以是事实行为。这就在一定意义上解释了为什么在日本，赞成将行政指导纳入国家赔偿范围的观点逐渐取得主流地位。由于大多数的行政指导权利救济最终都要转化为损害赔偿或补偿问题，因此基于信赖保护原则等对因违法或错误的行政指导而致权益受损的相对人提供赔偿或补偿，就有助于有效地缓解行政指导侵犯相对人合法权益与行政指导权利救济不足之间的张力。

就中国而言，由于《国家赔偿法》在是否可以将行政指导纳入赔偿范围这一问题上态度模糊，因此距离将行政指导全面纳入国家赔偿范围仍然相当遥远。国家赔偿向行政指导开放得极不充分，不仅体现为国家赔偿法并未明确地将因行政指导造成相对人人身权与财产权受损纳入赔偿范围，还表现在两个方面：一是即使可以依据该法第三条第（五）项所规定的"造成公民身体伤害或者死亡的其他违法行为"与第四条第（四）项所规定的"造成财产损害的其他违法行为"从而将"违法"的行政指导纳入国家赔偿范围，但"错误"的行政指导却因此被排除在外。二是由于该法第五条第（二）项关于"因公民、法人和其他组织自己的行为致使损害发生的"国家不承担赔偿责任这一规定，很有可能成为将所有行政指导挡在国家赔偿之外的一个冠冕堂皇的借口。既然非强制性的行政指导完全听凭相对人自主决定接受与否，那么相对人因此所致损害自然就属于"因自己的行为致使损害发生"，故而不属于国家赔偿的范围。有鉴于此，应当对《国家赔偿法》作相应修改，明确规定对于因违法、错误行政指导而致合法权益受损的，受指导方与第三人可以依据信赖保护原则提起国家赔偿请求，行政指导主体应当依法予以赔偿或补偿。

由于各种条件限制，以上只粗略地探讨了行政指导的权利救济问题，仅限于提供一个分析框架，未能深究众多的细节问题或技术问题，诸如行政指导权利救济为什么不限于受指导方，还应包括第三人；能否依据比例原则对行政指导的合理性加以审查；在审查行政指导过程中是否应区别抑制性、助成性与协调性行政指导而对其行为依据要求的严格程度予以区别对待；相对人能否就行政主体不履行法定的指导职责提起行政复议与/或司法审查；在权利救济中如何判定行政指导的合理性；行政指导权利救济中举证责任的分担；复议主体与法院能否强制裁决行政主体兑现诱导利益承诺等等。这些虽然都是细节问题，但都会对完善行政指导权利救济制度产生实实在在的影响。

第三十章

行政接管①

骆梅英 　　浙江大学法学博士，期间曾留学英国剑桥大学。现为浙江工商大学法学院教授。兼任中国行政法学研究会政府规制专业委员会委员、中国人民大学宪政与行政法治研究中心比较行政法研究所研究员等。主要研究领域为政府规制、行政许可法、公用事业法。在《法学研究》《环球法律评论》《中国行政管理》《法学论坛》等学术刊物上发表论文数十篇，有译著：《规制：法律形式与经济学理论》等，主持国家社会科学基金项目"公用事业监管的行政法研究"等国家级、省部级课题八项。

---

① 写作过程中，胡若溟帮助整理了法规和案例材料，宋华琳帮助收集了部分外文资料，在此谨表谢忱。

第一节　行政接管的概念

一、行政接管的含义

所谓接管，意为接收与管理。在我国实定法的规范体系下，行政接管实际上具有两种含义，一类为《市政公用事业特许经营管理办法》第十条与第十八条规定之紧急状态下的"临时接管"；而另一类"接管"更近似"移交"，适用于描述正常状态下的设施"移转与接收"，如《上海市城市基础设施特许经营管理办法》第 37 条规定："特许经营期限届满的，项目经营者取得的特许经营权终止。协议双方应当按照特许经营协议的约定办理有关城市基础设施、资料及档案等的移交、接管手续。"由于后者仅仅是程序上的正常衔接，与一般意义上的"行政接管"含义不同，故本章所指"行政接管"仅指前者，即危及公共利益之紧急状态出现时政府对企业实施的强制接收与管理行为。

目前，行政接管在我国的研究仍属薄弱，学界对于其如何定义仍未完全统一。有观点认为行政接管是行政主体为了维护社会公共利益，在具备法定情形时对某一特定的对象采取的强制性接收和管理行为。[1] 但是这一定义本身存在较多不确定法律概念，无法充分反映行政接管的性质与具象，故而应当结合实践进行界定。

近年来，行政接管作为一种新兴行政管理手段，其使用频率日益增多，根据我国和域外主要国家和地区的实践，其主要运用于公用事业监管和金融机构监管领域，例如被称为我国"特许经营临时接管第一案"的黑龙江省方正县供热企业接管案、南方证券接管案等。值得注意的是，在这些案件中，行政接管都是当企业出现经营困难时，从公共利益保障

---

[1]　章志远、李明超：《公用事业特许经营中的临时接管制度研究——从"首例政府临时接管特许经营权案"切入》，《行政法学研究》2010 年第 1 期。

的角度出发，政府采取的一种介入性措施。故我们认为，行政接管的定义应当从政府规制的视角出发，以行政监管过程为依托，方可理解其本质，即行政接管是政府针对关系国民经济、公共服务、民生保障的特定行业，为防止因企业经营困难而导致的公共危机而对其实施接收和管理的一种干预性监管措施。

二、行政接管的特征

（一）行政接管限于法律规定的情形

由于行政接管的基本形式为行政机关以公权力的形式，以行政强制力为后盾，直接介入私主体的生产经营活动，以行政机关代替私主体行使决策，故其极易对私权利造成侵害。社会主义市场经济要求发挥市场在资源配置中的决定性作用，而行政接管应当是应对市场失灵的一种"非常之法"，其职权只能在"非常状态"之下方可行使。

故出于防止行政接管被滥用，进而可能侵害企业经营自主权之目的，行政接管的主体行使这一职权应当限于法律明确规定或特许经营协议明确约定的前提条件。目前，我国在行政接管的两个主要领域"公用事业特许经营"和"金融监管"中均以法律、法规或规章的形式对行政接管的前提条件进行了规定。在公用事业领域，如原建设部《市政公用事业特许经营管理办法》第十条第一款第（六）项规定："在危及或者可能危及公共利益、公共安全等紧急情况下，临时接管特许经营项目"；第十八条规定："获得特许经营权的企业在特许经营期间有下列行为之一的，主管部门应当依法终止特许经营协议，取消其特许经营权，并可以实施临时接管：（一）擅自转让、出租特许经营权的；（二）擅自将所经营的财产进行处置或者抵押的；（三）因管理不善，发生重大质量、生产安全事故的；（四）擅自停业、歇业，严重影响到社会公共利益和安全的；（五）法律、法规禁止的其他行为。"为了因应不同特许项目的灵活性需要，对于哪些情况可能危及公共利益、公共安全，则一般要求在政府与企业签订的特许经营协议中予以明确。如国家发展和改革委员会、财政部等六部门新制定的《基础设施和公用事业特许经营管理办法》第十八条规定，特许经营协议应当包括临时接管预案。①

而在金融监管领域，如《中华人民共和国证券法》第一百五十三条规定："证券公司违法经营或者出现重大风险，严重危害证券市场秩序、损害投资者利益的，国务院证券监督管理机构可以对该证券公司采取责令停业整顿、指定其他机构托管、接管或者撤销等监管措施"；《银行业监督管理法》第三十八条规定："银行业金融机构已经或者可能发生信用危机，严重影响存款人和其他客户合法权益的，国务院银行业监督管理机构可以依法对该银行业金融机构实行接管或者促成机构重组，接管和机构重组依照有关法律和国务院的规定执行"；《保险法》第一百四十四条规定："保险公司有下列情形之一的，国务院保险监督管理机构可以对其实行接管：（一）公司的偿付能力严重不足的；（二）违反本法规定，损害社会公共利益，可能严重危及或者已经严重危及公司的偿付能力的。被接管的保险公司的债权债务关系不因接管而变化"。

根据上述法律、法规和规章规定，我们可以将行政接管的职权行使作两个层次的理解：（1）主体法定：行政接管的主体由法律、法规和规章明确规定；（2）职权法定：法定行政接管主体履行接管职责时应当遵循法律、法规和规章规定的前提条件，即被接管对象出现危及或者可能危及公共利益、公共安全等的情形，无此条件，即使法定主体亦不得行使接管权，否则构成超越或滥用职权。

（二）行政接管的目的是基于公共利益

如上所言，行政接管的前提条件必须是"被接管对象出现危及或者可能危及公共利益、公共安全等的情形"，非如此不可实施的根本原因在于行政接管的"公共利益"导向。在我国行政接管的理论与实践中，无论是公用事业监管还是金融监管，"公共利益"均被作为行政接管的首要考量要素。究其原因，在于被接管对象的特殊本质，被接管企业所

---

① 中华人民共和国国家发展和改革委员会、中华人民共和国财政部、中华人民共和国住房和城乡建设部、中华人民共和国交通运输部、中华人民共和国水利部、中国人民银行令第25号，2015年6月1日起实施。

提供的商品和服务所具有的公共品属性或特殊经济属性决定了行政接管制度存在的价值与必要，即在特定情形下需要政府临时充当服务或商品的提供者，以保证供应的持续性、稳定性，最终目标则是保护公共利益。

金融机构的行政接管，源于金融商品、服务的特殊性以及金融机构所面临风险的连锁性。从我国国情出发，金融行业的安全关系国计民生，若放任金融企业破产倒闭，容易引发系统性金融风险。以商业银行为例，银行业是一个特殊的行业，它是国民储蓄转化为投资的重要通道，是整个社会的支付、清算、融资、信息中心，尤其是银行中间业务已经融入人们的日常生活，一旦商业银行发生经营危机，所产生的连锁反应对其他金融机构会造成冲击，甚至引起挤兑风波，进一步催发金融危机。① 我国商业银行史上具有重要意义的"深圳金威城市信用社接管案"② "红枫信用社接管案"③ 便是这一风险的充分体现。而我国当前大量中小商业银行在经营管理和公司治理方面仍存在浓厚的行政色彩、应对金融风险能力较弱、银行信贷政策过度扩张等问题，造成金融监管必须采取审慎的干预措施以应对市场风险。④ 正是在这一背景下，接管作为干预的一种方式，可以迅速处置问题银行，达到防止金融风险的传播，稳定金融体系的目的。⑤

---

① 卢伟：《论我国银行接管法律制度的完善》，《学术论坛》2007 年第 11 期。

② 1995 年 2 月，鉴于深圳金威城市信用社没有真实合法的股东，整体经营管理活动处于失控状态，以至金融资产面临巨大风险，为维护金融秩序稳定，中国人民银行对金威城市信用社实施接管，为期六个月。

③ 1997 年 4 月，鉴于贵阳清镇市红枫城市信用社存在长期家族化管理、非规范性经营等积聚了大量市场风险，且中国人民银行和地方政府责令其清理整顿后仍存在管理者薄弱、业务技术落后、经营风险巨大等问题。为维护金融秩序的稳定，中国人民银行对红枫城市信用社实施接管，为期十八个月。

④ 李玫、刘涛：《我国银行行政接管的法律诠释与制度完善》，《法学杂志》2012 年第 7 期。

⑤ 张继红：《论银行接管法律的域外经验及我国的制度构建》，《求索》2013 年第 1 期。

对公用事业企业的临时接管，同样源于其商品和服务的特殊性。公用事业在国计民生中的重要性不言而喻。供水关系着大众的生命和健康，照明、供电、燃气和供暖等家庭能源，已经成为现代人维持基本生活水准的必需品，电话和通信则是我们与其他共同体成员进行沟通所不可或缺的工具。在公法上，这类服务的公共性和必需性，决定了公民在获得一个持续、合理、经济上可负担的公用事业服务方面之法益，已经具备人权属性。① 因此，公用事业企业必须履行普遍服务义务，包括持续、安全、适宜和有效率等方面。② 一旦供应企业出现经营危机，便可能导致服务供应的中断，直接影响公众的基本生产生活。例如：2008 年，湖北省十堰市公交民营化改革中出现企业运营危机，导致 300 多辆公交车停运，致使全城 70 多万市民出行困难；③ 2009 年黑龙江省方正县在供暖领域引入市场化改革，先后进入的两家公司发生纠纷，直接危及 8300 户集中供热家庭 37000 多人当年冬季的供暖问题。④ 随着国家退出直接供应、竞争不断被引入、私人企业大量进入公共服务市场，保障公民获得基本公用事业服务的权利，确保服务供应的普遍性和持续性，是公用事业行政监管的核心目标。申言之，国家在保障公民获得基本公用事业服务方面的权利上，负有保护义务：国家应当防止国家以外的第三方，如个人、公司和其他实体以及在其授权下行事者，以任何方式干预一个既有的公用事业基本服务的享有，防止供应中断；在公用事业基本设施由第三方经营或控制的情况下，国家还须防止第三方损害以持续、经济、便利的方

---

① 骆梅英：《论公用事业基本服务权》，《华东政法大学学报》2014 年第 1 期。

② The Duty of a Public Utility to Render Adequate Service, Its Scope and Enforcement, 62 Colum. L. Rev. 1962, p.313.

③ 相关报道，参见《十堰公交改革搁浅》，资料来源：搜狐网，http://news.sohu. com/s2008/shiyan-gongjiao/，最后访问：2015 年 6 月 2 日。

④ 相关报道，参见郭毅：《供热企业纠纷危及近 4 万人取暖 当地政府临时接管供热——首例政府临时接管特许经营权案背后深意》，《法制日报》2009 年 8 月 4 日。

式获取基本公用事业服务的权利，并为此建立有效的监管机制。[1] 而紧急状态下对公用企业的临时接管，就是国家履行这一公法义务的手段之一。

（三）行政接管的内容是强制性接收和管理

讨论现代政府规制意义上的行政接管，不得不提到美国1952年著名的"杨斯顿钢铁公司案"。[2] 1951年，由于新的雇佣合同导致钢铁厂和雇员冲突，美国钢铁工人发起了全国大罢工。当时的杜鲁门总统认为，作为武器和其他战争物资的必备材料，钢铁的停止生产将严重危及国家安全，因此，为确保钢铁生产的持续，政府有必要接管钢铁厂。据此，总统签署了10340号行政令，命令商业部接管全国大部分钢铁厂并使其照常生产。商业部立即发出接管令，要求被接管钢铁厂的经营负责人转任美国政府的管理人员。该案虽已过去60余年，但是它却清晰地勾勒出行政接管制度的基本内容，即法定行政机关以公权力为基础，对被接管经营体进行强制性接收，并且由行政机关组建的机构对其进行日常经营和管理。概言之，行政接管的本质是紧急状态下企业向政府让渡经营权和管理权。

我国现行公用事业特许经营法律规范重在规定行政接管的前提条件，而在具体内容上则有所缺失，一定程度上，这也是因为接管的内容具有个案性、灵活性，需要结合不同项目、不同企业的特殊情况来制定。以公用事业企业的临时接管为例，一般的，结合制度目的与实践做法，强制性接收和管理主要包括以下环节。

第一，紧急接管预案的制定。公用事业主管部门应当制定城市市政公用事业临时接管应急预案报本级人民政府批准，并报上级主管部门备案。

第二，接管的申请。当法定或应急预案规定的紧急情况发生后，公用事业主管部门向本级人民政府报告，并提出临时接管申请及理由。

第三，接管的批准与启动。政府应当听取公用事业主管部门、拟接

---

[1]　骆梅英：《论公用事业基本服务权》，《华东政法大学学报》2014年第1期。

[2]　Youngstown Sheet & Tube Co.v.Sawyer,343 U.S.5791952.

管企业、相关行业专家和社会公众等意见，必要时可召开听证会，根据听取意见的结果或听证笔录决定是否批准接管申请。批准后，临时接管应急预案正式启动，政府应当根据预案的内容组建临时接管机构。

第四，接管的实施。临时接管机构向特许经营企业出具政府批准文件，并进驻企业实施接管。临时接管机构负责在接管期间组织正常生产，被接管企业应当履行法定的配合协作义务，其他部门按预案分工协作。

第五，接管的终止。临时接管期间，公用事业主管部门应当与特许经营企业进行谈判，对同意及时整改、接受处罚、承担违约责任，并能挽回影响的，可以令其继续经营；对拒不整改、无能力恢复正常生产等的，应当按法定程序终止特许经营协议，取消其特许经营权，重新选择后续特许经营者。企业恢复正常生产或者后续特许经营者重新开始正常生产，接管终止。

而在金融监管领域，由于涉及金融机构较多，如商业银行，商业保险公司，证券公司，期货公司等，性质较为复杂，故应根据拟接管企业的性质，参照公用事业领域的一般程序，在法定权限内进行接管。此处，需要对两点加以说明。

第一，依据《商业银行法》《保险法》等法律规定，金融机构的接管一般由国务院各行业监管部门如国务院银行监督管理机构、证券监督管理机构、保险监督管理机构自主决定并组织实施，在接管机构的组建、接管者的职权、接管期限等方面，具有较大的裁量权限。例如，在2004年的"南方证券接管案"中，中国证监会、深圳市政府会同人民银行、公安部成立接管领导小组并组成由市场专业人士为主的接管组进驻南方证券，全面负责公司经营管理和运作。行政接管期间，接管组行使公司权力，接管组组长行使公司法定代表人职权，公司股东大会、董事会、监事会暂停履行职责，机构债务暂缓偿付。①

第二，特定行业的行政接管，需要结合该行业特性采取特定的经济

① 参见中国证券监督管理委员会、深圳市人民政府决定对南方证券实施行政接管的《公告》，《上海证券报》2004年1月2日。

方式。例如，2007 年，中国保险监督管理委员会（保监会）首次运用保险保障基金接管新华人寿。①

　　虽然使用保险保障基金是以市场交易的方式购买被接管公司股票，以成为控股股东的形式实现接管目的，但是这一做法并不改变接管的行政性、强制性特征。从实施上看，接管决定由保监会单方作出，动用保险保障基金实施接管的方案，也由保监会按照拟定的风险处置方案，与有关部门协商后，报经国务院批准。但这一案例充分说明行政接管在内容和实施方式上的高度个案性和灵活性，它因应了商业保险运行高度市场化的特征。

第二节　行政接管的性质

　　行政接管是政府实施行政监管职能中所涌现的一种新型规制手段，具有公私法融合的特征。因此，在行为的定性上，理论界尚未形成一致的观点。② 本节认为，行政接管是一种过程性的行政行为，就接管决定的作出而言，其属于一种紧急状态下的行政强制措施，具有行政性、强制性、暂时性等特点，但在接管方案拟定和具体执行上，又体现出作为

---

① 2006 年，因受原公司董事长挪用巨额公司资金事件影响，新华人寿出现经营危机。2007 年，保监会首次动用保险保障基金接管新华人寿，先后购买了隆鑫集团有限公司、海南格林岛投资有限公司等所持的新华人寿股权，接手价格为 5.99 元/股，持股数约为 4.6 亿股，占新华人寿股权的 38.815%，成为第一大股东。2009 年，保险保障基金公司把新华人寿 38.815%的股权整体转让给中央汇金公司。整个交易中，保险保障基金盈利 12.5 亿元。相关报道，参见曾炎鑫：《被保监会接管的险企们　新华人寿是第一家》，《证券时报》2014 年 6 月 30 日。

② 关于行政接管的文献材料，主要集中于金融、公用事业部门法领域，从行政行为角度展开论述较早的研究有：乐勇杰：《行政接管的法律分析》，上海交通大学宪法学与行政法学专业硕士论文，2005 年，该文对行政接管的行为性质作了较为全面的分析；吴卫军、石俊峰：《论行政接管的法律规制》，《行政法学研究》2006 年第 1 期等。

政府规制手段的综合性、个案性和灵活性，使之区别于一般的行政强制措施。

一、行政接管具有行政性

行政接管是具有行政行为效力的行政法律行为。所谓行政行为效力，即基于行政机关意思表示而发生法效果的行政行为，其是行政法规范效力的具体延伸，是法规范效力作用于社会的基本方式。[①] 根据行政行为效力理论：第一，行政行为的法规范依据是行政法规范，包括行政类法律规范和民事规范中的行政法律条款；第二，行政行为是行政主体以其行政权为基础，基于社会公共利益需要作出的单方行为；第三，行政行为的法律效力直接由行政主体单方意思表示决定，虽然该单方意思表示也需要以法律规定为依据。据此，行政接管作为一种行政法律行为，使之区分于民事接管、行政事实行为。

（一）区别于民事接管行为

所谓民事接管，有广狭两层含义。所谓狭义民事接管，即公司法上所定义的吸收合并或新设合并；而所谓广义民事接管，除公司法上的吸收或新设合并外还包括股权或资产的购买。[②] 无论是狭义或广义的民事接管，其共性在于均依据《证券法》《公司法》《上市公司收购管理办法》等民事法律规范，而其接管规定也以尊重双方主体的意思自治为原则，根本目的在于通过取得企业股权交易的方式，最终获得目标企业的控制权，从而获取更大的经济利益。

虽然行政接管有时也会采用股权交易等市场方式实施，但其与上述民事接管不同的是，行政接管具有明显的行政性特征。[③] 首先，行政接管

[①] 章剑生：《现代行政法总论》，法律出版社2014年版，第163页。

[②] 汤欣：《公司治理与上市公司收购》，中国人民大学出版社2001年版，第162—168页。

[③] 乐勇杰：《行政接管的法律分析》，上海交通大学宪法学与行政法学专业硕士论文，2005年。

应符合职权法定原则，也就是说如果没有关于行政接管权的法律依据则不能进行接管，"意思自治"的私法规则在此并不适用，而这种职权法定不仅指行政机关职权的法定性，而且也指行为对象即相对人范围的法定性。以金融接管为例，中国人民银行、证监会、保监会、银监会只能对金融机构实施行政接管而不能对市场的其他主体实施接管。其次，行政接管是以行政权为后盾的，适用行政法规范，即使行政接管的法律依据位于民事或经济法律规范中，其条款本身也体现出行政"高权强制"的特征。虽然行政接管主体在特定条件下也会适用市场化方式进行接管，如依据《保险保障基金管理办法》，保监会通常依靠保险保障基金以购买股权的方式进行接管，但是这种股权交易的根本基础仍然带有明显的单方性，而非建立在双方"意思自治"之上的合意，而方式的不同，其目的在于降低接管所带来的破坏市场秩序等负面影响。最后，相较于民事接管的私经济利益导向，行政接管更加侧重于公共利益，无论是公用事业行业还是金融行业，其接管的目的均为应对被接管主体因为经营不善等原因对社会公众产生的重大风险。

（二）区别于行政事实行为

所谓行政事实行为，其与行政法律行为的根本不同在于，虽然二者均可产生法效果，但是其法效果由法规定，而非直接基于行政机关意思表示而产生。正是在此意义上，行政接管在性质上区别于行政事实行为。

在现行法秩序中，无论是公用事业领域的《市政公用事业特许经营管理办法》第十八条规定之"获得特许经营权的企业在特许经营期间有下列行为之一的，主管部门应当依法终止特许经营协议，取消其特许经营权，并可以实施临时接管……"，还是金融领域的《证券法》第一百五十三条规定之"证券公司违法经营或者出现重大风险，严重危害证券市场秩序、损害投资者利益的，国务院证券监督管理机构可以对该证券公司采取责令停业整顿、指定其他机构托管、接管或者撤销等监管措施"，抑或《期货交易管理条例》第五十六条规定之"期货公司违法经营或者出现重大风险，严重危害期货市场秩序、损害客户利益的，国务院期货监督管理机构可以对该期货公司采取责令停业整顿、指定其他机构托管或者接管等监管措施……"都明显地体现出监管机构的意思表示在进行行政接管时的决定作用，也体现出行政接管的行政法律行为性质。

二、行政接管具有强制性

行政接管是由政府主管部门或其委托的组织临时地、强制地、全面地介入私人部门的日常运营管理，[①] 其本质是政府以单方意志直接干预企业的经营，故行政接管具有强制性。而这种强制性主要体现在两方面：其一，接管决定是政府主管部门单方意志的体现，尽管接管预案内容的拟定需要与经营企业协商确定、接管决定的作出也可能伴随着听取意见、听证、公开等正当法律程序的要求，但是以上措施仅是增强接管作为行政行为的合法性和可接受性，并不改变接管的单方性；其二，无论在公用事业行业[②]还是金融领域[③]，在现行法秩序下，被接收主体都被要求承担诸如移交材料、维持生产、协助调查等职责以配合政府进行经营；必要时，接管主体可以运用其行政强制手段或者借助其他国家机关的强制手段，保障行政接管的顺利实现。

前已述及，行政接管的本质是企业向政府临时让渡经营管理权，虽然都具有对财产的占有属性，但是行政接管区别于行政征收征用行为。行政征收征用是指行政主体出于公共利益的需要，依据法律之规定以强制方式取得行政相对人的财产使用权或劳务并给予合理补偿的行政行为。二者区别在于：

---

① 高俊杰：《公用事业临时接管的行政法规制》，《行政与法》2014年第1期。

② 《北京市城市基础设施特许经营条例》第二十一条规定：按照市和区、县人民政府的决定或者特许经营协议约定由实施机关接管城市基础设施的，特许经营者应当在完成接管前善意履行看守职责，维持正常的经营服务。

③ 《证券公司风险处置条例》第五十五条规定：被处置证券公司的董事、监事、高级管理人员以及其他有关人员应当妥善保管其使用和管理的证券公司财产、印章和账簿、文书等资料以及其他物品，按照要求向托管组、接管组、行政清理组或者管理人移交，并配合风险处置现场工作组、托管组、接管组、行政清理组的调查工作。

第一，行政接管的目的在于处置特定公用事业企业或金融机构面临的重大经营风险，通过干预某一企业的经营而维护公共利益。而征收征用是立法者为了维系国家的存在和发展，向国民提供公共物品，或为了保障应对社会公共利益的某种特别需要而规定自然人、法人和其他组织向国家缴纳一定数额金钱（税或费）或者国家无偿或有偿向自然人、法人和其他组织取得一定数量财产（动产或不动产）以为公用的制度。

该制度本身不直接针对特定行业的经济安全和特定主体的经营风险。

第二，行政征收征用是使用权发生有偿转让，通常是国家对私人房屋、交通工具和各种不动产的有偿征用，虽然我国目前并无统一的行政征收征用法，但是参照《国有土地上房屋征收与补偿条例》之规定，合理补偿显然应作为征收的前提条件；而行政接管方面，除保险公司接管等少数情况外，对价或补偿并非重要的考量因素。

此外，需要说明的是，虽然行政接管的强制性表现为政府直接干预企业经营，但是直接干预并不意味需要有政府直接进行具体经营，政府可以组织第三方实施接管，也可以与第三方、被接管企业就接管程序、权利义务等签订接管合同，以委托方式引入合格的第三方主体，其凭借自身专业能力在行政机关的监督下实施接管。①

如何看待实践中内容各异的接管方式？事实上，我们可以将行政接管分为两个阶段，即接管决定的作出与接管决定的执行。显然，如前所述，行政接管决定的作出并不依赖被接管对象或者第三人的意思表示，行政主体单方意思表示便可作出这一决定。而在接管决定的执行阶段，若采用行政合同、私法规则等形式，行政机关与被接管企业、第三方的关系可以参照大陆法系行政法上的"双阶理论"予以解释。即将经济行政法律关系分成两个相对独立的程序段，其中第一个法律程序段（是否

---

① 《北京市供热采暖管理办法》第二十七条第一款规定：供热单位无法保障安全稳定供热，严重影响公共利益，市政管理行政部门协调、督促后仍无效的，经市或者区县人民政府批准，市或者区县市政管理行政部门可以委托符合条件的供热单位对该供热单位的供热设施实施应急接管。

的问题）始终属于公法；第二个法律程序段（如何的问题）既可以具有公法的性质，也可以体现为私法的特征。① 依据这一理论，作出接管决定的阶段依然由行政机关单方意思表示并最终决定，而合同的执行则亦需遵循诚实信用、意思自治等私法规则。据此，以行政合同进行接管的方式仅在接管合同的执行阶段引入私法规则，对行政接管的强制性进行了某种"弱化"，但是考虑到其仅仅是强制接管后政府裁量选择的具体执行程序，而接管决定的作出，接管的开启，乃至以何种方法进行具体接管均由政府单方强制决定，故而强制性仍为行政接管的基本特征。

三、行政接管具有暂时性

行政接管只是政府部门为了避免或化解公共危机而采取的一种应急保障措施，只具有暂时性，不能从根本上改变被接管企业原有的经营样态，故而受到一定的程序限制。第一，行政接管应当在条件成就后及时终止，以免对私主体的合法权益造成不必要的损害，这种条件一般体现为法定最长接管期限或其他法定终止条件。如私人部门通过政府的接管，在法定期间内恢复正常运营，则行政机关必须作出终止接管决定，恢复公用事业的私人经营权，若私人部门在接管期间经营状况继续恶化，已无恢复正常运营的可能性，则政府主管部门也应终止接管，转入解散，合并或破产清算程序;② 而《保险法》《商业银行法》也明确规定接管的期限最长不得超过两年。第二，接管期间，被接管主体的财产所有权、债权债务关系等不因接管而发生改变，如《商业银行法》第六十四条规定："……被接管的商业银行的债权债务关系不因接管而变化。……"接管期间，接管机构只是代为履行银行权利，并应尽审慎看守职责。正是因为行政接管的暂时性强制特征，使其与其他类型化行政行为相区别。

行政接管不同于行政处罚。首先，就行政行为前提条件而言，行政

---

① 参见 [德] 罗尔夫斯特博：《德国经济行政法》，苏颖霞、陈少康译，中国政法大学出版社 1999 年版，第 249 页。

② 高俊杰：《公用事业临时接管的行政法规制》，《行政与法》2014 年第 1 期。

处罚的实施条件之一就是相对人违法行为的客观存在，而行政接管却以经营不善、偿付能力严重不足等原因造成现有的或者潜在的重大市场风险或者说债务危机为前提，被接管对象是否违法在所不论，故行政接管不具有制裁性。其次，就行政行为的目的而言，行政接管的目的在于维持特定商品和服务的供应，通常具有一种雪中送炭式的"帮助"效果，这与行政处罚以制裁违法为直接目的截然不同。① 最后，在存在违法从而造成危害公共利益的风险存在的前提下，行政接管的实施并不能取代行政处罚，进行接管之后依然可以对违法主体进行相应的行政处罚。

行政接管与行政强制执行相区别。虽然行政接管可分为决定和执行两个阶段，在执行阶段，如果被接管对象拒绝履行配合义务，或采取其他妨碍接管的行为，行政机关可以采取强制执行措施，例如，被接管证券公司长期占用客户资金拒绝返还的，接管机构可以采取强制划拨的手段返还资金，确保接管的实施。但是以行政强制执行保障行政接管的顺利实施，并不能证明行政接管就是行政强制执行。

第一，行政强制执行的前提是义务人不履行已生效具体行政行为所设定的义务，然而行政接管的前提是被接管对象出现经营危机之风险而威胁公共利益，风险本身是否由于被接管对象不履行法定义务造成在所不论。第二，实施行政强制执行的目的在于迫使义务人履行义务或达到与履行义务相同的状态，而行政接管的目的在于通过干预经营"拯救"被接管主体、防控重大公共风险，故二者就整体而言属于不同类型的行政行为类型。

综上所述，从决定的作出来看，行政接管总体上是一种特殊的行政强制措施。首先，行政接管是有权行政机关为应对具有紧迫性的企业危机，根据行政机关自身意思表示而产生法效果的紧急措施，具有行政效力性。其次，其决定的作出由行政机关单方决定，且决定一经作出，被接管对象必须履行法定的配合义务，故具有强制性。最后，行政接管只是一种基于公共利益的应急保障而对财物实施的暂时性的控制，且一般

---

① 吴卫军、石俊峰：《论行政接管的法律规制》，《行政法学研究》2006 年第 1 期。

附带时间和其他条件限制，不具有最终的法效果，具有暂时性。故行政接管符合行政强制措施的一般特征。

但从行政过程论角度，接管的具体方式和接管期间的具体管理，行政机关可以综合运用公私法规则，采用不同的方式达成监管目标。因此，相较于一般行政强制措施，行政接管更体现为一种综合的行政管理手段。我国现行《行政强制法》中的行政强制一般为物理意义上的强制，而行政接管虽然也涉及对被接管对象财物的强制，但是更为重要的是通过行政接管强行干涉被接管对象的经营权，很大程度上涉及财物控制期间的经营管理，这种经营管理需要因应不同行业的不同特性，此时行政机关可能采用市场交易的方式，或采用第三方托管的方式等实现对企业的干预，而这一动态、综合的过程是一般行政强制措施所不具备的。这些特征使得行政接管作为一种新型监管方式，呈现出现代行政法上政府规制手段的多元样态。

第三节　行政接管的原则

一、法律保留原则

社会主义市场经济的发展要求处理好市场与政府的关系，充分尊重和发挥市场在资源配置中的基础和决定作用。而企业作为市场经济的基本主体，其财产权应当得到法律的充分保护，其经营自主权应当得到法律的充分尊重。只有当私人经济没有能力有序高效地完成某一任务时，国家对经济的调控才作为备用力量予以考虑。① 因此，政府的直接干预措施更应当作为最后手段来使用。行政接管作为国家直接干预企业自主经营权，限制企业财产权的行为，应当实行严格的法律保留，以确保公共

---

① ［德］罗尔夫斯特博：《德国经济行政法》，苏颖霞、陈少康译，中国政法大学出版社 1999 年版，第 114 页。

利益与私人利益间的价值平衡。行政接管作为一种特殊的行政强制措施，《行政强制法》已经在法律保留方面作出了原则性规定。其在第四条规定："行政强制的设定和实施，应当依照法定的权限、范围、条件和程序。"而在第十条，更是明确规定："行政强制措施由法律设定。尚未制定法律，且属于国务院行政管理职权事项的，行政法规可以设定除本法第九条第一项、第四项和应当由法律规定的行政强制措施以外的其他行政强制措施。尚未制定法律、行政法规，且属于地方性事务的，地方性法规可以设定本法第九条第二项、第三项的行政强制措施。法律、法规以外的其他规范性文件不得设定行政强制措施。"根据《行政强制法》，行政接管应当由法律、行政法规设定。

在金融领域，行政接管一般由《证券法》《商业银行法》《保险法》等基本法律予以规定。如《证券法》第一百五十三条规定："证券公司违法经营或者出现重大风险，严重危害证券市场秩序、损害投资者利益的，国务院证券监督管理机构可以对该证券公司采取责令停业整顿、指定其他机构托管、接管或者撤销等监管措施"；《证券公司风险处置条例》第八条规定："证券公司有下列情形之一的，国务院证券监督管理机构可以对其证券经纪等涉及客户的业务进行托管；情节严重的，可以对该证券公司进行接管……"；《商业银行法》第六十四条第一款规定："商业银行已经或者可能发生信用危机，严重影响存款人的利益时，国务院银行业监督管理机构可以对该银行实行接管"；《商业银行资本充足率管理办法》第四十一条第一款规定："对资本严重不足的商业银行，银监会除采取本办法第四十条所列的纠正措施外，还可以采取以下纠正措施：……（二）依法对商业银行实行接管或者促成机构重组，直至予以撤销。"

在公用事业领域，《行政许可法》对特许经营者履行普遍服务义务以及政府的督促义务的规定，为公用企业的临时接管提供了法律依据。《行政许可法》第六十七条规定："取得直接关系公共利益的特定行业的市场准入行政许可的被许可人，应当按照国家规定的服务标准、资费标准和行政机关依法规定的条件，向用户提供安全、方便、稳定和价格合理的服务，并履行普遍服务的义务；未经作出行政许可决定的行政机关批准，不得擅自停业、歇业。被许可人不履行前款规定的义务的,行政机关应当责令限期改正,或者依法采取有效措施督促其履行义务。"该条授权行政机关可以采取的有效措施即包括行政接管。① 按照《行政许可法》的规定,为督促企业提供不间断服务而采取的接管措施仍应"依法"进行。但是,我国目前还没有出台规制公用事业特许经营的基本法律,而《电力法》《城镇燃气供应条例》等部门基本法律、行政法规又相对制定时间较早,对公用事业市场化改革及相应引入新的监管手段回应不足。因此,当前,对公用企业的临时接管,一般由地方性法规、行政规章等予以规定。例如,《黑龙江省城市供热条例》第二十二条规定:供热主管部门应当履行下列职责:……(四)在发生危及或者可能危及公共利益、公共安全等紧急情况时,组织符合条件的供热单位临时接管供热经营项目。《杭州市市政公用事业特许经营条例》第三十三条第二款规定:市市政公用事业行政主管部门应当制定临时接管方案,在特许经营者擅自停业、歇业及市政府撤销、收回特许经营权时,采取有效措施保证公共产品或者服务的连续性、稳定性。

整体而言,我国公用事业民营化改革仍处于起步阶段,行政监管体制尚待成熟,因而行政接管的设定,整体法律位阶较低,当前立法也未能涵盖公用事业的全部领域和地域。从合法性角度,未来应当出台规范公用事业特许经营的基本法律,并对行政接管的法定条件、程序、救济等予以明确规定。

二、比例原则

《行政强制法》第五条规定:"行政强制的设定和实施,应当适当。采用非强制手段可以达到行政管理目的的,不得设定和实施行政强制。"根据本条,具备行政强制措施特性的行政接管,除应具备合法性外,还应符合合理性的要求。根据上文所述,我国现行关于行政接管的实定法

---

① 汪永清主编:《中华人民共和国行政许可法释义》,中国法制出版社 2003 年版,第 211 页。

规范，最为关注，也是着墨最多的问题，便是行政接管适用的法定前提条件。而在法定条件的规定中，诸如"公共利益""紧急情况""重大风险"等不确定法律概念既是其重要的构成要件，又是影响行政接管最终能够适用的重要因素，故而对我国而言，目前行政接管的合理性问题最为重要的关注点便是对"是否符合法定情形的解释和适用"，而在这一过程中应当遵循作为行政法之"帝王原则"——比例原则的要求。

比例原则的适用，根本问题在于平衡企业自主经营权与公共利益保护之间的关系，以合比例的方式实施接管，即应当坚持"以对企业自主经营权和市场自由秩序侵害最小的具体方式，实现接管目标，保护公共利益"。具体可作如下要求。

（一）手段与目标相适应

行政接管必须是为了避免或者化解已经或者极有可能发生的公共服务危机或金融风险而实施，且行政机关有合理理由相信，实施行政接管足以能够有效地促成这一目标的实现。

（二）穷尽其他行政措施

行政接管应当在警告、责令限期改正、罚款以及协调指导等一般性行政措施仍不能消除企业经营危机时方可使用，也即它是为了保证服务供应之持续而不得不使用之最后手段。若未穷尽其他干预措施，接管过早，则会使可以通过常规措施解决的问题复杂化；若经营危机已经处于十分紧迫之状态，接管过晚，则会贻误最佳时机，增加风险处置的财政开支和社会成本。

（三）审慎经营管理

接管的实施应当以"风险应对"为限，接管具有临时性、过渡性。通过接管直接干预企业经营的目的在于维持其紧急状态下的正常经营，因而接管不能代替企业作出关系其自身发展的重大经营性决策。接管期间，应当审慎管理企业的财产、单独核算账务并接受监督、按照接管预案的内容使用经费等。如《北京市供热采暖管理办法》第二十八条规定："接管运营期间，接管单位应当向用户提供安全稳定的供热服务，对接管项目的收支情况单独记账，独立核算，接受有关部门的监督。接管单位为保障基本供热服务所产生的运行费用，由接管单位临时垫付，被接管单位负责足额偿还。接管单位接管期间临时垫付资金经审核后发生的净损失，经市人民政府批准，市、区两级财政给予一次性补助，具体办法由市财政部门和市市政管理行政部门制定。"

三、正当程序原则

正当程序之于行政行为的意义不言而喻。一方面，前已述及，作为一种政府规制手段，行政接管需要结合不同项目的监管目标、不同行业的经济特点制定高度个案化的治理方案，因此，在实施过程中应当充分运用参与和协商程序，以确保其科学性。另一方面，作为一种行政权运行过程，行政接管对企业经营自主权的干预是全面的、直接的，因此，在实施过程中应适当引入对抗、制衡程序，以防止其滥用。特别是现行市场经济体制仍处于转轨，政府治理结构相对薄弱的当下，后者就显得更为重要。

第一，接管方案的拟定，应当充分听取企业和行业专家等的意见。特别是在接管条件是否具备上，政府应当听取被接管企业的陈述和申辩，组织第三方企业、行业专家及其他部门等，进行评估和论证。目的是确认私主体已经无法独立应对风险，且不进行接管会造成公共利益的重大损失。

第二，行政接管应当遵循期限规定。行政接管因紧急状态而启动，其解除也同样意味着公共利益重新处于风险威胁下的可能性，因此接管期间，行政机关应当积极寻求解决方案，尽快恢复正常生产，否则，同样会造成行政退出而私主体接管无力的"公共利益保护空白"。为此，设定接管期限，一是敦促行政机关及时恢复市场秩序，二是防止不正当拖延，侵害企业财产权利。例如《山西省市政公用事业特许经营管理条例》第三十四条规定："特许经营者因不可抗力无法继续经营的，可以申请终止特许经营合同。市政公用事业主管部门应当临时接管该项目或者采取其他有效措施，保证该市政公共产品或者服务的正常提供，并于接管之日起 3 个月内，按照本条例的规定确定新的特许经营者。"

第三，严格遵循行政接管的解除条件。当法定解除条件已经具备或者基本具备时，行政机关应在充分评估风险和接管绩效的基础上，及时终止接管，不得以任何非正当理由延长接管期限；如果确实需要延长接管期限，则应坚持听证、充分说明等正当法律程序要求。

第四，救济不停止执行。本质上，行政接管为紧急状态下之法制，作为一种行政法律行为，企业对政府作出的接管决定不服的，自然可以提起复议、诉讼，享有救济权利，但由于其为非常状态下所实施之干预行为，因此，适用行政法上复议、诉讼期间不停止执行的一般原则。

第四节　金融行政接管

一、金融领域的行政接管概述

金融行政接管即金融监督机构，如银行监督管理机构、保险监督管理机构、证券监督管理机构等，依据法律、法规的规定，在金融机构严重违法经营或者出现重大风险，严重危害金融市场秩序、损害投资者或用户合法权益时，强行介入接收和管理其债权债务和业务经营，防止其资产质量和业务经营进一步恶化，以保护公共利益、恢复金融市场秩序的一种监管措施。当前，我国关于金融机构接管的法律规定主要存在于商业银行、证券业、保险业等八个领域。

1. 对证券公司的接管：根据《证券法》第一百五十三条和《证券公司监督管理条例》第七十条的规定："证券公司违法经营或者出现重大风险，严重危害证券市场秩序、损害投资者利益的，国务院证券监督管理机构可以对该证券公司采取责令停业整顿、指定其他机构托管、接管或者撤销等监管措施。""国务院证券监督管理机构对治理结构不健全、内部控制不完善、经营管理混乱、设立账外账或者进行账外经营、拒不执行监督管理决定、违法违规的证券公司，应当责令其限期改正，并可以采取下列措施：……（五）对证券公司进行临时接管，并进行全面核查；……"。

2. 对商业银行的接管：《商业银行法》第六十四条第一款规定，"商业银行已经或者可能发生信用危机，严重影响存款人的利益时，国务院银行业监督管理机构可以对该银行实行接管。"

3. 对保险公司的接管：《保险法》第一百四十四条第一款规定，"保险公司有下列情形之一的，国务院保险监督管理机构可以对其实行接管：（一）公司的偿付能力严重不足的；（二）违反本法规定，损害社会公共利益，可能严重危及或者已经严重危及公司的偿付能力的。"

4. 对消费金融公司的接管：《消费金融公司试点管理办法》第三十五条规定，"消费金融公司已经或者可能发生信用危机、严重影响客户合法权益的，银监会可以依法对其实行接管或者促成机构重组。……"

5. 对汽车金融公司的接管：《汽车金融公司管理办法》第三十条第一款规定，"汽车金融公司已经或可能发生信用危机、严重影响客户合法权益的，中国银监会将依法对其实行接管或促成机构重组。……"

6. 对公募基金的接管：《中华人民共和国证券投资基金法》第二十六条规定，"公开募集基金的基金管理人违法经营或者出现重大风险，严重危害证券市场秩序、损害基金份额持有人利益的，国务院证券监督管理机构可以对该基金管理人采取责令停业整顿、指定其他机构托管、接管、取消基金管理资格或者撤销等监管措施。"

7. 对信托公司的接管：《期货交易管理条例》第五十六条规定，"期货公司违法经营或者出现重大风险，严重危害期货市场秩序、损害客户利益的，国务院期货监督管理机构可以对该期货公司采取责令停业整顿、指定其他机构托管或者接管等监管措施。……"

8. 对期货公司的接管：根据《信托公司净资本管理办法》第二十八条规定，"对信托公司净资本等风险控制指标继续恶化，严重危及该信托公司稳健运行的，除采取第二十七条规定的相关措施外，中国银行业监督管理委员会还可以采取下列措施：……（四）依法对信托公司实行接管或督促机构重组，直至予以撤销。"

而在实定法之外，金融机构的接管案例主要集中于保险公司、商业银行和证券公司三大领域。较为重要的案例有，保险业领域：2007 年保监会因公司董事长挪用巨额公司资金出现经营危机而使用保险保障基金接管新华人寿保险公司；2009 年保监会因公司巨额亏损和偿付能力不足，使用保险保障基金接管中华联合保险公司。商业银行领域：1995 年中国人民银行因整顿后仍然存在较大经营风险而对贵阳清镇市红枫城市信用社实施接管。证券业领域：2004 年，鉴于南方证券股份有限公司违法违规经营、管理混乱，为保护投资者和债权人的合法权益，中国证监会和深圳市政府联合颁发公告，对南方证券实施行政接管。

二、金融行政接管的法定条件

根据我国现行金融接管的法律规定，行政机关对金融机构进行接管，须遵循以下法定条件。

（一）主体要件

对金融机构的接管决定只能由具有金融监管职能的行政机关作出，任何其他主体均无此职权，否则即构成越权行政。在我国，证监会、中国人民银行、银监会和保监会可以分别依据《中华人民共和国证券法》《证券公司监督管理条例》《证券公司风险处置条例》《商业银行法》《银行业监督管理法》《存款保险条例》《商业银行资本充足率管理办法》《中华人民共和国保险法》《保险公司偿付能力管理规定》《期货交易管理条例》《证券投资基金法》等法律法规和规章作出对银行、证券、保险、期货信托等金融机构的接管决定。

（二）实体要件

对金融机构进行行政接管需要满足一定的实体要件，即金融机构违法经营或者出现重大风险。而对是否违法，是否存在重大风险，则应当根据各金融机构的特性具体判断。如在商业银行接管领域，根据《商业银行资本充足率管理办法》等法规的规定，商业银行的资本充足率应当被作为重大风险的重要判断标准。根据资本充足率的状况，银监会将商业银行分为三类：（一）资本充足的商业银行：资本充足率不低于 8%，核心资本充足率不低于 4%；（二）资本不足的商业银行：资本充足率不足 8%，或核心资本充足率不足 4%；（三）资本严重不足的商业银行：资本充足率不足 4%，或核心资本充足率不足 2%。对资本严重不足的商业银行，监管机构方可实施接管。而在保险公司的接管中，根据《保险法》和《保险公司偿付能力管理规定》等规定，保险公司偿付能力便是其是否能被接管的基本条件。

（三）结果要件

金融机构是金融行业的基本组成要素，而金融市场相较其他行业存在市场风险。这种风险如果属于正常范围，自当为公众所承担，政府不应当予以干涉。只有当风险严重危害用户的合法权益或市场合法秩序时，政府接管方可具有正当性，而这也是行政接管与诸如行政处罚等行政行为的核心区别之一，即违法并非行政行为的核心构成要素。

（四）金融机构无法依靠自身力量克服危机

根据比例原则，对行政接管的适用应当极为谨慎，只有出现严重危害公共利益的情形出现，而金融结构又无法通过自身力量予以克服的情况下，行政机关方可按照严格的法定程序，在职权范围内实施行政接管这一"非常之法"。

三、金融行政接管的程序

行政接管的"非常之法"性质使得其在实体规定外还须具备严格的程序规定，由于我国现行法规范对于金融机构的接管缺乏完善的法定程序规定，故应从正当法律程序原则出发，考察制度实践，对决定程序、实施程序、终止程序分别予以设定。

（一）决定程序

在作出行政接管决定之前，监管机构应当履行下列程序，以确保接管决定具有合法性与合理性。

1. 协商与听证：接管决定作出前，监管机构应当召开由被接管企业、行业专家、第三方企业、用户代表等参加的协商会、听证会，听取各方意见，对拟采取的接管方案进行评估，是否符合法益侵害最小原则，是否采用合比例的方式实施接管等。例如，根据《存款保险基金条例》第十八条，运用存款保险基金接管问题银行的，存款保险基金管理机构在拟订存款保险基金使用方案时，应当遵循基金使用成本最小的原则。由于金融接管方案具有高度专业性，且问题复杂、实施期限长，充分听取意见以确保接管方案的科学性，具有重要意义。

2. 前期磋商：监管机构应当加强与接管涉及的中央和地方各部门间的协调合作，以确保接管的顺利进行。以商业银行的接管为例，其接管决定由中国银监会作出，但行政接管的目的是恢复银行的正常经营能力，为达成这一目的所采取的各种救助措施，远非中国银监会一己之力所能实施，因而需要中国人民银行及其他中央或地方政府部门的协同处置。①

3. 合理组建专业化、常规化的接管机构：虽然接管由监管部门单方面决定，但是为了接管顺利进行，仍然需要优化行政接管机构的人员构成方式，组建专业高效的具体负责机构。一方面，由于制度实践仍处于发展，我国的接管机构多为临时性机构，接管人员大多从监管当局、其他金融机构临时抽调，不免会在无形中加大问题金融机构管理的不稳定性，增加风险处置的成本。② 另一方面，我国也正在完善相关制度，未来可以合理借鉴美国联邦存款保险公司的组织模式，将问题银行的处置和接管交由独立运作的机构来实施。③

美国联邦存款保险公司（Federal Deposit Insurance Corporation，FDIC）作为独立的联邦政府机构，通过为存款提供保险、检查和监督金融机构以及接管倒闭机构，来化解公众存款风险，维护金融秩序稳定。FDIC 具有一定的专家群体、处置银行多样化的技术、操作规程和经验，提高了

① 李玫、刘涛：《我国银行行政接管的法律诠释与制度完善》，《法学杂志》2012 年第 7 期。
② 张继红：《论银行接管法律的域外经验及我国的制度构建》，《求索》2013 年第 1 期。
③ 史尧尧：《国务院设立中国版 FDIC 银行业监管变阵》，《经济观察报》2015 年 4 月 2 日。

处置破产银行的效率，而美国法律也明确赋予 FDIC 一系列特别权力。作为接管人，它不仅可以终止银行股东及管理层的权力，承继银行所有权利并可直接从事银行经营业务，还享有其他特权。①

4. 接管决定的公告：当接管决定作出后，有权接管机关应当以便于绝大多数公众知晓的方式及时、完整公告接管决定。其接管决定应该载明如下内容：被接管的金融机构名称；接管理由；接管组织；接管期限。

（二）实施程序

在行政接管决定作出后，为了保障接管的顺利进行，进而使被接管对象更迅速地渡过危机，消弭风险，维护公共利益，同样需要考虑如下实施程序。

1. 被接管企业对接管决定的配合义务

行政接管需要被接管企业的配合方能顺利进行，故应规定被接管企业的配合义务，特别是以董事、监事、高级管理人员为代表的企业管理人员熟悉企业事务，直接负责企业的日常经营，其配合与否对接管顺利完成至关重要，故应当对其行为进行一定限制以保障接管顺利进行。如《证券公司风险处置条例》第五十五条规定："被处置证券公司的董事、监事、高级管理人员以及其他有关人员应当妥善保管其使用和管理的证券公司财产、印章和账簿、文书等资料以及其他物品，按照要求向托管组、接管组、行政清理组或者管理人移交，并配合风险处置现场工作组、托管组、接管组、行政清理组的调查工作。"

2. 被接管企业现有债权债务关系保持不变

由于监管机构实施接管权时，只是全面介入被接管企业的日常运营管理，而不是撤销被接管企业。因此，在接管后金融机构的名称、业务范围、金融业务从业资格、法人资格等都没有发生法律上的变化，被接管金融机构仍旧继续经营，只不过是该机构的管理权发生了转移，即从原来的管理层转移到接管人手中，由接管人具体负责该金融机构的运营。正是由于被接管机构仍然作为独立法人实体，其仍旧以自身所有的财产

---

① 张继红：《论银行接管法律的域外经验及我国的制度构建》，《求索》2013 年第 1 期。

为限承担责任，不仅要承担在接管前所发生的全部债务，也要承担接管期间发生的债务。法定金融监管机构并不因接管而承担上述的债务，也不能将接管期间收回的债权转入自己的"口袋"。这些债权额仍应归属于被接管企业。[①]

（三）终止程序

金融机构的接管意在通过维持经营，避免因其经营风险而危害公共利益。故当这一目的已经实现时行政接管自当解除；另外，当接管仍然无法消除此种风险时，为提高效率和节约公共资源，亦应尽快达成最终解决方案以终止接管。例如，2004 年 1 月 2 日，中国证监会、深圳市政府决定对南方证券实施行政接管，至 2005 年 4 月 29 日，南方证券因挪用巨额客户交易结算资金被中国证监会取消证券业务许可并责令关闭。根据南方证券行政接管领导小组的委托，深圳市政府于同日成立南方证券清算组，负责南方证券关闭后的清算工作。至此，接管程序转变为破产清算程序后自行终止。[②]

概而言之，行政接管的终止，主要包括以下三种情形。

1. 监管机构决定的行政接管期限届满，自然终止；

2. 接管期间，金融机构恢复正常经营能力，行政接管提前终止；

3. 接管期间，金融机构被兼并或破产、清算，法人资格消灭，行政接管提前终止。

四、金融行政接管的救济

虽然我国现行立法缺乏对接管组织行为的限制，使得我国的金融监管组织对危机金融机构的接管处置有较大的裁量权，但是在我国现行法秩序框架下，当行政接管侵害被接管企业合法权益时，其亦可通过以下两方面途径予以救济。

[①] 李良雄：《论商业银行接管的法律内涵》，《福建金融管理干部学院学报》2005 年第 2 期。

[②] 吴涛：《南方证券破产清算基本完成》，《深圳特区报》2013 年 1 月 16 日。

（一）向监管机构投诉

针对具体负责接管事务的接管机构等侵害被接管企业的行为，企业可以向国务院金融监管机构投诉。虽然行政接管决定，通常由银监会、保监会等国务院金融监管机构作出，但是这些机构本身并不具体实施接管行为，而是另行组织接管组等机构进行接管，并对具体实施接管的组织履行监督职责，故而其有义务接受对接管机构实施违法行为的申诉。例如《证券公司风险处置条例》第五十七条第二款规定："被处置证券公司的股东以及债权人有证据证明托管组、接管组、行政清理组以及其工作人员未依法履行职责的，可以向国务院证券监督管理机构投诉。经调查核实，由国务院证券监督管理机构责令托管组、接管组、行政清理组以及其工作人员改正或者对其予以更换。"

（二）提起行政诉讼或行政复议

行政接管的性质为针对经营权的特殊的行政强制措施，其为具体行政行为，当其侵犯被接管企业合法权益时，自可提起行政诉讼或申请行政复议。特别是《行政诉讼法》第十二条第一款第七项规定，认为行政机关侵犯其经营自主权的，公民、法人或者其他组织可以提起行政诉讼。《行政复议法》第六条第五项亦对企业合法的经营自主权予以保护。而行政接管恰是政府对于金融机构自主经营权的干预。这一干预在为公共利益而挽救企业、规避风险的前提下才具有合法性与合理性基础，但是一旦行政机关在不具备上述前提的情况下实施接管，或者违反法定程序，超越或滥用职权，侵害被接管主体合法权益，被接管企业和其所有人，可依照《行政诉讼法》与《行政复议法》之规定进行救济。

第五节　公用事业行政接管

一、公用事业行政接管的引入

金融领域的行政接管主要是基于维护金融市场稳定、防控经济和政治风险的目标，而公用事业领域的行政接管，则主要基于公用事业普遍服务的性质需要。公用事业的普遍服务，是指在一个社会中，国家通过产业规制和社会保障，确保人人能够获得满足生存必需的水、电、气、暖、通信、公共交通等基本公共服务，并且不会因此而承担不合理的成本负担，简而言之，就是持续可用的以及用得起的基本公共服务。① 为公众提供持续不间断的服务，是公用事业企业获得特许经营权的"对价"，也是行政监管的重要内容。"对退出的禁止显然是一种在位者负担，它与公用事业的普遍服务密切相关。"② 无论采取何种民营化改革模式，世界各国一般都对公用企业退出市场实施严格的监管。③ 前已述及，我国《行政许可法》第六十七条为取得特许经营权的公用企业设定了普遍服务义务，同时也授予行政机关在企业违反普遍服务、擅自停业歇业时"依法采取有效措施督促其履行义务"的监管权限，因为管网型的公用事业具有自然垄断的特征，一般很难在短时间内找到服务的替代供应者。据此，政府在紧急状态下对公用企业实施临时接管，即成为确保服务持续不间断的重要行政干预措施。

同时，也需要指出，作为一种现代行政法意义上政府规制工具，行政接管的运用，是伴随着公用事业的民营化改革而被引入的。前已述及，行政接管是企业向政府让渡经营管理权，具有行政性、强制性、干预性，因此，其前提是存在一个受制于行政监管的独立的市场主体，被接管的企业是相对于行政主体一方的私方相对人。而在政企一体的国有化时期，产权清晰、权责明确、政企分开、管理科学的现代企业制度并未开始建立，当公用事业供应者同时即为行政当局，供应设施即为公有设施时，既无行政接管适用的前提，也无接管实施的必要。

从实践层面，迄今出现的公用事业行政接管案例，几乎都与民营化

---

① 骆梅英：《通过合同的治理——论公用事业特许契约中的普遍服务条款》，《浙江学刊》2010 年第 2 期。

② ［美］J.格里高利·西达克、丹尼尔·F.史普博：《美国公用事业的竞争转型：放松管制与管制契约》，宋华琳、李鸼等译，上海人民出版社 2012 年版，第 125 页。

③ 宋华琳：《市政公用事业特许契约中的退出规制》，收录于余凌云主编：《全球时代下的行政契约》，清华大学出版社 2010 年版。

改革的背景息息相关。较为重要的案例包括：2009 年，因民营化改制过程中两家供暖企业发生了企业转让协议司法纠纷，导致企业出现供应危机，"当地 37000 多名居民面对'滴水成冰'的天气，将可能遭遇无法取暖的问题"，① 为保障冬季供暖服务的持续，黑龙江省哈尔滨市方正县人民政府决定组建城区供热临时接管委员会对供暖企业实施临时接管；② 2010 年，因政府与供应企业产生收回特许经营权争议，内蒙古西乌珠穆沁旗人民政府对日源城镇供热有限责任公司实施强制接管；③ 2011 年，因改制后的民营供热企业——北京中标新型建材有限公司出现资金困难，导致无法正常供热，北京市丰台区政府委托第三方供热企业对中标公司实施临时接管。④ 此外，在城市公共交通等领域，也先后出现了行政接管案例：2008 年，在全国第一个实行公交民营化的城市——湖北省十堰市，因民营化后的公交公司发生治理危机，司机集体停运，导致城市公交服务处于瘫痪，十堰市人民政府决定收回特许经营权，全面接管公交公司，组建临时党委负责接管期间的工作；2010 年，因政府与供应企业产生解除特许经营权争议，珠海市政府成立临时接管领导小组对珠海中油管道燃气公司下属气化站实施强制接管。⑤

---

① 郭毅：《供热企业纠纷危及近 4 万人取暖　当地政府临时接管供热——首例政府临时接管特许经营权案背后深意》，《法制日报》2009 年 8 月 4 日。

② 相关评论，参见章志远、李明超：《公用事业特许经营中的临时接管制度研究——从"首例政府临时接管特许经营权案"切入》，《行政法学研究》2010 年第 1 期。

③ 相关报道，参见郭素凡：《内蒙古西乌旗一家热电企业被政府强制接管》，《法治周末》2010 年 8 月 11 日。对该案的评论，参见李明超：《公用事业特许经营中的临时接管程序研究——从"内蒙古西乌旗政府临时接管民营热电企业案"切入》，《西南政法大学学报》2013 年第 4 期。

④ 相关报道，参见饶沛：《政府接管供暖企业 1500 户居民不挨冻》，《新京报》2011 年 11 月 19 日。

⑤ 相关报道，参见杨峻：《珠海政府强制接管中石油气化站遭抗议》，资料来源：http://news.163.com/10/0322/16/62D31G2U0001124J.html，最后访问：2015 年 5 月 29 日。

公用事业的民营化改革，旨在通过授予各种公私合作制企业或私人企业以特许经营权，从而引入竞争，以提高服务供应的质量和绩效。一方面，企业的优胜劣汰将逐渐成为竞争性市场的常态，在市场供应替代者不足的情况下，因企业经营危机导致的服务供应危机将不可避免；另一方面，民营化改变了过去由国家直接供应的二维模式，形成了政府、供应企业、消费者三方关系，私人资本的逐利性与公用事业服务的公共性之间的冲突加剧了政府监管的复杂性，这也是为什么在治理结构相对薄弱的国家，民营化失败的例子层出不穷。① 从前述案例来看，造成服务供应危机都与民营化改制中的特许经营权纠纷相关，而部分案例也显示出政府行使接管权之正当性争议。可以预见，随着我国基础设施和公用事业民营化改革的不断深入，行政接管作为重要的政府监管措施，其制度实践将日益丰富，同时，其行政权行使的过程也面临进一步规范化、法治化。

二、公用事业行政接管的现行立法

我国现行关于公用事业行政接管的立法，主要规定在规范公用事业特许经营的一般立法和规范公用事业各部门的单行立法之中，主要特点是分散不统一、零碎不全面、概括不具体。

首先，我国尚未制定规范公用事业特许经营的基本法律。中央层面，原建设部于 2004 年制定的《市政公用事业特许经营管理办法》首次规定了临时接管制度，但其因属于部门规章设定行政许可而使其合法性受到争议。② 2015 年 6 月 1 日，国家发展和改革委员会、财政部、住房和城乡建设部、交通运输部、水利部、中国人民银行联合制定《基础设施和公用事业特许经营管理办法》，报经国务院常务会议审议通过后施行。该办法将临时接管方案纳入特许协议的必备内容。尽管该办法被认为是我国

---

① ［德］魏伯乐、［美］奥兰·扬、［瑞士］马塞厄斯·芬格主编：《私有化的局限》，王小卫、周缨译，上海人民出版社 2006 年版。

② 周汉华：《行政许可法：观念创新与实践挑战》，《法学研究》2005 年第 2 期。

"PPP 模式推进的基本法"，但在位阶效力上仍属于部门规章。地方层面，北京、湖南、山西、杭州、深圳等省市均制定了公用事业特许经营的地方性法规，作为《行政许可法》的下位法，虽一定程度上解决了特许设定和行政接管职权的合法性问题，但仅限于部分地域。

其次，我国现行公用事业采取分散监管体制，电力、铁路等监管集中于中央一级，水务、供暖、燃气等则采取中央与地方层级制管理，相应的，在公用事业的不同部门，立法也呈现出碎片化特征。前已述及，在中央一级，《电力法》《城市供水条例》等基本法律、行政法规，由于制定时间较早，未能反映民营化改革及现代监管手段的最新内容。在地方一级，行政接管制度主要规定在供暖、供气、供水等民生必需型公用事业领域，如《浙江省燃气管理条例》第十七条规定："管道燃气经营企业根据特许经营协议终止经营或者因违法经营行为被依法取消特许经营权的，燃气主管部门应当实施临时接管，采取有效措施保证燃气供应和服务"。再如《安徽省城镇供水条例》《黑龙江省城市供热条例》《北京市供热采暖管理办法》等地方性法规、规章，对供水企业、供暖企业的临时接管制度作了规定。总体上，关于行政接管的法律规范，在公用事业的不同部门之间、同一部门的不同地方之间，存在较大差异。

最后，我国当前尚未制定规范行政接管行为的专门立法。前已述及，规范行政接管的条款目前散见于各不同部门、不同层级、不同地域的法律规范之中，而从其内容来看，大多只有寥寥数条，且规定多较为概括、原则，对于接管的法定情形、接管的程序和期限、接管双方的权利和义务、经营亏损时由谁负责、接管期间的费用分担等方面，缺乏具体的、可操作的规定。经检索，关于行政接管的专门规定，仅有江苏省原建设厅于 2007 年制定的《江苏省城市市政公用事业特许经营权临时接管制度》，① 虽对接管的法定条件、费用承担等作了一定的细化，但条文简单、粗疏，均为接管的一般性原则规定，且属于地方规范性文件，位阶效力较低。

---

① 苏建城〔2007〕325 号。

前已述及，行政接管的实施方案具有高度个案性、灵活性，因此，公用事业行政接管制度的具体内容，应当因应公用事业内部不同行业的特点予以制定。例如，为推进城市公共交通公用事业的民营化改革，我国台湾地区于 1994 年制定了"奖励民间参与交通建设条例"，后经历次修订。①"条例"第 43 条规定：本条例所奖励之民间机构，于兴建或营运期间，如有施工进度严重落后、工程品管重大违失、经营不善或其他重大情事发生，主管机关得为下列处理：（一）限令定期改善；（二）逾期不改善或改善无效者，停止其兴建或营运一部或全部；（三）受停止兴建或营运处分六个月以上仍未改善者，废止其兴建或营运许可。前项之处理于情况紧急，延迟即有损害重大公共利益或交通安全之虞者，得令其停止兴建或营运之一部或全部。依第一项、第二项停止其营运一部或全部或废止其营运许可时，主管机关应采取适当措施，继续维持运输服务，不使中断。必要时，并得予以强制接管营运，其接管营运办法，由"交通部"另定之。据此，"交通部"于 2011 年发布"民间参与交通建设接管营运办法"，对接管机构的委任、接管处分的公告、被接管人的配合义务、接管期间的债权债务归属被接管人、接管程序的终止等作了具体规定。这一授权立法模式，能够因应行政接管之统一设定与分类细化的立法需求，值得借鉴。

三、公用事业行政接管的公共利益标准

当前，在我国大陆现行法规范相对粗疏的条件下，探讨公用事业行政接管的实体和程序，只能诉诸理论建构与案例实践。另外，无论实体与程序，公用事业行政接管均与金融行政接管具有相似的要素与环节，此处不再赘述。下面仅针对公用企业临时接管的公共利益标准展开讨论。

作为"非常之法"，行政接管意味着对私人企业之财产和经营的全面干预，在一般竞争性市场中属于公法介入私人领域，应受严格拘束。因此，即使有法律授权，紧急状态下之行政接管权的行使，仍需有充分的

---

① 最新修正于 2015 年 6 月 17 日。

公共利益正当性。但是，"公共利益"也有一张"普罗透斯似的脸"，特别是在个案意义上，公用事业产品和服务的特征各不相同，特许经营项目的业态和经营状况各不相同，判断行政接管的公益正当性是否已经成就，仍然必须诉诸行政机关的裁量权，也正因为如此，法律规范关于公用企业接管之适用条件的规定大多采用"严重危害社会公共利益""重大违法""持续经营困难"等不确定法律概念。

本节认为，从行政接管的制度目的出发，当获得特许经营权的公用事业企业出现重大违法或严重的经营危机时，判断临时接管的公益正当性条件是否成就，取决于前述危机所产生的紧迫性程度，需满足两个标准：一是"危机的紧迫性足以威胁到服务供应的持续性"；二是"穷尽其他措施仍不能消除这一紧迫性"。

第一，前已述及，公用事业领域的行政接管，是源于公用事业普遍服务的性质所需。当出现对一个潜在的和既有的公用事业服务供应的中断威胁时，国家基于保障义务，必须采取有效措施消除威胁、恢复供应。因此，行政接管是对公用事业企业不正常退出市场的一种干预，但只是干预的方式之一，其功能的核心是"确保服务供应不出现中断"。否则，即使出现管理不善、经营亏损、重大违法、服务质量不达标或特许协议争议等危机事件，其紧迫性不足以产生服务供应中断之威胁的，也不能采用接管方式，以免产生"公共财政为民营化改革失败埋单"的困局。

检视现行法律规范，对公用企业临时接管的法定条件主要有：1. 擅自停业、歇业，严重危害公共利益的；2. 因生产管理不善，发生重大质量、安全生产事故和环境事故，严重危害公众利益的；3. 擅自转让、出租、质押、抵押以及以其他方式擅自处分特许经营权的；4. 在可能危及公共利益，公共安全等情况下，不服从政府的统一指挥、调度的；5. 因不可抗力原因无法正常经营的；6. 因经营管理不善，财务状况严重恶化，无法继续履行特许经营合同的；7. 不履行普遍服务义务，或者产品、服务质量不符合标准，严重影响公众利益的；8. 达不到公用事业产品服务的标准和要求，严重影响公共利益的；9. 未按照城市规划建设市政公用设施，经市政公用事业主管部门责令限期改正而拒不改正的；等等。① 从内容来看，首先，这些情形都是可能引起服务供应中断的原因，但并非必然结果，不足以构成行政接管权行使的充分且必要条件；其次，部分条件的设定，如质量不达标、违反建设规划等，将行政接管的前提定位于"惩戒违法"，容易混淆接管的制度目标；最后，将行政裁量权行使的重心置于"企业经营危机"而非"服务供应危机"的判断上，扩大了裁量范围，容易引发实践案例的争议。如在"内蒙古西乌珠穆沁旗人民政府对日源城镇供热有限责任公司实施强制接管案""珠海市政府对珠海中油管道燃气公司下属气化站实施强制接管案"中，仅因特许经营协议纠纷而实施强制接管，是否具备充分的公益正当性，均引发了来自企业和公众的质疑。

第二，行政接管必须是在穷尽其他措施仍不能消除服务供应危机的情况下，方能使用的最后手段。公用事业民营化改革的目标是引入竞争，培育具有独立市场主体资格和能力的现代企业，通过市场方式配置公共服务供应，因此，"市场+私法"的方式应成为调整服务供应法律关系的主要方式。从政府规制和公法角度，防止特许经营企业出现服务供应危机的措施，包括严格的准入监管、通过特许合同的制约、质量和安全执法监管、补贴和经济激励、企业自我规制等系列制度。即使企业出现了经营危机，其作为私法主体，也应当首先通过寻求其自身的财务、经营等改善来解决，必要时政府也可采用经济规制，如财政激励、税费优惠、产业政策扶持、国有持股增资等方式以帮助企业渡过经营危机，而非直接强制介入经营实施接管。例如，台湾地区"奖励民间参与公共建设条例"，针对公共运输服务的特征，对企业接管的适用，采用了法益"层层递进"的方式。其一，特许经营项目的运行出现严重违约、经营不善等重大情事的，由行政机关责令限期改善；其二，逾期不改善或改善无效

---

① 高俊杰：《公用事业临时接管的行政法规制》，《行政与法》2014年第1期。

的，整体或部分停止运营；其三，受停止运营处分六个月以上仍未改善的，解除营运许可，紧急情况下除外；其四，因前述情况部分或整体停止运营、解除运营许可的，行政机关应采取适当措施，继续维持运输服务，不使中断；其五，采取适当措施的同时，有必要的，方可予以强制接管营运。

莫于川　　　　　中国人民大学教授、博士生导师、宪政与行政法治研究中心执行主任、中国行政法研究所所长。主要研究方向是行政法学、宪法学和行政学。兼任中国行政法学研究会副会长，北京、上海、成都、南京、住建部等地方人大和政府机关的法制顾问或复议委员。曾发表论文和研究报告三百余篇，出版教材和专著三十余部，完成科研项目三十余项，获科研成果奖二十多项，参与数十项立法工作。代表著作有《行政指导论纲》《行政指导与建设服务型政府》《民主行政法要论》等。

突然发生并造成或者可能造成严重社会危害，需要采取应急处置措施予以应对的自然灾害、事故灾难、公共卫生事件和社会安全事件，在应急法学上统称为突发事件。"天有不测风云，人有旦夕祸福"。现实社会生活中各类突发事件往往不期而至，严重影响人们的正常生活并成为社会生活的组成部分，尽管是人们极不情愿的一个部分。我国地域辽阔、地质气象条件非常复杂，各地、各类自然灾害不断大量发生，加之我国处于经济快速增长期和社会转型敏感期，利益冲突、制度摩擦、矛盾交织、问题积聚带来的风险很多很大，突发事件和连带问题难免不时发生。如欲实施科学有效的危机管理来应对公共危机，就须正确认识、实施和规范政府机关在突发事件应对过程中的管理行为，提高危机管理的行政效能，实现危机管理的法治化，依法增强社会系统的保健功能。这是因为，在行使紧急权力、实施危机管理的过程中，易于出现权力滥用行为、发生严重侵权后果，必须依法有效地约束行政权力、保护公民权利。这就需要按照现代法治的要求，通过加强应急法制予以规范和保障。这是科学应对危机、降低风险损害、构建和谐社会的内在要求。鉴于此，本章重点讨论行政应急与行政应急法制的理念，行政应急的历史经验与基本功能，行政应急的制度运行与监督救济，我国行政应急法制发展路向与课题，期能抛砖引玉、提供参考。

第一节　行政应急与行政应急法制的理念

行政应急与行政应急法制的理念长期受到忽视，随着突发事件日益增多、危害日盛、影响社会稳定，在我国进入社会转型发展时期和法制建设进入精细化发展阶段后，行政法制和行政法学也发生了日显深刻的巨大变化①，人们对此深化了认识，达成了更多共识，有关经验值得系统总结，本节对此试作探讨。

一、行政应急的案例分析与概念特征

（一）典型案例对比

我国正大力倡导建设和谐社会、和谐世界，为此必须探讨和加强用于应对突发事件、实施危机管理的行政应急机制和应急法律制度。探讨这个问题的目的正是为了追求社会生活的长久和谐。所以，"加强行政应急法制与构建和谐社会"这样一个命题，对其基本内涵可以解读为：有效的行政应急与应急法制是和谐社会的保健因素。

公共管理理论中有一种"管理两要素说"，大意是说：对一个系统的管理效果起重要作用的有两大类因素，一类是激励因素，其功能是增加系统的动力；另一类是保健因素，其功能是减少系统的阻力。突发事件及其导致的公共危机，人们是回避不了的，它是社会生活的组成部分，必须正视它，积极应对它。予以有效应对之后，社会有机体就能继续健康运行了，这好似保健因素起到作用。可以说，有效的行政应急机制与应急法律制度乃是和谐社会的保健因素。提出并研究这一命题的出发点与归宿点在于：在行使紧急行政权力、实施公共危机管理的过程中，易于出现滥用行政权力行为、发生严重侵权后果的现象，必须依法有效地约束行政权力、保护公民的合法权利。为此，必须重新认识和调整政府机关在突发事件应对过程中的管理行为。

我们可以通过一些事例来对比观察。2003 年的"非典"（SARS 危机）造成全社会极大的恐慌。当时，即使不是疑似病人，仅仅是密切接触者，也要隔离 15 天，限制人身自由。另外，隔离的条件随着被隔离人员的增多而下降，增加了隔离者的被感染机会。当时的应急法制不完善，应急机制、应急预案也缺乏，所以在这一突发公共卫生事件面前，政府

---

① 参见罗豪才：《我国行政法制和行政法学的继承与超越》，《法学家》2003 年第 5 期。

机关非常被动，全社会也完全陷于被动之中，有关机构的应急资金、专业人员和专门物资（例如防护口罩、医护人员的防护服）都严重不足，原因是过去不予重视，一些传染病院的条件差，没人愿意去工作，没有资金更新设备、培训人才，应急救护能力不强。与之比较，接下来的第二年也就是2004年，我国又出现禽流感，这种疾病对人的危害同样非常严重，但全社会已不是太紧张，因为有了前一年抗击"非典"的经验。而且"非典"以后举国上下迅速投入巨量资金，加强建设传染病院，有些地方还建立了新的疾病预防与控制中心。基本条件大大改善，有了应急预案和实践经验，避免了社会恐慌、社会混乱，比较平稳地度过了危机。对比两个事例，给人很多启发。

还有两个事例可作对比。北京2003年年初有一场大雪，这是类似自然灾害的一个突发事件，竟让整个城市交通近于陷入瘫痪：许多在下午五点钟下班回家的职工，直到深夜甚至凌晨一两点钟才回到家里。可作对比的是：2006年1月，北京市区人车流量特别密集的交通要道——京广桥路段忽然塌陷，出现一个大坑且不断扩大。此事如果在以前发生，肯定迅速波及全城造成大面积交通瘫痪。但这次启动了城区交通运输应急预案，很快控制住局面，而且塌陷路段连续施工很长时间也未造成明显交通阻塞。许多人都记得当天出事不久，机动车驾驶人的手机都收到了北京市公安交通管理机关发来的紧急交通信息，告知京广桥路段塌陷事件，建议车辆避开这条路和相应路段，以及如何绕道行驶。这些信息是政府机关无偿提供给市民的公共信息，是主管部门采取的行政指导行为。当时还采取了其他举措，比如开辟辅助通行道路等进行配套应对。这种突发事件如在以前发生，恐会发生局部交通瘫痪，而这次通过采取综合配套的应急措施，就井然有序地度过了危机。突发事件发生后，危机管理者的应对态度和处置方式也很重要。2006年2月，也就在发生松花江水污染事件之后不久，黑龙江省牡丹江市突发大范围水污染，江水里出现了许多不明性质的白色漂浮物，造成人们很大的恐慌。一个通信公司的经理或许出于好意，向许多手机用户发去关于严重水污染和矿泉水供应紧张的短信息，于是城里大大小小商场的矿泉水被一抢而空，出现了饮用水危机。这次水污染事件发生后遇到一个棘手问题是：牡丹江市政府对于水污染的真实原因，一开始也搞不清楚，是否发布真实消息甚感为难。他们请来当地权威学者检查诊断，学者认为可能是一种水生物，不是毒物，只是轻微的污染，可能不太严重，但又不能当即做出明确判断。如果按照以往的思维习惯，突然发生重大复杂事件后，某些地方政府一般会控制新闻、暗箱操作，于是人们纷纷猜测、流言遍地，可能就非常危险。突发事件导致公共管理危机时，政府信息是否公开，历史经验表明不同的态度会有不同的结果。这一次，当地政府经过认真研究，反复考虑后果，决定即便不清楚污染源为何物，也要实事求是地向社会公布。例如，污染范围有多宽？还有多少水资源可放心使用？政府和有关机构正在进行哪些工作？请来什么样的专家（实际上随后就请来了北京疾控中心、其他高级研究机构的专家）？专家提出的最新意见如何？将这些情况完整地告知当地民众，结果迅速稳定了民心。事后证明，该污染物是一种水生物，叫作水栉霉。由于牡丹江上游的支流海林河边有一个造酒厂排放的酒糟长期堆放江边，此前半个月左右当地出现气温回升，导致江边酒糟发酵，水栉霉迅速大量繁殖形成大范围江水白色污染。真相弄清并公布后，恐慌完全消除。而事发当时的确很危险，如果处置不当，一个城市几百万人口可能会失去控制，造成难以预料的严重后果；但是这次当地政府汲取历史教训，及时公布实情，产生了完全不一样的结果。这个实例给人们一个重要启示：突发事件到来时，不能逃避、回避、掩饰，要敢于正视、积极应对，采取积极、正确的应对方法。特别是当地政府机关要及时、主动地公布有关信息，让民众知晓并予以配合，产生的结果是不同的，最终有助于保证一方稳定、平安。

这些事例说明，突发事件是社会生活的组成部分，科学、适用、完备的行政应对工作和应急法律制度是一个社会的保健因素。必须做好物资、方案、技术、机构、法律规范、思想观念等方面的必要准备，才能应对各种突发事件。随着经济、科技和社会迅速发展，突发事件日益增多，给人们提出很大挑战。如何建立健全行政应急系统和应急法律制度，乃是人们面前的重大课题。

（二）突发事件的概念

行政应急和应急法制产生的前提是突发事件。突发事件的内涵如何？这在一些国家的应急法制、国际公认的应急法上的定义，可谓大同小异，都有几个要素：第一，非预期性，也即事出意外，这是比较明显的特征；第二，巨大的危险性，如果不能有效控制事态发展，后果将会非常严重；第三，紧迫性，必须尽快采取应对举措，行动者是在与死神赛跑；第四，不确定性，一个事件发生后，下一步还会继续发生什么，也即事态的发展，很难予以判断。

具有这些特点的突发事件，范围非常广泛，我国的《突发事件应对法》将其概括为四类：突发自然灾害，突发事故灾难，突发公共卫生事件，突发社会安全事件。这样的突发事件发生后，如能有效控制，最终未必导致严重公共危机或进入紧急状态，但是很多情况下，突发事件往往导致公共危机，较大的突发公共事件一般会导致公共危机，对此有必要采用行政应急管理的手段和公法调整的方式去应对，这称为突发事件应对或公共危机管理。

（三）行政应急的概念

行政应急是指行政机关组织相关力量对可能发生或已经发生的突发事件进行预测、监督、控制和协调处理，以期有效地预防、处理和消除危机、减少损失的有关举措。从行政法学的角度看，可将行政应急行为定义为针对战争、内乱、各种恐怖活动、严重的自然灾害和事故灾难或重大社会风险、经济危机等紧急情况，由行政机关依据宪法及相关法律规范予以应急处置的行政行为。

这样加以定义的行政应急行为，第一，它应当受到法律规范的约束，依据宪法和有关法律采取应急处置措施；第二，它是在特殊条件下的行为，如骚乱、恐怖行为、群体事件、重大自然灾害和事故灾难等，没有明确的特殊条件，就没有行政应急行为；第三，它是特殊的行政行为，在此种行政行为中，行政主体的权限和行为方式不同于常态情况，在非常态下行政主体获得的授权往往大于常态情况，因为在特殊情形下行政主体履行职能的时间紧迫、要求提高且难度加大，须要获得更多的授权方能达成行政目的，但也不排除某些情况下行使行政应急权力反而会受到比常态下更多的限制，因为有可能出现滥用紧急行政权的风险。

（四）行政应急的特征

行政应急行为具有复杂多样的表现形式，包括演练、储备、预测、监督、预控、处置、协调、重建等一系列行政应急和恢复常态措施，在危机防控和应急救援的过程中发挥着特殊的调整作用，主要有以下三个特征。

1. 实施行政应急行为的目的是为应对突发事件等特殊问题。行政应急行为必须有明确的突发事件导致管理危机作为前提，这种状态的确定不是行政主体随心所欲的主观判断，需有法律明确规定；也不能是漫无目的、毫无约束的管理行为，而是应当具有妥当应对突发事件的考量和追求。

2. 实施行政应急行为往往会对常态下的法律规定有所突破。区分一个行政行为是应急行为还是常态下的行政行为，不仅要判断其是否处于危机状态下，也不仅要判断其目标是否为了应对危机，还要判断该具体行为是否对常态下的法律规定有所突破，如主体、措施、依据、程序、责任等方面的突破。

3. 行政应急行为的主体和措施的授权受到严格的法律约束。需要注意的是，行政应急行为的授权受到严格约束，而不是行为受到严格约束。恰恰是因为法律规范难以对行政应急行为作出非常具体的约束，也即行政应急行为受到的法律约束，总体而言要弱于常态下的行政行为，故须对行政应急行为的授权作出严格的法律约束。原则上，必须具有关于突发事件应对或紧急状态处置的具体规定时，行政机关才能够行使行政应急权力，作出行政应急行为。但是，考虑到在法律没有具体规定的情形下，有时需要对常态下的法律规范予以突破，即作出行政应急行为是必须的，而且这种情形在立法中无法全部预料和清晰规定，故只能授权行政主体自行判断和处置危机，但对授权应依法调控，也即在法治框架内推进行政应急制度的现代化。①

(五) 行政应急的法律关系

行政应急的法律关系，是行政应急活动中各主体和主体间的权利和义务关系，其中最主要的是深刻认识行政应急权力的属性，作出严格的法律控制以防止行政机关和公务人员滥用行政应急权力。② 行政应急行为必须满足如下构成条件或成立要件：一是必须有明确无误的紧急危险的存在；二是行政应急行为的实施必须有明确的法律规定；三是必须是为了实现预期的合法行政目的。③

严格依法规范行政应急行为的行使，是现代民主和法治的基本要求，也是危机管理法治化的标志。在对行政应急行为作出法律规范时，应注重从几个方面加以严格要求，也即行政应急行为应当具有如下合法要件，否则就会受到负面评价：一是行政应急行为必须由有权的国家机关和公务人员依法实施，或者其他主体参与进来依法予以配合实施，否则不具有法律效力；二是行政应急行为的实施必须符合法律规定的程序，不按法定程序实施，易于产生违法侵权的后果，则可通过监督程序撤销该行为并予补救；三是行政应急行为必须在法律规定的范围内采取，越权、任性行为会受到负面评价；四是行政应急行为也是特定的国家机关和公务人员的职责，如不履行该项职责，应承担不作为的相应法律责任。

二、行政应急法制的性质、特点与功能

(一) 行政应急法制的性质

古人云："凡事预则立，不预则废。"突发事件自古就有，应对突发事件的经验也是古已有之，但突发事件应对工作相关法律制度也即行政应急法制过去却远未受到足够重视，虽曾有过一些分散、单项的法律法

---

① 参见于安：《国家应急制度的现代化》，《法学》2004年第8期。

② 参见侯晓蕾：《行政应急权属性分析》，《辽宁行政学院学报》2009年第10期。

③ 参见徐高、莫纪宏编著：《外国紧急状态法律制度》，法律出版社1994年版，第64—68页。

规制定出来，但分散立法模式存在许多问题和矛盾。如何完善行政应急法制，实现突发事件应对工作的法治化，提高政府应急管理行为的正当性、合法性与有效性，是深入推进依法行政、加快建设法治政府的基本要求。

行政应急法制是指一个国家和地区针对突发事件及其引起的紧急情况而制定或者认可的，处理国家权力之间、国家权力与公民权利之间、公民权利之间的社会关系的法律原则和规则的总和，是常态行政法律制度的必然延伸。行政应急法制需要处理的社会关系非常广泛、复杂。以我国《宪法》和《突发事件应对法》领衔的应急法制是危机应对能力的基本要素，它主要从法律功能的角度来观察、解决问题，其作为和谐社会的保健因素须大力加强。

从概念上加以理解，"突发事件应对法"与国外称的"紧急状态法"比较接近。但是我国《突发事件应对法》是另一种定位，也即没有选择对危机状态进行全面、系统、具体的调整，而是把突发事件的酝酿、发生、应对一直到宣布进入紧急状态之间这段前危机状态以及危机状态，作为该法要调整解决的主要对象。这个对象的最终确定，经过了反复的讨论和修改。这个问题为什么值得予以关注和讨论？在于紧急权力（特别是其中的行政紧急权力）的定位和行使问题比较特殊，与在常态下的国家权力不同。非常态下公共权力的运行特别容易导致对公民权利的伤害，因此必须予以特别约束。按照《突发事件应对法》的规定，在宣布进入紧急状态之前，处理公共危机的过程当中，政府已能行使一部分行政紧急权力，而克减、限制公民的一部分权利，增加公民的一些配合、协助义务。这样的权力运作，不加以法律约束是绝对不行的，否则极易出现权力运作走向异化的局面。因此，该法在一定程度上可以解读为紧急行政权力行使过程中的公民权利保障法和公共权力约束法。

（二）行政应急法制的特点

专门调控行政应急行为的法律原则和规范构成行政应急法制，它具有如下特点。

1. 权力优先性，这是指在非常态下，与立法、司法等其他国家权力相比，与法定的公民权利相比，行政应急权力具有某种优先性和更大的权威性，例如可以限制或暂停某些公民权利的行使，这在宪制范畴内也称为"人权克减"现象，其关键是明确妥善解决人权克减的底线问题①。

2. 应急处置性，这是指在非常态下，即便没有针对某种特殊情况的具体法律规定，行政机关也可进行应急处置，以防止公共利益和公民权利受到更大损失。

3. 程序特殊性，这是指在非常态下，行政应急权力的行使过程中遵循一些特殊的（要求更高或更低的）行为程序，例如可通过简易程序紧急出台某些政令和措施，或者对某些政令和措施的出台设置更高的事中或事后审查门槛。

4. 社会配合性，这是指在非常态下，有关组织和个人有义务配合行政应急权力的行使，并提供各种必要帮助。

5. 救济有限性，这是指在非常态下，依法行使行政应急权力造成行政相对人合法权益的损害后，如果损害是普遍而巨大的，政府有时只能提供有限的救济，例如适当补偿（但不得违背公平负担原则的底线）。

（三）行政应急法制的功能

通过立法和行政立法来规范行政应急行为，构建行政应急法制，具有如下多方面的功能。这里列论四项。

1. 有利于保障公民的基本权利与合法利益。在突发事件和紧急状态下，行政应急行为对公民权利的保障力度有所削弱，这是因为行政主体必须更偏向于解决突出的危机问题，如骚乱、恐怖事件、群体事件等。可见，这种情况下对公民权利进行限制的理论基础是权利冲突理论，也即公民的各项权利之间发生了冲突，例如为了保障生存权，必须放弃或克减言论自由。这种情况下，如果一定要对公民的权利进行限制，那么，按照法治主义的要求，这种限制应当最小化，也即除非必要，不得限制公民权利，或者说即便限制也必须坚守某些底线。为实现这一目标，必须在立法中明确行政应急行为的权力边界和公民权利的保障与救济。如

---

① 参见孟凡雷：《行政应急中的人权克减探析》，《法制与社会》2008年第6期。

果没有应急行为立法，则会增大公民权利受到侵害的风险。

2. 有利于预防、减少、化解社会安全风险。随着科技发展和改革深入，我国已进入高风险社会，不仅在行政管理和服务过程中存在大量风险，实施行政应急行为更存在大量风险，故须完善行政应急法制，依法防控安全风险。社会安全风险机制包括了风险评估、风险防范、风险转移、风险化解等多种风险防控措施，目的是最大限度地降低社会安全风险。需要把风险评估和管理相分离作为一项重要原则，整合社会安全政策和立法，所有的社会安全政策和立法都应建立在风险分析的基础上，使得社会安全得到更给力的保障。行政机关在风险防控过程中应承担主要责任，由行政机关、评估专家、利害关系人和公众代表等主体相互沟通、共同评估得出风险评估结论，以减少不正当的各种干扰，增强社会安全风险防控的社会效果。故应针对风险评估、风险管理和风险交流的主体与过程以及相互如何联动等方面完善相应的法律规范，同时行政机关应当针对社会安全风险的特点、利益衡量、风险评估的不确定性以及风险管理的选择给予相应的资金、技术和政策支持，让各界便于参与社会安全风险防控过程，推动建立公开透明、科学有效、公众参与的风险防控机制。此外，还应制定社会风险评估工作规划，健全社会监测与报告网络，推进行政应急体系建设和专业队伍建设，完善行政应急管理指挥系统和工作体系，及时修订和完善应急管理预案，定期开展应急管理专项培训和演习演练，不断增强社会风险防范和应急处置能力。

3. 有利于提高行政应急行为的效率。一般情况下，行政机关针对突发事件应对和紧急状态处置的准备往往不足，在突发事件特别是紧急状态发生时易于无所适从、举措失当，行政应急行为的效率低、效果差。通过立法和行政立法对行政应急行为加以明确规范，有助于在实务中针对突发事件应对作出预见性的准备，以提高行政应急行为的效率和实际效果。

4. 有利于将行政应急行为纳入法治轨道。即使没有行政应急行为的法律规范，在国家面临紧急状态时，行政机关常常需要突破常态下的现有法律规范体系，采取事实上的行政应急行为。这种突破如无任何法律约束，则会对法治造成破坏。因此，应当完善行政应急法律规范，对行政应急行为予以有效的法律约束，以及必要的法律补救，这是现代法治的权利保障底线思维要求。

三、行政应急性原则的理论逻辑

关于建立健全行政应急法制，将行政应急行为纳入法治轨道，需要遵循一系列法律原则，包括主权性、必要性、合宪性、合法性、公益性、适当性、程序性、比例性、责任性等原则，概括起来，最基本的理念和要求可以表述为行政应急性原则。对此，可从如下三个方面来理解。

（一）全面认识行政应急性原则的背景

多年来我国出版的绝大多数行政法教科书在阐述行政法的基本原则时，往往仅提及行政合法性原则和行政合理性原则或者还有其他若干原则，但未将行政应急性原则作为行政法的基本原则加以研讨。窃以为这一认识上的误区既制约了我国应急法制建设，也不利于全面深入推进依法行政，不利于行政法理论的全面发展。可以说，我国应急法制建设滞后无疑是诸多原因使然，但从思想观念上看，很长时期以来法学界和实务界忽视了行政应急性原则在整个行政法制建设中的应有地位和作用，显然也是不可忽视的一个制约因素或曰认识误区。

例如，由于忽视行政应急性原则，多年来在行政主体制度建设和理论体系上，就难免忽视突发事件应急指挥机构的地位、构成、职能、职权和工作制度（如各种应急预案）的研究和安排，没能未雨绸缪地做好相应的专业人才队伍建设，以至于我国 2003 年 SARS（也称"非典"、"非典型性肺炎"）疫情危机出现后，许多政府机关应对危机的管理工作显得非常被动，不得不支付本可避免的巨大社会成本，其教训深刻。

再如，在出现突发事件的非常态下，行政机关应对公共危机的管理工作可以根据实际需要实行行政应急程序，灵活采取各种行之有效的手段，包括各种应急性的行政指令措施和行政指导措施。既往由于忽视行政应急性原则，对此没有形成共识，或者不为行政管理和行政法制实务工作者普遍知晓，也就易于造成危机管理工作某些阶段的被动。

又如，由于忽视行政应急性原则，关于行政机关采取的危机管理行为对行政相对人合法权益造成的损害应当如何救济，过去就未能完善有关的监督与救济规范，给实际工作造成诸多困难。例如紧急征用行政相对人的房屋、设备等财产用于行政应急管理措施，应遵循何种程序，如何予以补偿，发生补偿争议通过什么程序加以裁断和救济？此类财产权纠纷如果解决不好，会影响到人民群众对于行政应急行为的充分理解和积极配合，不利于保持良好的官民关系和政府形象。

（二）准确把握行政应急性原则的含义

行政应急性原则是指行政主体为保障重大公共利益和行政相对人根本利益，维护经济与社会秩序，保障社会稳定协调发展，在面临突发事件导致公共管理危机等危急情形下特别是进入紧急状态下，可实施行政应急措施，其中既包括具有行政行为法上的具体规定的行为，也可包括一些没有具体法律规范甚至停止某些法定权利、中断某些法律条款实施或突破一般行政程序规范的行为，同时也为常态下的各种应急准备工作（如应急工作机构的建设、应急队伍的日常建设、应急物资的储备更替等）提供指导和依据。行政应急性原则与公民权益保障原则之间也存在矛盾冲突，需要妥善处理达致平衡。[①] 为防止行政恣意和滥用权力，现代法治对行政应急行为也提出了现实性、专属性、适当性和特殊程序性的要求，并非一律从简或率意而为。

应当指出：在危机管理中需要行政机关运用行政应急权力，采取一系列应急措施，必要时还可中断某些法律规范的实施，甚至暂停或限制公民的部分法定权利（但底线是不得限制和剥夺生命权、语言权、宗教信仰权等最基本的人权），具有极大的优先性、应急性、强制性和权威性，因而也具有恣意和滥用的特殊条件和极大可能，必须对其加以有效的监督和约束；而行政应急中的特别行政程序、司法程序、救济程序等程序约束乃是最有效的约束机制之一，这也是现代法治的基本要求。因

---

① 陈瑞杰、靳长伟：《行政应急性原则与公民权益保障原则的冲突及平衡》，《山西省政法管理干部学院学报》2014 年第 2 期。

此，针对特殊和危急情形的行政法治需要，在我国今后将制定的行政程序法典中专门设立若干行政应急程序条款，以此规范应急行政行为，便于实施更完善的法律救济，就是一种较为有效的办法，也有地方立法经验可借鉴。

（三）运用行政应急性原则符合法治主义的要求

在面临突发事件导致管理危机时实施行政应急措施，包括一些没有具体法律依据甚至暂停某些宪法权利和法律权利、中断某些法律规范实施的行为，似乎违背了法治原则。但实际上，这是政府为了国家、社会和全体公民的长远和根本利益而作的理性选择，是符合实质法治主义要求、利大于弊的危机管理举措，其最终目的是通过化解危机因素，恢复和维持公共权力与公民权利的良性互动关系，从根本上维护公民权利。

因此，在实施依法治国方略、全面和深入推进依法行政的新形势下，应当按照立宪主义和行政法治的要求，加强行政应急法制建设，应进一步完善我国应急法律规范体系，把应对突发事件的行政应急系统纳入法治轨道；同时在突发事件导致公共危机，政府动员社会资源应对危机时，应贯彻行政应急性原则，及时采取公共危机管理所需的各种行政应急措施，同时予以及时和充分的权利救济，更加稳健地维护经济社会发展和人权保障所需的法律秩序，确保公民权利（特别是基本权利）获得更有效的保护，公共权力（特别是行政权力）能够有效行使并受到有效制约，使得二者能够兼顾、协调、持续地发展。

四、行政应急行为的设定和分类

（一）行政应急行为的设定

关于行政应急行为的设定问题，即哪一层级的法律规范可以授权行政主体做出行政应急行为，一般认为这应当属于宪法和法律保留事项，也即除非宪法和法律有规定，行政机关不得自行授权做出行政应急行为。具体地讲，对行政应急行为的设定必须包括条件的设定、主体的设定、内容（即行为方式、手段和措施）的设定、权力边界的设定、程序的设定，此外，还应就监督与救济作出安排。

行政应急行为的设定有三种方式，一是在立法中就行政应急行为的条件、主体、内容、程序等事项作出具体的规定，这是广泛适用的；二是采取确认和宣布进入紧急状态的办法，决定执行紧急状态下的法律规范，或对紧急状态下某些事项作出统一、具体的规定，如宣布公民某些权利受到限制，或对行政机关作出某些特别授权等；三是授权行政机关判断和确认紧急状态，由行政机关在自身权限范围内决定采取行政应急行为。

（二）行政应急行为的分类

对于行政应急行为，可从两个角度加以分类：一是横向上可以按照突发事件的分布领域，划分为关于突发自然灾害的行政应急行为、关于突发事故灾难的行政应急行为、关于突发公共卫生事件的行政应急行为、关于突发社会安全事件的行政应急行为，以及关于突发环境综合事件的行政应急行为等等①；二是纵向上可以按照突发事件的演进脉络，划分为预防监测阶段的行政应急行为、应急处置阶段的行政应急行为、紧急状态阶段的行政应急行为、评估规划阶段的行政应急行为、恢复重建阶段的行政应急行为等等。按照不同角度划分的行政应急行为具有各自的特点，也具有依法约束的不同难度、重点和要求。

---

① 本章作者受邀作为应急法专家参加了《中华人民共和国突发事件应对法》草案的研究和起草工作，所知晓的一个情况是：虽然本法第三条将突然发生、造成或者可能造成严重社会危害、需要采取应急处置措施予以应对的突发事件分为自然灾害、事故灾难、公共卫生事件和社会安全事件等四类，但实际上在起草和审议过程中，都曾有专家将突发生态环境综合事件作为独立的一类突发事件提出，但因最终没能达成足够共识而未采用。但从该法的实施情况以及我国突发事件应对工作实际需要来看，今后恐有必要在修法时将突发生态环境综合事件作为独立的一类突发事件予以增加规定。

第二节 行政应急的历史经验与基本功能

一、我国行政应急管理的历史教训

突发事件，自古就有，应对突发事件的经验，也是古已有之，但突发事件应对法制却刚刚起步、远不完善。关于应对危机，我国古代有"高筑墙、广积粮、缓称王"的说法。后来毛泽东主席将其改造为"深挖洞、广积粮、不称霸"。当时采取这个战略举措的缘由是"反帝、反修"的需要。① 所谓"深挖洞"，是指把重要工厂修建到大山里的山洞中，这是"三线建设战略"的一项重要内容。② 所谓"广积粮"，是指粮食非常重要，要进行大量的战略粮储备。所谓"不称霸"，是指中国决不当超级大国、不搞霸权主义的宣示。这样的战略举措，解决的是如何预防和应

---

① 当时称的"帝"，是指奉行帝国主义的美国，"修"，是指坚持修正主义的苏联。"反帝、反修"的口号，反映了当时的政治文化，现已成为历史概念。

② "三线建设战略"是20世纪六七十年代由高层拍板决策推行的一项顶级国家战略。当时按照是否易于受到战争攻击的风险程度，把东南沿海地区称为一线，内陆腹地的陕西、四川、贵州等偏远省区称为三线，其他地区称为二线，将具有战略意义的重要工厂相对集中在三线地区建设起来。这样，一旦突发战争，即便毁坏了一线还有二线，毁坏了二线还有三线可以退守和反攻。"山、散、洞"，就是当时推行"三线建设战略"建设工厂的原则。其中的"山"，是指在沿海地区的所有重要工厂，机器设备、技术力量一分为二，将其中一半迁建于"三线地区"的大山腹地（当时称为"三线企业"）。其中的"散"，是指新建在大山腹地的"三线企业"都相距很远，确保一颗原子弹无法同时炸毁两个工厂。其中的"洞"，是指一些重要工厂都修建在山洞里，被称为"山洞工厂""山洞车间"，以确保安全。这些，也不可避免地带来了一系列的困难和问题。实行改革开放之后，经国家统一部署，部分工厂陆续搬迁到大中城市周边，进入了新的转型发展阶段，这被称为"三线企业调整"。新中国建设历史上这一段曲折而独特的经历，事出有因。

对危机，但并没有专门考虑如何依法来进行调整和规范。

我国过去对突发事件应对机制及其法律保障体系建设不够重视，虽然后来也有了一些分散的、单项的法律法规制定出来，但采取分散立法模式带来很多问题和矛盾：一是宪法层面对此没有明确规定，宪法的纲领作用和指导力度不足；二是没有出台《突发事件应对法》这样的龙头性应急法律作为基础；三是立法层次偏低，而且地方立法与中央部门立法常有冲突；四是立法内容过于原则，缺乏程序性规定，操作性不强，也容易发生偏差；五是重视赋予权力而忽视控制权力，重视纵向协调而忽视横向协调；六是应急预案的性质定位、应用范围、适用条件、公开程度、效力范围、责任机制、救济制度等缺乏立法规范；七是应急法制运行的社会环境欠佳，人们的认知程度、重视程度都不够。这些问题亟须妥善解决。

我国现在开始重视应急法制，而且应急性原则也作为一项重要原则来指导实践。

2004 年修宪时"人权入宪"，将"国家尊重和保障人权"写入宪法，还规定了"紧急状态"，这些都使得制定下位法律规范有了更充分的宪法依据。除了制定《突发事件应对法》这样的龙头性应急法律，那些分散的应急法律规范也需要修改和补充完善，还要完善应急预案体系。从宪法到一般应急法，再到专项的应急法律，再到行政法规、规章、实施细则，再加上预案，这就形成宝塔形的广泛的规范体系，其重点是一般应急法和专项应急法。如果我国行政程序法典出台时再把有关行政规范性文件的地位和作用予以明确，更利于规范行政应急行为。

二、行政应急行为法治化的中国经验

自 2003 年"非典"危机发生以来，在党中央和国务院的坚强领导和正确指挥下，全党全国人民团结一心，过去十多年我国成功应对了一个个重大突发事件，保障了经济与社会生活正常进行，维护了人民利益和国家利益，应急法制也获得快速发展。学界对此过程的经验教训及其理论探索做了大量研究，逐渐形成了中国特色的行政应急和应急法制的基本判断和系列成果，这对于我国行政应急行为法治化进程起到了积极的理论助推作用。① 概括起来，我国行政应急法制发展的以下经验和启示值得重视。

（一）加强行政应急法制符合当今世界潮流

放眼当今世界，如何增强政府的危机管理能力，完善应急法制，正确认知和妥善应对各类突发事件，已成为国际社会的共同难题。当今许多国家应急法制建设呈现出如下特点和发展趋势：一是应急法律规范的专门化、体系化；二是应急机构人员的专门化、专业化；三是危机管理体系出现多元化、立体化、网络化的发展趋势；四是危机管理中的政府应急管理行为及程序的规范化、制度化、法定化；五是危机预警机制、资源储备与调动机制、危机化解机制逐步完备；六是提高危机管理效率的重要因素——民间力量的广泛参与；七是危机防范意识和能力的培养、危机防范措施的完善走向经常化、制度化、法定化。前述特点和发展趋势可为我国行政应急法制建设提供参考。

（二）行政应急法制是建设法治国家的基础工程

公共权力易于对公民权利造成伤害，尽管它在常态下也容易被滥用，但多少还能受到一些限制；但在非常态下，行政权力更易被滥用，公民权利更易受伤害。这就要求完善应急法律规范体系，把应对突发事件的应急系统纳入法治轨道；在政府动员社会资源应对公共危机时，稳健地维护经济社会发展和人权保障所需的法律秩序，确保公民权利（特别是基本权利）受到有效保护，公共权力（特别是行政权力）受到有效制约并能有效行使，使二者能够兼顾、协调、持续地发展。

（三）行政应急法制建设要坚持以人为本的方针

由于过去忽视行政应急法制建设，突发事件应急指挥机构的地位、构成、职能、职权和工作制度（如各种应急预案），长期没有得到妥善安排，也没有未雨绸缪地抓紧相应的专业人才队伍建设，以至于出现重大突发事件后就陷于被动。再如，关于政府机关采取的危机管理行为对行

---

① 参见高小平、刘一弘：《我国应急管理研究述评》（上、下），载《中国行政管理》2009 年第 8、9 期；王祯军：《2007 年以来国内应急法制研究综述》，《大连干部学刊》2012 年第 7 期。

政相对人合法权益造成的损害如何予以救济，过去就未能完善有关的监督与救济规范。由鲜血和生命为代价的经验教训终于形成共识：以人为本是行政应急法制的核心价值，以人为本的方针是构建高效率的应急法制的政策保障。为防止行政恣意和滥用权力，现代法治对行政应急行为提出了现实性、专属性、程序性、适当性的要求，例如必须符合比例原则，需要相应的法律救济机制作为保障等等。可见，以人为本地建设中国特色的应急管理体系，已成为转型发展时期我国行政应急体制、机制和法制发展的一项基本方针、重大任务和显著成效。①

（四）行政应急法制实践须要扩大公众参与

公众参与是当今公共管理改革和行政法制革新的世界潮流。在突发事件应对工作中，需要坚持党的领导、人民当家作主、依法治国的有机统一，不断扩大公众参与的广度、拓宽参与的渠道、丰富参与的形式，这是政治民主和行政民主的要求。历史经验证明，有效应对公共危机的力量源泉和深厚资源在民众之中。尽管政府机关掌控了许多资源，但在突发事件应对工作中，也不能仅靠政府机关单打独斗、包打天下，应当调动全社会的力量来应对危机，特别是充分有效地发挥志愿者的作用。而且，民众参与突发事件应对工作既是他们的义务，更是他们参与管理国家事务的一种权利。依照《突发事件应对法》的规定，公民可以参加专职或者兼职应急救援队伍，可以为突发事件应对工作提供物资、资金、技术支持和捐赠，等等。从行政应急法制实践来看，更多地体现行政民主性的社会合作机制建设和政民共同治理体系，也开始受到重视，正在积极探索。②

---

①　参见高小平：《中国特色应急管理体系建设的成就和发展》，《中国行政管理》2008 年第 11 期。

②　参见沈荣华：《非政府组织在应急管理中的作用》，《新视野》2005 年第 5 期；王光、秦立强、张明：《试论政府应急管理的社会合作机制》，《中国人民公安大学学报》（社会科学版）2006 年第 6 期；刘霞：《公共危机治理：理论建构与战略重点》，《中国行政管理》2012 年第 3 期；陶鹏、薛澜：《论我国政府与社会组织应急管理合作伙伴关系的建构》，《国家行政学院学报》2013 年第 3 期。

（五）通过机制创新增强行政应急法制实效

实践证明，机制创新、方法创新是提升行政应急能力的一个关键。一是要公开应急管理的政府信息。应急管理事务透明是突发事件应对工作的基本要求。历史经验充分证明，在现代传播手段和媒体非常发达的今天，任何遮掩真相的企图都会败露，从而失去公众信任。应急管理工作和相关信息的公开化，是行政应急法制的基本要求。二是要创新和完善责任机制。一个负责任的政府应当勇于承担危机管理工作责任，一味推卸责任只会使政府公信力下降，造成政府与民众的紧张关系。《突发事件应对法》对此作了较多的规定。三是要注重运用柔性管理手段。即便是在危机应对工作中，也不能一味指靠政府机关发号施令，一味采用刚性手段，而需要按照《全面推进依法行政实施纲要》的要求，积极采用行政指导、行政合同、行政奖励、行政资助、说服教育等柔性管理的方式方法，才能收到应急管理的特殊效果。刚柔并济的管理机制乃是现代行政应急法制的重要内涵。

（六）行政应急法制要在常态下就切入着力

"平时不烧香、临时抱佛脚"，是一种缺乏行政效能的传统管理理念和机制。行政应急法制的功夫应更多地花在突发事件发生之前、之初，也即做好预防与应急准备工作，以及监测、预警和预控工作。在平时的行政管理工作中，如果没有"预防为主、预防与应急相结合"的应急法治原则作指导，那么制定和调整预案、储备和更新物资、培训专业人员、实施应急演练等一系列需要花费人财物力的事项，很难名正言顺地提上政府机关的议事日程得到充分保障，一旦突发事件发生就难敷急用。因此，在常态下就要注重抓好行政应急法制的制度建设、机构建设、队伍建设、物质准备、知识储备和技能演练，行政应急法制实践需要在常态下就切入着力，真正做到预防为主，才能事半功倍。

三、行政应急行为法治化的国际经验

在现代法治国家，为防止突发事件的巨大冲击力导致整个国家生活

与社会秩序的全面失控，需要运用行政应急权力并实施应急法律规范，来调整紧急情况下的国家权力之间、国家权力与公民权利之间、公民权利之间的各种社会关系，以有效控制和消除危机，恢复正常的社会生活秩序和法律秩序，维护和平衡社会公共利益与公民合法权益。简言之，应急管理加上利益平衡，这就是行政应急法制（contingency legality）的基本功能，是一个国家针对突发事件及其引起的紧急状态制定或认可的处理国家权力之间、国家权力与公民权利之间、公民权利之间的各种社会关系的法律规范总和，是一个国家法律体系的要素。我国的行政应急法制建设可研究借鉴国外应急法制建设的经验。

当今世界，人类社会面临的发展机遇增多，也面临更多、更大的挑战，各国都受到突发事件及其导致的公共危机的困扰，如何进行有效应对已成为各国的共同难题。"他山之石，可以攻玉。"通过对一些国家的危机管理体系和应急法制建设的考察研究，可看到当今的应急法制建设呈现出以下特点和新的发展趋势，值得认真研究，可为我国行政应急法制建设提供参考。

（一）应急法律规范的专门化、体系化

相当一些国家具有一部统一的紧急状态（或危机管理）法律，通常规定宣布紧急状态权力的行使主体、程序、对公民权利的限制以及权利救济等内容。它是应急法制领域中的"基本法"，能够在由于复杂原因产生的紧急状态中有统一的指挥机制及程序规范。除了统一立法之外，许多国家还针对各种具体的紧急情况制定了各类单行法。

（二）应急机构人员的专门化、专业化

设置专门的危机管理体制和机构主要有几种模式：一是美国的联邦紧急事务管理局模式；二是俄罗斯的紧急情况部模式；三是新加坡在国内事务部下设立民防部队模式。不管是哪一种模式的国家，大都有一个专门从事危机管理的政府机构作为核心。例如在加拿大，从联邦到联邦成员到地方都设立了专门的机构进行紧急事态的处理工作，其核心机构就是关键基础设施保护与危机准备局；美国自"9·11"事件以后在危机应对机构设置方面出现了新的趋势，也即在中央设立更高层次的、统一的、实体性的危机管理机构（如国土安全部）。公共危机管理人员的专业化是与公共危机管理机构的专门化紧密联系在一起的。例如，瑞士国家应急中心（National Emergency Operations Center，NEOC）是瑞士联邦应对各种类型的突发性事件的专门技术中心，现有工作人员都具有某一方面的技术或专长，例如是物理、化学、地理、测量、气象、能源或通信方面的专业技术人才。

（三）危机管理体系出现多元化、立体化、网络化的发展趋势

许多公共危机不是某一个部门或机构（诸如警察、消防或医疗机构）单独可以应对的，它们需要来自不同部门和机构的联合与协调，故需以多元化、立体化、网络化的管理体系来应对危机。以瑞士国家应急管理中心为例：该中心的运作往往不是独立进行的，而是通过直接的沟通渠道与国家的一些部门、机构如核电站、州警察指挥中心、瑞士广播公司的地方播音室等合作，其运作网络分为国内和国际合作两个方面。

（四）危机管理中的行政应急行为程序规范化、制度化、法定化

实体公正难以预期，程序公正更为关键。从各国危机管理实践中可以发现，行政应急行为都有相应的法律规范作为依据和准则，行政机关制定的政策、采取的措施需有议会的立法作为根据，这有利于保证行政应急行为的正当性和高效性。从立法的内容上看，一般都包括行政机关处置突发事件的权力来源、内容、行使权力的程序、对公民权利的限制和救济、议会的监督权等等。例如《加拿大危机法》《澳大利亚危机管理法》的规定。[①]

（五）危机预警与化解机制、资源储备与调动机制的逐步完备

危机预警以及危机管理准备是整个危机管理过程的第一个阶段，做

---

① 在危机管理中难免发生一些错误，作出一些违法或不适当的行为，造成一些损失或损害，那么相关机构和人员要不要承担法律责任，国家是否要给受到损失的人予以补偿，对此，《加拿大危机法》从四个方面作出了规定：一是法律责任；二是补偿机制；三是讼争制度；四是支付办法。

好这一阶段的工作有利于预防和避免危机事件的发生。在某种程度上，危机状态的预防比危机事件的解决更富有意义，因为可以避免社会财富的浪费，节省人力、物力、财力，有效地保障社会秩序的稳定。因此，各国都非常重视作为危机管理基础的危机预警机制。例如在法国，特别强调预防原则，遵循预防原则是政府的职责。美国著名的联邦应急计划（FRP）也规定了在预警也无法避免危机的情况下，针对突发事件和紧急状态如何调动资源、化解危机。

（六）提高公共危机管理效率的重要因素——民间力量的参与

在危机管理领域，行政机关在掌控资源、人员结构、组织体系等方面虽有优势，但不可避免地存在局限性，因此不管是在危机预警、危机准备阶段，还是在危机发生后的灾难救助和恢复重建阶段，都应积极吸纳和发挥民间力量的作用，提高危机处理效率。例如在新加坡，民防志愿者的参与受到高度重视，5万多名民防志愿者接受过基本的民防技术培训，根据所在地区编成若干小组，一旦发生灾难或战争，即可转为全职民防职员和国家公务员。又如在瑞典，私人组织的参与被认为是必需的，私人组织代表必须参与到危机规划和预防阶段中来，这一合作被称为"PPP"——"公私合作"（Private-Public Partnership）；在美国，更是将政府与红十字会等非政府组织以及其他的私人组织的合作纳入联邦应急计划。这些都是20世纪后期开始发展起来的行政民主化潮流带来的变化和要求。

（七）危机防范意识和能力的培养及防范措施的改善及其制度化

在全社会树立正确的危机防范意识，是形成完善的危机管理体系的关键之一。实践证明，不论是行政公务人员还是社会公众，如能具备较强的危机防范意识和能力，那么在应对公共危机时就能够减少损失并减轻社会震荡。而危机防范意识和能力的培养除了平时的宣传教育以外，规范化、制度化、法定化的危机演练是必不可少的。从国外情况来看，日常的情景训练和危机应对演习，对于提高危机管理效率、减少危机带来的损失、提高政府威信都具有重要作用。这种演练是经常化、制度化、高效化的，还写入有关危机管理的立法中。例如在日本这样的灾难频发的国家，就多方合力并经常性地组织各类灾难预防训练，作为政府的职责和公民的义务，也是各类学校、机关、企业和社会组织的常设必修课。①

四、行政应急行为法治化的功能分析

行政应急法制的根本目标在于实现公共危机管理过程中的"法治"状态，其核心是通过法律的手段解决非常状态下公共利益与私人权利之间的关系。在公共危机状态下，如何控制和消除危机因素以恢复正常的社会秩序，是全社会的首要目标。为了实现这一目标，人们甚至允许政府对某些宪法或法律规定的公民基本权利进行限制和克减，尽管如此，法治的核心价值——公民基本权利保障——也不应当成为政府实施公共危机管理的牺牲品。维护法治价值与有效消除危机状态是一对客观存在的矛盾，处理不当就可能产生顾此失彼的恶果，往往表现为政府的危机管理行为对法治的破坏和对人权的践踏。如何在这对矛盾中寻求统一与平衡，就是实施公共应急法制的根本目标。因此，所谓的公共应急法制，其主要内容便是以立宪主义为指导，制定并严格贯彻实施应急法律规范，明确和规范行政应急中的紧急权力行使，保护公民的合法权益不因危机的发生而遭致非法侵害，即便受到侵害后也能依法获得救济。可见，行政应急法制被确立起来、不断完善并严格实施的过程，以及由此达到的结果，方可称为"应急法治状态"。

行政应急法制作为公共应急系统中一个重要的子系统，可在与这一系统中其他分支协调配合、和谐互动的基础上发挥其独特的功能。《突发事件应对法》将其立法目的和基本功能规定为"预防和减少突发事件的

---

① 参见莫于川：《国外应急法制的七个特点》，《中国应急管理》2007年第1期；刘文俭、井敏：《法国应急管理的特点与启示》，《行政论坛》2011年第3期；游志斌：《英国政府应急管理体制改革的重点及启示》，《行政管理改革》2010年第11期。

发生，控制、减轻和消除突发事件引起的严重社会危害，规范突发事件应对活动，保护人民生命财产安全，维护国家安全、公共安全、环境安全和社会秩序。"从不同的角度看，这些功能可以具体表现为：（1）在静态的应急体制上，配置和协调各级政府之间的紧急权力，并调动与整合各种社会资源；（2）在动态的应急机制上，将应对危机的各个环节置于法律的控制之下，规范政府危机管理的全过程；（3）在国家与公民的关系上，合理限制与约束行政紧急权的行使，对公民合法权益予以保护和救济。

（一）配置协调紧急权力，调动整合应急资源

应急法制一个重要的功能就是通过一系列权利、义务的配置，协调各种可能的力量，形成统一的合力共同应对突发事件，以期尽快平息事态。在《突发事件应对法》出台之前，中央和地方政府在这一领域的权力及其界限并不清楚，导致一些地方政府各自为政、互相掣肘，大大损害了应对危机的效率，而政府和社会之间的权限也甚不明了。应急法制的重要功能之一在于：确定包括政府在内的各种力量在应对突发事件过程中得以统一、协调地发挥作用，从而最大限度地促使公共危机的平息与解决。对此，应急法制所要解决的各种关系主要包括：上下级政府之间的关系、政府各部门之间的关系、政府和社会力量之间的关系。

1. 上下级政府间关系的协调。在上下级政府之间恰当地进行权力分工，是协调二者关系，充分发挥二者功能的前提，其中最重要的是处理好中央与地方政府的关系。我国的国家结构从总体上看属于中央集权型的单一制国家，改革开放以来，通过简政放权，地方政府有了一定的主动权，但由于地方权力仍受中央统辖，地方政府自主处理问题的余地仍然较小。尽管中央政府在调集资源、协调力量方面具有优势，但在应对危机事件时却由于信息沟通渠道的不够顺畅，容易延误时机。为了既保证中央政府的权威，又能发挥地方政府的主动性，有必要合理划分中央政府和地方政府的管辖范围。尤其是在社会公共事务大量涌现而公共资源又相对有限的情况下，合理划分各级政府的管辖范围才能高效地利用有限的公共资源。从经验上讲，绝大部分紧急事件都是起源于地方的，因此在中央和地方的分工上，一般都采取地方负主要责任的原则，上下级政府之间一般是以下级发挥主要作用为原则，这也是世界立法的通例。鉴于此，应急法制应当合理地确定中央和地方政府的职能，给地方政府以更多的应急权力，尤其是在非全民性公共物品的供给方面应向地方政府放权赋责；而中央政府应当集中资源搞好全民性公共物品的供给，建立独立于地方的垂直供给体系。

2. 政府各部门间关系的协调。根据系统论的研究成果，一个系统越大，它也就越脆弱。例如现代大都市就是非常脆弱的一个复杂巨型系统。当整个系统紧密地结成一体的时候，系统的一环受到攻击时，一旦没有得到很好的控制，就很容易迅速波及其他环节，并随时有可能导致整个系统的崩溃。现代社会就是这样一个环环相扣的大系统，当它的某一个环节受到攻击时，其他环节也很可能随之进入高风险状态、危机状态。根据这种状况，一旦出现突发事件，就必然要求多个政府部门加入应对工作，由此产生部门协调的问题。部门协调的前提是部门的分工，按照政府各分支在危机状态中发挥的作用，及其参与危机管理过程的直接与否，可以将危机管理体制及其运作分解为指挥决策部门、职能部门、辅助部门、信息（参谋）咨询部门和综合协调部门。

第一，指挥决策部门在紧急状态的应对中居于核心地位，实质上体现了国家最高政治精英层的战略决策效能和危机应变能力，它可以是常设机构，也可以是临时性的机构。① 这一部门是政府紧急状态应对机制的枢纽，是应急计划的制订者，同时也是核心的决策者和指挥者。

第二，危机管理的职能部门主要是指"主管国家安全，直接负责危机防范、危机检测和危机控制的主要职能部门或机构"。② 该系统主要依据决策指挥中心的方针、政策，具体主管、执行某一方面的应急事务。这个系统的建立对于应急法制建设有重大的作用，是应急法制建设的关

---

① 参见薛澜、张强、钟开斌：《危机管理：转型期中国面临的挑战》，清华大学出版社 2003 年版，第 111 页。

② 参见胡宁生主编：《中国形象战略》，中共中央党校出版社 1999 年版，第 1240 页。

键环节，它们大量承担着日常的危机预防和突发性事件快速应对的责任，是政府应对危机的骨干力量。

第三，危机管理的辅助部门主要包括交通、通信、公共工程、信息、商业、物资支持、卫生和医疗服务、搜索和救援、财政、经贸、红十字会、银行等，这些部门主要是在国家或区域的紧急状态下，根据事态发展的需要，在国家应急综合协调部门的统一调度下，迅速组织、调集人力、物力和财力，支援应急工作。

第四，危机管理的信息（参谋）咨询部门也是应急管理的重要力量，我国在这方面的投入还远远不够，通过法律确定其地位并增加固定投入，同样是应急法制建设非常关键的一环。

第五，综合协调部门是指在上述错综复杂的部门关系中，仅仅依靠临时的命令和协商来确定彼此的关系、开展共同的行动，既缺乏效率又不具有可行性。唯一可行的只能是通过稳定的法律机制明确规定各个机关的职责和相互之间的权力义务关系。据此，在突发事件发生后，各个部门应依法主动履行职责，不必消极等待上级命令，而各个机关进行信息交流和行动协作也将变得更容易。当然，部门间的沟通，常常不仅局限于两个部门之间，必要的时候可能涉及多个部门，这就有必要建立一个处理专门紧急事件的综合协调机构，并从法律上确定该机构的地位和职权。

3. 政府和社会力量间关系的协调。突发事件往往是一个波及全社会的事件，需要政府各个部门的参加和投入。而同样重要的是，各种社会力量也是应对突发事件的重要资源。我国长期以来囿于国家主义的观念，认为公共事务只是国家一己之事，与社会公众无关，很多有关的公共信息也不予公布，导致社会公众无从知晓，长期以来社会公众形成对公共事务漠不关心的习惯。这种观念很大程度上影响了我国政府在紧急状态中的抵抗能力。在每次突发事件发生之时，一些政府机关习惯于一手包办、单打独斗，大部分社会力量因为得不到合理运用而闲置一旁。对此，最为重要的应对机制是建立政府信息公开制度。在突发事件应对中，保证信息公开首先是一种对公众负责的态度，信息的公开可以帮助公民分辨哪里是危险的，哪里是安全的，知道什么是该做的，什么是不该做的。民众在掌握信息以后，可以做好自我保护，这同时也减轻了国家的负担；如果民众事事依赖于国家，则国家必然负担沉重、力量分散，行政应急效果不佳。

（二）建立完善应急机制，规范应急管理过程

公共应急法制的另一个功能就是在总结突发事件应对经验的基础上，将其中有益的部分固定下来，形成一定的原则和程序，为将来可能发生的突发事件的处理提供基本的模式。有了这种基本的模式，至少就可以使人们在危机发生时有章可循，不至于慌乱失措、不知所从。行政应急法制在突发事件应对各阶段的作用体现在：

1. 做好预防准备，力免危机发生。在某种程度上，突发事件的预防比单纯针对某一特定突发事件的解决更为重要。这是因为，如果能够在突发事件发生之前就及时把产生这些事件的根源消除掉，则平衡稳定的社会秩序便能够得到有效的保护，也可以节约大量的人力、物力和财力。可以说，突发事件的预防与准备即是应急法制的第一步，也是最为关键的一步。行政应急法制是"有备无患"的机制，其最终、最高的目标是"备而不用"。行政应急法制就是通过一系列相对稳定的制度来做到从根源上杜绝危机、有效避免突发事件的发生。包括依法调动资源，保障应对机制的常规建设，同时实行定期检查评估，完善预测制度，制订应急预案，定期模拟演练，等等。

2. 迅速识别危机，及时隔离危机。应急法制系统在这个阶段的工作，主要是通过危机监测系统或信息处理系统认识和辨别出危机潜伏期的各种"症状"，尽快在危机发生的前期将危机隔离，避免其生长、蔓延，同时保证其他社会组织的正常工作。当公共管理危机显露端倪时，行政应急法制的作用也就日益凸显。因为情势越是紧急，越需要一套稳定的法律规范体系提供基本的行动框架，在此框架内更易于做到胸有成竹、游刃有余。

3. 及时确认危机，全力应对危机。在危机真正发生之后，整个社会的危机管理系统包括应急法制系统，也随之被调动起来，整个危机应对工作进入最关键的阶段，不同国家的应急法制系统在这个阶段所发挥的不同作用，无疑也将成为评价它们高低、优劣的核心要件。尽管危机发生之后呈现出来的事态各异，很难有统一的应对模式，却也可以被划分出几个大致的时段，而应急法制在这些不同时段中也扮演着不尽相同，却同等重要的角色。

首先，是确认危机和选择危机应对方案。公共管理危机的特点尽管是共同的，但其规模、影响各有不同。不同程度和不同类别的危机需采取的应对手段、需调动的社会资源、可能侵害的公民权益差别极大。这就需要以立法的方式、明确的标准，对危机的大小、等级、类型等要素加以确认，并据此采用适当的应急预案。确认突发事件的行为实际上就是为一场危机在法律上"定性"的行为，其标准、权限、程序等均需法定，不得随意为之。

其次，是预控措施的采用和应急资源的调集。当危机被确认之后，便进入特定危机应对的筹划阶段，主要表现为采用预控措施和调集应急资源等必要的防范性、保护性措施。应急资源的调集问题，实际上主要表现为通过立法对参与危机应对工作的各方主体的权力配置，拥有权力即是调动资源的基础，这自然离不开法律的支配。

再次，是应急措施的采用和对公民权利的限制。在非常状态下，政府可能采取的应对手段往往较平常状态下更为激烈，以有效地避免突发事件所致危机的升级、蔓延，实施各种行为的程序也不易如平时一般周全，而这些手段的实施，往往还会损害公民的合法权利。此时，政府因何种紧急事由可以采取哪些非常手段，公民权利在何种范围内可以被限制、剥夺，同时，政府在做出这些行为时哪些程序可以被省略，而哪些程序仍必须被坚持甚至强化，均应由法律尽可能地加以规范。即使因危机状态的特殊性，法律此时未能做出详尽规定，则政府也应遵照应急法制的基本原则与各项具体原则加以判断。

最后，是应急预案的调整与政府行为的变更。突发事件之所以特殊，不仅在于其发生时的突如其来，还在于其发展时的难以预料。危机发生之后所呈现出来的事态演变，很可能与政府、公众的判断相违，此时如坚持按照原定的应急预案行事或将南辕北辙、事与愿违，则应急预案的调整、政府行为的改变势在必行，此时难免会对公民的权益造成某些损害，包括对其信赖利益的损害。进一步讲，这种预案的调整、行为的变更很有可能仍然是错误的，甚至不如以前，此时政府应当对此类行为承担何种责任，且能做出何种变通？这都有赖法律做出规定。

4. 完成危机善后，恢复平常状态。突发事件的结束，并不意味着一切应急工作的结束。通过法制的手段解决一系列危机后的善后事务仍然是非常重要的，它关系着能否平稳地从非常状态向平常状态恢复、过渡；危机过后的损害评估、规划确定、恢复重建、权利救济、纠纷平息、心理辅导、调整预案等大量的工作需要次第展开。这一系列工作的顺利完成，均有赖于行政应急法制的建立健全和有效运行。

（三）约束限制行政权力，保障公民合法权益

由于突发事件具有高度的危害性、破坏性，为了恢复正常的宪法和法律秩序，最大限度地减少民众的生命和财产损失，法律必须赋予政府紧急管理权，这种权力甚至包括政府在极端状态下实施的戒严、军管、宵禁、中止某些法定权利等行为。在公共危机应对过程中，国家为采取紧急处置措施、行使紧急权力的需要，会中止宪法和法律规定的一部分公民权利和自由。政府中止公民权利的行使，其目的在于保证政府机关有效行使紧急权力，减少因突发事件引起的人民生命财产的损失，恢复法律秩序和社会秩序。当今世界各国的宪法和法律都规定了在应对突发事件时对公民权利加以限制及其底线的问题。

在法律的视野之下，一切权力的行使必须符合合法性原则。一方面，行政紧急权力的运用必须在法律规定的范围之内，行政机关不能随意宣布国家或其局部地区进入紧急状态，误用、滥用法定紧急权力。行政机关的特殊权力以及公民权利所受到的限制，都应当限定在法律规定的特定的时期、特定条件下的特定范围之内。如果没有一套完整的法律机制，则有可能使得在危机应对过程中和紧急状态下，行政机关为了无限使用权力，那是非常危险的。法律作此规定，实质上是出于保护公民权利和保证行政权力行使效率的价值权衡考虑。

　　另一方面，行政权力的运用还必须符合合理性原则。行政合理性原则首先要求行政机关的权力运用必须符合目的，这也是对行政权力的约束和对公民权利的保护。政府限制公民权利的行使，目的在于保证政府行使紧急权，减少因危机引起的人民生命财产的损失，恢复法律秩序和社会秩序，其最终目的是通过对公民权利的部分限制，最终达到全面保障公民权利的目的。行使紧急权力如果不符合这一目的，则被视为违背行政法治，必须加以制止。即使行政权力行使合乎目的，行政法治理念也会继续追问行政权力行使是否合乎比例原则。行政合理性原则要求行政权力的使用是适当的、现实所需的，与现实情况形成适当的均衡。行政机关必须根据当前的各种情形来审慎考虑和选择行为方式，在可以达到行政目的各种行为方式中应当选择行使对公民权利伤害最小的应对措施。

　　在应急法制的制度框架内，法律还规定了一系列权利并将其赋予公民，用来抵抗行政权力的肆虐，完善的行政应急法制会明确规定各种对公民权利的救济措施。在明确各种救济条件以后，公民个人可以通过行政复议、行政诉讼、行政赔偿等途径向行政机关和司法机关寻求法律保护，维护自身合法权利。从立宪主义的角度看，公民还享有对国家和政府进行监督的权利。民众可依法对政府的危机管理行为进行监督，防范政府恣意侵犯公民权利。在行政应急法制中保障人权的最重要手段就是规定人权克减的底线，即明确一些基本的人权和一些基本权利的核心内容是不可侵犯的。为了防止政府滥用紧急权随意侵犯公民权利，许多国家的宪法和法律，以及国际条约都不同程度地确立了危机状态下的人权最低标准，一般来讲包括：（1）人格、人身自由和尊严不受侵犯；（2）不受非法驱逐出境和流放；（3）不得取消公民资格；（4）宗教信仰自由；（5）语言使用权不受侵犯；（6）个人和家庭生活得到尊重；（7）允许思想自由；（8）受教育权不受侵犯；（9）契约自由不受侵犯；（10）不得有罪推定，等等。各国防控应对突发事件的经验教训和立法实践警示人们：突发事件应对机制要高效稳定运行，发挥出应有的作用，必须完善行政应急法制作为保障，没有完善的行政应急法制就没有高效的危机管理，完善的行政应急法制是有效化解危机的重要保障机制，是国家公共应急系统中最重要的非技术支撑体系之一，是我国社会主义法律体系和法律学科体系的重要组成部分。大力加强应急法制建设的现实意义在于：在实施依法治国方略、深入推进依法行政、加快建设法治政府的新形势下，把政府应对重大突发事件的公共应急系统纳入法治轨道，按照立宪主义和行政法治的要求完善行政应急法制，更有效地调整危机管理情形下的社会关系，稳健地维护经济社会发展和人权保障所需的法律秩序，确保公民权利（特别是基本权利）获得更有效的法律保护，公共权力（特别是行政权力）能够更有效地依法行使，二者能够兼顾协调持续发展，这也是行政应急法制的基本功能。

第三节　行政应急的制度运行与监督救济

本节对于行政应急法制的运行状况与监督救济机制进行逐项考察分析，旨在总结历史经验，寻找规律性的认识，为推动我国行政应急法制发展提供思路。

一、行政应急的制度运行

（一）实施行政应急行为的条件

启动行政应急行为必须有两个基本条件，一是必须有法的规定；二是必须有法定的实施行政应急行为的情形出现，一般来说，即是要有明确的突发事件发生。在不能满足上述两个基本条件的情形下，如果确有对现行法律规范进行突破的必要性，则必须由有权的国家机关作出决定，才可以启动行政应急行为。如在没有法定情形的条件下，如果根据行政管理的需要，确实需要对行政处罚法的某项规定作出突破的，即必须由全国人大常委会作出决定。否则作出的行政行为就不是行政应急行为，而是违法的行政行为。

（二）实施行政应急行为的主体

行政应急行为的主体必须法定。实施行政应急行为的主体必须由法律规范作出规定或由有权机关决定，否则行为即构成违法或无效。其中首要的是行政应急行为的责任主体，主要是指各级人民政府和有关行政机关，其组织机构必须健全、工作人员必须到位、有关职责必须法定、应急预案必须完善；其次是参与主体或配合主体，主要是企事业单位和社会组织，包括应急志愿服务组织以及广大的民众，他们尽到社会责任和委托责任，成为行政机关的应急管理伙伴和助手。

（三）实施行政应急行为的方式

根据适用领域、适用对象、适用目的和适用阶段的不同，行政应急行为可以表现为不同的方式。例如：（1）针对自然灾害的应急措施，针对事故灾难的应急措施，针对突发公共卫生事件的应急措施，针对突发社会安全事件的应急措施，针对综合环境灾害的应急措施；（2）针对风险因素的防控措施，针对特殊矛盾的防控措施，针对特定组织机构的防控措施，针对特定人群的防控措施，等等；（3）应对突发事件实施危急管理的专门处置措施，包括作出行政决策，制定和发布决定、命令，采取紧急征收征用、行政处罚、行政强制、行政指导、行政调解、行政资助、行政奖励等行政管理和服务行为，等等；（4）包括危机不同发展阶段的预防控制措施、技术监测措施、物资储备措施、能力演练措施、危机处置措施、损害评估措施、恢复重建措施等等。

（四）实施行政应急行为的程序

如前所述，行政应急行为的表现方式种类多样，难以在立法中对一切行为程序预先作出统一规定，但对于必要程序还是应当提出基本要求。例如紧急状态的确认和宣告程序即是一条必要的程序，应急预案的制定也应当在设计行政应急行为程序时予以考虑。

行政应急程序不同于一般行政程序，在公共危机情况下，行政机关作出行政决定、制定行政规范、实施行政指导、履行行政协议，根据行政应急管理的需要，可以灵活确定上述行为的程序，变通或者省略一般行政程序的某些方式、步骤、顺序和时间等方面的要求，但必须保留表明身份、说明理由、准予司法复审等最低限度的程序要求。

需要指出的是，为防止行政恣意和滥用权力，现代行政法治对行政应急行为也提出了现实性、专属性、程序性、适当性的要求，行政应急程序的运用需要有相应的法律约束和救济机制作为保障。换言之，行政应急程序的特殊性还表现在非常态下行使行政应急权力过程中的程序要求并非一味放松、放弃，针对一些特殊情形甚至会有一些特殊的更高的程序要求，例如对某些政令和措施的出台设置更高的事中或事后审查门槛。① 行政机关及工作人员不得以执行行政应急程序为由超越职权和滥用职权。在突发事件导致的公共危机消除后，需要且能够补办行政应急程序手续的则应补办。由于实施行政应急程序，对行政相对人的合法权益造成特别损害的则应予以补偿。

行政应急程序适用范围主要有四个方面：一是全国或部分地区被依法宣布进入紧急状态时，行政程序不得与紧急状态时实施的特别法律相抵触，应当适用特别法律法规规定的程序；二是因重大突发事件导致公共危机时，法律法规对行政程序有特别规定的，执行特别规定；三是因重大突发事件导致公共危机时，法律法规没有特别规定，而执行一般程序不能适应行政应急的需要时，为维护社会秩序和公共利益，保障行政相对人的合法权益，报国务院批准，执行应急行政程序；四是法律专门规定适用应急程序的。例如《中华人民共和国行政强制法》第十九条规定："情况紧急，需要当场实施行政强制措施的，行政执法人员应当在二十四小时内向行政机关负责人报告，并补办批准手续。行政机关负责人认为不应当采取行政强制措施的，应当立即解除。"

（五）实施行政应急行为的依据

我国的应急管理起步晚、起点低，相应的法律法规的制定也较为迟滞落后，但在 2003 年防治"非典"之后，国务院和地方各级政府纷纷开

---

① 参见莫于川：《建议在我国行政程序法典中设立紧急程序条款》，《政治与法律》2003 年第 5 期。

始制定应对突发事件的规范性文件。2006 年 1 月，国务院正式发布了全国应急管理体系的总纲领——《国家突发公共事件应急预案》；2007 年，国家高度重视突发事件应对法制建设，在已经制定的应对突发事件的法律、行政法规、部门规章的基础之上，正式颁布实施了《突发事件应对法》。它在我国应急管理法制建设中被视为里程碑的法律，对于有效预防和减少突发事件的发生、减轻和消除突发事件引起的严重社会危害、保护人民生命财产安全及维护国家公共安全环境保护和社会秩序，具有重大而深远的意义。目前，国家已相继制定了七十多部应对自然灾害、事故灾难、突发公共卫生事件和社会安全事件的单行法律和行政法规，如《防震减灾法》《安全生产法》《防汛条例》《生鲜乳质量安全管理条例》等。一些地方出台了相应的地方性法规和地方政府规章。以《突发事件应对法》为核心、相关单项法律法规加以配套所确定的应急管理法规体系的不断完善，使我国应急管理工作逐步进入了制度化、规范化、法治化的轨道。①

不难看出，随着应急法制建设的不断推进，我国已有一系列与处理突发事件有关的法律、法规，各地根据这些法律、法规又颁布了适用于本行政区域的地方立法，从而初步构建起一个从中央到地方的突发事件应急管理法律规范体系，主要包括：战争状态法律规范，一般的危机情况法律规范，恐怖性突发事件法律规范，骚乱性突发事件（群体性突发事件）法律规范，灾害性突发事件法律规范，事故性突发事件法律规范，公民权利救济法律规范，等等。不言而喻，突发事件应急法律规范体系确立后，还须要相应的法律规范实施机制和制度相配套，才能有效地发挥其应有作用。

二、行政应急的监督救济

行政应急行为的监督与救济是一个难点。这是因为，在发生突发事件和宣布紧急状态的情况下，必须赋予行政主体更充分的权力，以保证

---

① 张勇：《突发事件应急管理》，人民出版社 2011 年版，第 16 页。

其能够做出有效应对。但是，权力越大，监督与制约难度也就越大。而且，行政应急行为的种类多样，事前难以预料，这都决定了监督与制约难度很大。没有监督的权力必然引起腐败，相应地引发的事后救济问题也会很多。无论是司法审查还是国家赔偿，都会面临案件数量大、取证难等问题掣肘，很难达到监督与救济的目的。

但是，监督与救济仍然是行政应急行为研究的重点问题。没有对于权力的监督与权利的救济，也就没有法治。行政应急行为的监督与司法审查的重点问题应当有二：一是滥用职权，主要是行政主体作出行政应急行为的目的是否合理与正当；二是违反法律规定，主要是主体是否恰当，是否存在越权、滥权、程序违法等问题。此外，在监督与司法审查中还应当兼顾比例原则，即行政行为对公民权利构成的侵害是否控制在必要的幅度内，但这是比较难以实现的。针对行政应急行为的违法侵权风险，必须完善有关的权利救济法律规范和具体制度，这涉及行政相对人的合法权益由于行政应急行为受到损害之后的各种补救机制，主要包括行政复议、行政诉讼、国家赔偿和补偿方面的法律规范和具体制度，都须要树立新的应急法治观念，通过立法、修法、释法和转制进一步加以完善。①

通过完善政府主导、社会参与突发事件应对工作的权限和程序制度，健全行政应急措施需要征用行政相对人财产的权限、程序和补偿制度，设立突发事件风险防控机制和保险、再保险制度以及巨灾保险基金和巨灾风险分担机制，来提升行政应急的法律权益救济能力，也被视为转型发展期的应急法治方针和举措，开始受到人们的关注。②

---

① 参见彭华：《我国行政应急行为司法审查若干问题探讨》，《西南科技大学学报》（哲学社会科学版）2014年第1期。
② 参见马志毅：《中国应急管理：体制、机制与法制》，《行政管理改革》2010年第10期。

三、行政应急的立法建制

（一）要调整行政应急法制发展思路

从总体上说，我国已在构建应急法律体系方面具有一定基础，这主要表现在现行宪法、法律、法规中已有一些应急法律规范。这为应对突发事件带来的社会危机，依法实施有效的危机管理，提供了一定的法律保障。① 但是，相对分散、不够统一的应急法制还存在某些领域的应急法律规范仍不健全，一些应急法律规范可操作性不够强，许多应急法律规范执行不到位，行政应急法制的实施环境有待改善等问题。因此，建立健全分类、分层的应急法体系，从龙头性的《突发事件应对法》到各专项的法律、法规、规章，以及作为应急法律制度实施基础的各类应急预案，就成为最近十多年来我国行政应急法制建设的基本方针和工作任务。

（二）《突发事件应对法》的立法过程

我国在 2003 年的非典型性肺炎危机（SARS 病毒导致的公共危机，简称"非典"）之后，开始高度关注应急法制这个领域，并着手制定《突发事件应对法》。该法当初以《紧急状态法》的名称列入十届全国人大常委会立法规划。自 2003 年 5 月起，国务院法制办成立起草领导小组，着手该法的研究起草工作，先后委托中国人民大学、清华大学、上海市人民政府法制办公室等机构进行研究并起草建议稿，重点研究了美国、俄罗斯、德国、意大利、日本、加拿大、澳大利亚、英国、法国、瑞士、瑞典、哈萨克斯坦、印度、新加坡、马来西亚以及泰国等十六个国家应对突发事件的法律制度，举办了多次国际研讨会，并多次赴地方调研。在此基础上，先后起草了该法的征求意见稿和草案，多次征求全国人大、全国政协有关单位和有关社会团体、各省级和较大的市级政府、国务院各部门、最高人民法院、中央军委法制局和专家学者的意见，多次送请国务院有关部门和中央军委法制局核稿，多次召开专家座谈会、论证会，

---

① 包括在 2003 年 SARS 危机期间仅以 25 天的超常规速度紧急颁布施行了我国的《突发公共卫生事件应急条例》。

听取国务院有关部门、一些地方人民政府和专家学者的意见，并会同国务院办公厅应急预案工作小组就草案与应急预案协调、衔接的问题反复进行研究。在起草过程中，起草组结合该法草案包含两大部分内容的实际情况，曾一度考虑过采用《突发事件应对与紧急状态处置法》的名称。2005 年 3 月，国务院第 83 次常务会议讨论了草案。根据常务会议精神对草案作了进一步修改、完善，就修改的有关内容向全国人大法律委、全国人大常委会法工委作了汇报，并根据专家建议将法律名称改为《突发事件应对法》以求名实相符，并对该法草案进行简化，草案中原有的紧急状态部分内容不再予以系统规定，只采用了一个条款（第六十九条）提示解决路径。① 之后，又多次赴有关地方调研，征求有关地方、国务院有关部门和专家学者的意见。经过数年的反复研究、论证，广泛征求意见，数易其稿，形成了《中华人民共和国突发事件应对法（草案）》。该草案经 2006 年 5 月 31 日国务院第 138 次常务会议讨论通过，提请全国人大常委会审议。2007 年 8 月 30 日经十届全国人大常委会第二十九次会议审议通过（第三次审议），这部 7 章 70 条的《中华人民共和国突发事件应对法》终于获得通过，并于 2007 年 11 月 1 日起施行。这部法律是我国应急法律体系中起总体指导作用的一般法，对于各单项、特别的应急法律文件起引领和指导作用。

（三）应急程序立法的地方创新发展

所谓"地方包围中央"的提法虽不准确，但从某种角度反映出我国《突发事件应对法》出台后，许多地方针对该法的程序部分相对薄弱的特殊情况和地方需求，依照法定职权和程序开展地方应急立法的积极努力，

---

① 《突发事件应对法》第六十九条规定的大意是：发生特别重大突发事件后需要进入紧急状态的，由全国人大常委会或者国务院依法决定，紧急状态期间采取的非常措施依照有关法律规定执行，或者由全国人大常委会另行规定。笔者作为该法起草专家的理解，这实际上是以指引条款的方式简明规定了紧急状态法制，包括宣布进入、法律运用、紧急立法等环节的授权规范，并非某些专家所说的"该法不调整紧急状态"。

值得肯定。这里重点介绍一下颇具代表性的《湖南省行政程序规定》的创新内容。

《湖南省行政程序规定》于 2008 年 10 月 1 日起施行，其第五章第五节共有 8 条（第一百二十二条至第一百二十九条），在地方政府规章层面首次对行政应急行为及其基本程序制定了比较完整的如下法律规范，受到各方高度重视。① 这 8 条的内容是：

第一百二十二条　行政机关采取行政应急措施应对自然灾害、事故灾难、公共卫生事件和社会安全事件等突发事件，除适用《中华人民共和国突发事件应对法》等应急法律、法规、规章的有关规定外，还适用本节的规定。

第一百二十三条　各级人民政府和县级以上人民政府有关部门应当制定突发事件应急预案，建立健全突发事件监测制度和预警制度。

可以预警的自然灾害、事故灾难或者公共卫生事件即将发生或者发生的可能性增大时，县级以上人民政府应当根据法定和规定的权限和程序，发布相应级别的警报，决定并宣布有关地区进入预警期，启动应急预案，及时、有效采取措施，控制事态发展。

第一百二十四条　突发事件发生后，行政机关为应对突发事件依法作出行政决策，制定发布决定、命令，采取行政征用、行政强制、行政指导等应急处置措施，根据应对突发事件的需要，可以灵活确定上述行政应急行为的步骤、方式、形式、顺序和时限，变通或者部分省略有关行政程序。

采取影响公民、法人和其他组织权益的行政应急处置措施时，应当履行表明身份、告知事由、说明理由等程序义务。

突发事件的威胁和危害得到控制或者消除后，行政机关应当停止执

---

① 这一节共 8 条关于行政应急的法律规定，是该《规定》制定机关采纳笔者建议于该规章制定工作后期在草案中增加规定的。当初笔者在长沙参加该规章制定工作专家座谈会上，结合既往的诸多教训并援引国内外的理论观点和制度经验，专门就此做了系统论述，正式提出增加专门章节和条文的建议并被采纳，经过起草者的努力并得到笔者协助审阅修改后，得以正式提交审议获得通过，在地方立法层面首次集中和系统地确立了行政应急法律规范的框架体系。

行行政应急程序。县级以上人民政府作出应对突发事件的决定、命令，应当报本级人民代表大会常务委员会备案。

第一百二十五条　行政机关及其工作人员实施行政应急行为，不得超越职权、滥用职权、徇私枉法。

行政机关采取行政应急措施，应当与突发事件可能造成的社会危害的性质、程度和范围相适应；有多种措施可供选择的，应当选择有利于最大程度地保护公民、法人和其他组织权益的措施。

第一百二十六条　县级以上人民政府及其有关工作部门应当建立应急管理专家咨询组织，为行政应急提供决策建议、专业咨询和技术支持，必要时参加突发事件的应急处置工作。

行政机关作出行政应急决策、采取应急处置和救援措施时，应当听取有关专家的意见，实行科学决策，科学应对。

第一百二十七条　行政机关应当按照有关规定及时、客观、真实地向上级机关报告突发事件信息，并向有关地区和部门通报。有关单位和人员不得迟报、谎报、瞒报、漏报突发事件信息。

行政机关应当按照有关规定，通过广播、电视、报刊、网络等各种媒体，采取授权发布、散发新闻稿、组织报道、接受记者采访、举行新闻发布会等多种方式，统一、准确、及时地向社会公开发布突发事件发生、发展和应急处置的信息。

行政机关应对突发事件的决定、命令应当向社会公布。

第一百二十八条　行政机关和突发事件发生地的基层组织及有关单位，应当动员、组织公民、法人或者其他组织参加应急救援和处置工作，要求具有特定专长的人员为处置突发事件提供服务，鼓励公民、法人和其他组织为应对突发事件提供支持。公民、法人和其他组织有义务参与突发事件应对工作，应当服从人民政府发布的决定、命令，配合行政机关采取的应急处置措施，积极参加应急救援和处置工作。

第一百二十九条　行政机关为应对突发事件征用单位和个人的财产，在使用完毕或者突发事件应急处置结束后，应当及时返还。财产被征用或者征用后毁损、灭失的，应当给予补偿。

湖南这部地方政府规章出台后，山东、汕头、西安等多个地方也跟进制定了关于行政程序的专门地方行政立法，也都规定了大量的行政应急程序条文（但采用了分散规定的方式），产生了积极的引领效果，值得关注和研究。

第四节　我国行政应急法制发展的新课题

我国应急管理的体制、机制和法制建设正在不断发展中，特别是行政应急机制创新成果不断出现并受到关注。① 但是，对于公法学者来说，更加侧重研究的还是加强行政应急法制建设，提升政府应对危机能力，预防和减少突发事件造成的发生，控制、减轻和消除突发事件引起的严重社会危害，规范突发事件应对活动，从而保障人民生命财产安全和国家安全，这是以人为本、执政为民、依法行政和建设服务型政府等新理念的重要体现，也是构建和谐社会的题中应有之义。尽管行政应急法制建设已取得显著成就，但仍然存在诸多薄弱环节和现实问题，需要从关键环节入手进一步加强我国行政应急法制，实现行政应急管理法治化。

一、行政应急法制建设的一般方法特点

如果将突发事件应急法制作为一个法律规范体系的整体考察，那么对其基本特征应辩证地加以认识和评价，既不能仅仅着眼于政府的应急行为和危机管理策略，忽视公共应急法制的法律属性，也不能仅从法律调整的角度强调公共应急法制的法律特征，忽视其社会公共属性。突发事件应急法制建设的方法论特点包括：

（一）调整对象的广泛性和专门性

行政应急法制旨在以法律手段调整突发事件的应对处置，其调控的

---

① 闪淳昌、周玲、钟开斌：《对我国应急管理机制建设的总体思考》，《国家行政学院学报》2011 年第 1 期。

对象是突发事件及其引发的公共危机。众所周知，突发事件的种类和形态复杂多样，其涉及的领域也庞杂纷纭，根据不同的视角和标准可对突发事件作出不同的分类，譬如以性质为标准可将突发事件分为自然灾害事件和社会突发事件；按所处社会环境的差异，突发事件可分为平时突发事件和战时突发事件；从政府管理职能及管理领域的角度，可将突发事件分为重大突发性自然灾害、重大突发性工业事故及灾难性事故、重大突发性社会骚乱及事故、战争威胁及战争状态、重大突发性政治危机等等。① 每一类突发事件包含的具体形态是多种多样的，而且从总体上看，上述各种分类也都是一种开放性的结构，不能完全排除那些随时出现、难以预测的新的突发事件形态种类。现在，我国《突发事件应对法》将突发事件划分为自然灾害、事故灾难、公共卫生事件、社会安全事件四类，并且按照社会危害程度、影响范围等因素，将自然灾害、事故灾难、公共卫生事件分为特别重大、重大、较大、一般四级。作此分类有利于把握突发事件的特点并加以应对。

前述分类表明，应急法制适用的调整对象具有相当的广泛性，但是不管哪一类突发事件，也不管有多少种突发事件，它们作为危机的存在和性质却是相同的，在这一方面突发事件应对法的调整对象又体现出一种专门性。这些危机在客观上都具有特殊性质：非预期性、巨大的危险性、不确定性、多样性、紧迫性等等。这些专门性揭示了各种突发事件内在的共似性和外在的特殊性，是应急法制作为一类法律规范对突发事件的整体予以调控的基础和前提。

（二）调整方法的事前预防、事中应对和事后恢复相结合

行政应急法制的架构并不单纯是针对已经发生的突发事件采取应急举措，而是采取预防与抗御并重的原则，将行政应急法制的规范与突发事件的产生发展与变化过程相对应，进行过程性、持续性、阶段式的调整。譬如我国的《防洪法》《防沙治沙法》《防震减灾法》《消防法》《安全生产法》《传染病防治法》《食品卫生法》《动物防疫法》等都贯彻了

---

① 参见吕景胜：《〈紧急状态法〉立法研究》，《中国人民大学学报》2003 年第 5 期。

以预防为主，预防、应对、恢复相结合的方针，把应对突发事件贯穿危机管理的全过程，尤其强调危机前管理活动的重要性。危机管理过程理论认为：危机管理可以分解为两个层面和两个阶段：危机前对策——预防减灾（miti-gation）和事前准备（preparedness）；危机后对策——快速应对（response，responsive-ness）和恢复平常（recovery）。① 基于此，应急法制在纵向上将政府危机管理分为四个紧密相连的阶段：预警阶段、准备阶段、应急处置阶段、评估恢复阶段。这些阶段分别对应着内容不同的法律关系，行政应急法制对之提出的合法性要求，也有不同的表现和侧重。譬如，在预警和准备阶段，主要的法律关系是政府负有法定的作为义务以及与此相对应的积极责任，公民享有知情、参与的权利和配合的义务；在应急处置阶段，法律关系的重心在于政府尤其是行政机关享有紧急处置权力并负有依法应急的义务，相对方须履行服从管理指挥、提供帮助的法定义务，但有权获得最低限度的人权保障；在恢复阶段，应急法制主要调整的法律关系是行政紧急权力的确认、法律纠纷的解决、私人合法权利的救济等。完善的行政应急法制必须能够兼顾上述内容，才有可能将整个公共危机管理全过程纳入法治化的轨道，实现行政应急法制和法治政府建设的根本目标。任何一个环节的缺失或松懈都有可能降低公共危机管理的社会效果，增加公共危机管理的社会成本，个别情况下出现不受约束的紧急权力和不受保护的公民权利的情形，更会激化社会矛盾，导致更大危机。

（三）调整内容的倾向性和平衡性

从行政应急法制的内容看，它对应急法律关系的各个主体在权利义务配置上是不均衡的，主要表现在政府权力的优先性和公民权利的受限性两个方面。政府权力的优先性有两层含义：在应对危机的过程中政府权力优先于公民权利，也即在突发事件应对过程中特别是紧急状态处置过程中政府可以限制、暂停某些公民基本权利的行使；政府权力在个别

---

① David Mcioughin，"A Framework for Integrated Emergency Management"，Public Adminidtration Review.Vol.45，special issue，1985.

情况下优先于法律，即"在某些特殊的紧急情况下，出于国家安全、社会秩序或公共利益的需要，行政机关可以采取没有法律依据的或与法律相抵触的措施"。① 在这种享有优先性的权力格局中，与审议表决式的立法权、被动居中的司法权相比较，积极主动、广泛而灵活的行政权力又具有天然的优越性，因为行政权力肩负社会管理的基本职能，而且在突发事件应对过程中拥有人力、资源、技术、信息和体制等方面的独特优势。公民权利的受限性不仅表现在前面提及的需要接受政府权力的依法限制，而且表现在公民、法人和其他组织根据应急法制的要求负有较常态下更多、更严格的法律义务，来配合紧急权力的行使，如服从征收、征用、隔离、管制、忍受等等，并有义务提供各种必要帮助。法律救济的有限性是公民权利受限性的另一特征。它是指突发事件应对过程中由突发事件的紧迫性所决定，对于公民权利受到的合法侵害往往只能提供临时性的救济，在事后恢复阶段基于紧急措施的公益性和损害行为及后果的普遍性、巨大性，许多情况下政府往往可依法只提供有限的救济，如相当补偿或适当补偿等等。

政府权力优先性与受控性、公民权利保护性与受限性，都是相互对应的。从外观上看，突发事件应急法律关系对行政主体方与行政相对方的权利义务配置并不对称，体现出应急法制对行政紧急权力的一种优先保护。这种法律保护上的倾向性并非随意而设，而是源于行政紧急权力代表的公益性。紧急权力因公益而存在和运行，在出现突发事件特别是导致紧急状态需要运用行政紧急权力加以应对之际，公益较之私益往往成为更优先的考虑，而政府机关对公益的理解和判断较其他社会主体也往往具有更大的中立性、公正性，故对行政紧急权力的优先保护正是为了在危机管理过程中最大限度地实现公共利益，其行政法理基础在于公共目的论和行政优先权理论。当然，权利义务配置的不均衡并不意味法律维护特权和不平等。即使这种倾向性来自现实的客观需要，也必须维系在一定的合理限度，因为法律的精神在于实现公平，我国宪法制度安

① 参见罗豪才主编：《行政法学》，北京大学出版社 2000 年版，第 30 页。

排的主旨在于控制公权力、保障人权，应急法制同样不能违背这一基本准绳：判断应急法制在权利义务配置上是否失衡的唯一标准，就在于它在多大程度上体现了立宪主义和行政法治的精神。从这个意义上讲，立宪主义和行政法治的理念是行政应急法制进行法律上的权利义务配置时的"平衡阀"，正是由于它的支配和指导，行政应急法制才能体现"平衡"的效果。

行政应急法制的平衡性主要表现在：通过一系列应急原则和规范，为前述权利义务配置的不均衡设置了一个针锋相对的"矫正机制"。对于政府权力的优先性，行政应急法制确立了"应急法治原则"，要求应对突发事件的行政举措必须有法律依据，并严格按照法律规定实施，违反法律规定必须承担相应的法律责任；即使紧急情况下可以先行采取没有法律依据或与法律冲突的行动，事后也必须征得有权机关的追认；行政应急行为还必须遵循行政应急法制在程序上的基本要求，不管这种应急程序属于普通程序、简易程序还是紧急程序（最低限度程序或者较平常更高更严格的特别程序），一旦法定程序要件缺失，应急处置行为都属于违法。可以说，合法性是政府权力优先性得以成立的条件。

行政应急法制在给政府权力预设了"应急法治原则"这一合法性审查标准的同时，还赋予行政相对人一项特别的法律保护，即"突发事件处置过程中和紧急状态下人权保障的最低标准"。它与"应急法治原则"一道，能够有效地消除行政应急法制在权利义务配置上的不均衡，保障公民和政府在法律地位上的平等，使得行政应急法制体现出与立宪主义和行政法治精神相吻合的"平衡性"和"协调性"。

二、我国行政应急法制建设的指导原则

加强和完善我国行政应急法制，需要法治理论支持，应体现以下指导原则。

（一）人民主权思想指导下的法治原则

这一原则就是指排除法外行政。有人认为在应对突发事件、行使紧急权力的时候，不应受到法律约束，否则不够机动灵活，无法完成使命。

这个观点是不成立的。因为在很多情况下，很多需要采取的举措，事前还是可以预见的，可以做出类型化安排，进行预先设定行为模式并予以法律规制并作多种准备，对于此类体现应急法治理念的制度安排，不宜简单说成法外行政。

（二）常态着手、预防为主的原则

突发事件的应急准备，是指针对未来可能发生，但目前尚未发生的各类突发事件，政府和国家的武装力量积极准备，或者在政府的领导、指导和监督下，各类社会组织积极准备未来的应急工作必需的各类资源并进行能力建设。应急准备是应对突发事件的物质保障和精神保障。俗话说："巧妇难为无米之炊"，没有充分的应急准备，再完备的应急预案也只是空中楼阁，而企图在突发事件发生后临渴掘井则会贻误宝贵的救援时机，且往往于事无补，因而应急准备具有重要的现实意义。根据国内外已有的历史经验和教训，应对突发事件，必须在人、财、物、通信、知识、技能乃至社会捐助、保险、人才和科技等方面都有充分准备，才能临事有济，应付裕如。所以，首先在思想观念和工作方针上树立常态着手、预防为主的原则十分必要。①

（三）行政应急性原则

这个原则是为了保证行政紧急权力的有效行使。当然，立法权也可能需要紧急行使（例如紧急立法），危机管理过程中的司法也有特殊性，但是真正的主体部分还是行政机关的行政管理，特别是行政执法，需要作出特殊的应急制度安排。突发事件发生的时候，行政机关走在最前面，由行政机关承担主要的应急任务。行政应急性原则在行政法体系中应当作为基本原则，与行政合法性原则、行政合理性原则、比例原则、信赖利益保护原则、行政公开原则等并列，这样的行政法基本原则体系才是完备的。所谓基本原则，就是贯穿行政法制全过程，发挥重要调控作用的原理和准则。有很多突发事件应对工作是需要在常态下就要抓紧做的，

---

① 参见张维平：《政府应急管理预警机制建设创新研究》，《中国行政管理》2009 年第 8 期。

如果只是突发事件导致公共危机后再来做，再把法律规范用于社会生活，冀望它来保证公民权利和公共利益，那是不可能的，是保证不了的。常态与非常态是转化的，而且非常态的很多事务，在常态下必须予以准备，就是说非常态的事务是前在的、潜伏的。比如，应对危机的专门机构，专业性很强，就需要有人才的储备，需要专门机构的建立、运行，需要进行专业培训，需要资金、物资，并及时更新这些物资，还需要培训民众，组织他们演练。在日本，人们非常善于应对危机，因为日本发生地震等自然灾害的频率较高，人们从小就接受各种危机意识和应对能力的教育培训，比如地震、火山、海啸的预防演练。各级学校都一直对学生进行此类教育，大学毕业工作以后，企业也不断对员工进行此类培训。这些事务是需要花钱、花时间的，如果没有法律依据，凭什么去要求学校、企业组织开展这些事务？怎么去要求人们承担这方面义务？从法理上说，民众、社会组织有协力义务，应当协助行政机关开展这些活动，以提高有关群体的应急救助素质。所以这个原则不是在危机发生的时候才起作用，而是平时就要起作用，包括指导制定出规范去发挥作用。但是，一般来说，行政机关、政府官员在平时会自觉地安排资金、人员来做应急准备工作吗？不会的，因为缺钱、缺人、没时间，如果没有法律依据去要求他，他不可能光凭自觉性就坚持这样做。因此这个原则应当是贯彻始终的一个基本原则。另外，这个原则也是保障紧急行政权力依法有效行使的原则。紧急行政权力的行使有时超出常规，不完全符合法定程序，对常态下的行政程序往往予以简化，比如告知程序的简化。这个原则指导人们去完善法律制度。法律原则有时会在关键时候起到法律规则无法起到的特殊作用。可以说，行政应急性原则贯穿于常态和非常态的行政管理、行政法制运行的全过程。

（四）权利克减底线原则

也即最低限度人权保障原则。这一原则体现了立宪主义的要求，也是应急法制正当性、合法性的界限。在突发事件发生进行危机管理或者宣布进入紧急状态之后，公民的一些法定权利甚至基本权利常常要受到某种克减和限制，但它是有底线的。对于这个底线，过去一直没有比较完整、明确、高位阶的规定。对于有些权利的克减，人们比较易于接受，而有些权利能否克减，就值得商榷。譬如，能不能克减语言交流权利？能否要求人们在突发事件发生后的危机应对过程中只能说普通话，不能说自己的民族语言、方言？虽然这种克减和限制看似有利于危机管理，但还是不能克减。此外，宗教信仰也不能克减，不能因为发生了突发事件，导致了公共危机，就强迫人们必须信仰这种宗教或者放弃那种宗教，就强迫人们违背教规和习俗。至于究竟哪些权利可以克减，法律必须予以明确。①

（五）社会公共利益目的原则

采取危机应对举措，开展应急法制活动，必须以增进和保障社会公共利益为出发点和归宿点，而不能为了增进某一行政机关的小团体利益，有利就做，无利就躲。行政管理实践中的大量典型案例和经验教训表明，"公共利益"是个筐，什么东西都往里装，这一弊端特别为人诟病。例如在土地和财物的规划、征收、征用、强拆等方面出现的大量恶劣案例，往往是某些行政机关和社会组织（说到底是某些掌控公共权力的人）假借"公共利益"之名而行损害民众利益之实，严重影响了政府形象，社会危害性很大。公共利益作为一个高度抽象、易生歧义和弊端的概念，如果不严格限定，极易出现滥用现象，特别是在突发事件导致公共管理

---

① 虽然世界各国立法都从损失较小利益、保全更大利益的原则出发，允许对宪法和法律中的公民权利加以限制，但是公民的基本权利不能被随意侵犯，一些最基本的人权即使在紧急状态下也应保留，不能随便克减，于是大多数国家宪法和法律以及许多国际性公约都确立了紧急状态下人权保障的最低标准，也即克减底线，反对政府权力（包括立法权）无限制地滥用紧急权。但是，究竟哪些权利属于最低限度的人权不得克减，各国突发事件应急立法并不完全一致。从世界范围看，基本权利克减底线通常包括：人身自由和人格尊严不受侵犯、不受非法驱逐出境和流放、公民资格不得取消、宗教信仰自由受到尊重、语言使用权不受侵犯、思想自由、禁止有罪推定、法不溯及既往等等。这些权利为处于受限地位的公民提供了起码的法律保护，它与"应急法治原则"一道，有助于消除应急法制在权利义务配置上的不均衡。（参见徐高、莫纪宏编著：《外国紧急状态法律制度》，法律出版社1994年版，第91页）

危机的情形下，特别易于被滥用紧急权力的组织和个人所利用。因此，在公共危机应对过程中理解和运用公共利益这个概念时，应坚持合法合理性、公共受益性、公平补偿性、公开参与性、权力制约性、权责统一性等六项判断标准，这是动态性、过程性和系统性的判断标准。①

（六）符合比例原则（合乎情理的原则）

即便为了公众的、长远的利益，也应保持必要限度，注重利益平衡，体现比例原则。为了保护一个小的利益而牺牲一个大的利益，采取这样的做法需要小心谨慎。但是，假如把所有伤害都加在某一群体，也是不正当的。有一个说法，在应对突发事件的情况下，有时需要牺牲一个人或者少数人的基本权利甚至生命权，来换取更大范围的公共安全。这是什么样的取舍？由谁来决定这个取舍？为了保障更大群体的安全和生命，是不是有权通过投票或者其他规则、机制，来决定弱势、少数群体必须作出牺牲？关于生命权和生命价值，如何判断优先轻重？这个问题现在还不能说讨论得很清楚了。比例原则还可以进一步包含妥当性、必要性、均衡性（狭义的比例原则）三个子原则。②

（七）积极责任原则

有关机关在危机应对和应急法制工作中负有积极责任，而不是消极责任，不是仅仅做到不作出违法侵权行为就可以了。如果不作为，或者不积极作为，就要受到责任追究。

上述原则都说明了应急法制的特殊性。这些原则就是应急法制理论基础的要点。没有这些基本原则的指导，就易于出现法外行政、非法行政甚至法西斯专政的风险，也难以实现突发事件应急处置的危机管理预期目标。没有特别的法律规制，行政应急权力运用起来是很危险的。

三、我国行政应急法制建设的目标与重点

公共应急系统是一个复杂的社会联动网络，行政应急法制是它的一

---

① 参见莫于川：《判断"公共利益"的六条标准》，《法制日报》2004年5月27日。
② 参见姚小林：《论我国应急法制的比例原则》，《法学杂志》2008年第4期。

个子系统，其根本目标表现为一种与公共应急系统相协调的、与其他突发事件应对机制相统一的、普遍化的社会目标：即通过有效调配该系统内一切可利用的资源，如基础设施、信息网络、科技投入、行政管理、法律制度、媒体宣传等，对可能或已经由突发事件导致的公共危机的原因进行限制，在有限时间等严格制约条件下使事态恢复常态。公共应急系统是一个社会必备的"修复还原"的功能与机制，其进行"危机管理"的直接目的在于避免危机或降低危机可能带来的损害，从而维护正常的社会秩序。这是行政应急法制作为该系统构成部分分担的任务。

行政应急法制在整个危机管理体系中属于政府危机管理或公共危机管理的范畴。政府对突发公共事件进行管理，属于政府的社会管理职能的范畴。该项职能的履行具有公共性质，其直接目标是维护社会稳定和推动社会发展。从历史上看，提供公共安全是国家产生的重要原因；在突发事件即将或已经爆发的情况下，政府通过监测、预警、预控、预防、应急处置及评估、恢复阶段的各项措施，其根本目的就是为了最大限度地减轻各类危机对公民人身权和财产权的危害以及对社会公共利益的危害，以提供社会成员需要的公共安全。"提供公共安全是政府危机管理的基本宗旨"。① 当然，政府危机管理追求的公共安全是一个相对抽象的概念，它产生的利益对社会公众而言也是无形的，但这种利益并非只是一种纯粹的主观感受。因为公共安全的核心，就是保护每个社会成员在突发事件背景下的人身和财产权利以及相关权利。所以，行政应急法制的最基本功能是：约束公共权力，维护公民权利。为此，一些专家学者提出需要从组织指挥、应急决策、资源筹集、恢复常态多个要素和环节推动革新，增强行政应急法制的适应性，甚至需要系统地反思和创新我国行政应急管理体制。②

---

① 参见李纪中编著：《政府危机管理》，中国城市出版社 2003 年版，第 58 页。

② 参见林鸿潮、詹承豫：《非常规突发事件的应对与应急法的重构》，《中国行政管理》2009 年第 7 期；戚建刚：《非常规突发事件与我国行政应急管理体制之创新》，《华东政法大学学报》2010 年第 5 期。

作为法律规范的一个特殊类群，行政应急法制的调整对象是突发事件的应对，即在突发事件引起的紧急情况下对国家权力之间、国家权力与公民权利之间、公民权利之间的各种社会关系的应急处理，这是一种特殊的法律关系。法律调整的目的在于确立并维护正当的法律秩序，而法律秩序的理想状态或者最高境界便是"法治"，该判断不仅适用于常态时期，即使突发事件所导致的非常时期、紧急状态时期也同样如此。也就是说，应急法制的根本目标在于实现非常时期的"法治"。虽然此时全社会首先考虑的是如何采取有效措施控制和消除公共危机因素，恢复正常的社会秩序，甚至允许政府对公民某些宪法或法律规定的基本权利进行限制，但是法律秩序不应当成为应对突发事件的"牺牲品"。维护正当的法律秩序和有效消除危机状态是一对客观存在的矛盾，处理不当就可能产生顾此失彼的恶果，通常表现为突发事件导致公共危机时政府行为对法律秩序的破坏。解决这一矛盾的最佳途径就是以立宪主义为指导，制定并严格贯彻实施危机管理法律制度，从而明确和规范危机管理期间的紧急行政权力，保护公民的合法权益不因出现突发事件、导致公共危机和发生紧急状态而遭致非法侵害，而且即便受到侵害后也能依法获得救济。

行政应急法制是一个国家或地区实行法治的重要基础，只有在此框架下，才能从根本上解决政府应急行为的正当性、合法性与合理性问题。行政应急法制的社会功能是保证应急管理工作的常态化，增强行政应急效果的可预期性，包括安全意识培养的常态化、突发事件应急预案工作的常态化、风险调控的常态化和问责机制的常态化。[①] 如何构建正当、完备的应急法制，进而实现突发事件、危机管理和紧急状态应对机制的法治化，是我国很长时期内必须系统深入研究的重大课题，也是"依法治国、建设社会主义法治国家"这一基本治国方略不可缺少的。在这些方面，我国行政应急法制建设还要走很远的路程。

---

① 陶进华：《关于应急管理常态化的法治思考》，《经济研究导刊》2014 年第 30 期。

四、我国行政应急法制发展的基本路向

处于社会转型发展时期和法制建设进入精细化发展时期，我国的行政应急法制如何适应新形势加快发展？党的十八大政治报告提出的要求是："妥善处置一系列重大突发事件"，"加快形成源头治理、动态管理、应急处置相结合的社会管理机制"，"完善突发公共卫生事件应急和重大疾病防控机制"等等。这些要求体现了最近十多年来我国危机管理和应急法制发展的一贯方针，需要认真贯彻。

（一）增强行政应急管理中的法治思维

应急管理实践表明，应对突发事件关系到政治、经济、文化、科技和社会众多领域，涉及治安、刑事、卫生、环境、防震、防洪、消防、劳资、民族、宗教、军事、外交、舆论、事故、国家安全多方面内容，这些领域涉及不同学科的知识和对人之基本权利侵犯强度不一的应对措施。应急法制作为一种非常态法制，具有内容和对象上的综合性、适用上的临时性和预备性、实施过程中的应急性等特点①，如果处理不好国家权力之间、国家权力与公民权利之间、公民权利之间在突发事件应对过程中的权利义务关系（职权职责关系），不按照比例原则约束行政应急权力，不以正当程序规制行政应急活动，仅仅以强化政府应急能力为目的来设计应急管理法律制度，那么将导致权力的滥用和对人权的践踏。因此在行政应急管理中尤其要注重各级政府和部门以及应急管理工作人员的法治思维。需要通过法治思维来统筹应急管理的技术与方法，将之作为设计预防和应对突发事件的方案、措施和制度的依据，有助于消弭突发事件的影响。需要指出的是，应急法治思维的培育，不仅需要平时的宣传教育，规范化、制度化、法定化的应急演练及演习必不可少。"从国外情况来看，日常的情景训练和危机应对演习，对于提高危机管理效率、

---

① 马怀德：《完善应急法制为构建和谐社会奠定制度基础》，《应急管理法治化研究》，法律出版社 2010 年版，第 5—6 页。

减少危机带来的损失、提高政府的威信都具有不可估量的作用"①，由此，要有科学性、规范化、制度化的应急法治思维培育和技能演练，以提升应急法律规范的执行力度。

（二）要认真贯彻应急法制的基本原则

在突发事件的预防与应急准备、监测与预警、应急处置与救援、事后恢复与重建等应对活动中，必须切实贯彻统一领导、综合协调、分类管理、分级负责、属地管理的原则，预防为主、预防与应急相结合的原则，信息公开与信息真实的原则，社会动员与公众参与的原则，人权保障、最小损害和损害补偿的原则，在正确原则的指导下做好各项应急管理工作。如果忽视、违背了这些基本原则，我们的突发事件应对工作将会陷于极大的被动和违法状态之中。

（三）要健全各位阶的配套法律规范

亟须按照现代应急法治的要求继续认真清理、修订现行的有关应急法律规范和制度规定，并适时制定出《紧急状态法》《国民经济动员法》等有关应急法律法规，为突发事件应对工作提供更充分的法律依据和保障手段。例如，制定《紧急状态法》以填补应对灾难性突发事件的依据空白，需要在该法中对权力来源、内容、行使权力的程序、对公民权利的限制和救济、监督权等进行规范。② 再如，对一些领域的比较成熟的应急预案中的内容进行立法，改进预案的内容、完善应急预案的修订程序，实现以法的强制力强化预案的系统性、联动性、前瞻性和责任性。进行上述立法的前提是要加大对应急管理和法制有系统的把握，理论界对风险与应急有深入的探究。在立法中，不仅要考虑抑制风险的合理合法性和最小限度成本（比例原则），还要考虑抑制风险措施的危险性（预先衡量义务）以及防患于未然的制度设计；不仅要关注利益的分配方式，还

---

① 莫于川：《公共危机管理与应急法制建设》，《临沂师范学院学报》2005 年第 1 期。

② 早在 2008 年南方大雪灾，就为立法机关启动紧急状态立法程序提供了契机。（参见王露：《"应加快研究紧急状态立法"——清华大学公共管理学院公共政策研究所副所长彭宗超》，《21 世纪经济报道》2008 年 1 月 29 日）

要关注风险的分配方式；为了防止临机应变的裁量权被滥用，要特别强调分权制衡以及公正合理的程序，并预设事后审查和矫正的制度通道；为防止以偏概全的失误，要特别尊重少数意见和反对意见的表达自由，并使各种替代性方案能够有机会保留和重新考虑。①

尽快制定出《突发事件应对法》的实施条例，将该法确定的预防为主理念贯彻到具体措施中，对应急资金的保障、专业救援力量的组建与培训、应急物资的储备以及应急宣传教育的频次作出合理安排，进行必要的硬性约束，这是现阶段的重要立法任务。中央政府还要加强对地方制定《突发事件应对法》实施办法的检查与督促，地方立法的重点应是因地制宜制定突发事件应对的程序性规范，明确本地区各级主体实施应急管理的步骤、过程和方式，不能是对该法已确定框架的简单复制，甚至出于地方利益考量而出台违反上位法的规范。

（四）提升行政应急立法技术，增强可操作性

部分已有应急法律规范的操作性不强，反映出我国当前有关应急管理的立法技术不高。例如，现有法律对应急管理进行目标性宣示的多、具体操作的少；上位法的立法内容缺乏明显授权，导致下位法权限不清、职责不明；同位法之间存在交叉、重复和空白状况。为提高应急管理立法的理论支撑，还要开展应急管理学术研究，加强培养应急专业人才，充实行政机关的智库资源，这是当下应注重运用的重要策略。②

（五）正确认识应急预案的性质与功能

应急预案也即"突发事件应急预案""突发事件危机管理方案"。现在我国的应急预案的框架已经建立起来，基本构成是 1 个国家总体应急预案，25 个国家专项应急预案，80 个左右的国务院部门应急预案，以及各省（自治区、直辖市）的总体应急预案，在这个层次以上就有 100 多个应急预案，形成了一个宝塔形的应急预案体系（当然，省和省以下还

---

① 季卫东：《通往法治的道路——社会的多元化与权威体系》，法律出版社 2014 年版，第 72—75 页。

② 张乘祎：《我国应急管理行政立法的进路》，《法制日报》2014 年 4 月 30 日。

有各级、各类的应急预案）。这些应急预案已经公布施行。虽然 2003 年
"非典"危机以来，从上到下、各个领域都开始重视制定突发事件应急预
案，已逐渐形成各级、各类的应急预案体系，但由于仓促出台、缺乏经验、
认识不足，一些评估结果表明，许多预案或者原本质量不高，或者已经过
时，或者实施不力，必须制度化地进行定期和认真的修订完善，使得各级、
各类应急预案能够发挥出应有的推动实现立法目的之操作功用。

　　再则，应急预案算不算法律、法规或规章？是不是应急法制的一部
分？肯定意见认为，它是低位阶法的一种，因为它有很大的效力，有对
外的公共效力。否定意见认为它不是法律规范，因为制定的形式与法律
规范不同，而且其中有一部分内容不能公布，必须长期保密。大家知道，
突发事件包括自然灾害、事故灾难、突发公共卫生事件、社会安全事件。
特别是社会安全事件的应对方案，有些是比较敏感的，因为很具体，所
以不便公布。但这就发生一个问题：政府文件不公布就不对外生效，不
能使用"行政暗箱物品"去约束老百姓。这也是我国加入 WTO 的承诺。
这是一个两难的问题。应急预案的许多内容涉及人权或者说公民的基本
权利，例如人身权和财产权以及其他社会经济权利，但是许多制定主体
的位阶都比较低，有些地方应急预案特别是具体应急预案则更低，其制
定权源自何处？是不是低位阶的法律规范？可以将各级政府和政府部门
制定的应急预案理解为一种规范性文件。它作为一种行政规范，属于抽
象行政行为，也具有公共行政管理效力。正在起草的我国《行政程序法
（专家建议稿）》中就设了专章规定"规范性文件"。规范性文件也有效
力，也是行政行为的依据，应当加以执行、予以配合、受到尊重；但是，
一旦对此发生争议，最终还须经过司法判断来体现其效力。现行的关于
《行政诉讼法》的司法解释中有一个规定："人民法院审理行政案件，可
以在裁判文书中引用合法有效的规章及其他规范性文件。"[1] 这里的"引
用"就已包含一定的司法判断的意思。经司法引用就能成为行政行为的

---

[1]　这是《最高人民法院关于执行〈中华人民共和国行政诉讼法〉若干问题的解释》
　　第六十二条的规定。

合法依据，行政机关据此作出的行政行为实际上就得到司法支持，当然发生争议后也应受到司法审查。今后将制定的我国《行政程序法》会对此规定得更系统、明确、具体。可见，就当下的情形而言，对于应急预案的认知和运用，仍是一个比较复杂的问题。

（六）要逐步完善行政应急法制的实施机制

立法难，实施更难，困难更多、阻力更大、成本更高，需要高度重视、认真抓好行政应急法制实施工作，真正实现突发事件应对工作的法治化。不言而喻，当下最紧迫的是各级组织和工作人员必须依法实施应急预案，坚守工作岗位，积极履行职责，加强安全检查，实施紧急救助，提高响应级别，动员全民参与，投入必要的人、财、物力并挖掘现有手段潜力，及时拟订和实施恢复重建计划，切实提高抗震救灾工作效率。为了提升突发事件行政应急能力，不但需要依法运用存量的行政应急措施，还要学会积极运用增量的行政应急措施，包括柔性的行政指导措施，形成刚柔相济的行政应对方法体系。① 只要坚持以人为本的方针和应急法治的原则，我国的行政应急法制建设这项宏大的社会系统工程，就会获得更好、更快、更稳健的发展。

（七）改善行政应急法制的观念、队伍与环境

要确保行政应急法制的有效实施，必须进一步深化认识、更新观念、创新制度，培育科学、民主、高效的新型应急法文化，通过深入、具体、扎实的工作来实现立法目的和规范要求。必须把危机管理机制健全与否作为地方政府和各类行政机关依法行政的水平高低与成效大小的一个衡量尺度，把危机处置能力作为干部素质的重要组成部分，通过多种方式加以改善提高。还要认真执行《突发事件应对法》规定的应急管理责任制度，防止行政紧急权力的滥用或不作为，保障公民的知情权、参与权、表达权、监督权及其他合法权利。从非典应对教训、瓮安事件处置教训、汶川地震应对教训来看，政府机关及公务人员的行政应急能力建设是非

---

① 参见孟卧杰：《应急管理中的行政指导问题略论》，《行政与法》2009 年第 11 期。

常紧要且滞后的法制建设工程，今后应当予以更深研究并推动更多创新。①

危机应对工作绝不仅仅是政府或突发事件应急指挥机构的事情，需要全社会理解、支持和参与，调动全社会的资源和力量，包括所有国家机关各尽其责、配合协力，社会组织和全体公民予以关心、尽责出力，将共同应对突发事件作为一种社会责任。为此，需要高度重视和认真组织危机应对所需的知识培训和能力演练，依法经常性地开展突发事件应对知识和应急法制的宣传、教育、培训和演练，大力提高全体公务人员和广大民众对于依法、有效应对突发事件的认识和能力，切实做到夯实基础、藏力于民、政民共治。

结　语

对自然灾害现象与规律的认识不足，是造成危机应对工作被动的重要原因之一。近些年来灾害特别多，例如冰雪灾害、洪涝灾害、地震灾害等等，使得人们猝不及防、防不胜防。但是，这些自然灾害现象与立法者和立法参与者对于灾害的一般认识相差很远。一般认为，一次突发事件死亡30人以上，就是造成重大伤亡的突发事件了，但2008年汶川地震死亡和失踪超过87000人，超出原先参与起草法案、制定法规、设计政策者的意料。汶川大地震也非常特殊，短临预报没能作出来。也许有识之士认识到了，但由于既往某些不合理的体制、机制、利益等人为因素使得他们的慎重警示被忽视。又如，2008年初的南方冰雪灾害，像笔者这样在南方生活过几十年的人过去从未见过。2008年深圳碰到百年不遇的大洪水，超级大水，也造成极为严重的损失。我们过去认识一些自然现象，是经过一个周期或多个周期才认识到的。现在我们又经历了一些

---

① 参见陈升、孟庆国、胡鞍钢：《政府应急能力及应急管理绩效实证研究——以汶川特大地震地方县市政府为例》，《中国软科学》2010年第2期。

自然现象，但我们还没有认识到它们的规律。也可能要经过更长时间，付出更多学费才能认识到。由于对这样一些自然灾害的认知非常不足，导致我们以往的基本判断和立法建制出现重大缺陷。这也带给我们一个警示：需要重新认识这些复杂现象，需要重新认识新的灾害现象与规律。① 按照一些应急管理学者的说法，叫作突发事件出现了数量剧增、强度加大、负效叠加、忍受力下降等变化特点，客观上呼唤综合化应急管理机制的出现。②

但实际上，人们对于突发事件的分类、定性和分级存在极大的认识差异，实际上自然现象、自然规律与社会现象、社会规律还是有许多交织的东西。2008 年的南方雪灾、汶川地震，2009 年的甲型 H1N1 流感和"莫拉克"超级台风，以及不断出现的重大突发事件，带给我们深化认识的一个个契机，迫使我们深刻反思、打开思路、转变观念，追问一下当下出现在人们面前的是不是过去不曾出现过的综合性超级灾害？是不是一种规律特殊但尚未命名的地质现象、海洋现象、气候现象、大气现象、社会现象？以往人们习惯于运用传统的理论知识来作出制度安排，但现在摆在面前的可能不是传统理论知识所描述的现象和事物，一旦出现了超级灾害——超灾（也称为非常规重大突发事件），不能仅仅作为一般的突发事件加以应对，需要予以特殊应对，可能需要尽快宣布进入紧急状态，在特殊的法律拟制状态下运用特殊的手段来应对危机，进行权利救

---

① 现在有一些做管理工作、科研工作的硬专家或者软专家把类型化看得很重，认为既然《突发事件应对法》将突发事件分成自然灾害、事故灾难、公共卫生事件、社会安全事件等几大类，似乎自然类突发事件与社会类突发事件就绝对毫无关系了，不知不觉地走上了形而上学的歧路。可见，认识的片面性、肤浅性，往往使得人们在追求类型化的同时失去了对综合性、关联性、互动性的关注，总是割裂、静态、单向地认识事物，而放弃了联系的、动态的、互动的辩证唯物主义思考，这样的思维方式存在许多弊端。特别是在我国法制建设走向民主化、精细化、高效化发展的新阶段，更需要树立辩证唯物主义的法治发展观，以指导我们的法制建设实践，此谓之"观念决定行动"。

② 高小平：《突发事件的新特点与应急管理创新》，《行政管理改革》2010 年第 1 期。

济和权力约束。至于突发社会安全事件的依法应对机制建设，则一直是我国行政应急法制的薄弱环节，有的专家学者提出今后应当从总体国家安全观的角度予以深入研究和大胆创新。①

我国的危机管理和行政应急法制建设尽管已取得显著成就，但仍然存在诸多薄弱环节和现实问题。按照现代法治观念不断加强行政应急法制建设，推动这项宏大的社会系统工程取得更加稳健的发展，预防和减少突发事件造成的损害，保障人民群众生命财产安全和国家安全，是坚持以人为本、应急法治的重要体现，是建设法治政府和服务型政府及构建和谐社会的题中之义，我国的法制机构和法律人可谓任重道远。

---

① 杨海坤、马迅：《总体国家安全观下的应急法治新视野——以社会安全事件为视角》，《行政法学研究》2014 年第 4 期。